语言学及应用语言学名著译丛

言辞之道研究

STUDIES IN THE WAY OF WORDS

〔英〕保罗·格莱斯 著

姜望琪 杜世洪 译

商务印书馆
The Commercial Press

语言学及应用语言学名著译丛
专家委员会

总　序

商务印书馆出版的"汉译世界学术名著丛书"在国内外久享盛名，其中语言学著作已有 10 种。考虑到语言学名著翻译有很大提升空间，商务印书馆英语编辑室在社领导支持下，于 2017 年 2 月 14 日召开"语言学名著译丛"研讨会，引介国外语言学名著的想法当即受到与会专家和老师的热烈支持。经过一年多的积极筹备和周密组织，在各校专家和教师的大力配合下，第一批已立项选题三十余种，且部分译稿已完成。现正式定名为"语言学及应用语言学名著译丛"，明年起将陆续出书。在此，谨向商务印书馆和各位编译专家及教师表示衷心祝贺。

从这套丛书的命名"语言学及应用语言学名著译丛"，不难看出，这是一项工程浩大的项目。这不是由出版社引进国外语言学名著、在国内进行原样翻印，而是需要译者和编辑做大量的工作。作为译丛，它要求将每部名著逐字逐句精心翻译。书中除正文外，尚有前言、鸣谢、目录、注释、图表、索引等都需要翻译。译者不仅仅承担翻译工作，而且要完成撰写译者前言、编写译者脚注，有条件者还要联系国外原作者为中文版写序。此外，为了确保同一专门译名全书译法一致，译者应另行准备一个译名对照表，并记下其在书中出现时的页码，等等。

本译丛对国内读者，特别是语言学专业的学生、教师和研究者，以及与语言学相融合的其他学科的师生，具有极高的学术价值。第一批遴选的三十余部专著已包括理论与方法、语音与音系、词法与句法、语义与语用、教育与学习、认知与大脑、话语与社会七大板块。这些都是国内外语言学科当前研究的基本内容，它涉及理论语言学、应用语言学、语音学、音系学、词汇学、句法学、语义学、语用学、教育语言学、认知语言学、心理语言学、社会语言学、话语语言学等。

尽管我本人所知有限，对丛书中的不少作者，我的第一反应还是如雷贯耳，如 Noam Chomsky、Philip Lieberman、Diane Larsen-Freeman、Otto Jespersen、Geoffrey Leech、John Lyons、Jack C. Richards、Norman Fairclough、Teun A. van Dijk、Paul Grice、Jan Blommaert、Joan Bybee 等著名语言学家。我深信，当他们的著作翻译成汉语后，将大大推进国内语言学科的研究和教学，特别是帮助国内非英语的外语专业和汉语专业的研究者、教师和学生理解和掌握国外的先进理论和研究动向，启发和促进国内语言学研究，推动和加强中外语言学界的学术交流。

第一批名著的编译者大都是国内有关学科的专家或权威。就我所知，有的已在生成语言学、布拉格学派、语义学、语音学、语用学、社会语言学、教育语言学、语言史、语言与文化等领域取得重大成就。显然，也只有他们才能挑起这一重担，胜任如此繁重任务。我谨向他们致以出自内心的敬意。

这些名著的原版出版者，在国际上素享盛誉，如 Mouton de Gruyter、Springer、Routledge、John Benjamins 等。更有不少是著名大学的出版社，如剑桥大学出版社、哈佛大学出版社、牛津大学出版社、MIT 出版社等。商务印书馆能昂首挺胸，与这些出版社策划洽谈出版此套丛书，令人钦佩。

万事开头难。我相信商务印书馆会不忘初心，坚持把"语言学及应用语言学名著译丛"的出版事业进行下去。除上述内容外，会将选题逐步扩大至比较语言学、计算语言学、机器翻译、生态语言学、语言政策和语言战略、翻译理论，以至法律语言学、商务语言学、外交语言学，等等。我也相信，该"名著译丛"的内涵，将从"英译汉"扩展至"外译汉"。我更期待，译丛将进一步包括"汉译英""汉译外"，真正实现语言学的中外交流，相互观察和学习。商务印书馆将永远走在出版界的前列！

胡壮麟

北京大学蓝旗营寓所

2018 年 9 月

译者前言

　　《言辞之道研究》(*Studies in the Way of Words*) 分为两部分：第一部分 "逻辑与会话" (Logic and Conversation) 由北京大学姜望琪教授主译，第二部分 "语义学与形而上学探究" (Explorations in Semantics and Metaphysics) 由西南大学杜世洪教授主译。在下文中，两位译者分别就自己负责翻译的部分做一概述。

　　翻译之事正如登山，译稿完成，正如登山到顶。此时，作为译者，我们按捺住兴奋，清醒地意识到大道至简的要义，有责任为读者呈现我们登顶之后所看到的关于《言辞之道研究》这座理论大山的全貌，有必要在这里勾勒出格莱斯至真至纯的言辞之道。

一

　　"逻辑与会话" 是格莱斯 1967 年春天在哈佛大学所做的威廉·詹姆斯讲座的演讲稿，本部分共有 7 篇文章①。

　　第 1 篇是绪论，格莱斯介绍了他提出会话隐含 (conversational implicature) 理论的背景。西方哲学界自从 20 世纪初出现 "语言转向" 以来，哲学家纷纷开始研究语词的意义及使用。但是，在格莱斯眼里，这些研究（他称之为 A 哲学家的研究）都是有问题的。即使是当时相当流行

---

　　① 根据尼尔 (Stephen Neale, "Paul Grice and the philosophy of language", 1992: 510 n2)，该讲座至少有 9 讲。第 8、第 9 讲的一部分在增加重要内容后于 1968 年发表（收于本书第 6 篇），第 6、第 7 讲的一部分在增加重要内容后于 1969 年发表（收于本书第 5 篇）。

译者前言

的奥斯汀、塞尔的言语行为理论，他认为也有致命的弱点。为此他要提出自己的会话隐含理论——关于会话的一般原则的理论，而不是 A 哲学家那种限制某些、某类词语的特殊的使用"条件"。

在第 2、第 3 两篇中，格莱斯正式提出了以合作原则及其准则为核心的会话隐含理论，逐一说明了各项准则可能被蔑视、利用的情况，论证了（一般）会话隐含的特性，并结合英语 or 的涵义问题，提出了修订版的奥卡姆剃刀原则，最后又从重音、反讽、真值三个角度进一步加以佐证。

聚焦于语言分析的 20 世纪西方哲学可以统称为"分析哲学"，其中两个主要派别是逻辑实证主义和日常语言哲学（格莱斯在第 2 篇中分别称之为形式主义派和非形式主义派）。这两派对自然语言的看法截然不同，前者认为自然语言模糊、不严谨，应该被理想语言 / 逻辑语言取代；后者则坚持，自然语言有自己的逻辑，不应该受形式逻辑的束缚。格莱斯基本上属日常语言派，但是，他却指出，认为自然语言与逻辑语言之间存在所谓的差异"（总的来说）是一个常见的错误，其根源在于对管控会话的条件的本质及其重要性没有足够的注意"（Grice 1989: 24）。换言之，格莱斯认为，自然语言跟逻辑语言在本质上没有区别，人们所谓的它们之间的区别源于语言运用；或者说，自然语言跟逻辑语言在语义上没有区别，它们的区别源于语用。他提出的合作原则就是管控自然语言运用的原则，就是为了解释为什么人们会觉得自然语言跟逻辑语言之间存在差异。他的整个讲座就是在反复论证这一点。所谓"逻辑与会话"，就是"逻辑语言"与"自然语言"的关系。

第 3 篇具体涉及逻辑语言与自然语言关系的，是格莱斯关于英语的 or 跟逻辑联结词析取 / 选言 v（或者说英语的 A or B 跟逻辑表达式 A v B）关系的论证。他以假设的口吻说，有些哲学家认为，A or B 不仅表示（1）A v B，而且表示（2）有非真值函项理由接受 A v B。（逻辑联结词 v 等，又称"真值函项联结词"，因为复合命题的真值取决于成分命题的真值和联结词，逻辑学中用真值表显示。非真值函项理由就是跟真值表无关的理由。就这个例子而言，就是说话人用了 A or B 就表示他不知道 A、B 两个选项中哪个为真。）接着，格莱斯驳斥了这种观点。他指出，在寻宝游戏中，我们完全可以说，"The prize is either in the garden or in the attic. I know that because I know where I put it, but I'm not going to tell you（奖品或者在花园，或者在阁楼。我知道，因为我知道我放在哪儿，但是，我不会告诉你们）"。他又批驳了这是一种"随意"用法，or 有强弱两种涵义等观点。从而证明 A or B 所附带的"说话人不知道 A、B 两个选项中哪个为真"的意义不是 or 的涵义，而是一种会话隐含，是可以根据合作原则推导出来的。换言之，英语的 or 跟逻辑联结词 ∨ 在涵义（语义）上没有区别，人们感觉到的差异来自会话隐含（语用）。

第 4 篇专门讨论自然语言的条件句（如英语的"If p then q"，格莱斯称直陈条件句，以区别于虚拟条件句）跟逻辑语言的假言判断/蕴涵判断"p ⊃ q"的异同。当人们使用"If p then q"时，一般设定 p 和 q 之间有某种联系。这种设定，格莱斯称之为"间接性条件"。而逻辑表达式"p ⊃ q"是不考虑 p 和 q 之间关系的：按照真值表，只要 q 为真，整个假言判断就为真，即使 p 为假也没关系。所以，间接性条件是非真值函项。换言之，人们使用"If p then q"时，说话人不仅表示"p ⊃ q"，而且表示存在间接性条件。问题是：这个间接性条件是什么性质的，是语义的还是语用的，是源于词汇的规约意义还是使用词汇时产生的会话隐含？格莱斯从间接性条件的可分离性、可取消性入手，论证了它是一种会话隐含。然后，他深入讨论了条件句的特点——"if"是非互换性质的，条件句的前件跟后件是不能互换的。他的结论是：如果把"if A, B"理解成"[或者不是 -A，或者] B"，"A ⊃ B"就会产出"if A, B"；但是"if A, B"的否定不会产出"A ⊃ B"的否定。

第 5 篇讨论说话人意义和意图的关系。1957 年，格莱斯曾撰文建议区分自然意义和非自然意义（该文收录于本书第 14 篇）。所谓"非自然"意义，就是说话人"有意"表达的意义，所以跟说话人意图有关，受说话人意图制约。格莱斯分析、回应了各种反对意见。例如，塞尔提到的第二次世界大战中被意大利人俘虏的美国士兵的例子。他想让意大利人相信他是德国军官。但他不会德语，只记得歌德的诗句"Kennst du das Land, wo die Zitronen blüben（你知道那个柠檬树开花的国家吗）"，于是就说了这句话。塞尔坚称，"Kennst du das Land"绝对不等于"我是德国军官"。格莱斯认为，这个例子不构成反例。因为这句话到底是什么意思无关紧要，只要听话人认为这是德语，在当时的情景下他们就会推导出说话人是德国人，是德国军官。不过，格莱斯意识到他原来的"非自然意义"定义有问题。该定义曾规定听话人要辨认出说话人的意图，并据此做出相应的反应。就这个例子而言，这个美国士兵很难预期意大利人认出他的意图后仍然会相信他。所以，格莱斯相应地对该定义进行了10次修改（提出了5个新定义，每个定义都有A、B两个版本），排除了美国士兵等例子暴露出来的定义中的问题。

　　第6篇讨论说话人意义跟语言意义（可分作句子意义、词语意义）之间的关系，或者说，会话隐含跟涵义，语用跟语义之间的关系。格莱斯详细论证了一个人说话的时候到底表达了什么意思。根据格莱斯的理论，这个人表达的意思取决于他的意图。但是，各个词语都有约定俗成的意义（格莱斯称之为"脱时意义"），说话人要选择适合表达其意图的词语，其个人语中的词语意义要跟其所在群体的语言中的词语意义一致。不过，格莱斯通过特定的招手等例子，说明说话人是有可能在特定场合用一个词语表示特定意思的。因为：每个人的个人语不是完全一样的；即使是同一个人，在不同的场合也可能用同样的词语表达不同的意思（格莱斯的"场合意义"）。这些不同的场合意义最终是由说话人的意图决定的。

　　第7篇是小结。格莱斯首先澄清了用场合意义界定脱时意义是不是存在循环论证的问题。然后，他讨论了会话隐含的两种模型：一种是语言学型的，单纯依靠所用词语的语言意义分析；一种是语言学兼心理学型的，除了所用词语的语言意义分析，同时依靠说话人的心理状态分析，依靠

"意图"等内涵概念。格莱斯推崇的是第二种模型。

格莱斯是语言哲学家，要真正读懂"逻辑与会话"，读者必须对语言哲学有所了解，至少需要了解真值表等逻辑语义学基本概念。当然，如果您是语言哲学的热衷爱好者，那么第二部分的论文必将更加引人入胜。

二

"语义学与形而上学探究"由 12 篇文章组成，主要围绕全书两大主题的第二主题（主题 B）展开讨论。主题 B 是关于哲学方法论的集中讨论：第二次世界大战结束之际，牛津大学的哲学家们把"英美分析哲学运动（the Movement of Anglo-American Analytic Philosophy）"推向高潮，大力倡导通过详细分析日常语言的方方面面来从事哲学问题研究，从而形成了"日常语言学派（the Ordinary Language School）"，其方法可概括为"哲学的日常语言研究法（Ordinary Language Approach to Philosophy）"。

英美分析哲学运动肇始于第二次世界大战前的剑桥大学，而实际上，这场运动可追溯到第一次世界大战时期的维特根斯坦，并由此而上溯到19 世纪末的德国数学家、逻辑学家和哲学家弗雷格。英美分析哲学的典型形态是"现代语言哲学（Modern Philosophy of Language）"，它有两个主要学派：人工语言学派和日常语言学派。前者包括前期维特根斯坦哲学、逻辑实证主义（又称逻辑经验论或维也纳学派）、逻辑语义学等；后者包括英国的剑桥–牛津日常语言学派以及美国的日常语言学派。这两大学派都在剑桥大学发生与发展，代表人物有号称"剑桥三剑客"的罗素、穆尔和维特根斯坦，而日常语言学派则是在牛津大学取得长足发展，达到了顶峰，主要代表人物有莱尔、奥斯汀和格莱斯。这场分析运动主要从英国传播开来，影响了欧洲大陆哲学，尤为重要的是它深深地影响了美国哲学。"英美分析哲学运动"这一名称由此而来。

在这个历史背景下，格莱斯致力于日常语言哲学研究，他在本卷书的

"语义学与形而上学探究"这部分内容中，用"哲学的日常语言研究法"，或详或略地分析了穆尔关于"常识（common sense）"的讨论、概念分析的特征、笛卡尔关于确实性的讨论、蒯因关于"分析与综合"之分的讨论、罗素与斯特劳森关于描述语和预设的讨论、知觉因果论、哲学末世论等哲学论题。

众所周知，哲学从来都是关于方法论的学问。格莱斯关于哲学方法论的上述讨论展示的是哲学的日常语言研究法。而且，格莱斯别出心裁，明确地把他的哲学方法认定为"语言植物学研究法（linguistic botanizing）"或者"牛津辩证法（Oxonian dialectic）"。格莱斯认为，古希腊苏格拉底、柏拉图和亚里士多德的哲学，在方法论上可以称作"雅典辩证法"，而20世纪牛津大学的日常语言学派形成了"牛津辩证法"。可见，格莱斯把牛津辩证法与雅典辩证法相提并论，这是在有意无意中强调了日常语言学派的重要性，企图确定现代语言哲学在西方哲学历史长河中的地位，并且直接或间接地抨击了"语言哲学并不重要"这类观点。实际上，语言哲学至今还遭受着来自哲学界内外的藐视甚至诟病。

就哲学方法论而言，格莱斯和维特根斯坦异口同声，认为日常语言哲学不应该只有一种方法论，因此，任何哲学家都不能武断地认为某种方法论就是哲学特定唯一的方法论。基于这点认识，格莱斯说，他的哲学方法只不过是做哲学的一种方法，其他人做哲学就应该有其他人的方法。格莱斯的哲学方法是什么样的呢？格莱斯采用的是"语言植物学研究法"。

格莱斯的"语言植物学研究法"是什么样的方法呢？简言之，格莱斯像植物学家采集标本那样，要采集日常语言的各种各样的言语表达，尤其要像植物学家特别喜欢采集珍贵物种的标本那样，采集日常语言中具有哲学价值的言语表达。

从《战后的牛津哲学》一文看，格莱斯的哲学方法基于两条原则。首先，哲学家应该尽量分析日常语言中具有哲学价值的言语表达，例如关于因果关系的言语表达、关于知识的言语表达以及关于概念认识的表达等都具有哲学价值。其次，如果哲学家摒弃日常语言中具有哲学价值的种种陈述，那么哲学家的工作很可能就会走入歧途。其实，格莱斯的这两条原则可以合成一条：哲学家要务必分析具有哲学价值的日常表达，绝不轻视与放弃。

格莱斯把牛津大学日常语言学派的哲学研究冠名为牛津辩证法，与雅典辩证法等量齐观。格莱斯进行这种类比的理据是什么呢？我们知道，雅典辩证法是一种二分法，旨在把世界区分为感官的世界和理性的世界，二者相互区别但又相互统一。从格莱斯角度看，牛津辩证法把日常语言进行二分法研究，认识到了语用感官事实和语用理性原则的区分。在这个意义上，牛津辩证法当然就可以与雅典辩证法相提并论了，因而日常语言哲学就是哲学门的正室而非偏房。

在《概念分析与哲学的范围》一文中，格莱斯就做哲学的方法进行了进一步的描述。他认为，对日常语言进行充分的概念分析，并不是要像词典编纂工作或者社会学调查工作那样事无巨细地对相关和不相关的信息采取全部收集，而是要考察概念的相关性表达，要追问日常语言使用中有理论价值的问题。他认为，奥斯汀所组织的星期六上午"兴趣小组"的活动，只不过是在从事"准哲学"的活动，虽然有趣，但是他们并没有严格区分具有哲学价值的语言分析和具有准哲学价值的语言分析。

那么，我们在日常生活中观察到的什么语言现象具有重要的哲学价值呢？对这个问题，格莱斯说，他也无法给予完全肯定的回答，但是他可以帮助人们廓清日常语言的哲学性质，澄清日常语言哲学研究中出现的混乱。对日常语言哲学秉持批评态度的人，认为语言哲学追求"清晰表达，严格论证"，这一目标并不能成为哲学的最终目标。针对这类批评，格莱斯说他们的评论并不严谨，甚至自相矛盾，因为他们一方面声称哲学应该关注"实在性"而不是关注"概念分析"，另一方面他们却又承认日常语言具有实在性。

尽管日常语言哲学受到了这样那样的批评，但格莱斯始终认为，日常语言既是从事哲学研究的合适对象，又是获取哲学洞见的源泉。不过，格莱斯本人既是日常语言哲学的践行人，又是日常语言哲学的批评人。他从穆尔、奥斯汀等人的著述中发现了问题，认为他们把日常语言中的怪异表达排除在外，这种做法过于敷衍甚至粗鲁。在奥斯汀看来，在浓雾笼罩的情境中，我们完全可以说"那里好像有头驴""那里看似有头驴"，这样的说法很正常。可是，如果是在大晴天，清清楚楚地看见了那头驴，而在这种情况下说出上述两句话，这就是怪异，莫名其妙，毫无意义。格莱斯对此却不以为然，他在《知觉因果论》一文中坚持的观点就是，日常会话中的怪异表达，其本身并不能说明话语是错是对、有意义或无意义。为什么呢？因为怪异的话语有多种多样的产生原因，其中的语言使用是否有真值条件，是否有意义等，这些问题正是具有哲学价值、有待深究的问题。

无论对现代语言哲学持赞成还是反对态度，哲学界公认一个观点，那就是意义问题是现代语言哲学的核心问题。格莱斯在意义问题研究上具有两大走向：哲学研究和语言学研究。在《意义》和《意义再探》两篇论文中，他一方面对语言意义这一概念做了还原分析，另一方面对会话隐含理论进行了拓展。其实，在这里格莱斯遇到了两大困难：首先，如何按照说话人的意图来解释说话人的场合意义，这个问题难以取得令人满意的回答；其次，如何根据非语义学或者心理学来对已经充分展开的语言意义进行实实在在的还原分析，这个问题也难获得令人满意的解答。为此，格莱斯说，意义问题研究既给他带来了多多的麻烦，同时也给他带来了大大的兴趣。在《意义再探》中，格莱斯坦诚地说，意义问题还有一个"神秘包"有待解开。

语言学界一直把格莱斯的会话隐含理论和合作原则当成语用学的经典理论。这种做法无可厚非，但是，格莱斯的这些理论贡献并非只是停留在语义学和语用学层面。他的会话隐含理论植根于对语用理性的哲学认识，其意义研究观照的是意向的基本观念。此外，他倡导的概念分析既有语言分析的内容又有原理探索的主张。格莱斯认为，概念分析具有两个不同的层面：对概念进行"实际把握"和对概念进行"理论理解"。前者是指以正确的方式对概念所涉及的语词及其各种使用情况进行充分分析，后者是指从语词使用中看出普遍原理来。前者是概念分析的具体行为，后者是概念分析的概括能力。

《言辞之道研究》的全部论文虽然成文时间相差多年，但是正如格莱斯在《回顾性结语》中所言，这些论文并非零散不一，而是相互连贯，形成了整体。格莱斯对全书的主题进行了梳理，总结出了八大主题思想。在这八大主题思想中，就意义研究而言，至为重要的当是第五大主题思想。该主题思想主要是对"所言"和"所要表达的中心意义"之间的各种关系进行详细考察。格莱斯有一个假说，那就是他认定"同样的讲说"会呈现出层面不同的言语行为，因此，在这种情况下必定有一个基础言语行为，它能产生"所言"和"各种高阶言语行为"。在这样的复杂情况下，必定有一个"中心性"来管辖话语交际的层次。这个中心性具有两大特征：措辞性和形式性，前者相当于言说内容（what is said），后者主要指规约意义（conventional meaning）；二者在逻辑上相互独立，互不依赖，互不决定。这样一来话语交际就会出现以下四种情况：

（1）有措辞性并有形式性：在这种情况下，"所言"由语境中语句的规约意义完全彻底地表达出来；

（2）有形式性并无措辞性：这就是各种规约隐含产生的情况；

（3）有措辞性并无形式性：在此情况下，"所言"与语境中语句的规约隐含并不相关；

（4）既无措辞性又无形式性：在这样的情况下，讲说所传递的既不是"言说的"又不是语词规约意义的组成部分。

这四种情况显示了格莱斯意义理论所要观照的四类层级关系，有助于我们理解格莱斯的整套意义理论。学术界，尤其是语用学界长期聚焦在格莱斯的合作原则来探究会话隐含，出现了进展，但也产生了不少误解，特别是对合作原则的误解尤为典型。在我们看来，合作原则是格莱斯用来衡量隐含产生的基本工具，或者说是一个尺度。正如维特根斯坦所说，"一把米尺并没有说出某个需要测量的对象刚好就是一米长"，同理，合作原则并不是要按其四个准则来硬性规定日常生活的话语种类和形式。

理解也好，误解也罢，格莱斯的意义理论是哲学界和语言学界不可忽视的一座丰碑。提及格莱斯，哲学界认为他是通过日常语言来研究哲学的，而语言学界尤其是语用学界则会认为他是研究会话隐含的。其实，格莱斯是研究语言哲学的，更为准确地说他是研究言辞之道的。

在 20 世纪的哲学研究中，格莱斯极具天赋，成绩斐然。为此，斯特劳森说，格莱斯是"最有才华，无与伦比"的语言哲学家。

译者
2019 年 5 月

目　　录

前　言

　　我要介绍一下本书的内容。本书由两大部分组成。第一部分是我1967 年上半年在哈佛大学所做的威廉·詹姆斯（William James）讲座演讲稿的修订版，称作"逻辑与会话"。这是本书的中心内容，其他论文都围绕这个中心展开。该讲座跟书中的其他论文有许多联系，我们可能有理由把原来的威廉·詹姆斯讲座打散，跟书中的其他论文按论题重新组织（实际上乔纳森·贝内特（Jonathan Bennett）就是这么提议的）。我没有这么做，一方面是因为讲座的题目和内容已为许多哲学家所熟知，有些人很可能正在等待继续讨论这些问题的机会；另一方面是因为讲座集中呈现了对语言哲学领域的一些重要且密切相关问题的看法，代表了 1960 年代那个特定的时期，虽然我在讲座中讨论这些问题时发表的观点大部分既不是我最初的观点，也不是我最后的观点。

　　威廉·詹姆斯讲座主要聚焦于两个紧密相连的概念的性质及其哲学含义（主题 A），大致可以说是断言（及其蕴涵）概念和意义概念，它们构成了那些讲座的主题。但是，除了讲座的这个主题，本书另外还有一个随处可见的主题（主题 B）。这是个方法学主题或纲领性主题，见之于我不断通过研究语言，特别是日常语言，讨论哲学问题的努力中。第二部分的文章可以分成 5 组，除了第 19 篇，其余都跟这两个主题中的一个，或同时跟两个有关。

　　第一组包括第 8 至第 12 篇文章；这些文章都跟主题 B 有关，讨论了日常语言在哲学研究中的作用；第 10、第 11 篇直接讨论这个主题，第 8、第 9 篇讨论密切相关的常识问题，第 12 篇沿着同样的方向更间接地讨论了肯定性问题在哲学中的位置。第 13 篇文章讨论分析 / 综合区分问题，是否接受这个区分对意义研究至关重要，而意义研究是主题 A（威廉·詹姆斯讲座的话题）的一部分。

第 14 至第 18 篇文章讨论意义问题，主题 A 的一个成分；第 14 篇是第一部分意义问题讨论的先导，第 18 篇则是一个后续发展。第 15 篇的前半部分包含了会话隐含概念（主题 A 的一部分）的早期版本，第 17 篇讨论了会话隐含概念的一种重要应用。最后，第 15 篇的后半部分和第 16 篇讨论感知哲学中的基本问题；第 15 篇的双重性保证了感知问题在本书中的地位。第 19 篇文章讨论一个不同的问题，形而上学的问题。第二部分的文章的这种安排，因为没有按照发表年代排序，不能立刻显示我的哲学思想的发展进程；但是我认为，这种安排带来的清晰陈述大大补偿了这个不足。

本书以 1987 年撰写的《回顾性结语》收尾，在这里，借助事后的认识，我对书中所收文章的很多方面进行了点评。读了前面的文章后再去读这个点评，是最好不过的。我希望读者不会忽略书后的点评，因为我觉得里面有些新东西，是我精心准备的，虽然并不全面。它们既有长远的价值，又跟原来的文章密切相关。

书中的文章几乎完全保留了当初发表，或作为讲座提交时的形式，我只在少数几个地方做了修订。

第一部分

逻辑与会话

1

绪论

在概念探索中，不论是哲学性质的，还是非哲学性质的，有一种熟悉的，对很多人来说是自然的，经常见到的操作。其路径如下：首先是一种观察，某些表达式 E 中的每一个都内嵌一个次表达式 α（我们可以称之为 E(α)），其中的成员不会被应用于某些样本性情景以至于出现奇怪，不合适，甚至毫无意义的应用；然后人们就会说，这种情景的相关特征是它们不能满足某些条件 C（这种条件可能是否定性质的）；结论是，α 所表达的概念有一个特点，即 α 的意义或应用有一个特征：E(α) 只有在 C 得到满足时才能应用。这种结论可能跟下列更具体的一个或多个观点相联系：E(α) 这种模式在逻辑上衍推 C；它蕴涵或预设 C；或者 C（在某种特别解释的意义上）是 α 的一种可应用 / 合适性条件；除非 C 成立，否则 α 就是误用。

在提出上述操作的可疑例子以前，我想先做两点总的评论。第一，如果为非专门性话语的某个表达式的实际意义提供确切的概括是某人（就像我那样）的哲学关怀的一部分，那么我们就根本不可能完全抛弃这种操作。所以，我们显然需要一种方法（当然，它可能不是一种截然分明的决定程序），以区分合理应用跟不合理应用。第二，许多人（包括我自己）指出过，据说是因为不加分辨地应用上述操作而导致的哲学错误；事实
上，"注意不要把意义跟用法混同"的戒律恐怕正在变成一种方便的哲学教条，就像当年"应该注意把意义跟用法等同"的戒律一样。尽管我更青

睐新戒律，但我不想为其中任何一方站台。我的首要目的是确定划分意义跟用法之间区别的方法，及其哲学用途的边界。我相信，任何一种以此为目的的认真努力都包含对系统语言哲学理论的探索，我将被迫朝这个方向迈出蹒跚的步伐。我也将努力以例证的方式涉略一下形式逻辑这种设置跟自然语言之间的关系这个话题。

有人可能会认为我将提到的这种操作的样例代表了一种过时的哲学风格。我觉得我们不应该过早否定这种风格。在我看来，最有希望的答案是建构一种理论，使我们有能力区分一句话是因为虚假或不能为真而不合适，或更广义地，是因为跟这个世界在某种偏好的方面不一致而不合适，还是因为某种其他的原因而不合适。我认为有希望按照这种思路整理语言现象。但是，我又不认为我们肯定能建构出这样的理论，有些相关哲学家恰恰对这种结果存疑；我还认为他们有时候感觉没必要对真值（truth）这样的概念特别重视。因此，最终我们将面临选择，或者回到以前的理论无抱负风格，或者完全放弃系统化自然话语中的语言现象的希望。对我而言，这两种选择都没有吸引力。

现在来看一些可疑的例子，可能有很多是大家熟悉的。

A.（1）有个例子已有些名声了。莱尔（Ryle）坚称，"在最日常的使用中，'voluntary'和'involuntary'，除了少数例外，作为形容词一般应用于不应该发生的行为。只有当一个行为被认为是某人的过失时，我们才会讨论该行为是否 voluntary。"他在此基础上总结道，"因此，在日常使用中，讨论令人满意的、正确的、值得赞赏的行为是否 voluntary 是荒唐的"；他把这些形容词的这种用法称作"哲学家对'voluntary''involuntary'的日常意义的不经意的延伸"。①

（2）马尔科姆（Malcolm）指责穆尔（Moore），在说他"知道（know）"这是一个人的手，那是另一个人的手时，把"know"用错了；

---

① *Concept of Mind*, III, 69.

我想马尔科姆是在宣称，"know"这个概念的基本意思是：它蕴涵正在进行某种探索。① 维特根斯坦（Wittgenstein）对哲学家在所谓的典型情景中的"know"的用法，表示过类似的异议。

（3）本杰明（Benjamin）说："我们可以通过证明自己没有忘记 p，来生成动词'记得（remember）'的另一个涵义，即，我们产出或实施了 p，自然就表明我们记得 p。……例如，我们可以把英国人用英语说话或写文章说成'记得英语的词语'；把会计记账说成'记得加减法'；签字时我们可以嘟哝'我又记起我的名字了'。如果'remember'按其通常涵义理解，这些例子就是荒唐的、不合适的，这说明了这两个涵义之间的对立。"② （这跟"know"好有一比：比较"The hotel clerk asked me what my name was, and fortunately I knew the answer（旅店服务员问我叫什么名字，幸运的是我知道这个答案）"的怪异之处。）

（4）知觉哲学领域有更多的例子。有个例子跟"seeing … as（把……看作）"这个概念有关。维特根斯坦注意到我们不把刀子、叉子看作刀子、叉子。③ 这句话背后的思想没有在其出现的文本中展开，但是，该思想可能是这样的：如果两个物件分明**是**④ 刀子和叉子，那么，虽然，说某人把它们看作其他东西了（可能当成叶子和花了）**可能**是正确的，但把 x 看作 x，至少是把分明是 x 的东西看作 x，这种说法永远（可能除了在非常特殊的环境里）是不正确的（假的、反常的、无意义的）。因此，"seeing … as"看起来至少被表征为某些想象性构式或补充成分了。

我想到过（之前也有人想到过）的另一个例子是：感知一个物件需要拥有（感觉）一种感觉材料（或多种感觉材料）这种陈旧的观念可能得到复活，如果我们拒绝假定，关于感觉材料的陈述报道了一类特殊实体

6

---

① Malcolm, "Defending Common Sense," *Philosophical Review*, January 1949.

② "Remembering," *Mind*, July 1956.

③ 出自 *Philosophical Investigations*.

④ 黑体字原文是斜体，下同。——译者

的特性（这种特性的存在需要通过幻觉论证来证明，或者需要哲学家提供的特殊指令才能辨认其身份）；而是反过来假定，"感觉材料陈述"是一类采用"对 A 来说，x 看起来（摸起来，等等）是 φ"，或者"对 A 来说，它看起来（摸起来，等等）似乎是"这样一种形式的陈述。① 我希望用这种方法复兴这个观点——感知物件这个概念应该从因果角度分析。但是，我必须回应一个异议，我发现偏向维特根斯坦的人经常提出这个意见，那就是：就很多感知案例而言，所需要的感觉材料陈述是得不到的；例如，当我在日常光线下分明看见一个红色物件时，"对我来说，它看起来是红色的"这种说法，就像我的理论要求的那样，远远不是表达事实，而是用词错误。按照这种意见，"对 A 来说，x 看起来是 φ"的一个含义是：这种形式的词语只有在**或者**"x 是 φ"为假，**或者**"x 是 φ"是可疑的（或者有人认为，或可能认为，是可疑的）情况下使用，才是正确的。

（5）另外一些例子以不同的方式跟行动有关。

（a）**尝试**（trying）。一个人做完了某事，据此说他曾尝试做这事，是不是永远正确，还是只是有时候正确？维特根斯坦和其他一些人采用第二种观点。他们的意见是：如果我实施某些根本不起眼的动作，如挠头皮，把手放进裤子口袋掏手绢，说我尝试挠头皮，或尝试把手放进口袋里，那是不合适的，不正确的。说我**没有**尝试做这些事，同样是不合适的。根据这种考虑，有人提出，正确使用"A 尝试做 x"的条件是：A 不应该做 x（应该阻止他这么做），或者要 A 做 x 会有麻烦，有困难。但是，稍做思考就会发现这个条件太苛刻了。医生可以告诉腿受伤的患者第二天要尝试动动脚趾头，患者可以答应这么做；但是，两人都不认为，患者将不会动他的脚趾头，或者他要动脚趾头会有困难。而且，一个跟患者腿受伤这事

---

① Grice, "The Causal Theory of Perception," *Aristotelian Society Supplementary Volume*, 1961.

没有任何联系，甚至当时不知道这事的第三者，事后可以正确地说"On the third day after the injury the patient tried to move his toes (when the plaster was removed), though whether he succeeded I do not know.（受伤后的第三天，该患者尝试活动其脚趾头（当石膏拆掉以后），虽然我不知道他是否成功。）"。所以，要维持其可信度，就必须松动该条件，承认"A 尝试做 x"是合适的，如果**说话人**，甚至某个跟说话人有点关系的人，认为（或可能认为）A 被阻拦（或可能被阻拦）去做 x，或者只能困难地做 x。（当然，我不坚持"try"的意义实际上包含这个条件。）

（b）**细心地**（carefully）。下述意见似乎是可信的：要说 A 细心地实施了某项操作（如计算、做饭），其中一个条件必须是 A 对可能导致这项操作失败（不能达到预想的结果）的情况很敏感（很警惕），在这种情况下他应该表现出有决心采取步骤，坚持实现原定目标。我听说 H. L. A. 哈特（Hart）坚称我提出的这个条件不够全面；还应该有另一个要求，即，实施者采取的步骤从单个到整体都应该是**合理的**。支持这个附加条件的理由是下列事实（我不想对此提出异议），如果在正常道路上行驶的一个人在每家房前都停下来，以确认有没有狗突然从里面蹿出来，我们不能很自然地称他"细心驾驶"；同样我们也不能很自然地把一个银行职员说成细心，如果他要数 15 遍付给客户的纸币。当然，问题是，这种自然的不情愿在这种情况下应用"carefully"是不是应该像建议的那样被解释成意义限制，还是其他什么；就像人们可能感觉，尽管"carefully"可以被正确地应用，把它用于不那么值得的举动可能还是有失公允。

（c）这方面最有趣、最令人困惑的例子可能是奥斯汀（Austin）提供的那些，特别是他还就这些例子提出了一种一般理论。下列引文出自题为"无修饰无偏差"那一段："当有人陈述 X 做了 A 时，就会有一种诱惑，会让人假设，如果有个表达式（实际上可能是**任何**表达式）可以修饰其中的动词，我们就有权把它（或者其反面、否定面）加在陈述里：即，我们有权典型地询问，'X 是 M 地做了 A，还是非 M 地做了 A？'（如，'Did

X murder Y voluntarily or involuntarily?（X 是自发地，还是非自发地，谋杀了 Y？）'），而且可以肯定，或否定地回答。或者最起码可以假设，如果 X 做了 A，一定至少有一个修饰表达式我们可以正当地，有信息量地加到动词上。就大多数情况下的大多数动词（'murder' 可能不是大多数中的一个）而言，这种假设是不正当的。语言的自然经济性要求正常动词……（如，'eat（吃）''kick（踢）''croquet（打槌球）'）……在**标准**情况下的用法不需要，甚至不允许修饰表达式。我们只有以**特殊**方式，或在**特殊**情况下，实施某指定行为时，才需要，甚至必需，修饰表达式……就寝时间，我独自一人，我打哈欠；但是，我不是非自发地打哈欠（或自发地！），也不是故意打哈欠。以这种特殊的方式打哈欠都不仅仅是仅仅打哈欠。"[①] 因此，他提出的一般理论大致是，就大多数行为动词而言，是否允许加修饰表达式取决于所描述的动作是不是该动词所指称或意谓的动作的非标准状态。

　　B. 我特别感兴趣的领域的例子是，可能成为逻辑常数的自然语言对应体的表达式，它们跟相关的常数（标准解读看作经典逻辑的成分）的意义可能有差异，或可能没有。例如，有人提议，把先脱掉裤子再上床的人说成 "He got into bed and took off his trousers（他上了床，并脱了裤子）" 是不正确的或不合适的，"and" 的部分意义，或**一个**意义的一部分，是表达时间顺序。当我完全知道我的妻子在牛津时，说 "My wife is either in Oxford or in London（我妻子或者在牛津，或者在伦敦）" 是不合适的。这个事实导致有人提出，"or"（或者 "either … or"）的部分意义是表示说话人不知道各选言肢的真值。斯特劳森（Strawson）还坚称，虽然 "if p then q（如果 p，那么 q）" 衍推 "p → q"，反衍推却不成立。他把 "if … then" 的主要或标准用法概括如下："应用这个 'if' 的每个假言判断都是可以接受的（真的，有理由的），如果其前件判断（如果有人做出了或接

[①]　"A Plea for Excuse," *Philosophical Papers*, eds. Urmson and Warnock, p. 137.

受了）可以在该场景下成为接受后件判断的良好根据或理由；而做出这个假言判断携带了这个蕴涵——其前件和后件的实现都是或者不确定，或者不被相信的。"[1]

C. 我的最后一组可疑例子涉及近年哲学界的一种喜好，那就是把原先（某些情况下自然地）主要（或甚至只）看作具有描写功能的词说成是实施某些言语行为（或一类言语行为的某些成员）的假的描写手段。例如，斯特劳森注意到当一个人只想告知某人天气状态，或回答关于天气的疑问时，"It is true that it is raining（这是真的，正在下雨）"的说法是不自然的。因此，他曾倡导这种观点（后来被大幅度修改了）——"true"这个词的功能（因此可能也包括其意义）应该这样解释，即，指出"it is true that p（p 是真的）"这个说法不仅仅断言 p，而且担保、证实、承认、或同意确实是 p 这种情况。[2] 有时候，人们就"know"和"good"这样的词，提出了有点类似的观点，虽然不是明显地基于语言不合适的情况，如，"To say 'I know' is to give one's word, to give a guarantee（说'我知道'就是给与承诺、保证）""To say that something is 'good' is to recommend it（说某物'好'就是在推荐该物）"。

关于我开始时提到的操作的可疑例子就讲这些。这些例子全部（或差不多全部）都有一种特别的性质，使它们变得可疑。在差不多全部情况下，关于条件 C（有人提议为了合适地应用这个词或短语，这个条件是必需的），我想大多数人在思考以后都或多或少会有一种强烈的倾向，认为在该条件不满足时应用这个词或短语是说了**真话**（实际上常常是无关紧要的真），不管这样应用这个词或短语是多么**误导**。这跟塞尔（Searle）注意到的一点有关，那就是在很多这样的例子中，所建议的应用条件将不允许把一个词用于被自然地看作其典范应用的情况，那种明显是可选的情

---

[1] *Introduction to Logical Theory*. III, pt. 2.

[2] Strawson, "Truth," *Analysis*, June 1949.

况，如果人们要通过例证来解释词或短语的意义的话。① 还有什么比晴朗日子的天空在我看来是蓝色的更清楚的例证吗？"我的妻子要么在牛津要么在伦敦"怎么可能比"她确实在牛津"**更确实**？这样的一些考虑，在它们适用的场合，促使我下决心找出跟例子中提到的解释不一样的关于语言不合适性的解释。

但是，就大多数例子而言，所提出的解释到底是什么，不是很清楚。为了方便起见，我把可疑例子中提到的那些采取这样、那样立场的哲学家称为"A 哲学家"；把 A 哲学家希望作为特定的词（如 remember、voluntary）的意义所涉及的条件称为"可疑条件"；把讨论中的词称为"关键词"，把以合适的方式包含关键词的表达式，即陈述，称为"关键陈述"。

在我看来，A 哲学家可以采取至少三个立场中的一个：

（1）他可以认为，关键陈述衍推相关的可疑条件（例如，小心地做某事衍推做者的预防措施是合理的，如果这些措施是不合理的，那么这个行为被小心地实施了就是假的）。

（2）他可以认为，如果可疑条件不是真的，那么相关的关键陈述就没有真值。

（3）他可以认为，（a）如果可疑条件是假的，相关的关键陈述就是假的，或者（换个说法）缺乏真值；（b）如果可疑条件是真的，那么相关的关键陈述或者真，或者假。

在这种情况下，关键陈述和可疑条件之间的逻辑关系类似于"A omitted to do x（A 忽略了做某事）"和"A might have been expected to do x（A 可能被预期做某事）"这两个陈述之间可以被（带有某些可信度地）假定存在的关系。考虑一下这两个陈述之间的关系：

（1）"A omitted to turn on the light.（A 忽略了开灯。）"

（2）"A might have been expected to turn on the light.（A 可能被预期会开灯。）"

---

① "Assertions and Aberrations，"*British Analytical Philosophy*, eds. Williams and Montefiore.

下述解释有一定的可信度。如果陈述（2）为假，那么陈述（1）为假（如果 A 开了灯）；如果他开了灯，那么他当然没有忽略开灯，不管他应该开还是不应该开。但是，如果陈述（2）为假，A 没有开灯，那么陈述（1）的真或假就存疑了。然而，要是陈述（2）为真，即，A 可能被预期会开灯，那么陈述（1）为假或为真，取决于他开灯了，或没有开灯。

关于下列两个陈述之间的关系，可以提出有点类似的解释：

（1′）"A tried to turn on the light.（A 尝试开灯。）"

（2′）"It was, or might have been, a matter of some difficulty for A to turn on the light.（要 A 开灯曾经（或可能）是件有些困难的事。）"

假定陈述（2′）为假，那么陈述（1′）可能为假，如果 A 确实没有开灯；但是如果 A 确实开了灯，那么陈述（1′）可能缺乏真值，或其真值不定。但是，要是陈述（2′）为真，那么陈述（1′）为真，如果 A 开了灯，或曾为了开灯采取了（不成功的）措施；而，如果 A 没有采取这些措施，那么陈述（1′）为假。（当然，我不是提议这样的解释是正确的，只是它会有一些可信度。）

要把 A 哲学家的立场钉到这三个中的某一个，一般有点困难。少数几人中看起来可能的一个是本杰明。他把假定是真的（得到证明的）"remember"的涵义跟杜撰的涵义对立，接着他说，这两个涵义之间的对立不是"这样的对立——它允许在这些例子中通过**否认**记得自己的名字（或语言）赤裸裸地暴露其存在，因为在每种情况下这样的否认都衍推你曾经把它们忘掉了。其不合适在于在这种情况下提出通常涵义上的 'remember'这个概念的问题。"这段文字虽然不是绝对结论性的，却强烈暗示本杰明认为"remember"这个词的真正涵义是这样的——如果可疑的条件没有 12 实现（如果没有机会忘掉），那么关键陈述（如"I remember my name（我记得自己的名字）"）就不能被赋予真值。我认为（虽然我不那么肯定）马尔科姆在"know"的用法问题上采取了同样的立场，当相关的可疑条件没有实现时。

　　但是，在其他情况下，形势并不明朗。斯特劳森在概括"if ... then（如果……那么）的主要或标准用法"时（在《逻辑理论导论》中）说，一个假言判断是可以接受的（真的，有理由的），如果接受其前件判断是接受后件判断的良好根据；但是，他显然没有把前件和后件之间的关系看成是条件式的真值（可接受性）的**充分**条件，因为他也认为相关的实质条件式的真值是必需的（因为普通条件式被说成**衍推**实质条件式）。而且实质条件式的真值不是前件后件关系的结果。所以，他很可能认为普通条件式为假，要是相关的实质条件式为假；但是很难决定他是不是认为"If I am now in Oxford, it is raining in Australia（如果我现在在在牛津，那么澳大利亚在下雨）"（按照实质解读这个条件式为真，虽然前件和后件之间可能没有必需的联系）这样的条件式为假，或者不合适（反常，缺乏可赋予的真值）。

　　塞尔还把奥斯汀归属一种可以跟 A 哲学家的第二或第三种立场等同的立场，而且这样解读奥斯汀可能有一些外在的证据，只是奥斯汀自己并不确定。他说，"我以通常的方式坐在椅子里，我没有茫然，或受到威胁（或类似的东西）的影响：这时你不能说我有意坐在椅子里，或者不是有意坐在椅子里，也不能说我自动（或者习惯性地或以其他什么方式）坐在椅子里。"这句话在所描写的场景下大概尤其可以解读为"I sat in the chair intentionally（我有意坐在椅子里）"或"I did not sit in the chair intentionally（我不是有意坐在椅子里）"，这两种陈述都不可能被赋予真值。这句引用的话附有一个脚注："说明或解释：当然我们可以说'I did *not* sit in it "intentionally"（我**不是**'有意'坐在椅子里）'只是作为一种驳斥我有意坐在椅子里的方式。"奥斯汀为脚注中的第一个"intentionally"加上引号这个事实可能支持下述观点，他想的是"I did not sit in it intentionally"的唯一**真的**解读否认了把"intentionally"这个**词**应用于我坐在椅子里这件事的真理性（同时又没有赋予其虚假性）。但是，在该文的前部，"只记住，这（日常语言）是**第一个词**"（他刚刚说了这不是最后一个词）这

13

句话有一个忧郁的脚注。这个脚注说，"忘掉（一次，一会儿）另外那个奇怪的问题'是真的吗？'好不好？"而且，明显是为了实现脚注中的请求，他一直避免使用"true（真）""false（假）"，而用"it will not do to say（这样说不行）""we could, justifiably and informatively, insert with the verb (a modifying expression)（我们可以，正当地，有信息量地，给动词附上（修饰语））"和"no modifying is required or even permissible（不需要（甚至不允许）修饰语）"这样的表达式。我非常担心，他是想既拥有蛋糕，又吃掉它①。就"voluntarily（自发地）""deliberately（故意地）""under constraint（有限制地）"等副词或状语短语而言，他是在支持使用各种不可答应的应用，作为确定这些表达式的意义（它们所表达的概念的界限）的基础，同时努力把这样的应用是不是可答应的问题放在一边，因为它们会是假的，因为它们会缺乏真值，或者因为其他的理由。这些程序的结合本身是不是可答应，至少对我来说就是非常有疑问的。

最后我谈谈塞尔对我们关心的问题的处理意见。下列几点看起来是比较突出的。

（1）他只讨论了可疑例子中的很小一部分，特别是假定附着于维特根斯坦和马尔科姆的"know"，本杰明的"remember"，奥斯汀的修饰行为动词的状语表达式的应用限制性问题。不过，塞尔增加了一些没有明显激发哲学家兴趣的样例，而且最后把它们用作自己偏好的解决方案的例证，解释有哲学意义的例子。其中一个句子是"The man at the next table is not lighting his cigarette with a 20-dollar bill（隔壁桌子的那个男人没有用 20 美元纸币点燃香烟）"。塞尔提出，在标准的没有偏离正常的情境下（如，一个男人在一个普通饭店用火柴点烟）说这句话是不合适的。但是，如果

---

① "既拥有蛋糕，又吃掉它"的原文是"to have his cake and eat it"，这是一个成语，类似汉语的"鱼和熊掌不可兼得"。——译者

有人说 "in a Texas oil-men's club, where it is a rule that cigarettes are lit with 20-dollar bills, not 10 dollar or 5 dollar bills, much less matches, which are reserved for igniting cash（在德克萨斯石油巨头俱乐部，香烟规定要用 20 美元纸币点燃，不是 10 美元，或 5 美元纸币，更不用火柴，它只用来引燃纸币）"，那么就没有根据说这句话不合适。

（2）他认为他讨论的 A 哲学家的观点是，在某些情境下相关关键陈述既不真也不假。那就是说，他认为他们或者持第二种立场（根据这种立场，人们总是假定可疑条件的虚假性会剥夺相关关键陈述的真值），或者持第三种立场（根据这种立场，人们假定可疑条件的虚假性会阻碍关键陈述成真，虽然它是不是为假，或缺乏真值，取决于事实）。

（3）他假设附着于关键词的应用的可疑条件存在于（或者 A 哲学家最后可能不得不承认它存在于）一个真实的或假定的机会，使合适的关键句子的**否定**可能为真，或可能曾经为真，或可能假定为真。A 哲学家将（或将不得不）允许，比如，"of his own free will（出于他自己的自由意愿）"这个表达式可应用于某些行动的条件，是在场景中应该有（或应该假定有）某些机会把表达式应用于这个行动为**假**。

（4）他坚称事实上这是他讨论的 A 哲学家的一个错误——把这样的可疑条件表征为应用特定词或短语的条件。这种语言现象可以更好地解释为这个假设，即，场景中应该有真实的或假定的机会使 p 应该为假，是一般情况下一个命题 p 的可断言条件（不管命题 p 的表达式包含的特定词是什么）。奥斯汀的口号"无修饰无偏差（No modification without aberration）"应该修改为"无断言无可断言性"，或"无话语无可话语性"。在标准情境下应用修饰性副词，就是在没有真实的或假定的可能性它们会假时应用它们，所以在保证这一点的情境下应用它们，它们的应用所表达的就是不可说的。

（5）就 A 哲学家的论断而言，塞尔的态度是破坏性的。他声称他对这种语言现象的解决方案比他的对手更简单，覆盖面更广，而且可能更可

信。其中有两个论点，他认为是致命的。第一个论点是，当可疑条件没有 15
实现时，关键陈述的否定为假（不是既不真也不假）——在这种情况下关
键陈述本身当然可能不得不接受为真。如果我以标准或正常方式（不管到
底是什么）去参加哲学会议，（按照奥斯汀的意见）我这种举动使我的行
为不能正当地成为修饰语 "of my own free will（出于我的自由意愿）" 的
描写对象，而（按照塞尔）"I didn't go to the meeting of my own free will;
I was dragged there（我不是出于自由意愿去参加会议；我是被拽去的）"
的说法根本就是假的。同样，在绝对标准的情况下，"I didn't buy my car
voluntarily; I was forced to（我不是自发买的车；我是被迫的）" "I don't
remember my own name（我不记得自己的名字了）" "I don't know whether
the thing in front of me is a tree（我不知道眼前这个东西是不是树）"，或者
"He is now lighting his cigarette with a 20-dollar bill（他正在用 20 美元纸币
点烟）" 这些说法在每种情况下都是假的。塞尔的第二个反对 A 哲学家的
致命论点是，我们有可能找到比至今讨论过的简单句子形式上更复杂一些
的句子，它们包含关键词，却分明是合适的，不需要假定可疑条件成立。
例如，"The knowledge of and ability to remember such things as one's name
and phone number is one of the foundation stones of modern organized society
（知道并能记住自己名字和电话号码是现代有组织社会的基石之一）" "It
is more pleasant to do things of one's own free will than to be forced to do them
（自觉自愿地做事要比强迫做事更愉快）"。

当然，我同情塞尔处理 A 哲学家讨论过的语言现象的总的方法。特
别是，我像塞尔一样，也想在不求助于特定词语的特别语义特征的情况下
解释一下 A 哲学家关注的语言不合适问题。但是，我对他的具体立场不
是完全满意。

首先，我认为他反对 A 哲学家的两个致命论点都不能令人信服。第
一个论点从关键陈述（在同样情况下）的否定的所谓虚假性推导出其真
理性（当可疑条件没有实现时）。然而，当一个人在用火柴时，说"他

正在用 20 美元纸币点烟"当然是假的，所以他**没有**用 20 美元纸币点烟是真的。但是，据我所知，自从布拉德利（Bradley）的影响消失以后，哲学家们一点儿都没有要否认这一点。跟最近哲学相关的例子显示事实是相反的。如果我以正常方式参加会议，我被拽去的说法当然是假的，我被拽去跟我是自愿去的陈述的**真理性**当然不相容；如果我是被拽去的，我自愿去的说法就是**假**的。但是，既然我**不是**被拽去的跟我**真**的（而不是既不真又不假）是自愿去的结论之间并没有联系。我自己的看法是，我**真**的是自愿去的，但是，塞尔的论点没有证明这一点；它只不过是否定了对方的立场。而且，一旦我们把陈述改成第三人称（为了避免这个动词第一人称现在时的可能的特殊性质），情况似乎是一样的；A 哲学家早已宣称自己不愿意说"He did remember his name（他确实记住了自己的名字）"或者"He did not remember his name（他没有记住自己的名字）"。

至于塞尔的第二个论点，寻找可以应用关键词的情况的努力是有希望的（即使可疑条件没有实现），而且我认为能够成功实现。但是，我不认为我引用的塞尔的概括达到了这个目标。请考虑一下"It is more pleasant to do things of one's own free will than to be forced to do them（自觉自愿地做事要比强迫做事更愉快）"。如果对 A 哲学家公平的话，我们可能应该把这个陈述改成更加笨拙的说法："Acts to which the expression 'done of one's own free will' applies are more pleasant than acts to which 'because one is forced to' applies（适用'自觉自愿做的'这个表达式的动作比适用'强迫做的'的动作更愉快）"。一旦这样修改陈述，我们就可以看到其合适性，实际上是其真理性，对**真正**适用"自觉自愿做的"这个表达式的动作（或可以正确地应用的动作）的条件的性质一点影响都没有。在这个问题上，A 哲学家可以继续采取比塞尔更局限的观点。

另一个例子，"The knowledge of and ability to remember such simple things as one's name and phone number（关于自己名字和电话号码这样简单事情的知识以及记住它们的能力）"，就它跟"remember"这个概

念的关系看，我觉得有一种不一样的缺陷。提到一个人的"记事能力"，可以解读为提到他**能够**记住的事物，这又可以转而理解为提到"他记忆中的"事物，他获知并没有遗忘的事物。一点都不清楚的是，A 哲学家要附着可疑条件的"remember"是不是用在这个涵义上。本杰明发现不合适的是这样一句话"I've remembered my name *again*（我**又**记得自己的名字了）"，他提议的限制似乎是为了把"remember"用在可推定日期的事件而设计的。就这一点而言，塞尔的例子似乎不影响他的论断。 17

在谈塞尔自己的论断之前，我想提一下我觉得可能被用来反对某些 A 哲学家的一类论点，虽然塞尔的论文没有提到。想象一下下列情景。我去了银行，正准备离开时，我看见史密斯夫人走向柜台，她开了支票，并递给办事员。这时我离开了。我回到家，妻子问我看见谁了，我回答"I saw Mrs. Smith cashing a check at the bank at noon today（今天中午我看见史密斯夫人在银行兑支票）"。然而，在这种情况下，如果我说"I saw Mrs. Smith *trying* to cash a check at the bank at noon today（今天中午我看见史密斯夫人**尝试**在银行兑支票）"明显是不合适的。但是，这天晚些时候，我碰见琼斯小姐（当地的万事通），她问我看见谁了。我又说："I saw Mrs. Smith cashing a check at the bank at noon today"。琼斯小姐回答："但是，她不可能兑支票；她知道她透支过头了，银行不会给她兑支票。"我不相信琼斯小姐，我们争了起来。最后，我生气地说："Well, I saw her trying to cash a check at the bank at noon today, and I have not the slightest doubt that she succeeded（不过，我今天中午看见她尝试在银行兑支票，我毫不怀疑她成功了）"。

我们可以从这个小故事吸取两个教训。（1）要解释这个语言现象，A 哲学家要弱化"try（尝试）"这个词的可疑条件，以便它只要求"A tried to do x（A 尝试做某事）"这句话的说话人应该认为，有人认为 A 可能不会做某事，或 A 做某事有困难。（2）一旦可疑条件以这种方式成为说话人相关①，A 哲学家就碰到另一个困难。因为如果我曾经对妻子说 "I saw Mrs. Smith trying to cash a check at the bank at noon today"，那么就能很自然地假定（并且要否定是反直觉的），这个说法是不合适的，而按照 A 哲学家的观点是缺乏真值的，我应该合适地，（所以根据 A 哲学家和其他所有人）**真实地**，做出像我后来对琼斯小姐那样的**同样的陈述**。所以，A 哲学家或者不得不否认这个句子的两种用法做出了同样的陈述，或者不得不坚称同一个陈述可以有时有真值，有时又没有真值。这两种选项没有一个有吸引力。这个反对意见适用于**任何**以这种方式说话人相关的可疑条件。

18　　如上所述，我同情塞尔的正面观点的总的方向，但是不满意他的一些细节。

（1）塞尔当然允许他的可断言条件（即应该有，或假定应该有，某个机会所断言的命题为假）严格地说不是可断言性的必要条件。可断言性的必要条件应该是选言判断，其中塞尔的条件只是一个选肢。但是，他没有说明其他选肢是什么，他似乎不认为它们适用于这个话题；所以，我大概可以忽略它们。我觉得他的条件不能解释某些我认为他希望解释的情景。特别是，"x looks φ to A（对 A 来说，x 看起来是 φ）" 的合适性所必需的似乎不是关系到对 A 来说，x 可能看起来不是 φ 的可能性，而是 x 可能不是 φ 的可能性。使 "A tried to do x（A 尝试做 x）" 成为合适的，是真实的或假定的可能——A 可能不会**成功地**做 x，而不是 A 可能不会**尝试**做 x。而且，"look" 和 "try" 在这方面很特别这个事实，跟这些词的不合适用法的特别性质有关。说 "it looks φ to me（对我来说，它看起来是 φ）" 这个说法不合适，是不够的，说得太少了；而说 "He is not lighting his cigarette with a 20-dollar bill（他没有用 20 美元纸币点烟）" 不合适，是多余的。

———————————

① "说话人相关" 的原文是 "speaker-relative"，即 "随说话人（特别是说话人的意图）变化而变化"。——译者

（2）关于可断言性条件的地位，似乎有很多不确定性。有时候，塞尔似乎认为，如果可断言性条件在某特定话语中没有实现的话，这句话就不**是**断言；有时候他似乎认为，在这种情况下这是一个**有问题的**断言；有时候这是一个**无意义的**断言（或话语）。

（3）塞尔的条件所假定管控的言语行为的确切性质也似乎有很多不确定性。这被说成是一个断言行为。然而，按这个词的日常涵义，断言是一种非常具体的言语行为。断言（大约）就是做出声称。如果我说"Heidegger is the greatest living philosopher（海德格尔是最伟大的健在哲学家）"，我当然做了断言（假定至少我能够预期你当我是认真的）；但是，如果我通过说"There is a robin（有一只知更鸟）"把你的注意力吸引到知更鸟的存在，或告诉你"I have a bad headache（我头很疼）"，或评论说"The weather is cold for the time of year（就这个时节而言，天气有点冷）"；严格地说，我做出了断言的说法在前两种情况下是假的，在第三种情况下是可疑的。就断言的这个日常涵义而言，如果要把说某事当作做出断言的话，很清楚必须实现一些条件。但是，当人们说直陈句的时候，既然有其他完全规范的言语行为可以实施，这样的一句话不是断言这一点，就不能作为这句话不合适或有问题的根据。然而，如果"断言"要被用在更宽容、更专业的涵义上，就会有问题——引入这样一个涵义，并规定这个涵义的断言受制于塞尔的条件，在多大程度上可以解释不满足这个条件的话语的不合适性。把（新涵义的）"断言（asserting）"当作"说话（remarking）"的另一个名称（这是这个概念的当前用法），这个困难大概可以绕过去；而且这可能是说话人渴望的，即他的说话内容应该具有说话的地位。但是，即使是不合适的话语都有这个地位；（不合适地）说"He is not lighting his cigarette with a 20-dollar bill（他没有用20美元纸币点烟）"这句话的人说了一句不合适的话语。

在我看来，塞尔论断的唯一可成立的版本（当然是他认可的版本）是，一段话语，或一句话，其大意是 p，是不合适的，如果它没有意思；

而它将在大多数情况下都没有意思，除非有一个真实的或假定的 p 为假的可能性；这些事实可以被用来解释某些激发 A 哲学家热情的语言现象。事实上，人们很难不同意这个论断，我所说的大部分内容都可以被看作这个论断中的思想的发展和延伸。然而，我还是有些担心，如果接受这个论断，我可能被认为认同了多于我愿意认同的东西。我感觉，塞尔（就像奥斯汀）把行事行为之类的言语行为当作规约行为了，其本质有待（管控每一个言语行为的）构成规则的详细说明来解释，而到底是否可能实施这种行为也依赖于它。这些规则中有一条的一部分可能是（但不是必须是），一句话为什么不够资格成为合适的言语行为；它至少表示这句话偏离了常规或不够贴切。

　　然而，虽然有些言语行为（如允诺、发誓、接受求婚）在刚刚简略描述的这种意义上可能是规约行为，虽然说话在某种意义上无疑是规约行为（因为它涉及语言手段的使用，而语言手段在某种意义上是规约的），我仍然怀疑如此平常的说话行为是不是在上述相当强的意义上是规约行为。这个问题在仔细检查言语行为的性质和"规约行为"这个短语的意义之前是没法解决的。但是，即使说话是一种偏好意义上的规约行为，我认为远远不能肯定的是，任何规则规定一句话不应该说，如果说了就会没有意思，或者规定一句话不应该说，除非（在其他条件相同时）有真实的或假定的可能性它所表达的命题可能是假的，这样的规则是解释说话的本质时必须加以说明的规则。在我看来，可能性更大的是，解释说话的本质可以不需要提到这些事；不满足这种假定的规则的话语，其不合适性可能源于话语一般具有的其他特征，另外可能还有某些更一般性的管控交际（甚至这种理性行为）的原则。

　　我把这个有点散漫的引言的几条主要线索归纳一下。我尝试概括一种操作，它从一个词或短语在某些情境下的不合适应用得出关于其意义的结论。我认为我们需要一种方法决定什么时候这样的操作是合法的，什么时候不是。我给出了这种操作的好几个例子，它们有些哲学意义，同时也是可疑的（而且我认为大多数是不合法的）。我提出了一个论点，我希望它能显示，至少在可疑条件以某种方式说话人相关时，把这个条件看作应用特定词或短语的条件是错误的，如果"可应用条件"意味着这个条件不实现就剥夺应用这个关键词或短语的真值。跟塞尔的总的态度一致，我提议，跟这种说话人相关的条件不实现联系在一起的不合适性，最好通过某些会话或理性行为的一般原则来解释。我的看法是，要反驳我讨论过的大多数 A 哲学家的论断，最好通过援引这样的一般原则；不过，之前我的主要目标一直不是发起这场论战。但是，现在我要转向对这种一般原则的更直接的讨论了，重点是这些原则在生成蕴涵、暗示方面的能力，而不是 A 哲学家们关心的解释不合适性样本方面的用处；我希望最后这个方面的用处是它们在其他方面的哲学用处的副产品。从现在开始，我的主要兴趣是生成一个语言哲学理论的大纲；所以，A 哲学家们预期只会时不时地重现在哲学舞台上。

2

逻辑与会话

在哲学逻辑学界，一般人都认为，∽、∧、∨、⊃、(∀x)、(∃x)、(ɩx)等我所谓的形式符号（至少其中一些），在标准二值解读中，其意义跟自然语言中被认为是对应成分的表达式，如 not、and、or、if、all、some（或 at least one）、the 等是有差异的，或者看起来是有差异的。有些逻辑学家有时候可能想说事实上这种差异并不存在；但是这种说法即使有人表达，也不是那么深思熟虑的，被怀疑有这种想法的人会受到比较粗鲁的对待。

那些承认这种差异确实存在的人，主要属于我称之为形式主义或非形式主义这样两个对立的阵营之一。一个并非不典型的形式主义阵营的立场可以概述如下：逻辑学家关注如何建立有效推理的广义模式，就此而言，那些形式符号肯定比自然语言的对应成分更有用。因为人们可以用这些形式符号构建一个广义的程式系统，其中相当多的程式可以被认为是（或者紧密联系于）其表达式使用了一些（或全部）形式符号的推理模式。这样的系统可能包含一组一定可以接受的简单程式，如果这些形式符号确实具备所赋予它们的意义，以及数量不定的一些其他程式，其中许多程式的接受度不那么明显，但是每一个都是可以被证明可接受的，如果最早的那组程式都可以被接受的话。因此，我们就有了一种处理接受度存疑的推理模式的方法。如果我们能够应用决策程式的话，就像有时候可能的那样，我们还会有一种更好的方法。而且，从哲学角度看，形式符号的自然语言对应成分所具有的跟形式符号不一样的意义，将被看作自然语言的缺陷，这些意义成分是不合需要的赘疣。因为这些成分的存在一方面会导致包含这些成分的概念不能被确切、清楚地定义，另一方面至少有些使用这些成分的陈述在某些情况下将不能被赋予确定的真值。而概念的不确定性不仅使这些概念不受欢迎，而且会为形而上学打开方便之门——我们不能保证这些自然语言表达式一个都不"包含"形而上学含义。基于这些理由，自然话语中所用的这种表达式最终不能被认为可接受，而且可能最终被认为是不能被完全理解的。正当的做法是设想并开始构建一种包含形式符号的理想语言，其句子意义是明确的，有确定的真值，并确保没有形而上学蕴涵。这样，科学的基础从哲学上看将是有保障的，科学家的陈述将是可以用这种理想语言表述清楚的（尽管实际上不一定表述出来）。（我不想暗示所有的形式主义者都会完全接受这个概述，但我相信所有人都会接受至少其中的一部分。）

对上述观点，非形式主义者可能会有下列回答。对理想语言的哲学需求是基于一些不应该被承认的假设：即，判断一种语言是否合适的最主要标杆是能否满足科学的需要；除非有人解释或分析过一个表达式的意义，否则它就不能保证完全被理解；而每一种解释或分析都必须采用确切的定义，也就是要表达或断言逻辑等价。除了科学研究以外，语言还服务于许多重要的目的。在这方面，我们不需要了解其分析就能完全明白一个表达式的意义（因此它当然是可理解的）。对一个表达式的分析可以是（而且常常就是）尽可能概括地表明在什么条件下所分析的表达式可以应用，或不可以应用。况且，尽管形式符号特别适合逻辑学家的系统处理（这是毫无疑问的），仍然存在非常大量的用自然语言而不是用形式符号表达的推理和论证，而且其有效性是显而易见的。因此，必须为形式符号的自然语 24
言对应成分保留一个非简化的，多少有点不系统的逻辑。这种逻辑可以受到使用形式符号的简化逻辑的协助或指导，但是不能被后者替代。事实上，这两种逻辑不仅不一样，而且有时候会有冲突；形式符号遵循的规则，其自然语言对应成分不一定遵循。

改造自然语言问题在哲学中占据什么位置，这个大问题我不会在本文涉及。我将集中讨论这场争论跟所声称的自然语言与形式语言之间的差异是什么关系。而且，我也没有意愿加入这场争论的任何一方。相反，我想说争论双方的共同假定——这种差异事实上确实存在——（总的来说）是一个常见的错误，其根源在于对管控会话的条件的本质及其重要性没有足够的注意。因此，我将探讨会话的一般条件，那些以各种方式影响（我称之为）会话的条件，不管会话的主题是什么。我将从讨论"隐含"[①]这个概念的特性入手。

隐含

假设 A 跟 B 在谈论他们的共同朋友，现在在银行工作的 C。A 问 B，C 现在工作怎么样？B 回答，"Oh quite well, I think; he likes his colleagues, and he hasn't been to prison yet（哦，很好，我觉得；他喜欢他的同事，而且还没有进过监狱）"。这时候，A 很可能疑惑，B 通过说 C 还没有进过监狱要蕴涵什么，他要暗示什么，甚至他意味什么。答案很可能是下列其中之一，C 是这样一个人，很容易屈服于职业所提供的诱惑；他的同事是非常令人讨厌，不值得信任的人；等等。当然，A 很可能完全没有必要对 B 有这些疑惑，在这种语境下其答案是预先就清楚的。显然，不管 B 在这个例子中蕴涵、暗示、意味什么，它跟 B 所说的是不一样的，他只是说了 C 还没有进过监狱。为此，我想引入一个术语，动词"implicate（隐含）"，相关的名词"implicature（隐含）"（比较"implying（蕴涵）"）和"implicatum（所隐含者）"（比较"what is implied（所蕴涵者）"）。这么做的目的是为了避免每次都要在"implicate"这个概括词下选择一个具体

---

① 原文是"implicature"，业界曾有"含义、含意、隐涵"等多种译名。本书译名"隐含"出自《语言学名词》（商务印书馆，2011）。而且，我们将把动词（implicate）跟名词统一，都译作"隐含"。——译者

的成员来表达这个概括的意义。至少就目前而言，我将在很大程度上假定人们对这种语境下的"say（言说）"的意义有直觉的理解，有能力辨认跟 25 "implicate"有关的这组动词中的具体成员。不过，我可以多说一两句，以便澄清这些假定中问题较大的部分，即，跟"say"这个词的意义有关的部分。

在我所用的"say"这个词的意义上，我意欲把一个人所言说的理解成跟他所说词语（句子）的规约意义非常接近。假设有人说了"He is in the grip of a vice（他被一个"vice"①困住了）"这个句子。如果具有英语知识，却不知道说这句话的环境，人们只会知道说话人的某种意思，假定他说的是标准英语，而且态度严肃。人们知道他说了，一个男人或雄性动物x，在说这句话的时间（不管到底是什么时间），（1）x无法摆脱某种坏品性，或（2）x的身体的某个部分被某种工具或器械夹住了（当然这只是大概的意思）。但是，要完整辨认说话人的意思，我们就要知道，（a）x的身份，（b）说话的时间，（c）"in the grip of a vice"这个短语在这个特定说话场合的意义（即，到底是（1）还是（2））。我关于"say"的用法的这个简短说明不能解决下面这个问题：一个人（今天）说"Harold Wilson is a great man（哈罗德·威尔逊是个伟人）"跟另一个人（也是今天）说"The British Prime Minister is a great man（英国首相是个伟人）"，他们是否说的是同一件事，如果他们都知道这两个单称词项②指的是同一个人。但是，不管该问题的答案是什么，我将要提供的机制都有能力解释任何依赖所说句子的这个而不是那个单称词项的隐含。这种隐含只是跟不同准则相连而已。

在某些情况下，所用词语的规约意义除了会帮助决定所言说的内容，还会决定所隐含的内容。如果我（得意地）说，"He is an Englishman; he

---

① 如下文所示，"vice"是有歧义的，所以这里不便译出。——译者

② "这两个单称词项"即"Harold Wilson"和"the British Prime Minister"，格莱斯1967年做演讲时，哈罗德·威尔逊是英国首相。——译者

is, therefore, brave（他是英国人，所以，他很勇敢）"，我当然通过所用词语的意义承诺，他的勇敢是果，他是英国人是因（前者源自后者）。但是，虽然我说了他是英国人，他很勇敢，我不想说我**言说了**（在我喜欢的意义上）他的勇敢源自于他是英国人，尽管我确实暗指了，因而隐含了，这是这么一回事。我不想说，我说的这句话，**严格地说**，是假的，如果这种因果关系不成立。因此，**有些**隐含是规约性的，跟我引入这场关于隐含的讨论时所用的例子不一样。

　　我希望把非规约隐含的一个次类——我将称之为**会话**隐含（conversational implicature）——表征为本质上跟话语的某些一般特征有联系；所以我下一步将设法阐明这些特征是什么。下文可以为这条一般原则提供第一个近似论述。我们的谈话通常不是由一串互不相关的话语组成的，否则就会不合情理。它们常常是合作举动，至少在某种程度上；参与者都在某种程度上承认其中有一个或一组共同目标，至少有一个双方都接受的方向。这个目标或方向可能是在开始时规定的（如，先提出一个要讨论的问题），它也可能在谈话过程中逐渐变化；它可能是比较确定的，也可能不太确定，参与者有较大的自由（就像在随意会话中那样）。但是在每一个阶段，总有**一些**可能的会话举动会因为不适合而遭到排斥。因此，我们可以提出一个粗略的一般原则，参与者（在其他条件相同的情况下）预期都会遵守，那就是：使你的话语，在其所发生的阶段，符合你参与的谈话所公认的目标或方向。我们可以把这叫作合作原则（cooperative principle）。

　　假定这样一个一般原则是可以接受的，我们大概就可以区分四种范畴，每种范畴之下又可以有更具体的准则、次准则。遵循这样的准则一般情况下会导致符合合作原则的结果。按照康德的术语，我把这些范畴叫作数量、质量、关系、方式。数量范畴跟提供的信息量有关，它统辖下列准则：

　　　　1. 使你的话语如（谈话的当前目标）所要求的那样信息充分。
　　　　2. 不要使你的话语比所要求的信息更充分。

（第二条准则还可以商榷；有人可能会说，提供太多的信息并不违反合作原则，只是浪费时间而已。不过，我们可以反驳，这种信息量过大可能造成困惑，导致副作用；还可能有间接的影响，听话人可能误以为所提供的过量信息会有特别的**含义**。但是，不管是哪种情况，怀疑是否需要第二条准则可能还有另外一个理由，即，其作用可以由下文涉及关联性的准则实现。）

在质量范畴下有一条总准则（supermaxim）——"设法使你的话语真实"——和两条具体准则：

1. 不说自知是虚假的话。
2. 不说缺乏足够证据的话。

在关系范畴下，我只置放了一条准则，即"要有关联"。虽然这条准则本身很简短，它却掩盖了许多令我惶悚不安的问题：有哪些不同种类、不同焦点的关联性？这些种类和焦点在谈话过程中是如何演变的？应该如何解释会话主题的合理变动？等等。我感觉这些问题是非常难以回答的，我希望在后期著述中再来讨论这些问题。

最后，方式范畴，我理解不像前几个范畴，不是跟所说内容有关，而是跟**如何**说所说内容有关。在这个范畴下，我包含了一条总准则——"要清晰"——和如下几种准则：

1. 避免含糊不清。
2. 避免歧义。
3. 要简洁（避免不必要的冗长）。
4. 要有序。

此外，我们可能还需要其他的准则。

很明显，遵守其中一些准则不像遵守其他一些准则来得紧迫；一个说话过度啰唆的人一般只会受到较轻的批评，不像说了自知虚假的话。事实上，人们可能感觉至少第一质量准则很重要，不应该被包括在我正在构建的这种方案中；只有假定这条质量准则得到了满足，其他准则才能运行。尽管就隐含的生成而言，这种观点可能是对的，但是质量准则所发挥的作用似乎并不完全不同于其他准则。至少目前而言，把质量作为一种准则是比较方便的。

28　　　　当然，参与者在会话中通常还遵守其他各种准则（美学的、社会的、道义的），比如"要礼貌"，这些也能生成非规约隐含。不过，上述会话准则（conversational maxims）以及跟它们相关的会话隐含，（我希望）跟谈话（及谈话交流①）所适合服务的及主要用来服务的特定目标是特别有关系的。从我关于这些准则的叙述看，这个目标似乎是最有效地交流信息；这个说明当然太窄，这个方案需要扩大，要把影响或指导别人的行动这样的通用目标包括进来。

　　既然我申明的一个目的是把谈话看作一种或多种特殊的有目标的（实际上是理性的）行为，就可能值得注意，那些跟（至少一些）上述准则有关的具体的预期或设定，在谈话以外的其他交往领域也有类比表现。我为每个会话范畴简单地列一个类比现象。

　　1. 数量（quantity）。如果你在帮助我修车，我预期你的贡献既不大于也不小于所要求的。比如，在一个阶段我需要4个螺丝钉，我预期你会给我4个，而不是2个或6个。

　　2. 质量（quality）。我预期你的贡献是真的，而不是假的。如果你帮我做蛋糕时，我需要用糖做作料，我不会预期你给我盐；如果我需要一把勺，我不会预期一个橡皮做的假勺。

　　3. 关系（relation）。在交往的每个阶段，我预期同伴的贡献都适合现时的需要。如果我是在搅拌蛋糕的作料，我不会预期别人递给我一本好书，或者甚至是烤炉毛巾（尽管在后一个阶段这将是一个合适的贡献）。

　　4. 方式（manner）。我预期同伴会清楚表明他的贡献，并以合理的速度完成其任务。

　　这些对应现象跟合作原则及其所含准则的一个问题（我把它看作基本问题）有关，即我们似乎假定的设想的基础是什么？而且（我希望）看起

---

　　① "谈话交流"的原文是"talk exchange"，上文的"talk exchange"我们像"talk"一样，都译作"谈话"，这里格莱斯特意在"talk"后又加了一个"talk exchange"，目的可能是强调他讨论的是互相交流的说话，不是独白，所以我们把"交流"译了出来。——译者

来很大量的隐含依赖这个问题，谈话者一般（在其他条件相同并没有相反提示的情况下）会按照这些原则所规定的方式行事。一个无聊，但无疑在某个层次是合适的回答是，这不过是一个普遍认可的经验事实：人们确实以这种方式谈话；他们从小就学会了这么做，并且从来没有失去这个习惯；事实上，要想完全脱离这个习惯需要付出极大的努力。比如，告知真相比编造谎言要容易得多。 29

然而，我是一个理性主义者，我要找到支撑这些事实的基础，不管事实是多么不可否认；我愿意有能力想象会话实践的标准类型不只是所有人或大多数人**事实上**遵循的行为，而是**有理由**遵循，**不应该被抛弃的行为**。有段时间我曾经被这种念头吸引：在谈话时遵守合作原则及其准则可以被看作一种准合同，在话语领域之外也有类似的现象。如果我在折腾一辆抛锚的车时你从一旁路过，我无疑会有某种预期，你会出手相助；而一旦你跟我一起钻进引擎盖，我的预期就会变得更加强烈，更加具体（只要没有迹象表明你不过是个无能的添乱者）；我觉得，谈话典型地显示了某些特征，它们一起界定了合作交往：

　　1. 参与者有一个共同的现时目的，比如把车修好；当然他们的最终目的可能是互相独立的，甚至是互相矛盾的——每个人都可能想把车修好，以便自己一走了之，把对方撂在那边。典型的谈话都有一个共同目的，即使这只是个次要目的，如在邻居间的墙头闲聊中。这就是说，每一方都要暂时认同对方的临时会话兴趣。

　　2. 参与者的言论必须如卯眼对榫头，互相吻合。

　　3. 双方有一种谅解（它可能是明确的，但常常是暗含的）：在其他条件相同的情况下，交往应该以合适的方式继续下去，除非双方同意终止。你不能随意抬腿就走或转身去干别的。

但是，尽管这种准合同的基础可能适用于某些情形，很多类型的交流，比如吵架、写信，不适合归入这一类。无论如何，人们感觉一个无的放矢或不清晰的谈话者首先对不住的是他自己，而不是听话人。所以，我希望能够以下列思路来证明遵守合作原则及准则是有理由的（理性的）： 30

如果一个人关心会话/交际的中心目标（就像提供和接受信息，影响别人和被别人影响），我们预期他必然会有兴趣在合适的情况下参与这种谈话，而这种谈话只有在假定一般是符合合作原则及其准则的时候才能获益。这样的结论能否达成，我不能肯定；不管怎样，我相当确信，在我对关联性的本质和需要关联性的情况认识得更加清楚之前，我不能得出这样的结论。

现在是时候展示以合作原则及准则为一方，会话隐含为另一方的两者之间的联系了。

谈话中的参与者可能有多种方式不遵守准则，其中包括下列情形：

1. 他可能悄悄地，不显山不露水地**违反**准则；如果是这样，在某些情况下他很可能误导别人。

2. 他可能既**退出**准则，也退出合作原则的执行；他可能说，暗指，或使这一点变得很清楚——他不愿意如准则要求的那样进行合作。例如，他可能说，"I cannot say more; my lips are sealed（我不能再说了，我要守口如瓶）"。

3. 他可能面临**冲突**：例如，他可能无法遵守第一数量准则（如要求的那样信息充分），同时又不违反第二质量准则（所说的话要有足够的证据）。

4. 他可能**蔑视**某准则；那就是，他可能公开地不遵守该准则。如果假定说话人有能力遵守该准则，而且这么做不会（因为冲突）违反另一条准则；他没有退出；从他的行为的公开性看，他不是要误导别人；那么听话人面临的是一个小问题：怎么把他所说的话跟他是遵守总的合作原则的假定协调起来？这是一种典型的导致会话隐含的情形；当一个会话隐含通过这种方式生成时，我将说该准则被**利用**了。

现在，我可以概括会话隐含这个概念的特性了。一个人通过（在、当）说（或看起来是说）p 而隐含 q 的时候，他可以说是会话隐含了 q，只要（1）他被认定遵守了会话准则，或至少是合作原则；（2）能假定他意识到，或认为，为了使他的说或看起来是说 p（或者以**这些**方式这么做）能跟前一个认定保持一致，q 是必需的；（3）说话人认为，（并预期听话人认为说话人认为）听话人有能力推导出，或直觉地把握（2）提到的假定是必需的。如果把这个方法应用于我最初的例子（B 说的 C 还没有进过监狱这句话），在合适的场景下，A 可能这样推导："（1）B 显然违反了'要有关联'这个准则，所以也可能被认为蔑视了关于要清晰的一个准则，然而我没有理由假设他退出了执行合作原则；（2）在这种情况下，我可以认为他的无关性只是表面上的，当且仅当我假定他认为 C 有不诚实的倾向；（3）B 知道我有能力推导出（2），所以 B 就隐含了 C 有不诚实的倾向。"

　　如果有会话隐含存在，它就必须能够被推导出来；即使事实上能被直觉把握，除非这种直觉能够被替换成论据，这个隐含（如果确实存在）也不是会话隐含；它是规约隐含。要推导某特定会话隐含的存在，听话人需要依赖下列信息：（1）所用词语的规约意义，以及可能涉及的指称对象的身份；（2）合作原则及其准则；（3）语境，话语的语言语境及其他语境；（4）其他背景知识；（5）会话双方都能获得前面所有有关内容，而且双方都知道或认定这是这么回事这个事实（或假定事实）。推导会话隐含的一般模式大致如下："他说了 p；没有理由假定他不遵守准则，或至少是合作原则；他不可能这么做除非他认为 q；他知道（而且知道我知道他知道）我能够看出来需要假定他认为 q；他没有做什么来阻碍我认为 q；他意欲我认为，至少愿意允许我认为 q；所以他隐含 q。"

会话隐含的例子

　　现在，我要提供一些例子，它们分作三类。

　　A 类：没有准则被违反的例子，或至少到底哪条准则被违反不清楚的 32
例子

　　A 站在明显趴窝的车边上，B 向他走来；发生了下列对话：

　　　　（1）A: I am out of petrol.（我没油了。）

　　　　　　B: There is a garage round the corner.（拐弯处有个修车厂。）

（注解：除非 B 认为（或可能认为）修车厂在营业中，并且有汽油出售，否则他就违反了"要有关联"这条准则；因此，他隐含修车厂在营业中，或至少可能在营业中，等等。）

在这个例子中，跟"他还没有进过监狱"那句话不一样，B 的话跟 A 的话之间分明存在没有明说的联系，即使我们把"要清晰"这条方式总准则理解为不仅适用于所说话语的表达，而且适用于所说话语之间的联系，也似乎不能认为这条总准则在这个例子中被违反了。下一个例子在这方面可能有点不那么清楚：

> （2）A: Smith doesn't seem to have a girlfriend these days.（史密斯这些日子好像没有女朋友。）
>
> B: He has been paying a lot of visits to New York lately.（他最近常去纽约。）

B 隐含史密斯在纽约有（或可能有）女朋友。（鉴于上述例子的注解，这里就不需要注解了。）

在这两个例子中，说话人都隐含了他必须被认定相信的内容，如果要维持他遵守了关系准则这个认定的话。

B 类： 一条准则被违反，但是其违反必须通过假设跟另一条准则有冲突来解释的例子

A 正在跟 B 计划在法国的度假行程。两人都知道 A 想去看一下他的朋友 C，如果这么做不需要耽搁太长旅程的话。

> （3）A: Where does C live?（C 住在什么地方？）
>
> B: Somewhere in the South of France.（法国南部的某个地方。）

（注解：没有理由假定 B 退出了；他清楚知道，他的回答信息量不足，不能满足 A 的需要。对第一数量准则的这种违反，只能通过假设 B 意识到要提供更多的信息，所说的话就会违反第二质量准则（"不说缺乏足够证据的话"），因此 B 隐含他不知道 C 住在哪个城市。）

C 类： 涉及利用程式的例子，即，通过修辞格那样的方式，为了得到一个会话隐含而蔑视一条准则的例子

在这些例子中，虽然在所说的层次上，某条准则被违反了，听话人仍然有权认定在所含的层次上那条准则得到了遵守，至少总的合作原则得到

了遵守。

（1a）蔑视第一数量准则

A 在为一个准备在哲学系求职的学生写推荐信，他的信如下："Dear Sir, Mr. X's command of English is excellent, and his attendance at tutorials has been regular. Yours, etc.（亲爱的先生：X 先生的英语非常棒，并且能准时出席研讨班。此致，等等。）"（注解：A 不可能退出，因为如果他不想合作，为什么要写信呢？他不是因为不了解情况而不能多说几句，因为被推荐人是他的学生；更重要的是，他知道需要提供更多的信息。因此，他必定是想传递他不愿意写下来的内容。只有当他认为 X 先生毫无哲学造诣时这个假设才成立。因此，这就是他想要隐含的。）

分明是同义重复的话语，如 "Women are women（女人就是女人）" "Wars are wars（战争就是战争）"，给我们提供了最极端的蔑视第一数量准则的例子。我想要说的是，在所说的层次，在我偏好的"言说"的意义上，这种话语是一点信息量都没有的，因此，在这个层次，这种话语在任何会话场合都不可避免地违反第一数量准则。而在所含的层次，它们当然是有信息量的，在这个层次听话人对信息内容的辨认依赖于他能否解释说话人为什么要选这个特定的明显的同义重复。

（1b）违反第二数量准则"不要提供比所要求的更多的信息"，假如这条准则被允许存在的话

A 想知道是不是 p，B 不仅说了 p，而且自愿提供信息说肯定是 p，以及 p 是这样、那样的证据。

B 的健谈可能不是故意的，如果 A 这样看，他的脑海可能冒出一丝疑惑，B 是不是真的像他说的那样肯定（"我想这位太太抱怨得太多了"）？但是，如果这种健谈被认为是故意的，那么，它就可能是一种间接方法，传递到底是不是 p 在某种程度上是有争议的。不过，这样的隐含是不是可以由关系准则解释，不需要应用所谓的第二数量准则，这一点人们有不同意见。

（2a）第一质量准则被蔑视的例子

反讽（irony）。X 跟 A 此前关系一直很密切，现在他把 A 的秘密透露给了一个商业对手。A 和他的听众都知道这事。A 说，"X is a fine friend（X是个好朋友）"。（注解：A 和他的听众完全清楚，A 说了或看起来说了他不相信的话，听众知道 A 知道听众很清楚这一点。所以，除非 A 的话完全无意义，A 一定是要传递不同于他自称提出的命题。这一定是个有明显联系的命题，而联系最明显的命题则是他自称提出的对立面。）

隐喻（metaphor）。"You are the cream in my coffee（你是我咖啡里的奶油）"这样的例子是典型的范畴虚假，所以，严格地说，说话人看起来所说的反面才是真的；因此，这样的说话人想传递的不可能是**那个**。最可能的假设是，说话人把某种或某些特征赋予给了听众，就这些特征而言该听众（多少有些想象性地）跟所提到的物体相像。

隐喻和反讽有可能结合在一起，迫使听话人进行两阶段解读。我说"You are the cream in my coffee"，意欲听话人先得出隐喻解读"You are my pride and joy（你是我的骄傲与快乐）"，然后得出反讽解读"You are my bane（你是我的痛苦之源）"。

缓叙（meiosis）。一个人据说砸烂了所有的家具，人们却说"He was a little intoxicated（他有点喝高了）"。

夸张（hyperbole）。"Every nice girl loves a sailor（每个好姑娘都喜欢水手）"。

（2b）第二质量准则"不说缺乏足够证据的话"被蔑视的例子

这种例子可能不太好找，但是下面这个似乎可以算。关于 X 的妻子，我说"She is probably deceiving him this evening（她很有可能今晚欺骗他了）"。在合适的语境下，或者附带合适的手势或口吻，我没有足够的理由做出这种假设这一点可能很清楚。我的对话者，为了维持会话游戏仍然在上演这个假定，认定我是要传递某种相关的命题，而那个命题我确实有合理根据，是可以接受的。这个相关的命题很可能是她惯于欺骗她丈夫，或者她可能是这样一种人，不会不做这种事。

（3）通过真正违反关系准则，不是表面上违反，而达到隐含的例子

这种例子可能非常罕见，但是下面这个似乎有点希望。在一个文雅的茶会上，A 说"Mrs. X is an old bag（X 夫人是个老巫婆）"。一阵尴尬的沉默之后，B 说"The weather has been quite delightful this summer, hasn't it?（今夏的天气特别爽，不是吗？）"，B 公然拒绝使他所说的话跟 A 前面那句话有关联。因此，他隐含 A 的话不值得讨论，可能更具体，A 失言了。

（4）方式总准则"要清晰"下辖的准则被蔑视的例子

歧义（ambiguity）。我们必须记住我们只关心故意为之的歧义，而且说话人意欲或预期被听话人辨认出来。听话人需要解决的问题是，尽管会话游戏还在上演，为什么说话人要着力选择一个有歧义的话语。这有两种情况：

（a）一句话的两种解读在直率程度上没有区别，或没有明显区别的例子；没有一种解读比另一种更复杂、更偏离标准、更晦涩、更牵强。我们可以讨论一下布莱克（Blake）的诗句"Never seek to tell thy love, Love that never told can be（永远不要告知你的爱，永远不可被告知的爱）"。为了避免祈使语气引入的复杂性，我将讨论相关的句子"I sought to tell my love, love that never told can be（我曾设法告知我的爱，永远不可被告知的爱）"。这里有双向歧义。"我的爱"可以指称情感状态或情感对象，"永远不可被告知的爱"可以表示"不可被说出口的爱"或"一旦说出就不再存在的爱"。一方面因为诗人的老于世故，另一方面因为有内部证据（这种歧义始终被保留着），我们似乎没有选择，只能假设歧义是故意的，诗人想传递他所说的两种意思，不管哪种解读被认为是意图所在；虽然诗人绝对没有明确说出其中的任何一种意思，而只是传递或暗示了这种意思 36（比较："Since she [nature] pricked thee out for women's pleasure, mine be thy love, and thy love's use their treasure（既然造物主为女人之乐把你造，归我

你的爱，你的爱人用她们的宝）"①）。

（b）一种解读明显没有另一种更直截了当的例子。请看英国将军的复杂例子，他在占领信德（Sind）以后发回了"Peccavi"的电文。这里的歧义（"I have Sind（我占领了信德）"／"I have sinned（我犯了罪过）"）是语音的，不是词义的；所用的表达式实际上并没有歧义，但因为用的是说话人和听话人的外文，需要有翻译，歧义就在于英文的标准译文。②

不管字面直接解读（"I have sinned"）是否传递，看起来非直接解读是一定传递的。人们可能有文体理由只传递句子的非直接解读，但是，如果费时劳力地找到一个非直接传递 p 的表达式，并迫使听众费力做出这种解读，而这种解读对交际是多余的，那就毫无意义，而且文体上可能也是可谴责的。直接解读是否同时被传递似乎依赖于这样的解读是否跟其他会话要求相冲突，如，它是否有关联，是否是说话人可以被认定会接受的，等等。如果这些要求不能被满足，那么直接解读就不会被传递。如果能满足，就会被传递。如果"Peccavi"的作者可以自然而然地被认为犯了某种罪过，如违背命令占领信德，而且如果提到这种罪过是有关联的，听众假定有这种兴趣，那么他就可能同时传递了这两种解读；否则，他就只传递了非直接解读。

含糊不清（obscurity）。我如何为了交际而利用故意、公开违反要避免含糊不清这条准则呢？显然，如果要执行合作原则，我就必须意欲对方理解我所说的话，尽管我在话语中引进了含糊不清的成分。假设 A 和 B 当着第三者（如小孩）的面在会话，A 可能故意含糊不清，尽管不是太含糊不清，希望 B 能够理解而第三者不能。而且，如果 A 预期 B 能够看出来 A 是故意含糊不清的，那么看起来就有理由认定 A 在这么说话的时候，

---

① 这是莎士比亚一首十四行诗的最后两句，格莱斯把它跟布莱克的诗句比较，以突出"love"一词在布莱克诗中的歧义。为此，我们的译文也不同于该诗的通常译法。——译者

② "Peccavi"是拉丁文，字面意思是"I have sinned"，但将军想传递的是"I have Sind"。（信德现为巴基斯坦东南部的一个省。）——译者

隐含他的话语内容不应该被透露给第三方。

不言简意赅（failure to be brief or succinct）。比较下述话语：

> （a）Miss X sang "Home Sweet Home."（X 小姐演唱了"家，甜蜜的家。"）
>
> （b）Miss X produced a series of sounds that corresponded closely with the score of "Home Sweet Home."（X 小姐发出了一系列声音，非常像"家，甜蜜的家"的乐谱。）

假设评论家选说（b），而不是（a）。（注解：为什么他选择那个冗长无聊，而不是简短且几乎同义的"sang（演唱）"？大概是为了暗指 X 小姐的表演跟通常应用"演唱"这个词的行为之间的巨大差异。最明显的设定是 X 小姐的表演有某些可怕的缺陷。评论家知道这个设定很可能突然从脑海里冒出来，所以这就是他要隐含的。）

一般会话隐含

至此，我只讨论了我可以称之为"特殊会话隐含"的情形——换言之，是因为特殊的语境特征在特定场合说 p 就会携带隐含的情形，这种情形下的隐含是没有办法解释为常规地通过说 p 而携带的。但是，有一种一般会话隐含的情形。有时候，人们可以说，在话语中使用某个词语常规地（在没有特殊环境时）携带这样一种或一类隐含。毫无争议的例子可能很难找到，因为太容易把一般会话隐含当成好像是规约隐含了。我希望我提供的下述例子可能不会那么有争议。

任何人说"X is meeting a woman this evening（X 今晚将跟一个女人见面）"都会常规隐含这个要见的人不是 X 的妻子、母亲、姐妹、甚至不是其红颜知己。同样，如果我说"X went into a house yesterday and found a tortoise inside the front door（X 昨天走进一所房子，在前门里面发现了一只乌龟）"，我的听众通常会很惊讶，如果一会儿以后我透露那房子是 X 自己的。我可以用"a garden（一个花园）""a car（一辆车）""a college（一个学院）"等表达式提供类似的语言现象。但是，有时候使用这种表达式通常又没有这种隐含（如"I have been sitting in a car[①] all morning（我一上午都坐在车里）"），有时候又有相反的隐含（"I broke a finger yesterday（我昨天弄破了手指头）"）。我倾向于认为，没有人会赞同这个哲学家，如果他建议"an X（某个 X）"这种表达式有三种涵义：一种大致表示"某个满足 X 这个词的界定条件的东西"，另一个近似地表示"某个 X（在第一种涵义上）跟语境中指明的这个人只有很疏远的关系"，第三种则表示"某个 X（在第一种涵义上）跟语境中指明的这个人有很亲近的关系"。我们会不会更喜欢按照下面这种思路（当然在细节上它很可能是错的）的解释：当有人用"某个 X"这个表达式隐含 X 不属于，或也不是紧密联系于某个可辨认的人时，这种隐含的存在是因为说话人不够具体，像预期的那样具体，结果人们就可能认定他是没有能力具体？这是一种常见的隐含情景，可以被看作因为这种或那种原因不能遵守第一数量准则。唯一的难题是，为什么要假定，说明一个特定的人或物跟话语里提到或指明的另一个人关系紧密或疏远，应该在某些情况下被认为可能有价值，独立于该话语的特殊语境信息。其答案一定位于下列范围：一个人跟其他紧密相连的人或物之间的交往，其伴随状态和结局，跟几个只是很疏远地联系在一起的人或物之间的同样的交往，可能是非常不一样的；如，我在自己的屋

---

①　这个例子表明，"a car"这种表达式实际上是两可的，虽然格莱斯在前一句提到"a car"可以跟"a house"一样携带一般会话隐含——"它跟所涉及的人只有很疏远的关系"。严格地说，"an X"这种表达式到底有没有这种一般会话隐含最终取决于这个"X"跟所涉及的人是"一对一"，还是"一对多"关系。只有在"一对一"关系下，"an X"才携带格莱斯所说的一般会话隐含。在"一对多"关系下，"an X"会具有相反的隐含，这就是"a finger"的情况，因为一个人有"多个"手指头。如果把句子改成"I broke a nose yesterday（我昨天弄破了一个鼻子）"，这个"鼻子"不可能是说话人自己的，因为你只有一个鼻子。在 1960 年代，西方国家已经有人拥有不止一辆小汽车，所以"a car"既可以指自己的（如果这个人有不止一辆车），也可以指不是自己的（如果这个人只有一辆车，或没有车）。当格莱斯说"a car"没有这种隐含的时候，他实际上想的可能是听话人不知道这个人到底有几辆车，不能确定"a car"到底指的是不是他自己的车这种情况。——译者

顶发现一个洞的伴随状态和结局，跟我在别人的屋顶发现一个洞很可能是非常不一样的。信息就像钱币，接收者将用它做什么，给予者常常是不知情的。如果有人想进一步思考曾提到过的一个事务，他很可能发现自己缺乏很多问题的答案，这些问题说话人是没法事先辨认的；如果合适的说明有可能帮助听话人自己回答很多这样的问题，那么人们就会认定说话人应该把这些说明包括在话语之中；如果不能，则不会有这样的认定。

最后，我们现在可以说明作为会话隐含，它们必须具有的特性了。　39

1. 既然要认定会话隐含的存在我们就必须认定至少合作原则得到了遵守，而合作原则的遵守是有可能被退出的，那么一般会话隐含在特殊情况下自然就可以被取消。它可以通过增加一个小句，声明或暗示说话人已经退出，来明确取消；也可以通过语境取消，如果通常携带会话隐含的话语形式，被用在一个能够使说话人已退出变得清楚的语境里。

2. 因为推算某特定会话隐含是否存在，除了语境和背景信息，只需要知道所说的内容（或话语的规约承诺），而且表达方式对推算不起任何作用，就不可能找到另一种说同样事情的方式，只是缺少所涉及的隐含，除非所替代的话语本身有些特殊性质关系到隐含的存否（由于一个方式准则的缘故）。如果我们把这个特性叫作不可分离性，人们就可以预期熟悉的、非特殊的话语所携带的一般会话隐含具有相当高的不可分离性。

3. 因为推算会话隐含是否存在，大致说，预设了人们已经知道携带隐含的话语表达式的规约语力，所以，会话隐含的内容不会被包括在关于该表达式规约语力的初始说明中。尽管在某种程度上一个原先的会话隐含不是不可能被规约化的，但是要假设一个会话隐含在特定情形下被规约化了需要特别的理由。所以，至少在最初的时候，会话隐含的内容不是它们所附属其应用的表达式的意义的一部分。

4. 既然所言的真值不要求所隐含的真值（所言的可能是真的，所隐含的可能是假的），隐含不是所言携带的，而只是表达所言，或"以这种方式"所携带的。

5. 既然推算会话隐含就是推算为了维持合作原则得到了遵守这个认定
40 所需要假定的内容，既然会有各种可能的具体解释，这种解释就可能是开
放的，每种情形下的所隐含的都可能是这种具体解释的一个析取；而如果
这种解释是开放的，所隐含的就只会具有许多实际隐含的事实上似乎具有
的不确定性。

3

逻辑与会话再议

我想先简要地重述一下上一篇阐述的我的立场。我当时试探性阐述的观点是，大多数话语，其总体意谓可以用两种方式分解。第一，我们可以把总体意谓分成所言（在偏好的意义上）和所含；第二，我们可以区分话语的规约语力（或意义）和非规约语力。这样就产生了三种可能的成分：所言、规约所含、非规约所含，尽管在特定情形下，其中的一两个成分可能缺失。例如，可能什么也没说，但是，说话人可能似乎又说了点什么。而且，非规约所含可能是（也可能不是）会话所含。我指出，（1）谈话参与者会在正常情况下（虽然不是无例外地）遵守合作原则及其下属准则；（2）为了维护参与者遵守（或尽可能地遵守）合作原则及其准则这个假定，不管是在所言的层次，还是所含的层次（如果不在所言的层次），我们需要的设定跟非规约所含中的会话所含之间有系统的一致关系。

在继续讲下去之前，我要做一点补充。当我说为了维护参与者在某个特定场合遵守了合作原则及其准则这个假定，我们需要一些设定时，我指的不是可有可无的设定。例如，我不想包括某个特定的准则得到了遵守，或被说话人认为得到了遵守这样的设定。这个看起来自然而然的限制具有重要后果，它跟穆尔"悖论"有关。根据我的理论，这不是真的——当我说 p 时，我会话隐含了我相信 p；因为假定我相信 p（或认为我自己相信 p），只是假定我在这个特定的场合遵守了第一质量准则。我认为，这个结果直觉地看是可以接受的；但这不是语言的自然用法，把某个说了 p 的人描绘成（比如）"蕴涵""暗指""暗示"他相信 p；自然的说法是，他表达了（或至少试图表达）p 这个信念。他当然以某种方式承诺他相信 p，虽然这种承诺不是一种说他相信 p 的情况，但是，它以某种特别的方式跟说 p 捆绑在了一起。我希望，当我谈到直陈语气的功能时，这种联系的性质会明朗起来。

在私下讨论时，有人针对本书第 2 篇提到一个例子。我觉得，就这个例子而言，它似乎对我呈现的图景提供了某些有利的支持，因为这个例子看起来展示了我没有预见到的准则之间的互相影响。假设人们都知道，纽约和波士顿昨天晚上停电了，这时 A 问 B，C 昨晚是否看了某个电视节目。B 知道 C 在纽约，他就完全可以回答"没有，他在停电的城市"。B 也可以说 C 在纽约，从而提供新的有用的或令人感兴趣的信息，但是，当他选择"停电的城市"时，他隐含了（根据要有关联的准则）更合适的信息，即 C 为什么不能看节目。他也可以同时提供这两个信息，比如说，"他在纽约，那里停电了"。不过，这样做的收获不足以抵消额外的会话努力。

在第 2 篇的末尾，我提出了会话隐含必须具备（或预期应该具备）的五项特性。我是想指出，我们有可能根据这些特性（或其中的一些），制定一个决定性的试验，以解决到底是不是有会话隐含的问题，也就是说，用一个试验决定某个命题 p（通常是说某句话时的总体意谓的一部分）在这个场合是不是那句话的会话隐含（或更一般地是不是非规约隐含），或者竟是这句话的规约意义的一个成分。（我表达得非常随意，但是我希望还是可以理解的。）事实上，我非常怀疑，上述提到的特性可以被用来提供这种最后的试验，虽然我确信，至少其中一些是有用的，可以提供或强或弱的初始证据，证明有会话隐含存在。不过，我要说这种情况至少需要得到旁证，使推定的所含成为真正的所含（通过根据会话原则和其他数据的推导）。即使是这样，可能仍然不足以提供决定性的区分，把会话隐含跟已经规约化的原先的会话隐含区别开来。

我们来依次看一下两个特性。首先，不可分离性（nondetachability）。

大家可能记得，我说会话隐含可能预期有很高程度的不可分离性，如果携带隐含的是所说的内容，而不是表达的方式。只要不可能找到另一种说同样事情（或接近同样的事情）的方式不具备该隐含，那么它就是不可分离的。附在"try"这个词上的隐含就具备这种特性。当一个人说"A tried to do x（A 尝试做 x）"的时候，他通常隐含有失败，或有失败的几率，或有人认为（或曾经认为）有失败的几率；如果他说"A attempted（企图）to do x""A endeavored（努力）to do x""A set himself（设法）to do x"，同样会携带这个隐含。

这个特性不是存在会话隐含的必要条件，部分原因如上所述，它看起来不依赖表达所言内容的方式；而且，它还常常受到限制，可能没有其他的表达所言内容的方式，或者除了引入奇怪的方式（如太人为，或太冗长），没有其他方式。

这个特性也不是充分条件，因为携带预设（如果有预设这种东西的话）的这句话（"He has left off beating his wife（他不再打妻子了）"）的隐含也是不能被分离的；如果一句话所蕴涵的命题到底是衍推，还是会话 44 隐含，不能决定的时候，那么，不管哪种情况其蕴涵都是不可分离的。这个特性主要是在区分某些规约隐含跟非规约隐含时有效。

其次，可取消性（cancelability）。大家记得，一个推定的会话隐含 p 是可以被明确取消的，如果所说词语的形式推定性地隐含 p，是允许加上一句"but not p（但是，不是 p）"，或者"I do not mean to imply that p（我不是要蕴涵 p）"；而且，这种隐含是可以语境取消的，如果能找到一个语境，在其中使用这种词语形式不携带这个隐含。现在，我认为所有会话隐含都是可以取消的，不过，不幸的是我们不能把满足可取消性看作确定存在会话隐含的决定性试验。这种试验可能失败，因为一个词或词语形式有可能被随意、不严谨地使用。假设有两个人在考虑买一条领带，他们都知道这条领带是中度绿色的；他们在不同的光线下看这条领带，并说这样的话："It is light green now（现在它是浅绿色的）"，或"It has a touch of blue in it in this light（在这种光线下它有一丝蓝色）"。（可能有点）严格地说，他们应该这样说才是正确的："It looks light green now（现在它看起来是浅绿色的）"，或"It seems to have a touch of blue in it in this light（在这种光线下它似乎有一丝蓝色）"。但是没必要加上这样的限制词，因为他们两人都知道（而且知道对方知道）不存在真的改变颜色的问题。"see（看见）"这样的词也有类似的现象：如果我们都知道麦克白产生了幻觉，我们就完全可以说麦克白看见班柯了，虽然班柯并不在场，是看不见的。我们不会根据这个例子得出结论：存在一个被看见的客体这种蕴涵不是"see"这个词的规约意义的一部分；甚至不会（像有些人做的那样）认为，"see"这个词的一个涵义没有这种蕴涵。

　　让我们从"or"的角度考虑一下这个问题。假设有人提议，"or"这个词有一个"强"涵义，"A or B（A 或 B）"的意义的一部分是表示（或蕴涵）不仅（1）A∨B，而且（2）有非真值函项理由接受 A∨B，即，有理性论证（虽然不一定是结论性的）可以不需要把其中的一个选言肢作为一个步骤（即，不用借助 A，也不用借助 B），就把 A∨B 作为结论。然而，我们很容易证明所提议的第二个条件是可取消的：我可以在寻宝游戏45 的某个阶段对我的孩子说，"The prize is either in the garden or in the attic. I know that because I know where I put it, but I'm not going to tell you（奖品或者在花园，或者在阁楼。我知道，因为我知道我放在哪儿，但是，我不会告诉你们）"。我也可以（在相同的情况下）说，"The prize is either in the garden or in the attic"，说话的场景足以让孩子们意识到我接受这个析取的理由是我知道其中的一个选项是真的。不管哪种情况，我都没有蕴涵有非真值函项根据，虽然我不依赖这一点；很可能的情况是没有这样的根据。对于这个反对意见，（关于"or"的）"强"理论家可能这样回应，"噢，当你说 A∨B 而没有打算蕴涵存在一个非真值函项根据时，你随意、不严谨地使用了 A∨B，这是话语的语境性质允许的"。这时，我们可以（1）提出更多的取消隐含的例子，不太容易被说成"随意"的用法，如，作为条件句的前件的析取出现（"If the prize is either in the garden or in the attic, Johnny will find it first（如果奖品或者在花园，或者在阁楼，约翰尼会第一个找到）"）；或者（2）指出，把一种用法描绘成"随意"将给这个例子带来不受欢迎的后果——如果说"Macbeth saw Banquo（麦克白看见了班柯）"是随意的，那么我是得到其他参与者"允许"的；如果有人不同意，那么至少我有责任要说得更严谨些。但是，即使是坚持说正确话语的人都不能抱怨（上述语境下的）"The prize is either in the garden or in the attic"那句话有问题。

当然，强理论家还有另一个明显的办法。他可以说"or"这个词有两个涵义，一个强，一个弱（真值函项），上述可取消性试验的成功说明这里所用的涵义是弱涵义。要反驳这个意见，我们可以用以下一种或几种方法。

1. 我们可以辩驳，如果"or"被假定拥有强涵义，那么，它就可能被假定在相当多的语言场景下拥有该涵义；如，应该可以说"It is not the case that A or B（不是 A 或 B 那种情况）"，或者"Suppose that A or B（假定 A 或 B）"，而我们正在否定，或邀请人们来假定的，恰恰是"A 或 B"（在"or"的强涵义上）。但是，在上述例子中，这似乎是不可能的。可能除了在极特殊的情况下，"It is not the case that A or B"似乎是说既不是 A，也不是 B（换言之，它不可能被解释成以否定第二个条件为基础）；"Suppose that A or B"则似乎是邀请人们假定其中只有一个选言肢是真的。[46]一个推定的"or"的第二个涵义对语言场景不应该有这样的限制，特别是不应被局限于"独立（unenclosed）"出现的"A or B"，因为对这种用法另外有一个现成的（用隐含概念的）解释。强理论家可能这样应对这种批驳的部分内容，他可以说第二个条件不能被看作表达"A or B"的所言（或所衍推）的一部分，所以不是否定了它就能证明否定"A or B"是正当的；它应该被看作规约隐含。而且，否定"A or B"可能隐含人们有根据接受"A or B"。但是，这时他会受到这样的反驳，如果携带规约隐含的典型例子是"but"这个词，那么"It is not the case that A or B"（如果这个"or"被认为涉及强涵义）这个否定形式就会令人不舒服，因为"It is not the case that A but B"令人不舒服。不管怎么说，规约隐含的性质还需要再斟酌一下才能为解释目的而大量自由应用。

2. 我们大概可以这样说服强理论家，如果"or"要被看作既拥有弱涵义，又拥有强涵义，那么强涵义应该被看作派生于弱涵义。支持这个论点的是下面两种观点的组合：(a) 第二个条件的最自然的表达涉及了"or"的"弱"涵义的应用；即使避免了"or"的弱应用，这种观念也是明确涉及的；我们很难假定，人们使用一个词是为了在其意义中包含存在一个命题的某种证据，而不同时拥有一个这些证据所证明的清楚的观念。(b) 如果一个人说"A or B"（即，以真值函项方式使用"or"），通常情况下他可以被证明（会话）隐含了有非真值函项根据假定 A v B。因为（以弱解读方式）说"A or B"，跟说 A（或者说 B）相比，是在做一个弱的信息量不足的陈述，（假设，虽然这里我不想证明其合理性，对听众来说，其中一个选言肢为真，是有意义的）那么在这种情况下，做一个信息量不足的陈述是不合适的。所以，（在说话人没有退出的时候）就会有一个隐含——他没有能力做信息量更强的陈述，而且，如果按照第二质量准则，说话人的话语可以被假定是有证据的，那么说话人就认为，有非真值函项根据接受"A or B"。然后，我们可以指出，如果"or"的强涵义派生于弱涵义，那么，它应该遵循管控派生涵义的那些一般原则（不管有哪些）。就"or"拥有派生涵义的提议而言，这一点特别重要；因为我们在处理"or"这样的非描写性词语的"意义（meaning）"和"涵义（sense）"概念时还不是很自如；我们在这里碰到的困难可能类似于（虽然没有那样严重），如果要求我们精确说明介词"to"或"in"的意义（或多种意义）时我们会碰到的困难。所以，在应用于"or"这个词时，我怀疑我们需要相当大地依赖那些一般原则（不管有哪些），那些适用于简单案例的，有助于决定什么时候存在以及什么时候不存在派生涵义的一般原则。

有人可能会反驳，一个词的涵义是否被看作派生于另一个涵义应该作为该词所属的语言的历史问题。一般情况下，可能是这样（虽然在很多情况下，很明显一个涵义一定是派生于另一个的，是不需要历史研究的）。但是，如果我是对的，认为会话原则不会允许"or"这个词用在正常情况下时会连存在非真值函项根据这个隐含都没有，那么就很难认为在这个案例中历史研究会提供更早的其他信息。

关于涵义的增生，我再提供三点思考。

1. 我想提议接受我可能称之为修订版的奥卡姆剃刀原则（Modified Occam's Razor）——如无必要，勿增涵义。就像很多调节性原则，这几乎就是陈词滥调，一切都取决于什么算"必要"。然而，就像其他调节性原则，它仍然可以起指导作用。我可以想到其他戒律，跟这个意思差不多。例如，我们可以想到不要允许假定一个词有更多的（派生的）涵义，除非存在这种涵义的假定有一些作用，可以解释为什么我们对这个词的某特定范围的应用的理解是如此容易，如此肯定，或者可以解释这个事实——为什么这个词在这个范围以外的应用，初看起来似乎有一些合理性，事实上却令人不舒服。我们也可以建议（本质上这是同样的观点），人们不应该假定，说话人在某特定范围使用一个词的时候，他所表达的意思是这个词的特殊涵义，他只会在这个意义上使用这个词（或包含这个词的句子），如果这个意义是可预测的（不管是否有存在这样一个涵义的假定）。如果人们进一步设定，通过实现一个外加的隐含一般来说可以比随意使用一个表达式更容易强化自己的意义（我不知道怎么证明这个设定的正当性），那么修订版奥卡姆剃刀原则将随后带来一个原则——人们应该为一个词的意义假定较少限制，而不是更多限制，当有可能选择时。

修订版奥卡姆剃刀原则能得到什么支持呢？我们大概可以看一下两种涉及真实的或推定的涵义的例子。一种（跟"or"的案例不一样）涉及"转移的"涵义；另一种涉及派生涵义，是原来涵义的精细分析（所提议的"or"的派生涵义是这种的一个特例）。

　　a. 我 们 考 虑 一 下 "loose（ 放 纵 的 ）" "unfettered（ 无 限 制 的 ）" "unbridled（无约束的）" 这样的形容词跟 "life（生活）" 这个名词可能的连用。（我设想每个词的这种用法都不会是非派生的或字面意义上的；有歧义的表达式 "a loose liver"[1] 会涉及 "loose" 的非派生涵义，例如，如果由医院的护士说出来，当她抱怨肝脏松散的病人很多时；但是，如果是对一个特定个人的谴责时，就不会有非派生涵义。）我觉得（在缺乏这些词的更多的涵义的情况下）人们预期有能力用 "a loose life" "an unfettered life" 表示差不多同样的意思；就现状而言，"loose life" 跟 "放荡" 有关，"unfettered life" 的意义似乎更一般，这个事实暗示可能 "loose" 在这方面有派生涵义，而 "unfettered" 则没有。至于 "unbridled life"（初看起来，人们可能预期它跟 "unfettered life" 意义差不多），这个短语有点令人不舒服（因为 "unbridled" 似乎跟 "passion（感情）" "temper（脾气）" "lust（肉欲）" 等这样的词捆绑在一起）。

　　b. 至于有精细派生涵义的词，似乎有一种倾向，两种情况中有一种会发生：或者原来的一般涵义过时了（如 "car" 的涵义 "有轮子的车"），或者被其精细涵义取而代之了。我们可能仍然应该把留声机的唱片叫作 "disc"，即使（假设）它们变成方的了（只要它们仍然不是太不像 "圆盘"，该词原来的涵义），"cylinder（圆筒、气缸）" 这个词可能也是这样。但是，对有些词，上述两种情况都不是真的：一个明显的例子是 "animal（动物）" 这个词（它表示（i）"动物世界的成员"，（ii）"野兽"）。在 "animal" 和可比较词 "or" 之间，就修订版奥卡姆剃刀原则及其变体而言，有某些相似之处。"animal" 可能触犯了一条弱原则，即，不应该承认另一个涵义，如果该涵义的身份是可预测的（**假设**该词要增加一个精细涵义的话）；因为无疑这是可预测的，**如果** "animal" 这个词要增加这样

---

　　① 英语的 "liver" 可以有两个意思：肝脏；生活者。所以，"loose" 就可能有 "松散的" 和 "放荡的" 两个不同的涵义。前者是其字面意义，后者则是派生意义。——译者

一个涵义的话，那就是该词不适用于人类。但是，这似乎又是不可预测的（除了语言史），人们**事实上**都用"animal"表示"野兽"；而就真值函项"or"而言，它是可预测的（如果承认会话原则的话），人们会用"A or B"来蕴涵存在非真值函项根据。所以，至少就我可以看见的范围而言（我认为并不太远），还没有出现不接受修订版奥卡姆剃刀原则的理由。

2. 我们当然必须适当（不是不适当）重视直觉对是否存在词的推定涵义的作用（我们怎么能没有直觉呢？）。事实上，哪怕我提议的方案正在迈向正确的方向，至少也必须依靠一点直觉。为了保证在特定情况下会有非规约隐含存在，我的方案要求说话人要有能力利用句子的规约意义。如果非规约隐含是建立在所言之上，如果所言跟所用词语的规约语力紧密相连，如果隐含存在与否依赖说话人的意图，或至少是他的设定，以便隐含的性质能够被推导出来，那么，说话人似乎必须知道（在"know"的某种意义上）他正在使用的词语的规约语力。这确实会导致某种悖论：如果我们作为说话人在说话时对我们用来隐含（而这种隐含又依赖所言的规约意义）的句子的规约意义具有必要的知识，怎么作为理论家我们就难以决定这些案例中规约意义在哪结束，隐含在哪开始呢？例如，如果这是真的，一个人说了"A or B"就隐含存在非真值函项根据说"A or B"，怎么可能对"or"这个词到底是有强（还是弱）涵义有疑问呢？我希望我能提供这个问题的答案，但是我也不敢肯定我一定能。

3. 我已经简单地提到了是否允许词的推定涵义的另一种考虑，即，假 50 定该词拥有这种涵义，是否存在一定范围的语言情景，该词可以被假定在其中携带这个涵义。如果不能，就说明这是一个隐含或成语。

我相信在涵义增生问题上还应该考虑其他可能的原则。特别是，我没有明确提到替换试验的合适性问题。不过，我建议现在离开这个话题。

至此，我考虑了两个问题。（1）假设一个词只有一个规约意义（或只有一个相关的规约意义），我们应该假定这个规约意义有多大呢？（2）假设一个词至少只有一个规约意义（或只有一个相关的规约意义），我们应该说它有一个（还是多个）这样的意义吗？特别是，我们是否应该赋予其第二个涵义或意义，它是派生于或依赖于给定的第一个意义或涵义？我们也应该考虑话语中的其他成分或方面，虽然它们不是词，却有可能表达规约意义（或意谓）。这些包括重音、反讽、真理。

重音

有些重音很明显跟拥有的规约意义有关，如在音节或词上的（固定的）重音，就像"cóntent（内容）"跟"contént（使满意）"之间的对立，前者重音在"con"上，后者重音在"tent"上；当然，我们在这里不能把意义赋予重音本身。我要讨论的不是这种重音，而是一个词有不同重音的情况，在某些场合重读，在其他场合不重读的情况。

我们可以先设法把重音看作高亮一个词（或使其凸显）的一种自然方式；就像把一个物体（如新礼帽）放在房间里一个明显的地方，所以有人来房间会看到，或注意它。不过，凸显一个词可以有多种方法，比如拖长音，用尖声说。但这种方法不仅会被认为奇怪，而且会被人厌恶。它们也可能失败，无法实现高亮的效果，因为我们有可接受的高亮方法。因此，51 我们有很好的理由把重音看作规约性高亮手段。这么说不是要赋予重音规约意谓或意义；只是把它当作实现某个目标（一个还没有确立为交际相关的目标）的规约方法。然而，很清楚，重音事实上在很多场合都会改变说话人的意义；它确实是一种帮助生成隐含的成分。这个事实要求我们赋予重音规约意义吗？

按照修订版奥卡姆剃刀原则的精神，只有在不可避免时我们才会赋予重音规约意义。因此，我们可以先延伸一下关联性准则，使它不仅适用于所言，而且适用于用来表达所言的方法。这种延伸可能会使我们有权利预期话语的一个方面（说话人有权消除或改变的方面），即使是不加思考地引入的，会有一个联系于正在进行中的交际的目标；当然，除非其存在可以有其他的方法解释。

至少有三种出现重音的语境看起来需要整理一下：

（1）一种这样的语境包括对特殊疑问句（"谁""什么""为什么""什么时候""什么地方"）的回答：

> A: Who paid the bill?（谁付的账单？）
> B: Jónes did.（琼斯付的。）
> A: What did Jones do to his cat?（琼斯对他的猫干了什么？）
> B: He kícked it.（他踢了它。）

也包括这样形式的对话：

> A: S(α)
> B: S̄(ά); S(β́)

例如：

> A: Jones paid the bill.（琼斯付了账单。）
> B: Jónes didn't pay the bill; Smíth paid it.（琼斯没有付账单；是史密斯付的。）

在这些例子里，重音是自动的，是习惯（可能很难避免），我们一般不会说这有什么意义或隐含。但是，其作用是把用来补充开放句子的成分凸显出来（问句实际上就是要求补充信息的），或者把 B 准备断言（或说）的成分（跟 A 断言的不一样）凸显出来。

（2）另一个出现重音的语境包括上述例子的不完整会话的情况。在没有"琼斯付了账单"这种上文的情况下，B 说了"Jónes didn't pay the bill; Smíth did"。在这里，如果有人说这句话，重音可能是自动的，但是，这句话不是由前面的话引起的（它是主动说的），我们就会倾向于说其隐含是有人认为，或可能认为，琼斯付了账单。关系准则要求 B 的话应该跟某事有关联，而 B 通过说（就像回应"琼斯付了账单"的陈述）这样的一句话，表明他脑子里想的就是这样的陈述。

（3）在第三种语境里，B 只是说了"Jónes didn't pay the bill"。B 似乎（像在上一个语境）还要说点什么。因此，B 隐含有人（不是琼斯）付了账单。

　　总的来说，S(α) 的对立面是用 β 表达式替换 α，通常说话人暗示他会否认被替换形式，但是也有其他可能性。例如，"I knéw that（我知道这事）"可以跟"I believed that（我相信这事）"相对，说话人可能隐含他不会否认"I believed that p（我相信 p）"，但是，他可能不愿意把自己限制于这么弱的陈述里（隐性的补充是"I didn't merely believed it（我不只是相信这事）"）。

　　最后这一点跟"知识"理论有关。按照某种"强"知识理论：

A knows that p just in case (1) p

(2) A thinks that p

(3) A has conclusive evidence that p

（A 只是在下述情况下知道 p（1）p

（2）A 认为 p

（3）A 有结论性证据证明 p）

这就造成了回归性质的困难：

（1）A 要知道证明 p 的证据是真的吗？

（2）A 要知道该证据是结论性的吗？

但是，总的来说，该理论似乎太强了。一个参加口试的考生知道滑铁卢战役的日期。他可能知道，但是没有结论性证据；他可能甚至犹豫了一下才回答的（最终说明他是知道答案的）。我想提出更像下面这样的建议：

A knows that p just in case (1) p

(2) A thinks that p

(3) Some conditions placing restriction on how he came to think that p (cf. causal theory)

（A 只是在下述情况下知道 p（1）p

（2）A 认为 p

（3）有些原因使他不能讲述他是怎么认识到 p 的（对照因果理论））

　　如果我说"I know that p"，那么有时候可能有很强的非规约隐含或者有结论性证据（不是只是认为 p，而是认为 p 真）——比较"He lóves her

（他**爱**她）"。这不是重音的唯一解读；它还可以表示"You don't need to tell me（你不需要告诉我了）"。

反讽

　　对某些话语成分（或方面）是否存在规约意义，有人可能有疑问的第二个例子，来自我第 2 篇中关于反讽的（太）简短概括。跟罗杰斯·奥尔布里顿（Rogers Albritton）的讨论使我认识到那次论述缺了点什么。下面这些看起来是有疑问的：A 关于 B 被 C 骗了的知识，B 知道 A 知道这是怎么一回事，B 的话"He is a fine friend（他是个好朋友）"被假定跟这事有关，而且这句话看起来是假的（甚至明显是假的），这些是否（相当肯定地）足够保证，A 将假设 B 的意思是他看起来似乎想说的反面。A 可能只是感到困惑，或可能假设 B 是想表达这样的意思 —— "He is, usually, a fine friend: how could he have treated me like that?（他通常是好朋友，他怎么会那样对待我？）"，尽管这句话明显是假的。有人向我提议，我应该在讨论中提到的是：首先，为了用正常情况下表示 p 的句子表达"不是 p"，人们要熟悉使用这个句子的习惯（一种可能跟我们以这种方式应用句子的自然倾向有关的熟悉）；其次，说这种话时的反讽口吻，它（可能）规约性地表示这种话应该从反面理解。

　　我觉得这个提议并不能解决问题。请考虑下面这个例子。A 和 B 在街上走，他们两人看见一辆小汽车有扇窗户破了，B 说，"Look, that car has all its windows intact（瞧，那辆小汽车窗户都完好无损）"。A 很困惑。B 说，"You didn't catch on; I was in an ironical way drawing your attention to the broken window（你不明白；我是以反讽的方式叫你注意那个破窗户）"。我认为，这段对话的荒唐之处可以由这个事实解释，即反讽紧密联系于感情、态度、评价的表达。我不能以反讽的方式说话，除非我说的 54

话是为了反映一种敌意判断、贬义判断，或愤怒、蔑视这样的情感。例如，我可以在很喜欢你的时候说"What a scoundrel you are!（你真是个恶棍！）"，但是，这么说是一种玩笑，不是反讽，是不合适的，除非有一点简单应用的正当理由——比如，你做了什么有人（虽然我不会）可能会反感的事。如果在你刚刚做了明显的无私之举时，我说"What an egotist you are, always giving yourself the satisfaction of doing things for other people!（你真是个利他主义者，总是高高兴兴地为别人做事！）"，我说的话可能就像极端愤世嫉俗者的反应一样。而说"He is a fine friend"这样的话不可能暗示任何人的赞赏。

我对所提议的表达意谓的工具——反讽口吻——是否是专一的口吻，也有疑问；我怀疑反讽口吻一直是轻蔑口吻，逗笑口吻，或跟一种（或多种）特殊情感、态度相连的其他口吻；使反讽口吻有资格成为这种口吻的是它出现在有人说了反讽话语的这种及那种场合。这个问题无疑可以通过实验解决。但是，即使没有专门的反讽口吻，人们仍然会建议，一种轻蔑或逗笑的口吻可以规约性地表示那句话应该从反面理解，当它跟一句明显虚假的话连在一起时。不过，这个建议在我看来，没有多少可信度。虽然我可以没有任何不合适地在使用隐喻前说"to speak metaphorically（用隐喻说的话）"，说"to speak ironically, he is a splendid fellow（用反讽说的话，他是个非常棒的家伙）"是非常奇怪的。反讽主要是要假装（如其词源所示），虽然人们希望别人能认出这是假装，申明这是假装却适得其反。可能更重要的是，对一个具有规约意谓的成分来说，其本质属性可能是：相当不同的成分可能实现同样的语义目标；如果蔑视的口吻确实在语境中规约性地意谓一句话应该从反面理解，那么，抱怨的口吻，比如，也可以（替代性地）用来实现同样的目标。但是，反讽跟表达情感之间的联系似乎排除了这种可能性；如果反讽式地说话必须是，至少看起来是，表达一种情感、态度，那么，一种适合这种情感、态度的口吻就是必需的，至少就简单例子而言。

真理

　　我在第 1 篇讨论过的 A 哲学家的论断中有一个"言语行为"理论关于真理的最初版本，它是斯特劳森多年前提出的[①]，虽然此后他大幅度修改了。我认为，他主要受到了四种考虑的影响：（1）鉴于他认为他看到的论断（即"true"应该被理解成应用于话语）难以成立，"true"这个词应该正当地（至少主要）应用于陈述（所陈述的内容）；（2）要是上述假设是正确的，那么没有理论（那些把真理看成是陈述跟事实之间关系（或对应）的理论）是令人满意的，因为在现实世界中陈述和事实是不可能被允许分开的；（3）拉姆齐（Ramsey）关于真理的解释[②]——断言一个命题为真就是断言那个命题——就其本身而言是正确的；（4）但这是不够的，因为它没有认真地把这个事实（即我们不应该总是愿意容忍替换）考虑进去，如，用"It is true that it is raining（真的在下雨）"替换"It is raining（正在下雨）"。所以，他提出了下列论断：说一个陈述是真的，就是（1）断言那个陈述（只要它断言了任何东西）；（2）不仅仅断言那个陈述，而且担保、证实、承认、或再断言（当然这个动词系列并不是穷尽性的）那个陈述。

　　我觉得，这样一种理论，假设它的意图是解释"true"这个词的意义（规约意谓），至少有两点没有吸引力。（1）（一种熟悉的反对意见是）它没有解释，或没有满意地解释，"true"这个词出现在非断言性子句时的意义（如，"He thinks it is true that …（他认为……是真的）"或"If it is true that …（如果……是真的）"）。（2）它容易受到一种意见（我倾向于认为它反对拉姆齐的观点）的攻击，而言语行为理论派生于拉姆齐观

---

①　P. F. Strawson, "Truth, " *Analysis* 9, no. 6 (1949).

②　*Foundations of Mathematics*, pp. 142—143.

点。如塔尔斯基（Tarski）所述，一种真理理论不仅要解释句子中出现的"true"，其中说到的真是具体说明的，也要解释没有具体说明的句子中的真（如，"The policeman's statement was true（警察的陈述是真的）"）。我认为，按照言语行为理论和拉姆齐理论两者，这样一个句子的说话人所做的至少有一部分是断言警察的陈述内容（不管他说的是什么）。但是，说话人可能不知道警察的陈述是什么；他可能认为警察的陈述是真的，因为警察总是说真话，或者那个警察总是说真话，或者这种情况下的警察不可能不说真话。然而，断言可能涉及认同，虽然人们有可能认同没经辨认的陈述（如，我可能认同英国教会第39条款的内容，虽然不知道其内容），我不认为我应该被正当地看作认同了警察陈述的内容，只是因为我说了它是真的。当我惊讶地获知，警察实际上说的是"Monkeys can talk（猴子会说话）"，我可能会说"Well, I was wrong（噢，我弄错了）"，而不是"I withdraw that（我撤回认同）"，或者"I withdraw my commitment to that（我撤我对那一点的认同）"。因为我从来就没有认同过。

我同情的是那些符合（correspondence）理论，斯特劳森曾经拒绝过（我想他现在仍然拒绝），我现在的目的不是要发展这样的理论，使其合适（这也超出了我的能力）。我想要做的是证明，假设某种这样的理论是正确的，在第2篇讨论的机制的协助下，我们有可能解释导致斯特劳森提出最初那个言语行为理论的语言现象。我认定（并希望）有可能构建一种理论，把真理（主要）当成话语的特征；为了避免混淆，我将把这样的特征叫作"factually satisfactory（事实上令人满意的）"，而不是"true"。我还要认定，这种理论的一个成果是，将有一类话语K（肯定地说出的主谓句），其中的每个成员都（1）"designates（指定）"某些项目，"indicates（指明）"某些类别（这些动词将在理论内解释）；（2）是事实上令人满意的，如果这个项目属于这个类别。最后，我要认定，可以有一种方法引入"It is true that …（……是真的）"这种表达形式，并把它跟"事实上令人满意的"这个概念相连接，这样做的结果是，说"It is true that Smith is happy（史密斯是真的高兴）"就是说，任何指定"史密斯"和指明"高兴的人们"这个类别的 K 类话语都是事实上令人满意的（即任何把"史密斯"指派到"高兴的人们"这个类别的话语都是事实上令人满意的）。

如果关于"It is true that ..."的这样的一些解释是正确的（或实际上任何把"It is true that p（p 是真的）"这样的说法解释为等同于关于话语的某种说法），那么我们就有可能处理斯特劳森注意到的语言事实。说"Smith is happy"不是要（暗中）指称某种话语，但是，说"It is true that Smith is happy"恰恰是做这样的指称，虽然如果史密斯高兴，那么史密斯当然是真的高兴。如果我选用的一个形式的确暗中指称话语，而且这也是一个复杂形式（比简单的形式更好），那么自然可以假定我这样做是因为大意是"史密斯高兴"的这样一句话由我（或别人）说了出来，或可能被说出来。斯特劳森（可能）假定使用"true"这个词所规约性表示的担保、同意、证实、承认这样一些言语行为，恰恰就是对"That's true（那是真的）"这样的话做出反应时人们会（不用任何特别信号）实施的行为。假定没有人实际上说了"Smith is happy"，如果我（让步性地）说"It is true that Smith is happy"，那么我就隐含有人可能这样说；而当我不希望有这种隐含时，我就不会选择这种形式的词，就像（比如）回应史密斯是不是高兴这样的疑问那样。

4

直陈条件句

我认为我已经确定，至少说明有理由假定，如果"if"和"⊃"有什么差异，它一定是涵义（意义、规约语力）上的差异。现在我要用同样的材料证明不存在这样的差异。我将先讨论一种特定的条件，我把它叫作间接性条件。它受到人们偏好，因为其断言或蕴涵区分了"if p then q（如果p 那么 q）"（至少是"if p then q"的某种"用法"或某些"用法"）跟"p ⊃ q"。这个条件有几种不同的表述，如"that p would, in the circumstances, be a good reason for q（在这种情况下，p 是 q 成立的良好理由）""that q is inferable from p（q 可以从 p 推导出来）""that there are non-truth-functional grounds for accepting p ⊃ q（我们有非真值函项根据接受 p ⊃ q）"，都是其不同变体的简略版本。我认为这些不同表述之间最多只有细微的差别，所以将选择最后的版本，它可能是最清楚的。这样，我们将讨论的论断就是，在标准情况下说"if p then q"，就规约性地认同（因为"if"的意义而断言或蕴涵）"p ⊃ q"这个命题和间接性条件。

我们先讨论这个条件的可分离性。我们能找到另一种表达形式，跟"if p then q"意义相同，只是缺乏间接性条件已经实现这样一个蕴涵吗？这方面的困难众所周知。考虑这个陈述"If Smith is in London, he is attending the meeting（如果史密斯在伦敦，他在参加这个会议）"。这样说当然就蕴涵了间接性条件。那么，下列不同说法呢？

　　　　（1）"Either Smith is not in London, or he is attending the meeting.（或者史

密斯没有在伦敦，或者他在参加这个会议。）"

（2）"It is not the case that Smith is both in London and not attending the meeting.（史密斯没有既在伦敦又没在参加这个会议。）"

（3）"Not both of the following propositions are true: (*i*) Smith is in London and (*ii*) Smith is not attending the meeting.（下列两个命题不都是真的：（*i*）史密斯在伦敦和（*ii*）史密斯没在参加这个会议。）"

（4）"I deny the conjunction of the statements that Smith is in London and that Smith is not attending the meeting.（我否认史密斯在伦敦和史密斯没有在参加这个会议这两个陈述的合取。）"

这个蕴涵看来很顽固。那么我们试着换一个表述合适真值表的说法。

（5）"One of the combinations of truth-possibilities for the statements (*i*) that Smith is in London and (*ii*) that Smith is attending the meeting is realized, other than the one which consists in the first statement's being true and the second false.（（*i*）史密斯在伦敦和（*ii*）史密斯在参加这个会议这个关于真值可能性组合的陈述中有一个实现了，但不是第一个陈述为真，第二个为假的那个组合。）"

经过这样的整理，我们仍然能看到这个蕴涵。但是，如果所有这些试图把蕴涵分离的努力（特别是最后一个）都失败了，"强"理论家怎么还假定我们可以从真值表得出"p ⊃ q"有一个意义不同于"if p then q"的意义呢？难道不是已经开始显示，间接性条件似乎一般是由"if p then q"以**会话方式**隐含的吗？

这个印象可以通过测试这个条件的可取消性得到证实。这个蕴涵可以被明确取消。"If Smith is in the library, he is working（如果史密斯在图书馆，他在工作）"这个说法通常携带间接性条件这个蕴涵；但是，我可能退出会话而说"I know just where Smith is and what he is doing, but all I would tell you is that if he is in the library he is working（我当然知道史密斯在哪，他在干什么，但我只想告诉你，如果他在图书馆，他在工作）"。如果最后证明我这么说的根据是我刚刚去图书馆看了，发现他在那工作，没有人会感到惊讶。这个蕴涵也可以被语境取消，那就是，我可以找到这样的语境，如果会话参与者知道的话，就没必要明确取消了。下面是两个例子。

（a）你可能知道这种逻辑谜题，给你房间里一些人的名字，他们的专业，当前从事的工作，但是不直接告诉你谁是哪个专业，或从事什么工作。然后给你一些信息，根据这些信息你要把每个专业和工作分给被命名的人。假定我是主持这个谜题的人（它不是关于想象中的人，而是我能够看见但听话人看不见的真实的人），在某个时刻，我完全可以正当地说"If Jones has black (pieces) then Mrs. Jones has black too（如果琼斯拿的是黑色的，那么琼斯夫人也是黑色的）"。这么说当然不是要隐含间接性条件实现了；实际上这段话语的整个内容就是"Jones has black ⊃ Mrs. Jones has black"这句话所能断言的内容（根据真值表的定义）。因此，前面这个行动的一项任务已经完成了。①

（b）现在有一些非常人为的桥牌规约。我的体系有一种五无将的叫牌，可以在对手询问时宣告，意思是"If I have a red king, I also have a black king（如果我有红桃 K，我也有黑桃 K）"。我觉得，很清楚这个条件句是无可非议、明白易解的，它没有隐含间接性条件，而且事实上是真值函项的。

间接性条件的这个一般隐含有相当高的不可分离性，而且它也是可以明确取消的，有时候可以语境取消。下列陈述显示，它总是可以明确取消的："If you put that bit of sugar in water, it will dissolve, though so far as I know there can be no way of knowing in advance that this will happen.（如果你把那点糖放到水里，它就溶解了，虽然据我所知没有办法可以预先得知它将被溶解）"。这个取消性小句实际上给第一个陈述贴上了纯粹猜测或预言的标签。因而，这个例子的唯一奇怪之处是经验性的，即，怎么可能有人不知道关于糖、关于化学的基本事实，而认为他不得不猜测，而且尽

---

① 这里提到的"前面这个行动的一项任务已经完成了"就是第一段最后那句话"在标准情况下说'if p then q'，就规约性地认同（因为'if'的意义而断言或蕴涵）p ⊃ q 这个命题和间接性条件"中的"认同 p ⊃ q 这个命题"已经完成了；但是，"间接性条件"没有实现，因为主持人明确知道琼斯及其夫人拿的是什么牌。——译者

管不知道这些基本事实，他竟然可以如此幸运，猜测得这么正确。这些因素强烈说明这个蕴涵是会话隐含。要完成这个例证，还必须说明这样的会话隐含是如何生成的，所以我一会儿将讨论这个问题。但是，首先我要提到一些例子，其中的隐含或者被取消了，或者根本不存在。这给强理论家造成了困难，而且也是有哲学意义的。

（1）"If the Australians win the first test, they will win the series, you mark my words.（如果澳大利亚人赢了第一场测试，他们会把整个系列都赢了，记住我的话。）"

（2）"Perhaps if he comes, he will be in a good mood.（如果他来，可能他会心情很好。）"

（3）"See that, if he comes, he gets his money.（注意，如果他来了，要让他拿到钱。）"

例如，说最后这句话既不会隐含人们有非真值函项根据拒绝这个想法（即他来了但没有拿到钱），也不是要（特别）通知听话人有这种根据。对于直陈式的某些子式（如猜测），对于非直陈式（如祈使句），暗示有间接性条件这个隐含是不可信的；而强理论家似乎要把"if"的这个特征纳入其意义（如果它规约性地附属于某处的话），但是它不属于其意义，却属于某些语气指示语（如"I estimate（我估计）""probably（可能）"）的规约语力，不管这些指示语是否在场。然而，强理论家这样做就将失去统一解释不依赖句式的"if"的可能，这是一个似乎沉重的处罚。

假定"if p then q"的涵义跟"p ⊃ q"相同，要设计一个存在间接性条件的一般隐含的正面解释并不困难。在逻辑上，"p ⊃ q"这个说法要比否认 p，或者断言 q，更加弱，因此信息量少；做信息量少的陈述，而不是信息量多的陈述，是违反第一数量准则的，要是信息量多的陈述（如果做出的话）是有关系的话。我们有个总的设定，在"p ⊃ q"的情况下，信息量多的陈述是有关系的。想知道两个命题之间是否有一种特别关系（不管是真值函项还是其他）的人，不会不对其中至少一个命题的真值感兴趣（除非他的兴趣是学术的或理论的）。他可能是对这种命题的逻辑力

61

量感兴趣，或对这种关系的应用范围或本质感兴趣。或者是因为我们从语言作为机制的讨论中获知，把语言用于实际目的远比理论目的更基础（而且前者以某种方式被后者预设），或者是因为这根本就是人类本性的一种众所皆知的事实（即实际兴趣比理论兴趣更普通），或者因为这两个理由合在一起，我们可以正当地设定，在没有特别语境信息的情况下，兴趣往往是实际的，而不是理论的。要是设定会话互助原则①得到遵守，对违反第一数量准则的最自然的解释是假设跟第二质量准则（"你的话要有足够的证据"）冲突，所以，人们很自然设定说话人认为自己只有足够的证据

62　做信息量少的陈述（即 p ⊃ q）。这个证据就是非真值函项证据。因此，标准情况下，当他说"p ⊃ q"的时候，他隐含有非真值函项证据；这样我们似乎就没有理由拒绝这个设定——说"p ⊃ q"跟说"if p then q"一样，就间接性条件这个一般隐含的存在而言（这种会话性质的隐含不必存在于每个特殊的情况，就像"If he was surprised, he didn't show it（如果他感到惊讶，他并没有表现出来）"，要是这种特殊情况下的不存在有满意的解释的话）。

　　讨论到目前为止，我认为这个解释是令人满意的，但是还不够深入，我相信进一步的研究将展示存在所讨论的一般隐含的更深层的原因。可能在往下进展前，我们应该认识到是时候揭示（并因而保护我们自己）一些将来某个时刻有可能成为严重错误或混淆的问题了。强理论家在条件句问题上并不是不常见的传统主义者，他们因为逻辑这块平静的福地被侵犯而愤怒，而这些冒犯并不总是完全君子般的，有时可能甚至是数学、科学领域的体力劳动者所为。可能是因为这个原因，也可能是其他原因，很多强

---

① "会话互助原则（the principle of conversational helpfulness）"就是"合作原则"。格莱斯（Chapman, Paul Grice, *Philosopher and Linguist,* 2005: 98）认为，人类交往充满互助现象，就像前一个人一般都会为后一个人持门那样。会话作为听说双方共同完成的活动，互助现象更加突出。后来，他觉得"合作"比"互助"更好地表达了这个意思，所以改成了"合作"。——译者

理论家，在我看来有点过分焦虑，急于把他们的逻辑概念跟外来干涉者主张的概念区别开。我倾向于把这个问题的主要责任归于传统主义者，虽然另一方可能有很多挑衅行为。这种情景的一个后果是，人们过分急于把普通人的"自然"条件句跟数理逻辑学家叫作"条件句"的人工混合物区分开来，似乎"自然"条件句跟"人工"菲洛①（或真值函项）条件句之间存在区别就可以保护后者。这种不适当的急躁忽略了几种不同的可能性，它们没有一种能使传统主义者感到安慰。一些不同种类的陈述中的每一种都可能被正当地看作条件句，不过这种分类仍然可能允许一种条件句形式跟另一种之间在语义上有差别；而且，有一种（虽然只有一种）条件句变体的形式可能在语义上是没法跟菲洛或麦加拉条件句区别的。或者，尽管自然条件句不可能跟菲洛条件句等同，每一种自然条件句都可能拥有一种 63 涵义，它是以比较简单的方法从菲洛条件句的涵义派生出来的。我觉得，如果这些可能性中的任何一种实现了，只有肤浅的观察者才可能认为强理论家赢得了战斗。

事实上，在我看来，有很多不同的陈述形式，每一种都有权利称为条件句。有一些是非常普通、常见的，如"if p, q（如果 p，q）""if p then q（如果 p，那么 q）""unless p, q（除非 p，q）""supposing p, (then) q（假定 p，（那么）q）"，还有很多其他的形式。强理论家不能区分的最明显的两种是"if p, q"和"if p then q"；因此，强理论家也不能区分两种不同的哲学论断：（1）"if p, q"的涵义是由实质条件句给与的；（2）"if p then q"的涵义是由实质条件句给与的。论断（1）看起来有很大的几率是正确的，而论断（2）看起来分明是不正确的，因为"if p then q"的意义跟"if p, in that case q（如果 p，在那种情况下 q）"（这个语言形式比不出现"then"这个词的语言形式可能附带的意义跟论证的联系更近）几乎没有区别。所

---

① "菲洛"的原文是"Philonian"，源自希腊哲学家 Philo（约公元前 330 年—公元前 275 年）。他属麦加拉学派（Megarian School），所以"Philonian conditional"又称"Megarian conditional"。——译者

以，我们应该小心，不要允许自己轻信"if p, q"的意义不同于相应的实质条件句的一个论证（它依赖"if p then q"跟实质条件句"p ⊃ q"之间的一个真实的但无关的差别①）。

目前为止所给的理由还不够深入，所以有人反对它不仅适用于"if p then q"，而且适用于"either p or q"的说法。虽然这种理由，如果得到接受，能够解释为什么使用条件句（或选言判断）的人通常隐含他有非真值函项根据说他所说的话。但是，条件句和选言判断之间的一个重要区分还没有说清楚，即，以非真值函项为根据**提出**的选言陈述可以通过确定一个选言肢以真值函项方式加以**确认**，要接受这种观点似乎没有什么特别的困难，而类似的观点用到条件句就不可接受了。可能除了在非常特殊的情况下，我们不认为只是发现不是 p 这种情况（或只是发现不是 q 这种情况）就能确认"if p then q"这个陈述。当然，这样的陈述常常认为可以被"both p and q（既是 p，也是 q）"的发现加以确认；但是**实质条件句**必须能够被任何真值可能性的组合（只要是与它一致的）加以确认。所以，"if p then q"通常不会用作实质条件句。

在有些情况下，真值可能性的任何组合（除了真-假）都会被认为是对"if p then q"这个陈述的确认（或至少是对"if p, q"这个陈述的确认，因为"then"这个词是否在场可能是不应被忽略的）。在我的桥牌例子中，我编码的信息（如果我有红桃 K，我也有黑桃 K）可以在事后得到确认，如果我有下列一种牌型：

（1）既没有红桃 K，也没有黑桃 K

（2）没有红桃 K，但有黑桃 K

（3）有红桃 K 和黑桃 K

如果琼斯有黑的，那么琼斯夫人也有黑的，这个陈述显示同样的特征，如

---

　　①　这个差别就是"if p then q"不仅表示"p ⊃ q"，而且表示存在间接性条件。格莱斯强调的是这个间接性条件是会话隐含，不是"if p then q"的规约意义（或者说不是来自"if"的涵义）；所以从语义 / 涵义角度看，"if p then q"跟"p ⊃ q"没有区别。——译者

果在"谜题"的语境下考虑的话。所以，这个反对意见不能驳倒我的观点——在"if"的**至少一个**涵义上，"if p then q"是实质条件句。当然所需要的不只是这些。

假设你说"Either Wilson or Heath will be the next Prime Minister（或者威尔逊，或者希思，将成为下一任首相）"。我可以用两种方法中的一种表示不同意：（1）我可以说"That's not so; it won't be either, it will be Thorpe（不是这样的；他们两个都不可能，可能的是索普）"。我这是在对抗你的陈述，我把这种情况叫作"矛盾性不同意（contradictory disagreement）"。（2）我可以说"I disagree, it will be either Wilson or Thorpe（我不同意，应该是或者威尔逊，或者索普）"。我现在不是在对抗你说的话（我当然没有**否认**威尔逊会成为首相）。我是不想断言你所断言的内容，相反，我替换了一个我认为在这种情况下更可取的不同的陈述。我把这叫作"替换性不同意（substitutive disagreement）"。（为了使我们两个人中的一个能被愉快地说成正确，我想一个必要的条件是我们应该有一个互相排斥的真正的启动人选。如果我说的是"It will be either Wilson or Gerald Nabarro（将会是或者威尔逊，或者杰拉尔德·纳巴罗）"，这会是一种（隐性地）表示将会是威尔逊的方式。）这样，如果结果是希思，那么你就赢了（你被证明是对的，你说的话被证实了）；如果结果是索普，那么我赢了。但是，假设（令人沮丧地）结果是威尔逊。当然，我们两个谁也没有战胜谁；如果对每个人来说都完全明显的是威尔逊是可能的候选人，虽然关于其他人不能肯定地说同样的话，那么，（我想）要说我们两个都证明是对的，我们两个说的话都被证实了，会有点不情愿（当然，虽然我一点都不想说我们错了）。这种情景就是威尔逊是个严肃的可能性这一点被接受为共同立场的情景，人们能问的唯一有意义的选言问题是"Wilson or who?（威尔逊，还是别人？）"

我觉得一个有些重要的论点已经开始出现了。看起来可能的是（我不说就是这样，只说结果可能是这样），由某个特定选言肢证实的选言陈述可能依赖于做出这个陈述的场景，这种说法是不是正确呢？就"right（对）"的意义可能跟"confirm（证实）"的意义是紧密连在一起这一点而言，我们在这里面临同样的可能性；而且我们不能排除同样的情形应用于"true"这个词的可能性。可能我们不认为（我被排除在外了，因为我坚持修订版的奥卡姆剃刀原则，除非迫不得已），"either … or（或者……或者……）"这个表达式改变了涵义，当情景把"共同立场"地位赋予其中一个选言肢时。如果我们不认为涵义有改变，如果我们保留赋予当前讨论以意义的那个设定，即"either … or"是可以由真值表界定的，那么，我们将受到强有力劝告——考虑以其他方式解读"T"和"F"（而不是分别解读为"true"和"false"）的可能性。我不认为通常的解读是神圣不可侵犯的，虽然它明显不应该被任意抛弃，如果要抛弃，也应该被替换成密切相连的解读。但是，如果发现"true"和"false"的应用是情景相关的，那么，这就是一个很好的抛弃当前解读的理由，用"factually satisfactory（事实上令人满意的）"（与事实相符，没有错误）这样的表达式替换"true"，用"validated（证明正确）"（保证事实上令人满意）替换"confirmed"。这种做法将打开方便之门，使（比如）"true"和"factually satisfactory"这样的词语有可能被发现意谓同样的概念。

回到讨论中的例子，你有可能明确给与一个选言肢共同立场地位。你可能说，"I think that either Wilson or Heath will be Prime Minister, but I wish discussion to be restricted to the question 'Wilson or who?'（我认为或者威尔逊，或者希思，将成为首相，但是我希望讨论能限制在'威尔逊，还是别人？'这个问题上）"。我可以或者拒绝所提议的讨论条件，或者同意这个条件，那么，我们之间的分歧只是限于替换性不同意，我将没有资格在最后结果是威尔逊时声称我的陈述被证实了。或者我们可以用规约手段，表明指派了共同立场地位，如（在书面上）用方括号把合适的子句括起来。这样，如果是真值函项，"if p then q"就可以被进一步解释成"either not-p and not-q, or not-p and q, or p and q（或者不是 -p 和不是 -q，或者

不是 -p 和 q，或者 p 和 q）"，这里我们可以把规约手段应用于前两个子句：因此，"[either-p and -q, or -p and q], or p and q" 规定该讨论将关系到第三种可能性作为前两个选言判断的另一种选择，也就是说，排除了 "if p then q" 被最后一个选言肢以外的其他选言肢的真值函项证实的可能性。事实上，我们确实有一种手段，至少似乎有点像这样，即 "supposing p, then q（假设 p，那么 q）"。值得注意的是，它非常不自然，如，在制定桥牌规约的时候，用 "supposing I have a red king, then I have a black king（假设我有红桃 K，那么我有黑桃 K）" 替换我所用的条件句形式。

如果有人觉得这是在引进一种特别手段，专门为了处理条件句中的问题，我可以回答，它可以被用于其他领域，完全不同于跟条件句密切相连的领域。括号手段可以应用于合取陈述 [p]·q，表示这个事实（当然不只是可能性）——p 是（或被看作是）共同立场（比较 "The innings closed at 3：15, Smith not batting（这一局 3 点 15 分结束了，史密斯没有击球）" 跟 "The innings closed at 3：15, and Smith did not bat（这一局 3 点 15 分结束了，而史密斯没有击球）" 之间的区别）。一个命题是不是标明作为事实还是作为可能性被赋予共同立场地位，取决于没有括进去的表达式是不是规约性地使说话人承诺接受那个命题。

但是，不管我们是不是实际上有一个规约性的 "从属" 手段，我当然不想把这个功能归属（某些用法中）的 "if"，作为其规约语力的一部分，因为这样（通过援引 "if" 的第二个意义）等于承认失败。然而，这样做似乎有一些吸引力。如果你不说 "Either Wilson or Heath will be Prime Minister（或者威尔逊，或者希思，将成为首相）"，而说 "If Wilson does not become Prime Minister, it will be Heath（如果威尔逊不成为首相，就会是希思）"，这种转换给讨论强加的限制似乎就是指派给括号手段那样的一种限制。有人能用间接方法解释这种转换的作用吗？

为了处理这个问题，我们先看一下区分 "if"（"⊃"）跟其他熟悉的联结词的一个特征。（从现在开始我将设定熟悉的日常语言联结词是真值

67 函项的，至少在我弱解读 T 和 F 的情况下。）"If"跟"and""or"不一样，是非互换性的："if p, q"不等于"if q, p"。这样就有可能根据印刷以外的理由，根据出现顺序以外的理由，区分不同的成分了，事实上这是根据逻辑理由做出的区分。一个成分是 F 充分的；那就是，其虚假性（或事实上不令人满意性）对（它是其中一个成分的）话语单位的事实上令人满意性在逻辑上是充分的。另一个成分是 T 充分的；那就是，其真理性（或事实上令人满意性）对（它是其中一个成分的）话语单位的事实上令人满意性在逻辑上是充分的。

现在我要提出三个问题：

（1）要是"if p, q""either not-p or q（或者不是 -p，或者 q）"，及"not both p and not-q（不是既是 p，又不是 -q）"这三者是逻辑对等的，为什么很多应用"if"的话语，用一个逻辑对等的形式替换它，虽然能懂，却极端不自然，这是应该的吗？例如，为什么"If he rings, the butler will let him in（如果他摁门铃，管家会让他进去）"换成"either he will not ring or the butler will let him in（或者他不摁门铃，或者管家让他进去）"以后，至少在大多数话语语境下，我们会不太高兴使用其中的一个？

（2）既然语言有否定和合取表达式（或否定和析取表达式），为什么还要有统一的条件句形式（"if"）的表达式？当我们有可能以多于一种方式不用"if"表达我们可以用"if"表达的任何事实时，我们能提出语言拥有"if"联结词的理由吗？

（3）既然我们的语言有条件句形式，为什么把 F 充分成分叫作"前件"，T 充分成分叫作"后件"应该被认为是合适的？

尝试回答这些问题可能有助于解决我们的基本问题，即，为什么总的来说在条件句里"读入"从属手段（实际上就是把"if"当成似乎是"supposing（假定）"）是自然的，假设我们早先已提供了设定"if"的规约意义或语力里没有这样一个成分的根据。

至少在某种程度上，我们有可能把熟悉的联结词按初始性程度排

序。我们至少有一些理由把"not"和"and"看作比"or"和"if"更
初始。关于"not"，如果我们的语言不具有统一的否定手段，很多我们
现在能够说的东西我们将没有能力说，除非：（1）语言拥有一些看起来 68
非常人为的联结词，像这样那样的笔画；或（2）我们为自己增加很多
麻烦，（差不多一个一个地）寻找复杂的表达式，使用"other than（不同
于）""incompatible with（不兼容于）"之类。至于"and"，在很多情况
下合取这个概念可以被看作在场，即使没有使用明显的合取手段。"It is
raining (*pause*). It will rain harder soon（下雨了。[停顿] 很快就会下得更
大）"这个说法跟"It is raining, and it will rain harder soon（下雨了，而且
很快就会下得更大）"这个说法似乎表达的内容一模一样。但是，尽管合
取这个概念有这种空虚性，我们确实需要明确的合取手段，以便把合取命
题的表达式纳入更复杂的合成命题表达式。例如，我们需要有能力否定合
取话语，而不承诺个体合取肢（conjunct）的真假，就像：

> A: "It will rain tomorrow. It will be fine the day after.（明天将下雨。后天会
> 是晴天。）"
>
> B: "That's not so.（不是这样。）"
>
> A: "That's not so?（不是这样？）"
>
> B: "That it will rain tomorrow *and* be fine the day after.（明天将下雨，**而**后
> 天会是晴天。）"

（B 最后的话可能依赖这样的想法：（1）两个合取肢不可能都为真，因为
从来都不会只下一天雨就晴天的；或（2）某个特定的合取肢为假；或
（3）两个合取肢都为假。）"or"的一个标准用法（如果不是**唯一**的标准用
法）是标明可能性（说话人假定其中一个实现了，虽然他不知道哪个），
而其中每一个都以同样的方式跟特定的话题相关。"A or B"是典型地用
来给一些特殊问句部分回答（或最后一招）的，而每一个选言肢，如果可
断言的话，都会给出更全面、更具体、更满意的答案。另外一个暗藏的会
话目的，可能是提供一个步骤，以排除一个选言肢（用否定证实法），使
另一个选言肢变得可断言（事先不知道哪个会被排除）；或者为了计划目

的而拥有有限的一些选项（在这种情况下用否定证实法排除一个以外的所有选言肢**可能**不是必需的）。很明显，要这样应用选言判断，说话人必须拥有断言这个析取的非真值函项根据。

下列对话是完全自然的，它为"or"的这种自然用法观点提供了支持：

> A: "He didn't give notice of leaving and didn't pay his bill.（他没有通知要走，也没有付钱。）"
>
> B: ….
>
> B: [停顿以后] "It isn't true that he didn't give notice and didn't pay. He did both（他不是没有通知和没有付钱。他两样都做了）"(or did the first though not the second).（或通知了，虽然没有付钱）。

但是，下列说法不会令人舒服：

> B: "He either did give notice or did pay his bill. Indeed, he did both things.（他或者通知了，或者付钱了。事实上，他两样都做了。）"①

这里缺乏具体的条件（如，回答特殊问句），所以，"or"的用法不自然。

如果"or"的这种用法的特点或理由是回答明确的或暗含的特殊问句，那么其原因又是什么？为什么它适合这种目的？我能想到两种可能的解释，第二种比第一种更有意思。第一种解释是语言的（可能也是概念的）经济性。假设特殊问句通常（虽然不是一成不变地）要求（最后的回答）是肯定的断言命题，而不是否定的命题（用肯定的句子而不是否定的句子），那么用"or"的过渡性答案比用"not"和"and"的表达式更经济。"A or B"在书写上，可能也是在明确提到的概念上（如果合适地解读的话），比"it is not the case that both not A and not B（不是既不是 A，也不是 B 那种情况）"更经济。如果选言肢是否定形式，那么"not A or not B（既不是 A，也不是 B）"是不是比"it is not the case that both A and B（不是 A 和 B 两者都是那种情况）"更经济，不是很清楚。但是，看起来

---

① 这个例子充分说明逻辑联结词析取跟其自然语言的对应成分之间的语用区别。按照逻辑真值表，析取的两个选言肢都可以为真，自然语言的"or"却一般不这么用，除非有特殊语境。——译者

一般情况下特殊问句确实需要肯定的最后答案。我们问"Who killed Cock Robin?（谁杀死了科克·罗宾？）"，不是"Who didn't kill Cock Robin?（谁没有杀死科克·罗宾？）"，"when""where"和"what"也是这样，虽然"why"不是很清楚。因为一般来说（不是一定一成不变地），在明确的或暗含的特殊问句的过渡性答案中使用"or"形式比使用"not"和"and"的类似形式要经济，这样就养成了为这个目的而更喜欢"or"这个形式的习惯或惯例。因为这个事实（而且一般被看作事实），任何人用了"or"这个形式就隐含、暗示（其他情况相同时）他是在回答明确的或暗含的特殊问句。因此，我们对这个问题（关于用"or"，而不用"if"）的一个版本有一个答案，即，为什么在某些情况下（虽然其他情况不一样）用"or"形式，而不用逻辑等同形式会特别自然或合适。而且，要是"or"形式（如果语言中存在这个形式），而不是其他等同形式，**一般来说**，导致语言或概念经济（如果用于某些目的），我们就解释了它在语言中跟其他等同形式一起存在的理由。

关于用"or"回答特殊问句的第二个可能解释是，在某个阶段，我可以称之为"指针（pointering）"的原则在起作用。我们来一步一步地开发这个观点。

（1）我们首先设定，日常话语的某个部分，至少表面上看，是没有逻辑联结词和其他逻辑小品词的；它把可能拥有的所有逻辑形式都小心翼翼地掩盖起来了。甚至可能的是，实际语言不仅实际上显示这个特征，而且必须显示这个特征。

（2）因此，下列假设不是不可能的，如果理性人是准备好断言某类陈述的，他们也必须被假定准备好否认这一类陈述。在这种情况下，我们可能假定对最初那类逻辑无涉陈述的否认是在这种语言的说话人能力之内的；而这些陈述，由于它们的否认性质，可能没有同样的逻辑无涉外衣。

（3）我们还可以预期，我们正在描述的这种语言拥有表达合取功能的词语。这种词语可能不是必需的，不是为了使说话人有能力做出合取性断言；他们可能只要把断言成分简单地堆积起来就能实现这个目的，不需要奢侈地为它们加上合取性外衣，像"and"这种词提供的连接形式那样。之所以需要表达合取的手段是因为早已给出的理由，即，我们必须假定说话人有能力否认他们能够断言的一切。语言中表示合取的词语的存在，使说话人有能力确定各种合取性陈述在否定符号占优势的辖域里的各自的位置；这一点转而使他们有能力不同意各种从属陈述，而不需要点明每个被拒绝成分的具体身份。

（4）我们现在能讨论增加一两个简单逻辑联结词，扩大简单和复杂联结词阵容的可能性，甚至必要性了。例如，有必要引进一个特别的小品词表达析取吗？看起来我们似乎不能利用一个标准的理由把新成分引入到我们的词汇库。我们已经假定我们拥有否定和合取命题联结词，使用一个管控两个内部否定小句合取的外部否定，正好为我们提供了表达那种内容的（经典命题演算赋予其析取小品词的）手段。如果我们接受修订版奥卡姆剃刀原则，我们最好在这个问题上与命题演算保持一致，除非我们有很好的理由不这样做。

（5）为了支持找到另一个扩展逻辑联结词库的努力，增加一个统一的析取小品词，我建议比较合适的是先提出一个我称之为"指针"的原则，然后设法证明其正当性。在现在这个语境下，我将局限于提出这个原则，把证明其正当性留待下一次。假设一种语言拥有不定数量的多种成对的表达式，每对都满足下列简单条件：每对都拥有一个"φ"成员和"ψ"成员；每对的这两个 φ 成员和 ψ 成员都容许增加一个不定范围的嵌入句（命题表达式）使之完善；这样的完善不仅仅是合法的，而且是必需的，以生成完全句，而不是句子纲要。我们假定这种由命题表达式 α 完善的表达对的 φ 成员跟由 α 的否定完善的相应的 ψ 成员拥有一模一样的规约意义。指针原则可以被理解为规定了，如果说话人在想象由 α（而不是其最终的否定）所代表的命题表达式的最终的断言，不管是他自己的还是别人的，他应该选择使用这个表达对中由 α 作为其完善的 φ 成员；但是，如

果他想象的是 α 的最终的否定，而不是最终的断言，那么他应该选择由 α 的否定作为其完善的 ψ 成员。

（6）如果上述原则可以被证明正当，如果这个原则要跟英语这样的语言（它既拥有否认合取的否定陈述的手段，也拥有看起来是完全对等的肯定析取的肯定陈述的手段）一起考虑，那么指针原则将使这种语言的说话人有一种全面的理性政策，处理 φ-ψ 表达对。我们暂时假定可以得到所需要的正当证明吧。 72

（7）如果允许上述指针原则成为已经存在 φ-ψ 这种表达对的语言处理这种表达对的理性政策（这种政策的基础是将来可能实现某些有利条件）的基石，那么恐怕也应该允许不存在 φ-ψ 表达对（或只有有限数量 φ-ψ 表达对）的语言找到正当理由设置或扩大 φ-ψ 这样的表达对。所以，如果不是已经存在析取小品词，就有理由发明一个。

（8）目前我们已经找到各种理由假定我们可以丰富语言，可以增加统一的小品词（联结词）以表达否定、合取、析取的概念。要完成这项研究，我们应该转而注意另一个统一小品词的可能正当性，这就是设置条件句的问题。我在上文提到，在熟悉的联结词中，"if" 似乎是唯一不可互换的；条件句的子句之间的顺序从语义的角度看不是无关紧要的。如果语言要增加一个条件句小品词的正当理由，跟 "if" 的这个看起来特别的性质有关系，可能不是令人惊讶的。

在进一步讨论这个问题以前，我们对管控最近增加的析取小品词的目的和规矩应该有一个清醒的认识。我已经提到析取陈述实现的一个功能是为某些特殊疑问句提供过渡性答案。例如，如果有人问 "Who killed Cock Robin"，回答 "the sparrow or the hawk or the fox killed Cock Robin（麻雀、老鹰或狐狸杀死了科克·罗宾）"，可能为辨认杀人者提供了一个过渡性答案。这样一个陈述涉及的析取数量越少，在合适的环境下，我们就可能离这个问题的最终答案越近。当我们达到一种陈述形式，中间没有析取小品词出现时，这样的一个最终答案就可能实现，那就是，当我们达到

"The sparrow killed Cock Robin"这样一个陈述时。为了达到这个最后阶段，某些条件必须得到满足：

（i）不管最后答案是什么，我们需要有某种保证，即，最后答案要吻合最初那组选言肢中的一个成员。

（ii）随着研究的深入，必须找到把选言肢一个一个剔除的根据。

（iii）如无矛盾性所要求的，最后留下的选言肢没有被剔除。

（iv）很明显，析取陈述不可能像我所描述的那样开始工作，除非它们首先以非真值函项根据得到了接受。要假定它们首先以真值函项根据（即根据一个特定选言肢（如那个确认是麻雀杀死了科克·罗宾的选言肢）的正确程度）得到了接受是极端荒唐的，是假定所援引的最初那个选言肢以图解决的问题在研究开始前就已经解决了，所以，它归根到底不是问题。

（9）至少第一眼看上去，可能另外有一个不同的用法，对此新近引入的析取小品词是合适的，甚至在某些方面是有用的。这个用法我将暂时称作"可能事件计划"。假设我的姨妈安排好要来看我，但我还不知道，实际上是不是已经就这个问题做了任何决定，她将如何来，什么时候来，到什么地方。我可能相当自信，她不会由附近的海军基地的潜水艇送来，或空投到加利福尼亚大学伯克利校园。但是，是不是可能搭乘商用飞机到旧金山机场，还是民用航船到旧金山码头，还是火车到奥克兰火车站，我完全不知道，所以我用一个合适的析取陈述，作为我决定如何应对这些可能事件的计划的基础。

然而，尽管有这些最初的表象，我倾向于认为，进一步的思考不会证实这个提议，即可能事件计划将提供一个不同的应用析取小品词的领域。在这个问题上，我主要受到两种考虑的影响。首先，我还没有提到一个事实上很清楚的情况，即，这些涉及析取的问题从最初的过渡性答案到最终的结局性答案的进程有时候可以，有时候不可以，独立通过应用理性加以完成。必须承认，我可能永远无法事先知道我姨妈到底怎么到达；我可能只有等着瞧。这跟杀死科克·罗宾者的调查不是没有可比之处。在那个问题上，我也可能有能力完全按理性确定谁杀死了科克·罗宾；或者，为了得出结局性答案，我可能必须援引观察和经验证据的协助。我们绝不能被无可比性的幻觉引入歧途。第二，如果我们愿意，这两个问题可以用结构上类似的方法加以概括。就像我可以争辩，在一组个体中哪个成员拥有杀死科克·罗宾者的特征，或满足"killed Cock Robin"这个谓语；所以我也可以争辩，一些交通设施中的哪个拥有（或将拥有）我的姨妈的具体目的地的特征，或满足（或将满足）"is where my aunt landed（是我姨妈的登陆地）"这个谓语。接受还是拒绝所提议的概括，唯一立即要考虑的是，这样的概括会（还是不会）把所概括的项目纳入有成效的一般描写和解释的领域。至于所提议的概括会不会提供可以认为是所概括项目的（例如）"逼真的形而上学肖像"，在现在的语境下，可能在任何语境下，都无关紧要。

　　根据这些思考，我倾向于否决可能事件计划为我们提供了应用析取小品词的不同领域这个看法。我提议暂时把析取小品词的基本功能恰当地概括为程序中的一个成分，这个程序将：

　　（ⅰ）力图全面或部分推进特殊问句的解答。

　　（ⅱ）应用一种本质上是淘汰性的方法。

　　（ⅲ）所以，它涉及一种争辩模式，其中有两种前提，一种基本上是析取性的，另一种是非析取性的（或如果析取性也只是偶然为之）。

　　（ⅳ）要求非析取性前提的逻辑性质（肯定、否定、双重否定）矛盾性地对立于析取前提的另一个成分。

　　（10）最后，我们可以回到那个问题，我们是不是能够指向某些目的或功能，要实现它就需要设置一个特别的统一的条件句联结词。因为在现在的语境下，当我们谈论条件句时，我们指的是实质条件句。"if"的非互换性质，以及肯定前件假言推理（跟条件句应用联系最紧密的一种论证形式）的形式结构，似乎排除了这种可能性（即我们正在寻找的功能存在于淘汰程序的操作中），而淘汰程序可能推动特殊问句问题的解决，或其他问句的类似问题的解决。虽然引入一个特别的统一的条件句联结词跟问句有些关系，它跟特殊问句没有特别的关系，而且它跟问句的联系（至少第一位的）不是存在于提供一种回答的方法，而是在其他方面。[①]

我将从库克·威尔逊（Cook Wilson）提出的一个观点开始。在我看来，他可能深深（虽然迷乱地）卷入了一个跟我现在讨论的问题离得不太远的问题。他注意到，当我们关注是否问句而不是特殊问句时，我们发现无数这样的成对的问题，其中的成员是互相独立的，但是我们也发现数量不定的很多这样的表达对，其成员不是互相独立的。就这种情况，人们可以说，像他说的那样，"是不是这样那样的问题是一个是不是如此如此的问题"。通过这种概括，他很明显地表达了这个意思：对第一个问题的肯定回答决定对第二个问题的答案是肯定的，而对第二个问题的否定回答决定对第一个问题的答案是否定的。这种关系（我称之为"疑问从属"）是成立的，如（1）"Does your aunt live in London?（你的姨妈住在伦敦吗？）"和（2）"Does your aunt live in England?（你的姨妈住在英国吗？）"这个有序问句对成分之间的关系。在比这更深入的研究中，我们可能有责任考虑这个初始观点的更细微的应用，就像区分依赖特殊场景和不依赖特殊场景的从属例子的可能性和必要性。

（11）为条件句表达式特别引入的统一小品词预期将履行的职责，初步考虑，大概包括下列内容：

（i）就像先前讨论的析取小品词，条件句小品词有一个跟问句有关的功能。但是，跟析取小品词不一样，条件句小品词跟某些特定问句没有特别的联系；条件句小品词不会跟特定问句捆绑在一起，不会类似设计中的析取小品词跟特殊问句之间的特别联系。条件句小品词跟问句之间的联系是它跟一般问句之间的联系。

---

① 这句话的原文是"… and its connection with questions consists, in the first instance at least, in something other that the provision of a method for answering them."。我们怀疑其中的"other that"是"other than"之误。——译者

（ii）同样不同于析取小品词的是，条件句小品词不会特别关注某些认可的回答或解决问题（甚至是回答或解决一般问题）的程序的设置或操作。实际上，不要把条件句小品词的操作看作是为了从思想舞台上移走在现在的语境下没有用处或可能没有用处的材料，而是为了在某些初始信息的基础上建立一个知识库，在合适的时机可以为任何要解决的问题发挥作用，这样可能更好。条件句小品词的操作可以说不是淘汰性的，而是积累性的。

（iii）关于条件句小品词功能的解释，正面的说法可以是，它是一个无限漫长的跟踪疑问从属链的过程。它从某些始发点开始，往这些始发点（一个也不抛弃地）上增加不定数量的多种新信息，它们表现出的特征是：问句的肯定回答疑问式地从属于问句链中位于前面的并已被肯定地回答了的问句。这样，问句链中后来的问题实际上通过回答从属于它们的前面的问题已经被回答了。关于条件句小品词的职责的这种表征使它在跟论证和知识的延伸的联系中占据了主导地位，这个特征预期会对强理论家有吸引力。这种解释所设想的知识的积累跟职业数学家、科学家建立理论时采用的更加有组织的程序有一些粗略的相似。所以，我们可以正当地声称，刚才提出的解释符合条件句在理性思维和研究中的中心位置。

现在我要以连贯的形式提出一个处理条件句小品词的完整理论。

（a）我认为强理论家是对的，条件句跟可推导性关系（一个陈述或命题跟另一个之间可能具有的可推导性关系）之间有特别的联系；我将把这种可推导性联系叫作"强"联系。这种联系的存在已被直觉和惯例证实了：我们把条件句的第一、第二子句分别叫作前件和后件。

（b）强理论家对存在这种联系的看法虽然是对的，他们关于其性质的看法却是错的。条件句的规约意义来自实质条件句的真值表指派的具体真值条件。但是，尽管解释条件句的意义可能不需要提到强联系，条件句和强联系之间的另外两种关系却可能极其重要，并且是非规约隐含的来源。

（c）首先，情况可能是这样的：不管是在一般语境下，还是在特殊语境下，一个理性说话人不可能应用条件句形式，除非（至少他认为）不仅真值表要求得到了满足，而且存在一些强联系。在这种情况下，说话人非规约性地隐含，当他在这种语境下应用条件句形式时，强联系确实成立。

（d）另一个更专门的非规约性隐含的来源，可能是条件句形式在理性话语中特别适合实施的特定作用或功能。如果这个作用或功能指派给条件句形式，它可能证明语言的条件句形式和隐含的存在都是合理的，就应用这个形式的人而言，他是在用它实施这种作用或功能。如果实施这个功能要求前件和后件之间有这种强联系，那么这种联系成立这一点也会被非规约性地隐含。

（e）在熟悉的二元命题联结词中，只有"if"是非互换性的，这个事实被我用作指标，说明条件句形式有这个特别的作用。我把条件句形式的非互换性作为指标，说明其特别作用在于呈现一些情况，其中的一段思想或推理过程被设想成从前件到后件，或者到更远的后件（对它而言，第一个后件占据了前件的位置）。这样一个思想（或推理）进程链可以被认为78 跟库克·威尔逊的观点是一致的，涉及一个疑问从属性问句链，其中对上一个问题的肯定回答决定对后面问题的肯定回答，同样，对后一个问题的否定回答决定了对前面问题的否定回答。

（f）条件句形式之所以可以实施这个职责只是因为条件句本身的真值可以被独立辨认，不依赖条件句成分的真值知识，那就是，因为前件和后件之间的强联系。因此，一个说话人非规约性地隐含他在应用条件句实施其特别功能时将同时隐含前件和后件之间存在强联系。

（g）建立一个疑问从属性问句图式（或问句模式）序列库（其中每一个这样的序列都可以被具体地分化到很多疑问从属性问句序列），是一个必不可少的元素，使我们能有准备地应对我们生活于其中的世界。

（h）因此，析取小品词的特别功能跟条件句小品词的特别功能之间既有重要联系，又有重要区别。两者都可以被认为跟问句有关系；但是不同于析取小品词，在解答问句方面，条件句小品词跟淘汰程序没有特别的联系（实际上跟任何程序都没有特别的联系）。其特别功能不是淘汰性的，而是积累性的。

格莱斯悖论

右哥和左哥在按照正常规则下棋，但是有两个特别的条件：

（1）右哥 10 次有 9 次执白。

（2）没有平局。

目前为止他们一共下了 100 局，结果：

（1）右哥执白时赢了 90 局中的 80 局。

（2）右哥执黑时 10 局全输了。

昨天晚上他们下了 100 局中的一局。

换质换位法（Law of Contraposition）规定，"if A, B（如果 A，则 B）"等同于"if not B, not A（如果不是 B，则不是 A）"。所以，看起来这一局的概率如下：

（1）如果右哥执白，右哥赢的概率是 8/9。

（2）如果右哥输了，右哥执黑的概率是 1/2。

（3）或者右哥没有执白，或者右哥赢了的概率是 9/10。

怎么办？放弃换质换位法？

杜梅特（Dummett）和克里普克（Kripke）建议，我们区分两种概率概念：（1）相对于某种证据 h 的条件句的概率概念（该概念不会改变，如果我们用标准换质换位法（或，就此而言，用对应的标准析取）替换条件句）；因为（if p, q）/h 等同于（if not q, not p）/h，也等同于（either not p or q）/h；（2）由 p 的概率例示的相对于 q 和 h 两者的条件概率概念，该概念不能被看作跟 q 的否定的概率相同，它相对于 p 和 h 的否定的合取。他们进一步建议，右哥和左哥的谜题应该被看作跟条件概率相连，而不是跟条件句的概率相连。

我们大概可以通过区分下列信念讨论一下这个悖论的"信念"版本了：

（1）"if p, q"这个信念等同于"if not-q, not-p"，而且等同于"either not-p or q"。

（2）（假定 p）q 这个信念不等同于（假定不是 -q）不是 -p 这个信念。

我不想对这个关于我例子中的悖论的解决方案提出异议。我的问题是："假设所提议的区分是可接受的，假设（像我认为的那样）'if p, q'并不**表示**（例如）'on the supposition that p, q（假定 p，q）'，为什么在这个例子中要读作或解释成似乎它是这个意思？为什么要自然而然地假设说话人的'if'在这里表示'on the supposition that p, q'，如果这不是'if'的规约语力的一部分？"

如果我们假设"if p, q"（像我建议的那样）自然适应（趋向于）在肯定前件假言推理中的可能应用，问题就解决了。然后，我们就可以考虑，我们要用什么背景信息，如果第二个前提是"右哥执白"（我们当然不会考虑右哥执黑时将发生什么）。同样，如果有人问我们，如果右哥没有赢，他没有执白的概率有多大，如果我们把这个问题理解成"趋向于"拥有右哥没有赢这个信息，我们只会考虑右哥没有赢是什么情况（即他是执白还是执黑），忽略右哥赢了时的情况。如果有人问我们，他或者没有执白或者赢了的概率有多大，而没有朝着（指向）肯定前件假言推理，所以我们会考虑所有的游戏，或者是右哥执黑的游戏，或者是右哥赢了的游戏。

然而，我们将不得不面对严重的困难。如果，就像正在讨论的论断所坚持的，"if p, q"的规约意义跟"p ⊃ q"的是一样的，那么"if p, q"的否定的规约意义跟"p ⊃ q"的否定的规约意义就可能是一样的，即"both p and not-q（既是 p，又不是 -q）"。但是，假定这**是**"it is not the case that, if p, q（不是这种情况，如果 p，q）"的规约意义，看起来是不可信的。引用布朗伯格（Bromberger）的一个惊人的例子：假设 A 说"If God exists, we are free to do whatever we like（如果有上帝的话，我们就可以做我们喜欢的任何事）"，B 回答 "That's not the case（不是这样的）"（他可能会把这句话扩展成 "it is not the case that if God exists, we are free to do whatever we like（不是这种情况，如果有上帝的话，我们就可以做我们喜欢的任何事）"）。看起来，在任何情况下，我们都不可能假定 B 认同这个合取论断：（1）确实有上帝，（2）我们不可以做任何我们喜欢做的事。所以，日常条件句一般不可能是实质性的。这就是反对意见；对此有答复吗？

作为第一步，我们可能注意到，说（或实际上说）"It is not the case that if p, q" 的人到底认同什么，或意欲传递什么，并不总是很清楚的。看起来似乎有三种情况：

（1）有的情况是，没否定的条件句没有（或不可能有）隐含，而且话语的整个意谓由实质条件句的内容表征。例如，假定伙伴 A 正在应用我的桥牌规约（五无将 = 如果我有红桃 K，我就有黑桃 K），叫了五无将。如果伙伴 B 在事后分析时说，"你通过叫五无将告诉我的信息是不正确的（不是真的）"，在我看来他的意思应该是，A 有红桃 K，但是却没有黑桃 K；即，这里对 "if p, q" 的否定具有 "p and not-q" 的语力。这样的例子对这个论断不构成麻烦。

（2）有时候，条件句的否定被自然地理解成提出一个反条件句，其后件是原条件句后件的否定。如果 A 说，"如果他向她求婚，她会拒绝他"，B 说 "That's not the case"，B 会被很自然地理解成 "如果他向她求婚，她不会拒绝他"（其语境意义可能是 "如果他向她求婚，她会接受他"）。

（3）有时候，否定条件句有拒绝断言这个条件句的意思，一般是因为 81 否定者不认为有合适的非真值函项根据做出这样的断言。在这种情况下，他实际上否定了这个论断表征的是没有否定的条件句的隐含。例如，"It is not the case that if X is given penicillin, he will get better（不是这种情况，如果给 X 用了青霉素，他就会好起来）" 这句话可能暗示，这种药对 X 可能一点疗效都没有。

为了应对第二种情况，我们可以重新定义括号，其功能是给带括号的表达式某种优先权（跟辖域方面的优先权紧密相连）。同时，我们要指出这种手段可以应用在跟条件句没有联系的领域。这种手段的定义的总的模式如下。假设我有个句子 $\beta \cup \gamma$（β 和 γ 是子表达式，联系符号 $\cup$ 表示印刷顺序）。假设 β 是一种允许加括号的表达式。那么，要是没有其他子表达式优先于 $[\beta]$，句子 $[\beta] \cup \gamma$ 将在所有（而且只在）$\beta \cup \gamma$（不带括号）为真的情境下为真。但是，假设一个表达式 α（一种具体类型或类型范围，如否定符号）优先于 $[\beta] \cup \gamma$，产生 $\alpha \cup [\beta] \cup \gamma$。那么，这样得到的结果就跟 $\beta\alpha\gamma$（不带括号）有同样的规约语力。

此刻我想说，在本书第 17 篇中我就括号手段提出了一个比上文更复杂一点的版本，并建议把它用来处理预设和罗素（Russell）的摹状词理论[①]中的问题。事实上这个问题有两种可能的处理方法。一种是在关于有定描述语的哲学讨论中引入和应用括号手段。另一种则不会建议用括号手段来具体说明有定描述语的规约意义的特征，但是会给出这样处理有定描述语的理由，**似乎**它们的规约意义有一部分是由括号手段表征的。实际上，这两种可能性在第 17 篇里都讨论了。

关于括号手段和条件句之间的关系，有两种有点类似的立场可以采纳。第一种立场援引 "if p, q" 的一个跟实质条件句不一样的涵义，所以，支持 "if" 跟 "⊃" 意义相同的人不可能采用。按照这种立场，有时候 "if p, q" 的意义跟 "[either not-p or] q（[或者不是 -p，或者] q）" 相同，括号手段（就像上文所述）应该被理解成带括号的表达式有 "优先权"（至少先于前置的否定符号）。因为 "if p, q" 被用在这个涵义上，"it is not the case that if p, q" 的意义就跟 "it is not the case that [either not-p or] q（不是这种情况，[或者不是 -p，或者] q）" 相同，后者又跟 "either

---

① "摹状词理论" 是罗素的 "Theory of Descriptions" 的既定译名，当 "definite description" 不是专指罗素的理论时，我们一般译作 "有定描述语"。——译者

not-p or not-q（或者不是 -p，或者不是 -q）"意义相同（其中的"if"是实质性的）。这样就产生一个跟我所建议的一致的结果，即，"不是这种情况，如果他向她求婚，她会拒绝他"的自然解读是"如果他求婚，她不会拒绝他"。使用包含括号的析取"[either A or] B（[或者 A，或者] B）"，就是要表达某事，而对这事的否认则表示"either A or not B（或者 A，或者不是 B）"的意思。包含括号的析取及其否认两者都允许（至少是通过蕴涵）A 为真这个可能性。所以，如果人们希望既表示他是把 A 为真当作被认可的可能性，又希望讨论"A，还是其他的什么？"（"假设不是 -A，那么是什么？"）这个问题时，他可能才会使用带括号的形式（或某种等同的形式）。这就是上文提出的"[A or] B"的规约语力。

关于"if p, q"，可以采纳的第二种立场（如果要维护"if"跟"⊃"等同，就需要这种立场），是认为虽然"if p, q"不等于"[either not-p, or] q"，使用前者常常被解读为恰恰隐含后者。提出这个主张的理由如下。如果"if p, q"有可能被用于肯定前件假言推理，所以有可能导致断言"p"，那么说"if p, q"这句话就会拥有"supposing p, q"这句话的效果（虽然这两者的意义并不相同）。但是，"supposing p, q"是对包含括号的析取"[either not-p or] q"的一个公正的解读。所以，要是"if p, q"被理解成隐含"[either not-p or]q"，那么其否定就应该被理解成拥有"if p, not q"的效果。

第三种情况，说"it is not the case that if p, q"将被解读为拒绝断言"if p, q"，所以**隐性**否定了有合适的根据做出这样的断言。这种情况不会造成特别的困难。对析取陈述的否定可以有几种平行的意图。如果你说"X 或者 Y 将被选上"，我可以回答"不是这样；X 或者 Y 或者 Z 将被选上"。这里，我拒绝"X 或者 Y 将被选上"，也不是因为它是假的，而是因为它**不可断言**。但是，可以这样说话并不等于有根据假定"or"不是真值函项。

不过，我为维护"if"和"⊃"意义相同的论断所试图提供的辩词现在可能面临根本性挑战。所提议的条件句否定式的处理意见将遵循下列原则：如果对"if p, q"的肯定不携带（不可能携带）任何隐含（就像桥牌那个例子），那么，其否定就得解读为等同于断言"that p and not-q（p，而且不是 -q）"。但是，如果对"if p, q"的肯定携带隐含，那么，其否定就得解读为否定其隐含。这个原则看起来不可接受。当然，有些情况下的否定必须解读为否定隐含。例如，"她不是我的咖啡里的奶油"，必须被解读为否认她是我值得骄傲的资产，而不是否认她**真的**是我咖啡里的奶油。如果一句话按照字面解读并不荒唐，那么其否定通常是否定其字面意义。如果你具有嘲讽意味地说"他是个杰出人物"，而我回应"他不是个杰出人物"，我一定是直接（而又平淡）地表达你所隐含的内容；我不可能表示"他**确实**是个杰出人物"。同样，如果我说"他最近常常去纽约"，隐含他在纽约有个女朋友，只说"不，他没有"根本不可能表示他在纽约没有女朋友。我想我还没有看到任何辩词（如果有的话）可以反驳这个意见。

如果我以总结的形式把讨论中提到的观点一个一个梳理一下，恐怕有助于澄清我这有点迂回曲折的关于直陈条件句的讨论。

（1）我的第一个主要努力是开发这种观点——"if"的规约（词汇）意义是由真值表为实质蕴涵提供的意义。

（2）虽然有一个比真值表提供的更强的条件常常被蕴涵，把这蕴涵看作源自词汇意义，而不是会话隐含，却是个错误。

（3）我们讨论了生成这样一个强条件的隐含的两种方法。一种是作为一般隐含，它以合作原则及会话准则（特别是第一数量准则）为基础。

（4）在第二种方法里，这样一个隐含可能依赖语言中的条件句小品词的假想的职责或功能而产生。其他逻辑小品词可能被假定有自己的特别职责或功能，但是这些都不同于条件句小品词的职责或功能，它跟疑问从属性问句链的建立有关系。

（5）跟隐含的这第二种来源平行并相连的是一种暗示或蕴涵，即，对条件句前件的否定应该被认为是一些人的共同立场（他们一直在争论一种特定条件句的利弊得失），这是一种可能性，虽然不一定是事实。

（6）这种共同立场地位的属性可能被认为是必须"读入"的非规约性隐含，或者作为某些条件句（就像那些用"supposing""suppose that""if … then"，可能甚至"if"本身这样的词语表达的条件句）的词汇意义中的一个元素。

（7）如果必须归属共同立场，到底什么构成共同立场，仍然是值得探讨的问题。这有两种可能性。

（8）一种可能是，它是说话人之间的默契，即，他们正在争论有没有可能把可接受的替代方案作为共同立场。（"如果不是如此这样，那么会是什么样？"）

（9）另一种可能，则涉及具体的句法规则，它将规定在原条件句重写的格式里如何分配辖域。

（10）如果第二种可能被接受，将很难避免假定，这是条件句的词汇意义的一个特征（即使它可能是依赖前词汇考虑的特征），并没有引入什么新概念。

作为结论，我将提出一个康德类型的二律背反（antinomy）。我认为，它将强化我提出的关于直陈条件句的一个建议。

I. 正题。"证明""if A, B"是实质条件句。
假设：

（1）A⊃B 为真。

根据⊃的定义，我们推导出：

（2）一对陈述（not-A, B）中至少有一个为真。

根据（2），我们推导出：

（3）如果不是 -A 为假，那么 B 为真。

假如不是 -A 为假，当且仅当 A 为真，那么，我们推导出：

（4）如果 A 为真，那么 B 为真。

这样肯定能得出：

（5）条件句"if A, B"为真。

所以，日常条件句可以从相应的实质条件句推导出来。

II. 反题。"证明""if A, B"不是实质条件句。

如果正题有效，那就是，如果（1）产出（2）产出（3）产出（4）产出（5），那么一定有一个有效的步骤系列，从假设（5）为假开始，推导出（1）为假。那就是说，假设（5）的否定（即 if A, B 为假），我们一定能够推导出（1）的否定（即 A ⊃ B 为假），但是，根据定义"A ⊃ B 为假"等同于"A 与 B 的否定的合取为真"。既然"不是这种情况，if A, B"不衍推"A，和 B 的否定，两者都为真"，所以，这是假的——（5）的否定产出（1）的否定。

所以，正题里给的"证明"无效。

III. 通过援引我的括号手段，我们大概可以解开这个谜团。如果"if A, B"真的表示，或至少大意是，"[或者不是 -A，或者] B"，那么，"A ⊃ B"就会产出"if A, B"，但是"if A, B"的否定不会产出"A ⊃ B"的否定；这种情况下，悖论就消除了。

5

说话人意义和意图

1. 言说和示意 ①

我们小结一下。目前为止，我的主要努力方向如下：

（1）我就一种非规约隐含（即会话隐含）提出了一个临时性说明；所隐含的是我们假定说话人认为需要的，以维护他正在遵守合作原则（可能还有一些会话准则）这个设定，如果不在所言的层次，至少在所含的层次。

（2）我试图弄明白关于隐含的解释有多大用处，怎么可以帮助我们决定本书第 1 篇文章中列出的 A 哲学家的论断之间的联系。

还有很多问题还没有回答：

（1）为什么依赖"言说"这个概念的偏好的涵义，还没有怎么说，还需要进一步澄清。

（2）规约语力（规约意义）这个概念值得更多的关注，这个概念本身还需要鉴定。

（3）规约隐含这个概念需要关注，规约性所含与所言之间的关系还需要鉴定。

---

① 英语的"meaning"既可以是名词，也可以是动词。前者译作"意义"，后者译作"示意"，作为"（表）示意（思）"的缩略。所以在合适的情况下，"meaning"（包括"mean""meant"）有时也译作"表示……意思"。——译者

（4）"implicature（隐含）"是个覆盖词，是为了避免在"imply（蕴涵）""suggest（暗示）""indicate（暗指）""mean（示意）"等词之间选择。这些词都值得分析。

（5）关联性这个概念也需要澄清，什么时候人们预期关联性（实现关联性准则）需要更明确的说明，为什么人们一般预期这个准则（实际上所有的准则）会得到遵守还需要进一步讨论。

我怀疑我是不是有能力在这里讨论所有这些问题。首先，我将进一步讨论第一个问题，这种讨论也将使我们注意到第二、第三个问题。

下面是关于言说 p 这个概念（在**言说**的偏好的涵义上）的一个大致的方向，而不是要提出一个论断。

我想说（1）"U（utterer，说话人）言说了 p"衍推（2）"U 做了某事 x，通过这件事 U 示意了 p"。但是，有好多事情是（2）指明的条件的一个实例，却当然不是言说这种情况。例如，一个人在车里，他通过不开灯这件事示意我应该先走，他可以等一会儿再走。

让我们试着用（2′）[①] 替换（2）：

"U 做了某事 x（1）通过这件事 U 示意了 p

　　　　　　　（2）这是示意 'p' 的一种类型"（那就是，对某些人来说它
　　　　　　　有一种确定的标准的或规约的意义）。

这里边有个因图方便而造成的疏忽：除了引用的变量 [②] 造成的麻烦，"p"将是直接引语，所以在"U 示意"后面不能是一个引用的子句。同样，很多事情都会满足这个例子提到的条件，却不是言说这种情况，比如打手势表示左转弯。

我们希望做 x 是一个语言行为；冒着过分简化的危险，我们大概可以

---

① 实际上，格莱斯并没有在下文标出（2′）。从内容看，下面的"U 做了某事 x（1）通过这件事 U 示意 p，（2）这是示意 'p' 的一种类型"都是对上文（2）的替换。——译者

② "做了某事 x"中的"x"就是变量。格莱斯在这里讨论"mean（示意）"跟"say（言说）"的关系，但是能"示意"的行为并不局限于"言说"，如"不开灯""打手势"等，所以他下文明确说"希望做 x 是一个语言行为"，"这是句子类型 S 的一次讲说"等。——译者

试一下这个表达式：

"U 做了某事 x（1）通过这件事 U 示意了 p

（2）这是句子类型 S 的这样一次讲说

（3）S 示意 'p'

（4）S 由一系列成分（如词）按照规则系统（句法规则）允许的方式排列

（5）因为 S 的成分的特定意义，它们的顺序，以及句法性质，S 示意 'p'。"

我把它缩略成：

"U 做了某事 x（1）通过这件事 U 示意了 p

（2）这是句子类型 S 的一次讲说，在某些语言体系里它示意 'p'。"

这仍然太宽泛。U 做的 x 可能是讲说了句子 "She was poor but honest（她很穷，但是很正直）"。U 示意的内容，这个句子示意的内容，都包括 "but（但是）" 这个词的意义，而我不希望 "但是" 的意义出现在 U 言说（在我偏好的涵义上）的内容中（这其实是规约隐含）。

这里我想引入 "中心意义（central meaning）" 这样一个概念。我希望有能力解释或讨论（在 U 所示意的东西中）U 集中示意的东西，即，可以说 "在示意 p 的时候，U 集中示意了 q"。

所以，"U 言说了 p" 最后可能是这个意思：

"U 做了某事 x（1）通过这件事 U 集中示意了 p

（2）这是句子类型 S 的一次讲说，其部分意义是 'p'。"

这样，我们还有下列问题要讨论：

（1）怎么解释 "U 示意了 p"？

（2）怎么解释 "W（词或短语）示意 '……'"？这种话语跟 "U 示意了 p" 是什么关系？

（3）怎么解释 "S 示意（可能示意）'p'"（还有 "S 在这里，在这个场合，示意了 'p'"，"U 通过 S 示意了 'p'"）？这跟问题（2）中提到的话语[①]是什么关系？

（4）怎么解释"U 集中示意了 p"？

2. 非自然意义的种类

在"mean"这个词的各种跟交际特别相关的用法（即"mean"这个词在我称之为"非自然"涵义的这个或那个涵义上的用法）中，我们要做一些区分。请考虑下列句子（S）：

> "If I shall then be helping the grass to grow, I shall have no time for reading.
> （如果那时我要帮助草坪生长，我就没有时间读书了。）"

89　（1a）这大概会是正确的：说 S 示意（其中一个意义是）"如果那时我要帮助组成草坪的那种东西成熟，我就没有时间读书了"。这同样大概会是正确的：说 S 示意（至少在一种英语中，其中一个意义是）"如果那时我要帮助大麻成熟，我就没有时间读书了"。这种意义具体化我称之为"完整"话语类型（它可能是句子，也可能是"句子样"的非语言话语类型，如手势）的**脱时意义**（timeless meaning）的具体化。

（1b）这会是正确的：说"grass（草）"这个词（宽泛地）示意"lawn-material（草坪材料）"，说"grass"这个词示意"marijuana（大麻）"也会是正确的。这种意义具体化我称之为"不完整"话语类型（它可能是非句子型的单词或短语，也可能是类似单词或短语的非语言话语类型）的**脱时意义**的具体化。

（2a）因为完整话语类型 x 可能会有不止一个脱时意义，我们需要有能力只把 x 的一次特定讲说跟其一个脱时意义相联系，而不联系其他的。就 S 的一次特定讲说而言，我们需要有能力说 S **在这里**（在这个场合）

---

①　原文是"How does this relate to the locutions mentioned in questions (1) and (2)?"，但是，在问题（1）中，格莱斯实际上并没有明确提到任何"locutions（话语）"，所以，译文做了改动。——译者

示意"如果我要帮助组成草坪的那种东西成熟，我就没有时间读书了"，"我要帮助草坪生长"**在这里**示意"我要帮助组成草坪的那种东西成熟"。这种意义具体化我称之为完整话语类型（在一个特定话语场合）的**应用性脱时意义**（applied timeless meaning）。这种意义具体化是为了正确解读完整话语类型在某个特定话语场合的意义。

（2b）同样，我们需要有能力具体化不完整话语类型的**应用性脱时意义**；就"grass"这个词在 S 的一次特定讲说中的应用，我们需要有能力说**在这里**，在这个场合，"grass"这个词（大约）示意了"草坪材料"，而不是"大麻"。

（3）这可能是正确的：当一个特定的说话人 U 讲说 S 时，说**他通过** S（通过 S 中的词语）示意了：

（i）"If I am then dead, I shall not know what is going on in the world（如果我那时死了，我就不知道世界上正在发生的事）"，可能还有，

（ii）"One advantage of being dead will be that I shall be protected from the horrors of the world.（死了的一个好处是，我将受到保护，不受世界上的恐怖事件的影响）"。

如果这是正确的：当 U 讲说 S 的时候，说他通过 S 示意了（i）；那么，这也会是正确的：**说他通过"我要帮助草坪生长"这些词**（这些词在 S 中）示意了"我那时死了"。①

假定（我这么假定）"helping the grass to grow"这个短语跟"pushing up the daisies（命丧黄泉）"这个短语不一样，**不是一个公认的成语**，上述关于 U 通过 S（或通过"我要帮助草坪生长"这些词）示意的意义具体化，没有一个可以被看作 S（或构成 S 前件的词语）的脱时意义的具体化或应

---

① 如格莱斯下文所述，如果说话人把"helping the grass to grow"当作成语"pushing up the daisies（命丧黄泉）"使用，那么"If I shall then be helping the grass to grow, I shall have no time for reading"就会有"If I am then dead, I shall not know what is going on in the world"的意思。所以，本句开始时的"如果这是正确的"，在原文是虚拟式"If it were true ..."。下文（4）里面的"如果这是正确的"也一样。——译者

用性脱时意义的具体化。"我要帮助草坪生长"这些词既不示意也不**在这里**示意"我要死了"。

我刚才引用的这种意义具体化，我将称之为**话语类型的场合意义**（occasion-meaning of an utterance-type）的具体化。

（4）上文讨论的几种意义具体化都为具体化的示意内容加上了引号（或者用斜体可能更好[①]）。要讨论的第四种，最后一种，不一样，它涉及间接引语。如果这是正确的，说 U 通过 S 他示意了（ⅰ）（以及（ⅱ）），那么，这也会是正确的，即当他讲说了 S 时（通过讲说 S），说他示意了如果那时他死了，他就不会知道世界上正在发生的事了，而且当他讲说 S 时，**他示意了**（或者**他示意的部分内容是**）死了的一个好处是，他将受到保护，不受世界上的恐怖事件的影响。但是，当他讲说 S 时，即使通过"那时我要帮助草坪生长"这些词，他示意"我那时死了"，这也不会是正确的：通过这些词他示意**他那时死了**[②]。要示意他那时死了，U 必须承诺是这种情况（即他那时死了），而讲说 S 时，他并没有做出这种承诺。这种意义具体化，我称之为**说话人的场合意义**（utterer's occasion-meaning）具体化。

因此，我们可以区分四种主要的意义具体化：

（1）"x（话语类型）示意'……'"（话语类型的**脱时意义**具体化，可以是完整的（1a）或不完整的（1b））

（2）"x（话语类型）在这里示意了'……'"（话语类型的**应用性脱时意义**具体化，可以是完整的（2a）或不完整的（2b））

（3）"U 通过 x（话语类型）示意了'……'"（**话语类型的场合意义**具体化）

（4）"U 通过讲说 x 示意了……"（**说话人的场合意义**具体化）

当然，这四种语言形式的区分还有个理论上怎么说明的问题；它们之间的区分并不像我为了图方便而假装的那样清晰。

---

① 在译文中，我们改用黑体。——译者

② **"他那时死了"**的原文是"*that* he would then be dead"，只有"*that*"是斜体，因为译文没有对应的字，我们将这句译文都标示为黑体。——译者

在第 6 篇文章中，我将详细讨论脱时意义、应用性脱时意义以及我现在称之为说话人的场合意义之间的关系。假定说话人的场合意义这个概念可以某种方式用说话人意图解释，从这个假定出发，我将说明为什么支持这个论断——脱时意义、应用性脱时意义可以用说话人的场合意义这个概念（以及其他一些概念）解释，所以最终可以用意图概念解释。在那篇文章里，我没有区分话语类型的场合意义和说话人的场合意义；但是一旦做出这种区分，用说话人的场合意义解释话语类型的场合意义应该证明不会很难。下列临时定义，虽然不够恰当，似乎朝这个方向迈出了可喜的第一步。

设"σ(x)"表示一个完整的话语类型 (σ)，它包含一个话语类型 x；x 可能完整，也可能不完整，事实上还可能跟 σ 相同。设"φ"表示一个话语类型。设"σ(φ/x)"表示用 φ 替换 σ 中的 x 的结果。然后我提议考虑下列宽泛地表达的定义：

> "通过 x，U 示意了 φ 当且仅当（∃σ）{U 讲说了 σ (x)，而且通过讲说 σ (x) U 示意了……[这段省略将通过用文字书写'σ (φ/x)'补充完整]}。"

但是，我的任务是进一步讨论上文提到的论文的假定，即，说话人的场合意义这个概念可以某种方式用说话人意图这个概念加以解释，现在我就转向这个话题。

我将把本书第 14 篇中提出的非自然意义理论作为出发点，作为界定说话人的场合意义概念的尝试。首先，我要界定的对象不采用我们主要关 92 心的表达式形式，即（1）"通过讲说 x，U 示意了 p"，而采用 1957 年论文提出的另一种表达形式，即（2）"通过讲说 x，U 示意了**某事**"。当然，我 1957 年的论文包含了这样一个观点——一个恰当的（2）的定义将涉及 x 这段话语的意欲的效果或反应，而这个意欲的效果或反应的具体化会提供信息，以回答 U 通过讲说 x 示意了**什么**这个问题。然后，我将回到（1）这个界定对象，我将试图澄清意欲的效果的性质跟 U 通过讲说 x 所示意的意义具体化之间假定存在的联系。

因此，我先考虑下列提议中的定义：

"通过讲说 x，U 示意了某事"为真，当且仅当，对某些听众 A 而言，U 讲说了 x，并意欲：

>（1）A 做出一个特定的反应 r
>
>（2）A 认为（辨认出）U 意欲（1）
>
>（3）A 将在兑现（2）的基础上兑现（1）。

做两点说明可能有所帮助。我把"uttering（讲说）""utterance（讲说／话语）"两个词人为地扩展了，应用于任何将被看作（或可能被看作）表达非自然意义的动作或行为。而且，假定 A"**在**"认为 U 意欲他做出 r 的"**基础上**"做出 r，就是假定他认为 U 意欲他做出 r 这一点至少是他做出 r 的部分理由，而不只是导致他做出 r 的**原因**。定义中的第三子款用这种方式表述是为了消除否则将出现的反例。如果我们用（3a）替换（3）：

>（3a）由于 A 兑现了（2），结果他兑现了（1）

那么，我们将违反直觉地允许 U 通过做 x 来示意某事，如果（情况可能是这样）U 做了 x，意欲：

>（1）A 被娱乐
>
>（2）A 认为 U 意欲他被娱乐
>
>（3a）由于 A 认为 U 意欲他被娱乐，结果（这至少是部分原因）他被娱乐了。

但是，尽管 A 的想法（U 意欲他被娱乐）可能是他被娱乐了的部分原因，这不可能是他被娱乐了的部分理由（事实上一个人不可能有理由被娱乐）。所以，采用（3），而不采用（3a），排除了这种情况。

我将从两个方面讨论对这个说话人的场合意义理论的反对意见：第一，有人声称该定义太弱，放进来的东西太多；第二，有人声称该定义太强，把明显的说话人的场合意义排除在外了。为了回应这些反对意见，我将在不同阶段提出说话人的场合意义的重新定义；每个这样的新定义都将被后继者替代。

3. 反对上述定义充分性的所谓反例

（ⅰ）（J. O. 厄姆森，谈话）有很多例子说明 U（说话人）进行了诱导（或假定的诱导），以便 A（受话人或听众）实施某些行为。假定一个战俘被他的俘获者认为拥有一些他们要他透露的信息；他知道他们要他提供这些信息。他们拷问他，给他上拇指夹刑器。对"他们通过应用拇指夹刑器示意了某事（即，他应该告诉他们他们想知道的信息）"的合适分析是：

（1）他们应用了拇指夹刑器，其意图是要受害者做出某种反应。

（2）他们意欲他应该辨认出（知道、认为）他们应用拇指夹刑器的意图是他做出这种反应。

（3）他们意欲俘虏辨认出（认为）他们有（2）提到的意图这一点，至少是他做出所提到的反应的部分理由。

如果一般情况下在（1）里说明所意欲的反应就是说明所示意的内容，那么这**应该**是正确的：说拷问者通过应用拇指夹刑器不仅示意某事，而且示意他应该（将）告诉他们他们想知道的信息。但是，事实上人们哪个说法也不会采用；只会说他们示意他**要**[①]说话。从贿赂事件也可以构筑类似的反例。

看起来需要增加一个限制，它有可能消除这一类反例，比较下列两个 94例子可以帮助我们确认这个限制：

（1）我去烟草店买一包我喜欢的香烟，当疑心病很重的老板说他要先看看我的钱的颜色[②]才能给我香烟时，我把够香烟价格的钱放在了柜台

---

① "示意他要说话"的原文是 "meant him *to* tell"，只有 "*to*" 是斜体，译文没有对应的字，所以 "**要**" 用了黑体。另外，因为有关战俘的国际公约规定，一般不能对战俘动刑，俘获战俘的一方不会承认自己对战俘动刑以获取情报。格莱斯的这段论述就是这个意思。他下一句提到的 "贿赂" 也是这样：贿赂者不会承认自己的贿赂意图。但是，另一方面他们又不能完全否认这种意图，所以，格莱斯在下文修改的定义中增加了 "部分" 这个词。——译者

② "看看我的钱的颜色"的原文是 "to see the color of my money"，出自成语 "see the color of someone's money"，表示要看看某人是否有财力。——译者

上。我这个举动在这里没有特别的意思。

（2）我去常惠顾的烟草店（我也在那里买其他物品）买一包常抽的 X 牌香烟，其价格很明确（比如 43 美分）。我什么也不说，只拿出 43 美分。老板认出了我的需求，把香烟递给我。我认为，在这里，通过拿出 43 美分，我示意了某事，即，我要一包 X 牌香烟。同时，我用这种方式诱导了烟草店老板。

第二个例子的突出特点似乎是，在这里烟草店老板认出（而且是被意欲认出）根据我的"话语"（我把钱放在柜台上）他被意欲要做的事，而第一个例子不是这样。拷问的例子也不是这样。所以，第一个新定义中的意义分析大概可以相应地修改如下：

"通过讲说 x，U 示意了某事"为真，当且仅当：

（1）U 意欲通过讲说 x，在 A 身上引发某种反应

（2）U 意欲 A，**至少是部分根据 x 这个话语**，认出 U 意欲他做出这种反应

（3）U 意欲（2）里提到的意图的兑现至少是 A 兑现（1）里提到的意图的部分理由。

虽然这种修改能应对这类反例，但是还有其他的反例不足以应对。

（ⅱ）（斯坦佩、斯特劳森、希弗）

（a）（D. W. 斯坦佩，谈话）一个人在跟他的老板玩桥牌。他想得到老板的恩惠，因此他想要老板赢，而且他想要老板**知道**他要老板赢（他的老板喜欢他这种谦让行为）。但是，他也不希望做得太露骨，比如用语言告诉老板，或用实际上是信号那样的行动告诉他，他担心这种粗鲁行为会激怒老板。所以，他实施了下列计划：当他拿到一手好牌时，他会以某种方式微笑；一种**非常**像，但又不**完全**是，自发的愉快的微笑。他意欲老板会发现其中的区别并进行下列论证："这不是一种真正的泄露式微笑，而是一种模仿。这种模仿可能是虚张声势（在手中的牌很差时），不过，这是桥牌，不是扑克，而且他不想用这种不正当的手法赢我，他的老板。所以，他很可能有一手好牌，而且他想让我赢，他希望我把他的微笑当成自

发的泄密，从而获知他有一手好牌。既然这样，我就不要提高同伴的定约了。"

在这种情况下，我认为人们不会说雇员通过他的笑容（或通过微笑）**示意**了他有一手好牌，事实上人们也不会说他示意任何东西。然而，前面提到的条件都满足了。在微笑时，

（1）雇员意欲老板应该认为雇员有一手好牌。

（2）雇员意欲老板应该认为，至少部分因为他的微笑，雇员意欲老板认为他有一手好牌。

（3）雇员意欲老板认为他有一手好牌的至少部分理由，应该是雇员要他这样认为。

（b）为了应对跟刚才提到的相类似的例子，斯特劳森[①]提议可以增加一个条件，限制一下定义，即，说话人 U 讲说 x 时不仅应该（如已经提到的）有这个意图——A 应该认为 U 意欲 A 做出某种反应，而且应该有这个意图——A 应该认为（认出）U 具有刚提到的意图。在刚才的例子中，老板被意欲认为雇员要他认为他有一手好牌，但是，他**没有**被意欲认为他**被意欲**认为雇员要他认为他有一手好牌。他被意欲认为，这只是因为雇员聪明过头了他才获知雇员要他认为他有一手好牌；他将认为他被假定要把雇员的微笑当成自发的泄密。

（c）（S. 希弗，谈话）我们可以构筑一个差不多同样的例子，其意欲的反应是实用性的，这似乎证明有必要增加第 5 个条件。U 和 A 在一个房间里，A 贪婪成性，但也有一些傲气。U 想要摆脱 A。所以，当着 A 的面，把 5 英镑钱纸币从窗户扔了出去。他意欲 A 应该这样想："U 想要我离开房间，认为我会跑出去捡钱。他还想要我知道他要我出去（他的行为是如此轻蔑）。但是我不想去捡钱，贬低自己。我将出去，不过，我出去是因为他要我出去。我不想待在我不受欢迎的地方。"在这个例子中，上述定

---

①　P. F. Strawson, "Intention and Convention in Speech Acts, " *Philosophical Review* 73 (1964): 439—460.

义中的 4 个条件都得到了满足；然而，我还是认为没有人会说 U 通过把纸币扔出窗外示意了什么，比如，他示意了 A 将（应该）离开。得到满足的 4 个条件是：

U 讲说了 x（扔了纸币），其意图是

（1）A 应该离开房间

（2）A 应该认为（至少部分是因为 x）U 具有意图（1）

（3）A 应该认为 U 具有意图（2）

（4）在兑现意图（1）的时候，至少 A 离开的部分理由应该是他认为 U 具有意图（1）（那就是，意图（2）实现了）。

所以，除非这个"话语"有资格示意某事，我们还需要另外一个限制。这个例子的特征似乎是，虽然 U 示意 A 因为认为 U 要他离开房间而离开了房间，U 并没有示意 A 辨认出 U 意欲 A 以此为基础而离开。U 意欲 A 认为 U 的目的是要他出去捡那张 5 英镑纸币。所以，我们提出所需要的限制是 U 应该意欲：

（5）A 应该认为（认出）U 意欲（4）。

现在，我们可以把所建议的条件的一般形式（第二个新定义的 A 版本）表述如下：

"通过讲说 x，U 示意了某事"为真，当且仅当 U 讲说了 x，并意欲：

（1）A 应该做出反应 r

（2）A 应该，至少是部分以 x 为基础，认为 U 意欲（1）

97

（3）A 应该认为 U 意欲（2）

（4）A 应该（至少部分地）以这个想法（U 意欲（1））为基础而做出了反应 r（即，以 A 兑现了（2）为基础）

（5）A 应该认为 U 意欲（4）。

这个定义的值得注意之处是，它在好几个地方显示了下列特征：U 的第 n 个"子意图"都被标明为 A 应该认为 U 拥有第 n-1 个"子意图"。由于这个特征，有人提出关于意义的分析（按照这种方法）将是无限（或不确定地）回归的，不管所建议的定义多复杂，人们不断可以找到新的反例，迫使其接纳表现这个特征的新的条款；但是这种回归可能是良性的，不是恶

性的；可能就像从"Z 知道 p"到"Z 知道 Z 知道 p"到"Z 知道 Z 知道
Z 知道 p"的回归那样无害。

　　我不敢肯定定义中的这种回归有多么无辜。它肯定不会有那种至少第
一眼看上去就该强烈反对的循环，例如，就像在定义"U 示意 p"的式子
里在某个阶段又引入"U 示意 p"这个表达式，或者引入"U 示意 q"这
个表达式这样的循环。另一方面，它又不会那么明显的无害，就像假定无
论何时说"这是真的，p"是正确的，那么说"这是真的，这是真的，p"
也同样是正确的，等等；或者就像假定如果 Z 满足了知道 p 的条件，他
也满足了知道他知道 p 的条件那样的无害。在这种情况下，不需要额外的
条件保证一个重复的真值，就像在需要保证真值的句子以外再就重复的内
容重复"他知道"。但是，"U 通过 x 示意某事"这种定义的回归性质是
为了在各个阶段应对可能的反例而设计的，所以各个额外的条款都增加限
制，要求实现另一个条件。例如，人们可能会问，假定人们总是有可能知
道 p，而不知道有人知道 p，用一些开放的条件界定"Z 超级知道 p"是
不是合法？

　　　（1）Z 知道 p。
　　　（2）Z 知道（1）。
　　　（3）Z 知道（2），等等。

但是，可能的是，不需要就这个问题做决定，因为这种威胁将要发生的回 98
归可能不会出现。

　　要构筑强迫增加一再重复"U 示意 A 认为……"的条款的例子似乎
不太容易。下面这个例子是希弗（Schiffer）提出的。U 大声地唱"蒂珀雷
里（Tipperary）"，其意图是迫使 A 离开房间；U 假定 A 能认出（而且知
道他被意欲认出）U 要轰他走。而且，U 意欲 A 将最终离开因为他认出了
U 要他走的意图。U 的计划是，A 应该（**错误地**）认为 U 意欲 A 认为 U
意欲通过 A 认出 U 要他走的意图而把他轰走。换言之，U 假定 A 将这样
想："U 意欲我**认为**他意欲通过大声唱歌把我轰走，但是他实际上想通过

我认出他要轰我走的意图把我轰走。他真的意欲我因为他要我走而走，不是因为我忍受不了歌声而走"。有人提出，虽然 A 认为他看穿了 U 的计划，但是他真的配合了计划这个事实，却使人在这里不能说 U 通过唱歌示意 A 应该走。

　　但是，一旦我们设法为这段描写填充细节，这个例子就会变得令人困惑。A 是怎么（被假定）认识到 U 要他认为 U 意欲通过唱歌把他赶走的？人们可能假定 U 以一种特定的鼻音唱歌，他知道这种声音不会使 A 不快活，虽然它会使大多数人不快活。A 知道 U 知道这种声音不会使 A 不快活，但是 A（错误地）认为 U 不知道 A 知道这一点。这样，A 就可能被假定这样想："他不可能想通过唱歌把我赶出去，因为他知道这种鼻音不会使我不快活。不过，他不知道我知道他知道这一点，所以，他可能想要我认为他意欲通过唱歌把我赶出去"。这时候人们预期 A 将会完全无法解释 U 的行为；我看不到任何理由为什么 A 这时候还应该假定 U 真的想要用其他的方法把他赶出去。

　　不管这个例子是不是可以起作用，其复杂程度已相当高，想引入更多限制的尝试会涉及更大的复杂性。一般来说，这是真的——我们不可能拥有一种意图，如果看不到它的实现几率；要想成功实现交际意图，交际（或近似交际）的参与者就要有能力在相关情景下拥有某些思想，得出某些结论。在上述关于回归的早期讨论中，U 要求 A 做的思考相当难，几乎做不到；我怀疑提出增加第 4、第 5 个条件的那些例子的难度已经到了极限（如果还没有突破极限的话）。所以，我们不可能要求 U 拥有强行增加新的限制的意图。不仅是他将要求 A 进行的思考会太难，而且 U 不可能找到方法向 A 提示他应该进行这种思考，即使它们是在 A 的能力范围之内。所以，我们倾向于认为，这种定义不涉及回归。

　　但是，即使这个结论是正确的，我们似乎仍然面临一个不舒服的情景。因为我们虽然可能知道我们不需要无限的"往后看"的子条款，我们却说不出来我们到底需要多少这样的子条款。实际上，"通过讲说 x，U

示意某事"这种扩展的定义看起来可能不得不因情况变化而变化，它依赖所意欲的反应的性质，试图引发的反应将在什么情景下做出，以及说话人、听话人的智力水平等。这种变异是否可接受是有疑问的。

如果我们不是要求 U 拥有额外的（"往后看"）的意图，而是要求 U **不要**拥有某些意图或意图复合体，从而消除可能的反例，就可以避免上述困难。我们现在讨论的这种反例全都要构筑一个情景——U 意欲 A 在思考过程中（假定 A 是通过这种思考才做出反应的）**既**依赖某些"推理成分"（某些前提或推理步骤）E，**又**认为 U 意欲 A 不依赖 E。那么为什么不通过单一条款，禁止 U 拥有这种复合意图，消除这种可能的反例呢？

所以，我们就有了第二个新定义的 B 版本：

"通过讲说 x，U 示意了某事"为真，当且仅当（对某些 A 和某些 r 而言）：

　　（a）U 讲说了 x，意欲

　　　　（1）A 做出反应 r

　　　　（2）A 认为 U 意欲（1）

　　　　（3）A 在兑现（2）的基础上兑现（1）

　　（b）没有这样的推理成分 E(U 讲说了 x，既意欲（1′）A 决定 r 时应该 100 依赖 E，又意欲（2′）A 应该认为 U 意欲（1′）为假）。

（iii）（塞尔）[1] 在二战中，一个美国士兵被意大利军队俘虏了。为了让他们释放他，他想让意大利人相信他是德国军官。他想做的是，用德语或意大利语告诉他们他是德国军官，但是他懂的德语、意大利语不多，不能这么做。所以，他"好像是在作秀，想以此告诉他们他是德国军官"——他背了一行他唯一记得的德语，中学时学的 "Kennst du das Land, wo die Zitronen blüben（你知道那个柠檬树开花的国家吗）"。他意欲俘获他的人做出某种反应，即，他们应该相信他是德国军官，而且他意欲他们通过认出他的意图而做出这种反应。然而，塞尔坚称，当这个士兵说 "Kennst du

① John R. Searle, "What Is a Speech Act?" in *Philosophy in America*, ed. Max Black (Ithaca, N. Y., 1965), pp. 221—239.

das Land"的时候，他的意思是"I am a German officer（我是德国军官）"
（或者甚至是德语的"我是德国军官"）这个说法为假，因为这些词的意
思是"Knowest thou the land where the lemon trees bloom"。塞尔用这个例
子支撑一个观点——我的意义理论缺了点什么；（我想他认为）我的理论
可以被改进，如果补充下列内容（我的猜想）："U 通过 x，示意某事"的
意思是"U 意欲 A 通过认出 U 的意图而造成某种效果，而且（如果讲说
的 x 是一个句子）U 意欲 A 通过认出这个句子是规约性地用来造成这种效
果的方式，以实现 U 的（造成效果的）意图"。

　　不过，即使我在这里碰到了真正的反例，我仍然不乐意采纳可能是
向我提供的出路。（很难说，这是不是所提供的内容，因为塞尔主要关心
的是一种特定言语行为 [允诺]，不是关于意义性质的一般讨论；他主要
关心怎么改编我的意义理论，使之适应他的目的，而不是修改我的理论，
使之更好地适应其初衷。）当然，我不想否认，当表达意义的媒介是句子
（或句子的讲说）时，说话人的意图在正常情况下是依靠这个句子的规
约用法知识辨认的（事实上我的非规约隐含理论依赖这个看法）。但是，
如我早先表示的，如果我能够，我愿意把通过讲说句子示意某事看作通
过话语（在我扩展的涵义上）示意某事的一种特殊情况，而且把句子跟
具体反应之间的规约对应，只看作话语跟反应之间的多种可能对应中的
一种。

　　不过，塞尔的例子是一个真正的反例吗？在我看来，该想象的情景还
没有充分展开，可能有三种不同情况需要考虑：

　　（1）情形可能是这样的，意大利士兵在听到美国士兵说德语的时候
假定他是德国军官的唯一真正机会是，如果他们按下列思路论证："他刚
刚说了德语（可能是以权威的口吻）；我们不懂什么德语，我们不知道他
想告诉我们什么，但是，如果他说德语，那么最可能的是，他是德国军
官——在世界的这个地方德国人还能干什么呢？"如果情形是这样的，意
大利人可能这样想，而且这个美国人知道会是这样的，那么就很难不赋予

他这个意图——当他说话时，他们**应该**这样想。如我上文指出的，人们一般来讲不会意欲实现某种结果，如果他知道这种结果是不可能实现的。但是，如果这个美国人的意图就是刚才描写的那样，那么他当然不会，按照我的说法，示意他是德国军官；因为虽然他意欲意大利人相信他是德国军官，他不会意欲他们在认出他的意图的基础上相信他。在我看来，虽然塞尔不希望他的例子被这样理解，这却是最有可能成立的情形。

（2）我认为塞尔想要我们假定，这个美国人希望意大利人会相信他是一个德国军官，通过相信他说的德语词的意思是"我是德国军官"（虽然不是很容易看出来要如何构筑这个语境，才能给他这么希望的基础）。然而，说美国人的意思不是"我是德国军官"到底是不是对的，毕竟还是可疑的。考虑一下这个例子。塞德港一个满屋子旅游小装饰的店老板站在自己的店门口，看见一个英国游客，他用优美的语调，带着诱人的微笑，对 102 英国人说了一句阿拉伯语的"You pig of an Englishman（你这个英国猪）"。我非常倾向于认为，他的意思是请游客进来，或类似的意思。当然，我一点也不会倾向于认为，他用**说出**的词示意请游客进来。指出德语**诗行**的意思不是"我是德国军官"，而是"你知道那个国家"跟这个讨论不相干。如果那个美国人可以被说成他示意德国军官，那么，他是通过说那句话（或以特别的方式说那句话）表示那个意思的；就像塞德港的老板是通过**言说**他的话语，或通过他那种方式对游客说话，表示请游客进来的。

（3）但是，有人提出，U 是不是只是意欲 A 认为一个特定的句子拥有某个它实际上没有的意义，还是他还意欲 A 认为他自己（像假定的那样）利用 A 的（错误）想法（即，它有这个意义），从而相信 U 的意图，是有区别的。塞德港老板可能被认为不会意欲游客以这种方式看他；游客不会假定老板认为他会阿拉伯语。但是，如果 U 意欲 A 认为 U 预期 A 能理解所说的句子，并意欲 A 将赋予它 U 知道它没有的意义，那么说话人就不应该被说成通过他的话语示意某事。我看不出这个论点的力量，事实上我发现很难应用这个提议的区分。只考虑一个例子。我正在听给朋友的小女儿准备的法语课。我注意到她认为法语的某个句子表示"请吃一块蛋糕",虽然实际上它表示非常不同的意思。当附近有蛋糕的时候,我对她说这句法语,就像我意欲的,她就吃了。我意欲她认为(并认为我意欲她认为)我说的这个句子表示"请吃蛋糕";我要说,这句话表示(并且我知道它表示)非常不同的意思这个事实,不会妨碍**我**用我的话示意某事(即,她可以吃蛋糕)。用更一般形式,这个观点似乎如下:典型情况下,说话人意欲听众认出(而且认为他自己被意欲认出)某些"关键"特征F,并认为F(而且认为他自己被意欲认为F)以某种方式对应于说话人意欲听众做出的某些反应。就说话人意义的属性而言,不管U是不是认为F**真的**以那种方式跟这个反应对应,都没关系;尽管在正常情况下,U当然认为F跟这个反应是有这种对应的。

但是,假设我们填充"美国士兵"故事的细节,假设他在说"Kennst du das Land"时伴有做手势,拍胸脯等动作。他可能希望这样能成功地向他的听话人传递他意欲他们理解这句德语,从这个特定的德语句子获悉这个美国人意欲他们认为他是德国军官(当然,事实上这个美国人并不预期他们以**这种**方式获取信息,而只是假定,根据情景和美国人的表演的性质,他一定是想告诉他们他是德国军官)。可能在这种情况下,我们应该不会倾向于说美国人示意他是德国军官,而只准备说他示意他们认为他是德国军官。

怎么才能把这个例子跟"小姑娘"那个例子区别开呢?我想为"U通过x示意某事"提出一组修改过的条件,作为第三个新定义的A版本:

变量的范围:A:听众

f:话语特征

r:反应

c:对应方式(如象形、联想、规约)

$(\exists A)(\exists f)(\exists r)(\exists c)$:

U讲说x,意欲(1)A认为x拥有f

(2)A认为U意欲(1)

（3）A 认为 f 以 c 的方式对应于 r 所属于的类型

（4）A 认为 U 意欲（3）

（5）A 根据（1）和（3）的实现情况，认为 U 意欲 A 做出 r

（6）A 根据（5）的实现情况，做出 r　　　　　　　　104

（7）A 认为 U 意欲（6）。

在"小姑娘"那个例子中，有一个单一特征 f（即，它是一个特定法语句子的讲说），因此，A 拥有前四个意图。（唯一的错误是，这个特征**事实上**跟意欲的反应之间没有规约的对应，不过，这并不能剥夺这句话被 U 用来示意某事的资格。）

在"美国士兵"这个例子中，没有这样一个单一特征 f。俘获者被意欲（1）认出，并且接受，特征 f_1（x 是德语，是伴随着手势等动作说出的），但是俘获者（2）还认为他们被意欲认出 x 拥有 f_2（是**特定的**德语句子）。

这组修改过的条件还照顾到了早先的桥牌的例子。老板被意欲认出 x 拥有 f（是个假笑），但是不用认为他被意欲这样想。所以，这个例子缺乏修改过的意图（2）。而且我们也不需要用以前增加的条件来淘汰这个例子。然而，我认为仍然需要条件（7）（原来的条件（5））以便淘汰"纸币"这个例子，除非它可以被更一般的"反欺骗"条款替代。这种替换是有可能的；"向后看"子条款（2）（4）（7）可以被省略，替换成第二个新定义（B 版本）用过的禁止性条款。这样，我们就必须考虑一下第三个新定义（B 版本）的长处，其内容如下：

（∃A）（∃f）（∃r）（∃c）：（a）U 讲说 x，意欲

　　　　（1）A 认为 x 拥有 f

　　　　（2）A 认为 f 以 c 的方式对应于 r 所属于的类型

　　　　（3）A 根据（1）和（3）的实现情况，认为 U
　　　　　　　意欲 A 做出 r

　　　　（4）A 根据（3）的实现情况，做出 r，

以及（b）没有推理成分 E，使得 U 同时意欲下列两项

　　　　（1′）A 在决定 r 时要依赖 E

　　　　（2′）A 认为 U 意欲（1′）为假。　　　　　　105

4. 说明三叉定义 [①] 太强的例子

为了简便起见，我们回到关于"U 通过讲说 x，示意某事"的最初定义：

"U 讲说了 x，意欲 A：（1）做出 r

（2）认为 U 意欲 A 做出 r

（3）认为 U 意欲在兑现（2）的基础上兑现（1）。"

现在我们把它简约成"U 讲说了 x，M 意欲 [②] A 做出 r"。

我最初假定，对 U 通过 x 示意的**内容**的识别取决于对他 M 意欲的反应或效果的识别。特别是，我假定不同反应的类属差异将跟示意内容的类属差异相关。请看两个中心例子，我假定"U 通过 x 示意情况是如此这样的"（大约）可以被解释为"U 讲说了 x，M 意欲 A 相信情况是如此这样的"，而"U 通过 x，示意 A 做如此这样的事情"则被解释为"U 讲说了 x，M 意欲 A 做如此这样的事情"。直陈式或准直陈式话语跟信念的产生有关，祈使式或准祈使式话语跟动作的产生有关。

我想讨论一下这个观点中所改动的部分：在讲述祈使式或准祈使式话语时，把"A 做如此这样事情的意图"（而不是"A 做如此这样的事情"）作为直接的 M 意欲的反应。这样做的好处是：（1）实现了对称，在直陈式和祈使式两种情况下，M 意欲的反应都是一个命题态度；（2）容纳了下列事实，在"The engine has stopped（发动机停了）"的情况下，同意（"yes""all right"）意谓的是信念，在"Stop the engine（关了发动机）"的情况下，同意意谓的是**意图**。当然，行动是说话人的**最终**目标。但是，通过行动做出的直接反应可以被看作形成意图

---

① 所谓"三叉定义"，就是格莱斯下文提到的由三部分组成的最初的定义。——译者

② "M 意欲"的原文是"M-intending"，格莱斯在第 6 篇中解释，其中的"M"是"meaning（示意）"的缩略（Grice 1989: 123）。——译者

（即，一个人带着意图而行动）的特殊情况。祈使式总是要求**有意图的
行动**。

所谓的反例最好被看作是寻找疑难问题的尝试，不是针对关于"U 通 106
过讲说 x，示意**某事**"的部分的分析，而是针对补充了刚刚提到的细节后
的分析，以便就"通过讲说 x，U 示意（曾示意）……"提出一个纲要性
解释。特别是，有人提出，用"U 讲说了 x，就 M 意欲 A 产生情况是如
此这样的信念"来解释"通过讲说 x，U 示意情况是如此这样"，是把过
于强大的条件用作解释因子了。我们需要有能力在有时候说，U 示意如此
这样，而不用认同这个命题——U 会 M 意欲 A 要产生情况是如此这样的
信念。

下列例子似乎呈现了一些困难：

考生　　问题："When was the Battle of Waterloo?（滑铁卢战役发生于何时？）"
　　　　答案："1815"

在这里，考生示意滑铁卢战役发生于 1815 年，但是他几乎不可能 M
意欲在考官身上引发意思是那样的信念。考官的信念（不管是什么），自
然被考生认为，是独立于他的答案的。他所 M 意欲的效果（可能）是考
官知道或认为考生认为滑铁卢战役发生于 1815 年，**或**（可能）考官知道
考生是不是知道这个问题的正确答案（可能前者是直接的意欲的效果，后
者是间接的意欲的效果）。

招供（有些招供）：

妈妈："It's no good denying it: you broke the window, didn't you?（抵赖没用，
　　　你打破了窗户，是不是？）"

孩子："Yes, I did.（是的，是我干的。）"

在这里，孩子知道他妈妈早已认为他打破了窗户；她想要的是他应该
说是他干的。于是，其 M 意欲的效果可能是他妈妈应该认为孩子愿意说
是他干的（这个"说"是什么意思？应该怎么解释？），或者妈妈应该认
为孩子不愿意假装他没有打破窗户（而不是通过说话或做动作，以引发孩

子**没有**打破窗户的信念）。招供可能是一种复杂的仪式性情况。

> **提醒**　问题："Let me see, what was that girl's name?（我想想，女孩叫什么名字？）"
>
> 答案："Rose（罗斯 / 玫瑰）"（或拿出一株玫瑰）

107　这里的提问者被假定早已相信女孩的名字是罗斯（至少有这种倾向），只是一时想不起来。所意欲的效果似乎是，A 应该记住她的名字是罗斯。

> **回顾事实**：说话人和听话人都被假定早已相信 p（q，等等）。所意欲的效果似乎同样是 A（可能 U 也）应该（一起）记住"事实"。
>
> **论证的结论**：p，q，所以 r（根据已经陈述的前提）。

虽然 U 意欲 A 应该认为 r，但是他并不预期（也不意欲）A 因为 U 的意图（他应该达成信念 r）而达成这个信念。前提（而不是对 U 的信任）应该起这个作用。

> **反暗示者**：A 认为 U 在某些方面几乎永远是错的，或是一个他没法忍受与其有一致看法的人。U 知道这一点。U 说 "My mother thinks very highly of you（我妈妈非常高看你）"，其意图是 A 应该（因为 U 说的话）认为 U 的妈妈看不上他。这种情况下有人倾向说，尽管 U 的意图是 A 应该认为 U 的妈妈认为他不行，U **示意**的却是 U 的妈妈认为他很好。

这些例子提出了两个相关的难题。

（1）要假定直陈式形式是**规约性地捆绑**于表示说话人 M 意欲在听众身上引发某种信念，是有困难的：如果正常使用直陈式时说话人有不同的意图的话，说话人可能不是在 M 意欲（也不会被认为是在 M 意欲）要引发一个信念（如在提醒时 ①）。然而，要假定直陈式的功能跟引发信念**没有关系**，似乎也有困难。表示说话人的意图，即他的听众应该行动（或形成要行动的意图），很可能（如果不是不可避免的话）应该被看作是祈使式的规约性功能；直陈式的功能当然应该类似。除了提到的跟引发信念

---

① 格莱斯在讨论"提醒"这个例子时明确指出，A 被假定早已相信女孩的名字是罗斯，U 所意欲的效果似乎是 A 应该记住她的名字。——译者

的意图有关，还有什么可选择的吗？

如果我们区分直陈式句子的意义跟**说话人**的意义这两个问题，上述困难有可能被克服。我们可以提出，句子（直陈式句子）意义的完整说明涉 108及这个事实，即，直陈式形式规约性意谓说话人有引发信念的意图；但是，很可能是这种情况，说话人意义跟他说的句子的意义不匹配。可能清楚的是，虽然他用了一种方法，它规约性表示他有引发信念的意图，然而**在这个场合**他却没有这个意图，而有其他意图。这一点可以被强化，如果我们指出，**任何**第一（标准）功能是表示说话人有引发信念 p 的意图的方法，都**可以**在合适的情境下容易地、可以理解地被应用于相关的目的，比如（就像在"考生"的例子中），表示**说话人**相信 p。这样，问题就变成了如何显示所谓的反例不过是（主要用来表示有引发信念的意图的方法或形式）进行了自然调正而已。

我认为，如果可能，我们要避免把反例当成直陈式形式的扩展使用，我们要为这个形式找到一个更一般的应用功能。不管怎么说，这第二个困难要更严重一些。

（2）即使我们能够保留这个观点——直陈式形式是规约性地绑定于表示说话人有引发信念的意图，我们还是应该允许在同一直陈式句子的不同应用中说话人意义会不一样。事实上，这是困难（1）的解决方案所要求的。如果所意欲的反应的不同涉及不同的说话人意义，我们将不得不允许这种情况。但是，这种可能性会非常小——如果 U 分别以下列三种身份说"滑铁卢战役发生于 1815 年"，

（1）作为（意欲引发信念）的老师
（2）作为考生
（3）作为**复习班**的老师。

在这三种场合，U 每次讲说这个句子都表示不同的意思。即使考生 M 意欲引发一个信念，即他（考生）认为滑铁卢战役发生于 1815 年，下列说法似乎也不吸引人：当**他**说"滑铁卢战役发生于 1815 年"时，他示意

他认为滑铁卢战役发生于 1815 年（跟老师第一次教这一课时不一样）。

109　　我们也可以尝试换一个方法处理一些例子（如，提醒、事实回顾），可以假定标准的 M 意欲的效果不仅仅是一个信念，而是"激活的信念"（A 应该处在相信 p 的状态，而且头脑中想着 p）。人们可能在三种情况下做不到这样：他可能

　　　　（1）既不相信 p，头脑中也不想着 p

　　　　（2）相信 p，但是头脑中不想着 p

　　　　（3）不相信 p，但是头脑中想着 p。

所以，提醒人的人跟通知人的人会意欲同样的最后反应，但是他们所意欲纠正的不足却是不一样的。

　　这种处理方法（即使对那些似乎有希望的例子来说）碰到了一个新的困难。如果 U（提醒似的）说"滑铁卢战役发生于 1815 年"，我的两个条件得到了满足：

　　　　（1）U 意欲 A 引发**激活的**信念——滑铁卢战役发生于 1815 年

　　　　（2）U 意欲 A 认出（1）。

但是，如果滑铁卢战役的日期"就在 A 的嘴边"（像有可能的那样），U 就不能预期（所以不能意欲）A 会通过认出 U 意欲他产出激活的信念而产出这个信念。如果 A 早就相信（虽然暂时忘记了）滑铁卢战役发生于 1815 年，那么提到这个日期就会引发激活的信念，不管 U 是不是意欲 A 产出它。

　　这暗示我们应该放弃（对说话人意义）的要求——U 应该意欲 A **因为**认出 U 要他做出反应的意图而做出反应；即，它暗示我们应该只保留条件（1）和（2）。但是，这样不行，有的例子还是需要这个条件的，如：

　　　　（a）希律王向撒罗米展示（showing）施洗者圣约翰的头，我认为，不能被说成他示意施洗者圣约翰死了。

　　　　（b）（受邀打壁球时）显示（displaying）包扎绑带的腿。

　　在（b）中，显示者可以示意　　　　（1）他不能打壁球

或者（可疑地）	（2）他的腿坏了（绑带可能是假的）
但是，不能是	（3）他的腿包扎绑带了。

我们似乎需要这第三个条件，以免在这些情况下出现反直觉的结果。

可能的纠正方法

（i）我们可能保留这个观点——意欲的效果或反应（就直陈式示意是 p 这种情况而言）是一种激活的信念，同时记住（1）从缺乏保证到达成这个状态跟（2）从缺乏注意到达成这个状态之间的区别，并规定第三个条件（即，U 意欲要引发的反应是因为认出他有引发那个反应的意图而做出的）只有在 U 意欲通过消除**保证缺损**（assurance-deficiency）来引发激活的信念时**才**起作用，**不是**在他意欲通过消除**注意缺损**（attention-deficiency）来引发信念时起的作用。这个观点也可以延伸应用于祈使式，只要我们能够找到提醒某人做某事（即，使他恢复到**激活的**意图）时，U 的 A 应该达成这个状态的意图同样是多余的，人们就不会预期 A 的达成激活的意图会依赖于他认出 U 意欲他这么做。所以，这个定义大致可以表达如下（ *↓ 是一个语气标记，是对应于给定的命题态度范围内的命题态度 ψ[①] 的一个助动词）：

"U 通过讲说 x，示意 *↓p"="U 讲说了 x，意欲

（1）A 应该主动地 ψ p

（2）A 应该辨认出 U 意欲（1），并且（除非 U 意欲其讲说 x 只是为了纠正注意缺损）

（3）（1）的实现应该建立在（2）的实现的基础上。"

然而，这种纠正方法不能应对（1）"考生"的例子，（2）"招供"的例子，

---

① "命题态度"是指由 "believe（相信）""doubt（怀疑）""know（知道）""want（想要）"等命题动词表达的说话人对命题的态度，格莱斯在此用 "ψ" 概称具体的动词。如果读者感觉阅读困难，可以把 "ψ" 想象成 "相信" 等动词。至于语气标记 "*"，格莱斯在第 6 篇中指出，这也是个概称，具体的语气标记有直陈式的 "⊢"，祈使式的 "!" 等（Grice 1989: 118）。——译者

或者（3）"反暗示者"的例子。

（ii）当 U 确实意欲通过讲说 x 在 A 身上激发 p 这个信念时，A 应该（且应该被意欲）认为 U 认为 p（否则 A 就不会认为 p）。既然，这在标准情况下是必需的，为什么不把 A 应该认为 U **认为** p 作为**直接**意欲的效果，而不是 A 应该认为 p？在很多（但不是全部）情况下，U 会意欲 A 从认为 U 认为 p 转向他自己认为 p（如"通知"的情况）。但是，这种效果将被认为是间接的（尽管常常是首先关心的）。

现在我们可以保留第三个条件了，既然甚至在提醒案例中 A 都会被预期认为 U 的意图（A 应该认为 U 认为 p）跟 A 是否将认为 U 认为 p 有关。我们不仅应对了"提醒"的例子，而且应对了"考生"的例子和"反暗示者"的例子（他被意欲认为 U 认为 p，尽管他自己不用认为 p）。虽然"事实回顾"例子还没有讨论（因为 A 可能被认为早已知道 U 认为 p），如果我们把"U 相信 p"理解成"U 激活了信念 p"，这个例子也可以被包容进来。虽然 A 将被假定知道 U 相信 p，在 U 说之前，他不知道 U 是不是头脑中还想着 p。

对直陈式案例，上述思路的解决方案有可能被接受，但是它不可能被泛化到所有非直陈式案例。比较：

（a）"You shall not cross the barrier.（你不要跨越那个障碍。）"

（b）"Do not cross the barrier.（不要跨越那个障碍。）"

讲说（a）时，U 一般意欲 A 认为 U 意欲 A 不要跨越那个障碍；但是这样解释 U 在正常使用（b）时的具体意义，似乎是不够完整的，除非我们说明 U 意欲 A 不仅仅认为 U 意欲 A 不要跨越那个障碍，而且他自己要形成不跨越的意图。

那么，我们做个区分吧，一边是我可以称之为"纯粹显示性"的话语（说话人 U 意欲分享一个信念，他 [U] 有特定的命题态度），另一边是不仅仅具有显示性，而且具有我可以称之为"规劝性"的话语（那就是，U 意欲通过分享他 [U] 有特定命题态度的信念在听话人身上引发一个相应的态度。）

这样，我们就达成了第四个新定义的 A 版本：

"通过讲说 x，U 示意 *ᵥp"为真，当且仅当

（∃A）（∃f）（∃c）：

U 讲说了 x，意欲（1）

（2）

（3）

（4）　　　[跟第三个新定义的 A 版本一样，但是用

（5）　　　"ψp"替换"r"]

（6）

（7）

而（在某些情况下）

（8）　　　在实现（6）的基础上，A 自己 ψp。

112

子条款（8）中的替换事例会不会以定义中表征的形式出现在扩充的陈述中，取决于陈述中包含的"*ᵥ"的替换物的性质。

我们也可以达成第四个新定义的 B 版本，把上文的子条款（8）作为第三个新定义的 B 版本的（a）（5）增加进去，同时修改第三个新定义的 B 版本的（b）条款，把意欲的反应 r 现在按照 ψp 的说法加以说明这一点考虑进去。

现在的第四个新定义的两个版本是不是正确，关键取决于怎么理解"反暗示者"例子。A 先生，希望眼前没有 A 夫人捣乱，但是考虑到她的反暗示性格（至少对他而言），对她说 "Now, dear, keep me company for a little（哦，亲爱的，陪我一会儿嘛）"。A 先生分明不是示意 A 夫人陪他，说他通过话语示意她将（应该）陪他是正确的吗？如果答案是"是"，第四个新定义就有问题了，因为按照这个定义，要向 A 夫人示意陪他，A 先生必须意欲她形成陪他的意图，而他肯定没有这个意图。不过，修订并不困难；我们把新的子条款从"在实现（6）的基础上，A 自己 ψp"改成"在实现（6）的基础上，A 认为 U 意欲 A ψp"。但是，如果答案是"不"，那么第四个新定义就不受影响。

5. 没有听众时的说话人的场合意义

在很多话语实例中，说话人可以被正确地说成表示了某种意思（示意了如此这样），而他却没有对任何实际的个人或人群说话，意欲在他们身上引发反应。这种例子包括（或可能被认为包括）张贴通知（如"Keep out（请勿入内）""This bridge is dangerous（桥梁危险）"），写日记，思考问题时做笔记以澄清思路，自言自语，排演计划中的会话角色，无声思维等这样一些项目。这些例子中至少有一些迄今为止的定义还没有考虑过。

我的理论应该涵盖的例子可以分作三类：

（a）那些说话人认为可能（现在或以后）会有听众的话语。U 可能认为某个个人，比如，在日记的例子中，他自己在将来的某一天可能（但是也可能不会）看到 U 的话语；或者 U 可能认为可能（或可能不会）随便某人会是（或将来会是）他的话语的听众。

（b）那些说话人知道并不针对任何实际听众的话语，但是说话人假装对某个个人或某类人说话，或他认为是针对某些想象中的听众或一类听众（就像在排演演说或他计划中的会话角色）。

（c）就那些话语（包括"内在"话语）而言，说话人既不认为可能会有实际听众，也不想象他是在对听众说话，尽管如此却意欲他的话语是这样的——会在某类可能不完全确定的听众身上引发某种反应，如果这样的听众在场的话。在无声思维的情景下，有听众在场这个想法必须被自由解读，解读成说话人的内在话语也有个公共听众。在这方面可能值得注意的是，有些语言思维不在我的讨论范围内。当语言思维只是经过我的头脑时（不同于由我"组织"的），说我用它们示意某事是不合适的；在这种情况下，我可能更像一个听者，而不是说者。

我将提出最后一个新定义，我希望它将解释所有需要解释的例子，并且将允许一些有实际听众（而且说话人知道有听众）的例子作为特殊情

5 说话人意义和意图

况。这个新定义将比较非正式；我可以提出一个更正式的版本，措辞将更 114
严谨，但是理解起来会困难一点。

设"φ"（和"φ′"）为各种人（可能的听众）的属性；"φ"（和
"φ′"）的合适替代称呼包括"is a passerby（是个路过者）""is a passerby
who sees this notice（是个看见通知的路过者）""is a native English speaker
（是个英语母语者）""is identical with Jones（等同于琼斯）"等。如将看到
的，要使 U 能示意某事，我们必须能够识别 U 想到的"φ"的价值（它
可能是非常不确定的）；但是，**我们**不必确定 U 是从哪个范围选择的。

第五个新定义如下：

"通过讲说 x，U 示意了 $*_\psi$ p"为真，当且仅当

（∃φ）（∃f）（∃c）：

I. U 讲说了 x，意欲 x **是这样的**，任何人拥有 φ 都会认为

（1）x 有 f

（2）f 以 c 的方式对应于 ψ p

（3）（∃φ′）：U 意欲 x 是这样的，任何人拥有 φ′ 都会认为（借助认为
　　（1）和（2））U ψ p

（4）鉴于（3），U ψ p；

以及

II. （只对"$*_\psi$"的某些替换对象起作用）

U 讲说了 x，意欲，**如果真的**有人拥有 φ，那么他将借助认为（4）而
自己 ψ p；

以及

III. 不是下面这种情况：对于某些推理成分 E，U 意欲 x 是这样的——任何
人拥有 φ 就会同时做下列两项

（1′）依赖 E，以便 $\psi^\dagger$ p

（2′）认为（∃φ′）：U 意欲 x 是这样的——任何人拥有 φ′ 就会不依赖 E
而 $\psi^\dagger$ p。

注：（1）如果条款（II）起作用，"$\psi^\dagger$"应该读作"ψ"；如果条款（II）不
　　起作用，"$\psi^\dagger$"应该读作"认为 U ψ"。

115

（2）我们需要"φ"和"φ′"两者，因为我们不希望要求 U 意欲可能的听众认为 U 的可能听众如 U 自己认为的那样如上所述。

解释性评述

（1）这是必需的：条款（II）标明的意图应该被标作 U 的意图"如果任何人拥有 φ，他会（将）……"，而不是像条款（I）和（II）那样，标作 U 的意图"x 应该是这样的，如果任何人是 φ，他会……"。如果我们采用后者，我们将会受到希弗提出的意见的责难，一个类似他提出的例子可以帮助说明这一点。假设，我由于跟岳母在一起一个下午而被激怒，当她离开，剩我一人时，我大声且激情地喊"看你还敢再靠近我"，以释放郁闷。相对我当时的心情，这无疑是必需的——我的话语应该是意欲被我岳母听到，这样她就会形成不敢再靠近我的意图。但是，这将是不可接受的——如果根据我这个意图，说我**示意**了她再也不能靠近我。因为在这种情况下，我的话语不是这个意思。上述新定义避免了这个困难。

（2）假设，根据最新定义的用语，（∃φ）：U 意欲 x 应该是这样的，如果任何人是 φ，他会认为……，而且假设，U 想到的"φ"的价值等同于特定人 A 的特性。那么，就可以推出，U 意欲 A 认为……；而且，要是另一个条件（在正常情况下实现的话），U 意欲 A 认为他（A）是被意欲的听众，我们就得到保证，该陈述为真，而且第四个新定义（B 版本）的用语可以根据存在推广规则[①]从中推导出来（假定把这个规则应用于陈述的合法性，其表达式包括"intend（意欲）""think（认为）"这样的"内涵"动词）。我认为，我们还可以证明，对于任何有真实听众（他知道他是被意欲的听众）的情况，如果第四个新定义（B 版本）的用语为

[①] "存在推广规则"英文是"the rule of existential generalization"，简称"EG"；又称"存在引入规则"（the rule of existential introduction），简称"EI"，或用存在量词，表示为"∃I"。这是谓词逻辑的一种推理规则，如，我们看见一只黑天鹅，就可以推出有的天鹅是黑色的；根据张三既是画家，又是演员，我们可以推出有的画家是演员。——译者

真，那么第五个新定义的用语也为真。如果情况是这样，要是第五个新定义是正确的，对于任何有真实听众的正常情况，第四个新定义（B 版本）的用语的实现，将构成 U 示意 *$_\psi$ p 的充要条件。

6. 结论

我发现我有根据希望，通过认真处理非自然意义跟自然意义之间的关系，我们可能有能力不仅就说话人的场合意义达成一个简化的理论，而且有能力证明任何人类机制（它们的功能是为自然信号提供人工替代品）都必须包含一个概念（它拥有的特征近似我赋予说话人场合意义的特征），并把它作为关键概念。不过，这种努力超出了本文的范围。

6

说话人意义、句子意义、词语意义

本文将更详细地分析上一篇区分的四种具体的意义概念，除了说话人的场合意义（这种意义我上文刚刚详尽讨论过）。但是，本文将揭示词语意义与说话人意义之间的可能联系方式。

A. 引言

本文的目的是阐明（a）和（b）两种意义概念之间的关系：（a）我想称之为基本意义概念，即，当我们说某人通过做如此这般的事情（在做如此这般事情的时候）表示了这样那样的意思时（在我称之为"meant"这个词的非自然意义上）用到的概念；（b）我们说（i）一个特定句子表示这样那样的意思和（ii）一个特定词或短语表示这样那样的意思时用到的概念。关于这些题目我要说的话，应该被看作是试图提供一个大纲（我希望最后能被证明是个可行的理论），而不是提供一个最后的可接受的理论的任何部分。我将提供的关于（我的）基本意义概念的说明，我在这里不想进行辩护；我希望人们能假定其大致正确，这样，如果正确的话，注意力就可以集中在其解释其他的和（我希望）派生的意义概念的用途上。本研究是范围更广的计划（一会儿我将勾画）的一部分，虽然其后期阶段将超出我为本文设定的限制。

范围更大的计划是从我想把话语的整体意谓（total signification）分成

两部分开始的（这个区分的目的我不需要在这里细说）：一边是说话人的**言说**内容（在某种偏好的，某种程度上可能是人为的"said"的涵义上）；另一边是他**隐含**的内容（如，蕴涵、暗指、暗示），而且考虑到这个事实，即，他隐含的内容可以是规约性隐含的（因为他使用的某些词或短语的意义而隐含），也可以是非规约性隐含的（在这种情况下隐含的具体化落在所用词语的规约意义的具体化之外）。这个计划的目标是解释"言说"的偏好的涵义，澄清这种涵义跟规约意义概念之间的关系。

这个计划有六个阶段。

（Ⅰ）区分"U（说话人）示意了……"[①]形式的话语（把可以称之为"场合意义"的具体化的话语）与"X（话语类型）示意'……'"形式的话语。在第一类话语中，意义没有放在引号里，而在第二类话语中，句子、单词、短语的意义是放在引号里的。这个区别在语义上是重要的。

（Ⅱ）尝试给场合意义陈述提供定义用语，更确切地说，是给"通过言说 x（在言说 x 的时候），U 示意了 * p"提供定义用语。这里需要做一些解释性说明。

（a）我把"utter"（以及"utterance"）用在人为扩大的涵义上，涵盖任何情况下的做 x 或产出 x，通过这种行为 U 示意了如此这样。这里所说的行为不需要是语言行为，甚至不需要是规约行为。虚设的"x"在一些情况下可以具体替换为一种行动的特征描写，在其他情况下可以是一种产物（如，声音）的特征描写。

（b）"*"是一个**虚设的**语气指示符，不同于具体的语气指示符，如"⊢"（直陈式或断言），"！"（祈使式）。更确切地说，经过两次转换以后，我们可以把表达式"Jones meant that * p（琼斯示意 *p）"看作一个完整的英语句子：

---

① 这一句的原文是"U (utterer) meant *that* …"，只有"*that*"是斜体，因为译文没有对应的字，我们把省略号标示为黑体。——译者

（i）把"*"换作具体语气符，把"p"换作直陈式句子。这样，我们就能得到：

"Jones meant that ⊢ Smith will go home（琼斯示意（直陈）史密斯将回家）"或者

"Jones meant that！Smith will go home（琼斯示意（祈使）史密斯将回家）"。

（ii）把"that"之后的序列换作合适的间接引语句（按照语言理论规定的规则）。这样，我们就能得到：

"Jones meant that Smith will go home.（琼斯示意史密斯将回家。）"

"Jones meant that Smith is to go home.（琼斯示意史密斯应该回家。）"

（III）尝试澄清话语类型的规约意义，更确切地说，是解释"X（话语类型）示意'*p'"形式的句子所做的声称，或当 X 是非句子话语类型的时候，"X 示意'……'"形式（其话语是由非句子表达式完成的）所做的声称。同样，我们需要做一些解释性说明。

（a）这将是方便的——承认我将称之为**脱时意义**的陈述（"X 示意'……'"类型的陈述，其意义具体化涉及引号）可以分为两个子类：（i）脱时的"个人语意义（idiolect-meaning）"的陈述，如"对 U 来说（在 U 的个人语里），X 示意'……'"；（ii）脱时的语言意义的陈述，如"在 L（语言）中，X 示意'……'"。把这些陈述分开处理，并且按照刚才的顺序，将是方便的。

（b）大意是"X 示意'……'"的陈述的真值跟另一个大意是"X 示意'——'"的陈述的真值当然是不相容的，这两个陈述的空白是以不同方式填补的。一个话语类型可能有不止一个规约意义，我们提供的任何定义用语必须允许这个事实。"X 示意'……'"应该被理解成"X 的一个意义是'……'"。

（IV）鉴于话语类型的脱时意义可能有很多种，我们将需要注意我将称之为话语类型的**应用性脱时意义**，并加以解释。那就是，我们需要一个定义用语，解释"X（话语类型）**在这里**示意'……'"这个表达式，它

119

的具体化是 X 作为特定场合的话语的正确解读。

评述。（a）我们必须小心区分 X（类型）的一个特定实例 x（属于 X）的应用性脱时意义与 U 的讲说 x 的场合语义。下列意义并不相等：

（i）"当 U 讲说它时，'Palmer gave Nicklaus quite a beating（帕尔默狠狠打了尼科劳斯一顿）'这个句子表示'Palmer vanquished Nicklaus with some ease（帕尔默轻松地征服了尼科劳斯）'（而不是'Palmer administered vigorous corporal punishment to Nicklaus（帕尔默对尼科劳斯实施了严厉的体罚）'）。"

（ii）"当 U 讲说'帕尔默狠狠打了尼科劳斯一顿'这个句子时，U 表示帕尔默轻松地征服了尼科劳斯。"U 可能是在讽刺性地说话，在这种情况下，他可能表示**尼科劳斯轻松地征服了帕尔默**。在这种情况下，（ii）很明显为假，但是（i）却仍然为真。

（b）下面这个看法有点诱人，即，

　　（i）"By uttering X, U meant that * p（通过讲说 X，U 示意 * p）"和

　　（ii）"When uttered by U, X meant '* p'（在被 U 讲说出来时，X 示意 '* p'）"

的合取为"In uttering X, U said that * p（在讲说 X 中，U 言说了 * p）"提供了定义。事实上，如果我们只考虑话语类型（对于它们采用"X meant '* p'（X 示意 '* p'）"这种例证形式（或者在应用性脱时意义的情况下，采用"X meant here '* p'（X 在这里示意 '* p'）"这种形式）的脱时意义会有合适的陈述）的话，我们甚至可能赞同这个论断，即，场合意义和应用性脱时意义的巧合是言说 * p 的充要条件。但是，稍加思索，我们就应该相信有必要承认脱时意义的陈述可以有上文引用的例证形式以外的形式；我认为，至少有一些句子的脱时意义是不能用例证形式的陈述合适地说明的。请考虑这个句子"Bill is a philosopher and he is, therefore, brave（比尔是哲学家，所以，他勇敢）"（S_1）。我认为，说"S_1 的一部分意义是'比尔是职业性地从事哲学研究的'"，合适地说明了 S_1 的部

分脱时意义。事实上，我们可以完整地说明其脱时意义，我们可以说"S_1的意义包括'比尔是职业性地从事哲学研究的''比尔是英勇的''比尔的英勇可以从他职业性地从事哲学研究推导出来'，这些是其包括的全部意义"。我们可以重新组织句子，说"S_1的意义**包含**'比尔是职业性地从事……''比尔是英勇的''比尔的英勇可以……推导出来'"。这种说明S_1脱时意义的方法比下列方法好——"S_1的意义是'比尔是职业性地从事……，而且比尔是英勇的，而且比尔的英勇可以……推导出来'"。后一种表达方式至少暗示S_1跟其中的合取句子是同义的，但是这似乎不是事实。

121　　因为这是正确的——S_1的**另一个**意义包括"比尔热衷于关于生命的一般思考"（代替"比尔是职业性地从事……"），我们有理由就 U 讲说的一次 S_1（真实地）说，"S_1**在这里**的意义包含'比尔是职业性地从事……''比尔是英勇的''比尔的英勇可以……推导出来'"，或者说"S_1**在这里**的意义包括'比尔的英勇可以……推导出来'"。这也可以是正确的——当 U 讲说 S_1 的时候，他示意了（他示意的部分内容是）**比尔的英勇可以……推导出来**[①]。

　　然而，我不想允许（在我偏好的"say"的意义上）谁讲说了 S_1，谁就**言说**了比尔的英勇源自他是哲学家，虽然他确实说了比尔是哲学家，比尔是英勇的。我想坚持"therefore（所以）"这个词的语义功能是使说话人能**暗指**，但不是**言说**，存在一定的因果关系。做必要的修正后，我会对"but（但是）""moreover（而且）"采用同样的立场。我采用"言说"的这个特别涵义的主要理由是，我预期它将会比"言说"的其他涵义有更大的理论意义。所以，我认同这种观点：应用性脱时意义跟场合意义可能重合，即，这两者可能是正确的——（i）当 U 讲说 X 时，X 的意义包括

---

　　① "**比尔的英勇可以……推导出来**"的原文是"*that* that Bill is courageous follows (etc.)"，只有第一个"*that*"是斜体，因为译文没有对应的字，我们将这句译文都标示为黑体。——译者

"* p"，（ii）当 U 讲说 X 时，他所示意的部分内容是"* p"；然而，这可能是错误的——U（除了其他事情以外）言说了"* p"。我想这样使用"规约性示意"这个表达式，使满足刚才提到的两个条件成为"U 规约性示意 * p"为真的充分（且必要）条件，虽然它不是"U 言说了 * p"为真的充分条件。

（V）所言说的内容跟所规约性示意的内容之间的这个区分造就了一个任务——说明在什么条件下 U 通过话语规约性示意的内容同时也是 U 所言说的内容。我希望通过做下列工作我就会有能力完成这个任务：

（1）说明在什么条件（只有一小类言语行为能满足这些条件）下，言语行为能被特别标作中心的或基本的。

（2）规定在讲说 X 时，U 将言说 * p"，如果（i）"U has Y-ed that * p"，而"Y-ing"是一种中心言语行为，（ii）X 包含一些规约手段，其意义是这样的——X 用了这些规约手段就表示其说话人在"Y-ing that * p"。

（3）用场合意义（示意……），或用已经界定的场合意义定义中的重要成分，为中心言语行为范围内每一个 Y 成员界定"U has Y-ed that * p"122 这个概念。

（VI）要完成刚才这个任务，还需要补充说明话语中不是所言说部分的规约意义的成分。至少就这种成分的一个重要子类而言，这种说明可以采用下列形式：

（1）这种有问题的成分跟一些言语行为有关系，它们是后于（因此它们的实施依赖于）中心成员或中心成员的选言肢；例如，"moreover"的意义跟"添加"这个言语行为有关系，要实施它就要同时实施一两个中心言语行为。

（2）如果"Z-ing"是这样一个非中心言语行为，"Z-ing that * p"就会依赖一些中心言语行为的实施。这种依赖必须被证明是这种性质的：它能证明下列不情愿是正当的——把"Z-ing that * p"看作一种情形，不仅仅是说"that * p"，而且是说"that # p"，或者说"that # * p"，而

"# p"或"# * p"代表了一种或多种跟"Z-ing"特别有关的句子形式（就像"moreover"跟添加这种言语行为特别有关一样）。

（3）"Z-ing that * p"这个概念（其中的"Z-ing"是非中心言语行为）会用**示意**这个概念（或者用这个概念的定义中的重要成分）来解释。

B. 一些已提出问题的处理方法

我在本文剩下部分要讨论本计划的第 II 至第 IV 阶段呈现的问题。

第 II 阶段。我将不加论证地提出一个有点过分简化的场合意义概念，就像我在开始时说的那样，我喜欢把它看作似乎是正确的。

我在 1957 年关于意义的文章（本书第 14 篇）里，就"U 通过讲说 x（非自然地）示意了某事"，提出了一个由三个条款构成的定义，它可以简略地重述为"对 A 这个听众，U 意欲他的讲说 x 能因为 A 认出他的意图而在 A 身上产出某些效果（反应)E。"因为我想继续使用这个定义的中心观点，我将引进一个缩略版："U 意欲，因为 A 认出了他的意图，在 A 身上产出效果 E"被缩略成"U **M 意欲**在 A 身上产出效果 E"（"M"代表"meaning"）。

我当前的解释跟早期的解释之间的差异在于 M 意欲的效果（反应）的界定上。在早期的解释中，我采用的观点是，M 意欲的效果在直陈式话语中是听话人应该**相信**某事，在祈使式话语中是听话人应该**做**某事。现在我想在这里做两处修改。

（1）我想把祈使式话语的 M 意欲的效果改成听话人应该**意欲**做某事（当然说话人会有额外的意图，即听话人会接下去做相应的动作）。

（2）我想把直陈式话语共同的 M 意欲的效果看成是听话人应该**认为**说话人相信某事，而不是听话人应该相信某事（尽管常常会有一个大意如此的额外意图）。

第一处修改的作用是 M 意欲的效果可以被简化，它将在任何情况下都是生成某种命题态度。第二处修改的作用（是为了统一对直陈式话语的解读，它们有些具有通知或告诉功能，有些则没有）是引进一个区分：一边是我可以称之为**显示性的**话语（说话人 U 通过这种话语 M 意欲分享一种信念——他（U）拥有某种命题态度）；另一边不仅是显示性的，而且是我可以称之为**规劝性的**话语（说话人 U 通过这种话语 M 意欲，**借助**分享他（U）拥有某种命题态度的信念，在听话人身上引发相应的态度）。

现在我要用更概括的形式重新表述上述解释。设"A"为听众或听话人。设"*_ψ"（读作"星号下标 ψ"）为虚设符号，代表对应于命题态度 ψ（不管它是什么）的具体语气标记，例如，"⊢"对应于相信（认为），"！"对应于意欲。使用这种方法，我可以提出下列初步定义：

D1："通过讲说 x（在讲说 x 的时候），U 示意 *_ψp"=定义"(∃A)(U 讲说了 x，M 意欲 [i] A 应该认为 U_ψp，而且 [只发生在某些情况下，取决于 *_ψp 的实际值] [ii] A 应该借助 [i] 的实现，自己 ψ p)。"

如果把定义简化一下，可能会方便一些。设"ψ†"（读作"ψ 短剑"）为虚设符号，其操作如下：在某些情况下，"A 应该 ψ†p"解读为"A 应该认为 U 会 ψ p"；在其他情况下，这个短语解读为"A 应该 ψ p（借助认为 U 会 ψ p）"。选用哪个解读取决于"*_ψp"的具体值。现在我们可以重新表述 D1 如下：

D1'："通过讲说 x（在讲说 x 的时候），U 示意 *_ψp"=定义"(∃A)(U 讲说了 x，M 意欲 A 应该 ψ†p)。"

要克服我早期理论（当初只是作为模型提出的）面临的所有问题，将需要一个复杂得多的定义。但是，那些迫使引入这种复杂性的例子都涉及比较错综复杂的交际或语言行为。作为工作定义，我希望上述定义已经足够了。

第 III 阶段。第一步：无结构话语类型的脱时意义。

我认为区分下列两个问题是极其重要的：

（1）对完整话语类型来说，脱时意义跟场合意义是什么关系？

（2）在句法上有结构的（语言）话语类型中，完整（句子）话语类型的脱时意义跟其不完整的有结构和无结构的成分（大致是短语和单词）的脱时意义是什么关系，对不完整话语类型的脱时意义有什么解释？

如果我们不把这两个问题分开，我们将面临（只能怪自己的）混乱不堪。所以，我将首先局限于无结构话语类型中用到的脱时意义概念。我的主要例子是一种手势（一种信号）。方便的做法是，先考虑一个人（就像在信号个人语意义上）的脱时意义概念，之后才把这个概念扩展到一群人。因此，我们将暂时保留这种可能性——把拥有**确定的**意义跟拥有**规约的**意义这两个概念区别开。

125　　　假设一种特定的招手（hand wave，以下简称"HW"）对 U 这个人来说（在 U 的个人语里）是"我知道路线"的意思。我们要找到这个句子（"对 U 来说，HW 是'我知道路线'的意思"）的解释，以便把脱时意义和场合意义联系起来。作为第一种尝试，有人可能提出"这是 U 发出 HW 的策略（做法、习惯），以便**示意** U 知道路线"（按照 D1 对"示意"的解读）；或更清楚些，"这是 U 发出 HW 的策略（做法、习惯），如果 U 是在发出话语，通过它 U **示意** U 知道路线。"

如果把 D1 应用于上述提议的解释，我们将得到下列扩充的解释："这是 U 发出 HW 的策略（做法、习惯），如果 U 是在发出话语，并用这个方法（对某些 A 来说）M 意欲这个效果——A 认为 U 认为 U 知道路线。"然而，不管这种解释在其他情况下是否可以接受，我想说，M 意图这个概念在这里是多余的，这里只需要援引简单意图概念；如果 U 的策略（做法、习惯）是这样的——他使用 HW 是因为他拥有**简单**意图（即，如上所述那样影响听众），那么，当他在特定场合发出 HW 时，他一定会在这个场合这样做——M 意欲以那种方式影响听众。

假设，只用简单意图概念，我们把 U 的策略说明如下："我（即，说话人 U）将发出 HW，如果我意欲（想要）A 认为我认为我知道路线。"然而，如果 U 每次实施这个策略的时候都拥有这个特定意图，他一定

（逻辑地说）处于这种立场——当他发出 HW 时，他假定这种意图至少具有实现的机会；U 清楚地知道，如果这种假定是正当的，特定的听众 A 必须意识到 U 的策略，必须假定它适用于 U 呈现给他的 HW 这种话语。然后，U 在特定场合发出 HW 时，必须预期 A 有下列看法（至少是处于这么想的立场）："U 使用 HW 的策略是这样的——他现在发出 HW 的意图是我应该认为他认为他知道路线；在这种情况下，我觉得他的确认为他知道路线。"但是，发出 HW，并预期 A 做出这样的反应，是发出 HW，并 M 意欲 A 应该认为 U 认为 U 知道路线。所以，用简单命题概念表述 U 使用 HW 的策略足以保证，通过发出一个特定的 HW，U 将**示意**他知道路线。

这样，我们就能提出一个简化的定义："对 U 来说，HW 表示'我知道路线'的意思"= 定义"这是 U 发出 HW 的策略（做法、习惯），如果对某些 A 来说，U 意欲（想要）A 认为 U 认为 U 知道路线。"但是，这个定义从两方面讲是不可接受的。（1）对于有些 U 来说，HW 可能有第二个意义；它还可能表示"我将离开你"。如果是这样，U 发出 HW 的策略（等等）就不可能**只是如果** U 要某些 A 认为 U 认为 U 知道路线；有时候他预备发出 HW 时是要某些 A 认为 U 认为 U 将离开 A。（2）U 可能有其他的方法让 A 认为 U 认为 U 知道路线（比如，说"我知道路线"这句话），因此，可能预备必要时采用这种方法。既然是这样，U 发出 HW 的策略（等等）不可能是**如果**（即，无论何时）U 要 A 认为 U 认为 U 知道路线。

为了应对这些困难，我想我需要这样一个概念——"在词库中拥有某种程序"。我觉得这个概念直觉上是非常容易理解的，而且在语言行为（或其他交际行为）领域之外也有应用，尽管几乎不可否认的是，它还需要进一步解释。一个有点怪癖的演讲者可能在他的"词库"中有这样一种程序：如果他看见听众中有个漂亮的女孩，他可能会停顿半分钟，吃片镇静剂。他"词库"中的这种程序跟另外两种程序并不冲突：（a）如果他看见一个漂亮女孩，他会戴上一副墨镜（而不是停顿一下，吃片镇静剂）；

126

（b）当他看见听众中有个特别出色的同事（而不是一个漂亮女孩）时，他会停下来吃片镇静剂。有点类似的是，如果 U 的词库中有一种程序——发出 HW，如果他想要听众 A 认为 U 认为 U 知道路线，这个事实跟他至少还有下列两种程序并不冲突：（1）如果他想要某个 A 认为 U 认为 U 知道路线，他就说"我知道路线"；（2）如果他想要某个 A 认为 U 认为他要离开 A，他就发出 HW。所以，我建议下列定义：

> D2："对 U 来说，话语类型 X 表示'* $_{\psi}$ p'的意思（这是它的一个意义）"＝定义 "U 的词库有下列程序：如果 U 意欲（想要）A $\psi^{\dagger}$ p，他就发出一个 X 的实例。"

现在我们可以从个人语的脱时意义这个概念转向一群人或一类人的脱时意义这个概念了。如果 U 发出 HW，他预期成功产生意欲反应的程度明显依赖于（如上所述）A 对 U 的程序的了解程度；通常情况下，这取决于 A 的词库是否有同样的程序，除非 U 要跟每个 A 都解释这个信号。所以，很明显，某个 G 群的成员（在这个群里 HW 应该是一个交际工具）都会希望他跟 HW 有关的程序能符合这个群的一般惯例。所以，我提出下列初步定义：

> D3："对 G 群来说，话语类型 X 表示'* $_{\psi}$ p'"＝定义 "至少 G 群的一些（很多）成员的词库有发出 X 的实例这个程序，如果对某些 A，他们要 A $\psi^{\dagger}$ p 的话。他们保留这个程序的条件是，认定至少 G 群的一些（其他）成员的词库中有（或曾经有）这个程序。"

D3 引入了争取保持一致这个概念，所以可能（派生性地）也引入了**正确**或**不正确**使用 X 这个概念，不同于单纯的 X 的常见或不常见使用。

我觉得，要解释"词库中有个程序"这个概念是非常困难的事。我倾向于作为权宜之计提出下列定义：

> "U 的词库有个程序……"＝定义 "U 某种程度上随时预备（愿意、准备好）……"，就像家庭的一个成员（比如较弱的兄弟）随时预备（等等）做点事，有一种这样做的意图。

但是，当前这个样子的定义显然是不合适的。这很可能是正确的——对我那位有极端洁癖的姨妈玛蒂尔达来说，"他是个矮子"这个表达式就是"他是小个子"的意思；然而，这完全是错误的——在**某种程**度上她会预备（不管是什么情况下）讲说这个表达式。我们似乎需要的是"她**装备了**这个表达式"这个概念，不过对**这个**概念的分析也是有问题的。

所以，我将暂时放弃提供定义的尝试，只满足于非正式地说几句。我觉得在三种情况下我们有可能合法地谈论话语类型 X 的一种确定的程序。

（1）对某个 G 群来说，X 是流行的情况；即，在如此这样的环境下，讲说 X 是 G 群很多成员的惯例。在这种情况下，我的姨妈玛蒂尔达（作为 G 群的一员）可以说拥有一个表达 X 的程序（尽管就她本人而言，她是死也不会讲说 X 的），因为她知道 G 群的其他成员**确实**预备在如此这样的环境下讲说 X。

128

（2）只对 U 来说，X 是流行的情况；这只是 U 的惯例——在如此这样的环境下讲说 X。在这种情况下，U **将**预备在如此这样的环境下讲说 X。

（3）X 根本不流行的情况，不过，在如此这样的环境下讲说 X 是 U 设计的，却从来没有投入运行的交际系统的一部分（就像某天我躺在浴缸里发明的高速公路的新规则）。在这种情况下，U（在弱化的意义上）有一个表达 X 的程序，即，他设想了一种可能的交际系统，它**会**涉及在如此这样的环境下预备好讲说 X。

第 IV 阶段。第一步：无结构话语类型的应用性脱时意义。

现在我们处在界定应用性脱时意义的位置，它将应用于 HW：

D4："当 U 讲说 X（类型）时，X 表示'*p'的意思"=定义 "（∃A）（通过讲说 X，U 意欲 A 认出 [？而且认出 U 意欲 A 认出] U 所示意的 [场合意义]，即，根据 A 的知识 [设定]，对 U 来说，X 表示 [作为其意义之一] '*p'的意思 [如 D2 所界定的]。"

或者它可以被更全面地界定为（设"*"和"*'"为虚设语气标记）：

D4′："当 U 讲说 X 时，X 表示'＊p'的意思"＝定义 "（∃A）（∃q）（U 通过讲说 X，示意＊′q；而且 U 意欲 A 认出 [？而且认他被意欲认出]，通过讲说 X，U 示意＊′q，**借助** A 的知识 [设定]，即，在 U 的词库中，有发出 X 的程序，如果，对某些 A′来说，U 想要 A′ψ†p"["p"可能（也可能不）代表有人在存在量化①"q"中不定性地提到的命题内容]。

D4（当然还有 D4′）既允许 U 通过 HW 示意**他知道路线**②（示意 "……"跟示意……的重合）这种情况，也允许下列情况，如，U（罪犯）引诱受害人进车，并发信号 HW（说起来，这不是名副其实的信号）给同案犯，表示他知道如何处置受害人。在这两种情况下，U 都会预期听众对HW 的理解将基于他了解 U 有个特定的程序（即，如果 U 想要听众认为U 认为 U 知道路线，他就会发出 HW）。

129

第 III、第 IV 阶段。第二步：完整和不完整的有结构话语类型的脱时意义和应用性脱时意义。

要处理有结构的话语类型及其成分，我想我需要下列设置：

（1）设 "S_1（S_2）"（读作"S_1 带 S_2"）表示 S_2 是其子句的句子。并允许一个句子是自己的子句，所以，S_2 可以等于 S_1。

（2）设 v [S_1（S_2）]（读作"S_1 带 S_2 的 v"）为 U 讲说的 S_1（S_2）的一次发出（实例）。v [S_1（S_2）] 是一个**完整的**话语；即，它不是 v [S_3（S_1（S_2））] 的一部分（如，不是一个析取话语中的一个选言肢）。

（3）这是句子的一个特征（短语也有这个特征）——其标准意义取决于组成它的成分（单词、词汇项目）的意义。所以，我需要"组合程序"③

---

① "存在量化（existential quantification）"是谓词逻辑中的概念，由存在量词 ∃ 加变量表示，如 ∃A，意思是"存在（至少一个）听众 A"；∃q 的意思是"存在（至少一个）命题 q"。——译者

② "**他知道路线**"的原文是"*that he knew the route*"，只有"*that*"是斜体，因为译文没有对应的字，我们将这句译文都标示为黑体。同样，后面括号里第二个省略号用了黑体，是因为原文里该省略号前的"*that*"是斜体。——译者

③ "组合程序"的原文是"resultant procedure"，下文格莱斯把它缩略成"RP"。——译者

这个概念：作为第一个近似表述，我们可以说，话语类型 X 的程序是组合程序，如果它取决于关于下列程序的知识（其存在是可以从它们推导出来的）——（1）作为 X 的成分的特定话语类型的程序，（2）例示句法范畴的特定顺序（特定句法形式）的话语类型序列的程序。[①]

现在我们来讨论 U 的个人语的脱时意义概念：

D5："对 U 来说，S 表示'＊p'的意思"＝定义"U 有一个 S 的组合程序，即，讲说 S，如果，对某些 A，U 要 A $\psi^\dagger$ p"（D5 平行于 D2）。

要解释一种语言的脱时意义，我们大概可以修改一下 D3，但是我现在不想做这事。

关于应用性脱时意义，我提出下列定义：

D6："v [S_1 (S_2)] 中的 S_2 表示'＊p'的意思"＝定义"（∃A）（∃q）（U 通过 v [S_1 (S_2)] 示意＊'q，而且 U 意欲 A 认出 U 通过 v [S_1 (S_2)] 示意＊'q，至少是因为 A 认为 U 有一个 S_2 的组合程序，即，（对某个合适的 A'）讲说 S_2，如果 U 要 A' $\psi^\dagger$ p）"（D6 平行于 D4'）。

目前为止，（可能）一切都好。但是，"组合程序"这个概念还没有怎么澄清，如果我们要说明词汇意义概念，词汇意义与"示意"的关系，我们就应该探讨一下更基本的程序的性质，组合程序是从它们那里衍生出来的。如果能有一个总的大纲，显示词汇意义（涵盖每一类词）在（共同）决定句子意义（涵盖每一种句法结构）中的作用，将是大好事。但是（以我们现在的知识状态）这看起来像是赫拉克勒斯式（Herculean）的任务。我们最多能希望的是一个粗样，只有一些有限的（但是中心的）词类和句法形式，只是我们可能需要的理论的残缺断片。我们把全部（或部分）涉及名词（或有定描述语）和形容词（或形容词短语）的肯定范畴（不一定是直陈式）句子作为研究范围吧。

这种尝试需要的设置如下：

---

① 这两种程序，简单说，就是（1）X 的成分是什么，（2）这些成分的排列顺序是什么。——译者

（1）假设σ是一个直陈式句子。那么，我们需要有能力应用直陈式的σ（σ本身）、祈使式的σ、希求式的σ等（语气变体）概念。为我们配置应用这种概括的能力将是语言学理论的事（因此，作为语言哲学家我们只能假定这是给定的）。

（2）我们需要有能力应用这种概念——β（形容词成分）是对α（名词成分）的述谓。"Smith is tactful（史密斯很机智）""Smith, be tactful（史密斯，机智点）""Let Smith be tactful（让史密斯机智点）""Oh, that Smith may be tactful（哦，那个史密斯可能很机智）"，这些全都被要求算作"机智的"对"史密斯"的述谓。建立这样的句法特征，也将是语言学理论的事。

（3）假设我们暂时把两类对应 [R 对应（指称型）和 D 对应①（外延型）] 视作当然。我们需要有能力谈论某个特定客体 R 对应于α（名词成分），某类客体的每一个成员都 D 对应于β（形容词成分）。

现在，假设 U 有下列两个程序（P）：

P1：如果（对某些 A）U 想要／意欲 A 认为 U 认为……（省略部分由σ的不定式，如"Smith to be tactful"填充），就讲说直陈式的σ。同时，用"祈使式"替换 P1 中的"直陈式"，"意欲"替换"认为 U 认为"后得到 P1′。（这样的程序建立了语气跟"$\psi^{\dagger}$"的具体化之间的对应。）

P2：如果（对某些 A）U 想要 A $\psi^{\dagger}$ α的一个特定 R 对应是β的一个特定 D 对应集合，就讲说一个对应于 $\psi^{\dagger}$ 的β对α的述谓（对照 P1 和 P1′）。

进一步假设，对 U 来说，下列两项对应成立：

C1：琼斯的狗是"菲多"的一个 R 对应。

C2：一个一身毛发的东西是"毛发蓬松"的 D 对应。

鉴于 U 拥有初始程序 P1 和 P2，我们可以推断 U 拥有如下组合程序（由

131

---

① "R 对应"是"Referential-correlation"的简称，"D 对应"是"Denotational-correlation"的简称。——译者

P1 和 P2 决定的）：

RP1：如果 U 想要 A 认为 U 认为 α 的一个特定 R 对应是 β 的一个特定 D 对应集，就讲说 β 对 α 的述谓的直陈式版本。

鉴于 RP1 和 C1，我们可以推断 U 拥有下列组合程序：

RP2：如果 U 想要 A 认为 U 认为的狗是 β 的一个特定 D 对应集合，就讲说 β 对"菲多"的述谓的直陈式版本。

鉴于 RP2 和 C2，我们可以推断 U 拥有下列组合程序：

RP3：如果 U 想要 A 认为 U 认为琼斯的狗是一身毛发的东西的集合中的一个（即，一身毛发），就讲说"毛发蓬松"对"菲多"的述谓的直陈式版本。

而且，鉴于语言学家的信息——"菲多毛发蓬松"是"毛发蓬松"对"菲多"的述谓的直陈式版本（假定是这样），我们可以推断 U 拥有下列组合程序：

RP4：如果 U 想要 A 认为 U 认为琼斯的狗一身毛发，就讲说"菲多毛发蓬松"。而且，RP4 是"对 U 来说，'菲多毛发蓬松'表示'琼斯的狗一身毛发'"的一种解读。

我还没有解释不完整话语类型的脱时意义的陈述。我没有能力界定"（不完整的）X 示意'……'"。事实上，我不能肯定这个纲要**可以**有概括形式的定义；在 X 的句法范畴被确定以前，要提供定义大概一直会是件不可能的事。但是，我可以为**形容词** X（如"毛发蓬松"）提供一个可能是恰当的定义：

D7："对 U 来说，X（形容词）表示'……'的意思"=定义"U 拥有这个程序：如果（对某个 A）U 想要 A $\psi^\dagger$ α 的一个特定 R 对应是……，就讲说一个对应于 $\psi^\dagger$ 的 X 对 α 的述谓"（其中两处用省略号代表的空白将用同样内容补全）。

D7 定义中提到的具体程序形式都可以被证明是**组合程序**。例如，如 132 果 U 拥有 P2 和 C2，我们可以推断他拥有这个程序——讲说一个对应于

ψ† 的"毛发蓬松"对 α 的述谓，如果（对某个 A）U 想要 A ψ† α 的一个特定 R 对应是一身毛发的东西集合中的一个，即，对 U 来说，"毛发蓬松"表示"一身毛发"的意思。

现在我可以就**完整**话语类型概念提出一个定义了（之前我们一直把它视作当然）：

> D8："X 是完整的"= 定义 "'X 表示"……"的意思'的完全扩展的定义，除了谈到 X 中间的指称表达式的 R 对应以外，没有其他明确的对应指称。"（如，人们可能预期"他毛发蓬松"这个完整话语类型的扩展定义会有"'他'的特定 R 对应"这个短语。）

对应。现在我们不能再把对应概念视作当然了。例如，这是什么意思——琼斯的狗是"菲多"的（一个）R 对应？一个办法是（尽可能少地建构的话）把"菲多"和琼斯的狗看作（某些把名字和物体组成有序对子的配对体系里的）一对。但是，在"对子"这个词的一个意义上，任何名字和任何物体都可以组成对子（在有序对子中，第一个成员是名字，第二个是物体）。我们需要"配对"的一个意义是："菲多"跟琼斯的狗配对，而跟史密斯的猫不配对。是"精选的对子吗？"那么，"精选的"又是什么意思？"精选的"不是可以从盘子里选择苹果或橙子的意思，而是狗可以被选中以便选择者可以用它（或对它）做什么的意思。但是，词物配对要做什么呢？选择过程又是什么？

我建议，我们先考虑语言项目和非语言项目**明确**对应的特殊情况。让我们把这种情况理解成实施某些行为，结果一个语言项目跟一个（或多个）非语言项目处于它们以前没有进入过的关系，而且两者在其他领域跟非对应物都没有关系。既然这种对应行为**可能**是语言行为，它怎么建立不同项目之间的联系呢？

假设 U 产出一个特定的话语（实例）V，它属于话语类型"毛发蓬松：一身毛发的东西"。要有能力说，U 通过 V 把"毛发蓬松"跟一身毛发的东西集合的每一个都对应上了，我们应该需要有能力说，有这样一种

关系 R，使得：（a）U 通过讲说 V，导致"毛发蓬松"跟每一个一身毛发 133
的东西（而且只跟一身毛发的东西）处于 R 这种关系中；（b）U 讲说了 V，
以便通过讲说 V 他能够导致这个后果。很清楚，条件（b）是必需的（有
人可能对它有疑惑，因为它提到了 U 实施对应行为时的**意图**），只有条件
（a）是不够的。当然，U 通过讲说 V（不管他的意图是什么）创建了一种
情景，使"毛发蓬松"跟每一个一身毛发的东西 Z 之间有一种独有的关系
R，即，U 在特定场合 O 讲说的表达式跟 Z 所属的那类事物的名字是会话
并置^①关系。但是，通过同一个行为，U 还建立了一种情景，使"毛发蓬
松"跟每一个**非**一身毛发的东西 Z′ 之间有一种独有的关系 R′，即，U 在
场合 O 讲说的表达式跟 Z′ 所属的那类的**对立互补物**的名字是会话并置关
系。^②然而，我们不希望（为了当前目的）认为 U 对应了"毛发蓬松"跟
每一个非一身毛发的东西。保证 R′ 会被淘汰的唯一办法是增加条件（b），
它能使注意力集中到 U **意欲**建立的关系上。看起来，内涵性似乎内置于
语言理论的本质。

　　现在，让我们更加正式地表述一下所提议的对应概念吧。假设 V = 话
语实例类型"'毛发蓬松'：一身毛发的东西"（正式成文^③），那么，通
过讲说 V，U 就把"毛发蓬松"跟（而且只跟）每一个一身毛发的东西
相对应了 ≡（∃R）{（U 通过 V 实现了 [∀x] [R"毛发蓬松"x ≡ x ∈ y（y
是一个一身毛发的东西）]），而且（U 讲说了 V 以便 U 通过 V 实现效果

---

　　①　"会话并置"的原文是"conversational juxtaposition"，意思是"U 在特定场合 O 讲
说的表达式跟 Z 所属的那类事物的名字"在会话中会同时出现，并且位置相近。——译者
　　②　这句话的意思是：U 讲说 V 时，不仅使"毛发蓬松"跟每一个一身毛发的东西 Z
（如"狗"）之间有一种独有的关系 R——在 U 讲说"毛发蓬松"的时候，会提到"狗"这
样的词；而且使"毛发蓬松"跟每一个非一身毛发的东西 Z′（如"鱼"）之间有一种独有的
关系 R′——在 U 讲说"毛发蓬松"的时候，会提到"鱼"所属的那类动物的"对立互补物
（complement）"的名字，如"狗"。——译者
　　③　"正式成文"的原文是"written"，意思是"'毛发蓬松'：一身毛发的东西"是一
个正式定型的对应。——译者

$[\forall x]\cdots\cdots)\}$。①

134   如果这样理解，只有存在可识别的 R′ 时，即，定义中规定的条件成立时，U 才会把"毛发蓬松"跟一身毛发的东西相对应。这个 R′ 是什么？我建议，R′xy ≡ x 是这样一个（单词）类型，使得 V 是一个序列，由 x 的一个实例、冒号、表达式（如"一身毛发的东西"）组成②，其R 对应物是一个集合（y 是其中一个成员）。鉴于 U 讲说了 V，"毛发蓬松"跟每一个一身毛发的东西之间就有 R′xy。以 V 例示形式的任何话语 V′ 都可以被讲说，以便在任何表达式跟任何非语言项目集合的每一个成员之间建立 R″xy（涉及 V′，而不是 V）。

    其他方法也可以实现同样的效果。讲说这句话语的目的可以在话语中规定：V = 话语"对某个 R，要实现这个效果——'毛发蓬松'只跟每一个一身毛发的东西拥有 R，即'毛发蓬松'：一身毛发的东西。"所规定的 R 的表达式现在是"V 是个序列，**包括**"，而不是"V 是个序列，**由……组成**"③。或者 U 可以用施为句形式："我把'毛发蓬松'对应于每个一身毛发的东西。"这种形式的话语同时会建立所要求的关系，并自我

---

    ① 我认为，所提议的明确对应的定义，就其现状而言，是不充分的。我不想说，如果 A 故意把 B 从一群人中分离出来，他就把自己跟 B 相对应了；我也不想说，如果一个演讲者为每一位听众准备一块只有他才能看到的黑板（别人都看不到），他就明确地把黑板跟每一个听众相对应了；虽然这两种情况下，一种类似提议中的定义得到了满足。要明确地把 X 跟集合 K 的每一个成员都对应起来，我不仅必须有意地实现这个效果——X 跟属于 K 集合的所有项目（而且只有这些项目）之间有一种**特定的**关系 R，而且我建立这种关系的目标、目的必须是实施一种行为，其结果是 X 跟所有属于 K 的东西（而且只有这些东西）之间有**这样那样的一种关系**。然后，我们应该在定义中（在最初的量词辖域内）加上下列条款："而且，U 实现 ∀x（……）这种效果的目标是（∃R′）（∀z）（R′ '毛发蓬松' z ≡ z ∈ y（y 是一身毛发的））。"

    ② 上一段提到过的"'毛发蓬松'：一身毛发的东西"就是这样一个例子，其中的"毛发蓬松"是 x 的一个实例。——译者

    ③ "V 是个序列，**包括**"和"V 是个序列，**由……组成**"的原文分别是"V is a sequence *containing*"和"V is a sequence *consisting of* ..."。两者的区别在于：前者是非穷尽性的，后者是穷尽性的。——译者

标明是为建立这种关系而讲说的。

但是，不管实现明确对应的行为采取哪种形式，说它是（或意欲是）一个对应行为永远是对这种行为所意欲建立的关系的不定指称，而且所涉及的关系的说明接下来也永远涉及对应概念的进一步使用（如，上文讲到的一种集合是特定表达式的对应 [R 对应]（如，"一身毛发的东西"]）。这似乎涉及可能招致反对的回归；尽管"对应"没有用在关于对应的定义里，但是它被用于说明对应定义里的不定指称了。找到一种在某个阶段阻止这种回归的方法，可能被认为是可取的（甚至必要的）。（这是一种典型的**经验主义**要求吗？）如果我们不阻止它，对应能够被启动吗（如果预设先期对应的话）？让我们试试"实物"对应吧。"毛发蓬松"这个词在一次实物对应尝试中被这样对应于一身毛发这个特征：

（1）U 将实施一系列行为，每一次他都会实物展示一个物体（a_1, a_2, a_3 等）。

（2）同时，他将每次都讲说一遍"毛发蓬松"这个词。

（3）他的意图是实物展示（并被认出是实物展示）只有那些他觉得分明是一身毛发的物体，或他觉得分明不是一身毛发的物体。 135

（4）在一个模型系列中，这些意图都被实现了。要想在一个模型系列中成功地把"毛发蓬松"这个词跟一身毛发这个特征对应上，"毛发蓬松"这个词跟每一个一身毛发的东西 y（只要 y 是一身毛发的）之间似乎必然（而且可能也是充分地）具有某种关系 R。能规定这样一种关系 R 吗？可能至少在 U 的语言意图被成功地实现的一个模型系列中，能规定这种关系；"毛发蓬松"这个词跟每一个一身毛发的物体 y 之间的关系，就是每一个一身毛发的物体 y 跟"毛发蓬松"这个词之间的关系，而且，这种关系存在于这个事实——y 是一种东西 U 确实（而且愿意）把"毛发蓬松"这个词应用于它（而不是拒绝应用）。换言之，在一个有限世界里（它只包括 U 认为分明是一身毛发的或分明不是一身毛发的东西），这种关系 R 只存在于"毛发蓬松"这个词跟（对 U 来说）分明是一身毛发的每一个物体之间。

这个提议似乎不是没有问题的：

（1）看起来，我们似乎应该区分两种关系 R 和 R′；我们想要 U 在"毛发蓬松"这个词跟每一个一身毛发的物体之间建立一种关系 R；但是，上文似乎没有把这种关系跟"毛发蓬松"这个词跟（U 认为肯定是）一身毛发的每一个物体之间的关系 R′ 区别开。换一个说法，如何区分"毛发蓬松"（表示一身毛发）跟"毛发蓬松"*（表示"U 认为肯定是一身毛发的"）这两个词？

（2）如果要避免这些麻烦，我们就要假定"毛发蓬松"这个词跟 U 愿意在特定情形下应用"毛发蓬松"这个词的每一个物体之间有 R 这种关系，我们怎么规定这种情形呢？如果我们提议，那些情形是 U 想在"毛发蓬松"这个词跟合适集合的每一个成员之间建立明确对应的情形，我们的提议就立刻变得不现实，问题丛生。正常情况下，对应似乎是慢慢生长的，而不是创造出来的，试图把这种生长跟潜在的创造联系起来可能导致新的循环威胁。

形势似乎如下：

136　（1）我们需要有能力援引下列组合程序（我们将称之为 RP12），即，当 U 想要 A $\psi^\dagger$ 琼斯的狗是 β 的 D 对应的时候，把述谓 β 应用于"菲多"；同时，我们想要有能力说至少有时候这样的组合程序可能源自其他方面，如，"菲多"跟琼斯的狗之间的**不明确的** R 对应。

（2）这个提议是有诱惑力的——"菲多"跟琼斯的狗之间的不明确 R 对应**存在于**这个事实：U **愿意**明确地把"菲多"跟琼斯的狗对应起来。

（3）但是，U 愿意明确地把"菲多"跟琼斯的狗对应起来这个说法必须被理解成下列形式的省略说法——"U 愿意明确地把'菲多'跟琼斯的狗对应起来，**如果 p**。"怎么规定"如果 p"呢？

（4）大概可以规定为"如果 U 被要求给'菲多'一个明确的对应的话"。但是，如果 U 真的面临要求的话，他很可能认为他被要求做一个约定，这时他会有完全的自由。如果他不是被要求做约定，那么，他必须被告知，这个明确对应要满足一些非任意的条件。不过，这能是什么条件呢？同样，这个提议是有诱惑力的——他的明确对应要跟现存程序匹配，要符合现存程序。

（5）把这个条件应用于 RP12 时，它好像等于要求 U：他的明确对应应该导致 RP12。

（6）在这种情况下，RP12 源自一个不明确的对应，它存在于这个事实——U **愿意**明确地把"菲多"跟琼斯的狗对应起来，如果他想要做明确的对应，以生成相关的现存程序，即 RP12 本身。这里有明显的循环。这是可以容忍的吗？

（7）如果它是解释语言运用的一般现象时出现的一种特殊情况，它可能是能够容忍的。如果我们运气好，我们可以找到所谓的"语言规则"，按照这种规则我们的语言运用**似乎**是因为我们接受了这些规则，并有意识地遵循了这些规则。但是，我们想要说，这不仅仅是关于语言运用的一个有趣的事实，而且是对这个事实的一个解释。这导致我们进一步假定，"在某种意义上"我们**确实**"隐性地"接受了这些规则。然而，如何正当地解读"我们**确实**接受了这些规则"这个概念却变成了一个谜团，如果"接受"规则跟存在相关的运用要区别开来的话——不过，至少是目前阶段，我们似乎必须容忍这个谜团，我们必须承认它还涉及另外一个有待解决的问题。137

C. 结束语

人们会几乎不可避免地注意到，我对有关"意义"的理念的讨论充满了意欲、相信等内涵概念表达式，我还使用了一些象征符号，一部分原因是为了表示我对限制命题之类术语的合法性的认同。首先，我不喜欢从一开始就把自己局限于外延术语，只用这种方法表述意义理论。我觉得，我们至少**开始时**应该是自由的，能够使用解决概念问题所需要的内涵概念或标记，至少在一定的层次，采用理智和直觉所赞赏的方法（形而上学偏见除外）。如果一个人拒绝这种自由，他就会面临严重的危险，会低估自己所研究的概念领域的丰富性和复杂性。

其次，我曾经说过，内涵性似乎内置于语言理论的本质。即使这个表象跟现实相符，我怀疑，我们不应该（至少在一个重要意义上）不成为一个外延主义者。我认为，表述合适语言理论所需要的心理概念可能不是最初始、最基本的心理概念（像那些不仅应用于人类，而且应用于低级动物的概念），而且，我们有可能从更加初始的外延概念衍生出（在"衍生"的**某种**相关意义上）我一直在使用的内涵概念。任何一个外延主义者都必须处理允许从外延语言到非外延语言的转换；对我来说，这不是明显的：内涵性可以只借助隐性涉及语言的概念来解释，所以，它预设了外延概念，语言运用必须按照这些概念来理解。

7

隐含模型

1. 可能的循环指责

有人担心，用场合意义（这里称之为"$mean_s$[①]"）来界定脱时意义（"$mean_t$"）会不会出现循环问题。

（a）当然不会有定义圆圈。我至少暗示过用"$mean_s$"界定"$mean_t$"的可能性，但是，我从来不认为"$mean_s$"可以用"$mean_t$"来界定；事实上，在非规约性交际中，说话人不需要依赖他们话语的意义$_t$（meaning$_t$）来示意$_s$（mean$_s$这些话语通常没有 meaning$_t$）。

（b）不过，可能会有"认知回归"（或圆圈）。假设 C 是一种特别的规约手段（它示意$_t$某事），那么，要识别 U 通过讲说 C 示意$_s$了什么，就要先识别 C 示意$_t$什么。但是，如果"C 示意$_t$'p'"="人们通常用 C 示意$_s$ p"，那么，要揭示 C 示意$_t$什么，就要先揭示各个说话人在这个那个场合都示意$_s$了什么。然而，这又转而预设人们了解 C 示意$_t$什么。等等。

这个反对意见看起来是成立的，**只是**如果人们假定"C 示意$_t$'p'"（如果它="人们通常用 C 示意$_s$ p"）必须从数据中**归纳**出来，它们包括

---

① 根据查普曼（Chapman, *Paul Grice, Philosopher and Linguist*, 2005: 112），格莱斯的"$mean_s$"是"speaker meaning"的意思。至于"$mean_t$"，很明显是"timeless meaning"的缩略。——译者

这样的事实——U 在场合 O 用 C 示意$_t$ p（等等），即，关于 C 的特定讲说的意义$_s$的数据。但是，我们不需要这种假定。我们甚至能够允许（不经过讨论）"人们通常用 C 示意$_s$ p"是从"U 通常用 C 示意$_s$ p"这样的数据归纳出来的结论；而 U 通常用 C 示意$_s$什么本身，是不需要（不应该）被认为是从 U 的各次 C 话语的意义$_s$归纳出来的结论。U 通常用 C 示意$_s$什么可以是（应该是）U 使用 C 的倾向性问题，而且可以（应该）被认为涉及 U 的**一般意图**（预备状态）；U 在特定场合使用 C 的时候有个一般意图——示意$_s$ p。存在这样一个一般意图不（一定）是从其表现中归纳出来的。

尽管如此，我不敢肯定，用意义$_s$（按照 M 意欲理解）来界定"意义$_t$"是可取的，或正确的，虽然我希望用意欲，或意图（虽然不是 M 意图），来解释"意义$_t$"是正确的。我拒绝用示意$_s$（M 意欲）来解释"示意$_t$"，是因为 M 意欲所涉及的特别限制似乎是多余的，解释"示意$_t$"时似乎不需要。

2. 会话隐含的两种模型

让我们先看一下感知语言，它似乎有三种类型的话语：（1）次感知话语，如"it seems to X that the flowers are red（X 觉得花是红色的）"；（2）感知话语，如"X perceives the flower to be red（X 看见花是红色的）"；（3）事实话语，如"the flowers are red（花是红色的）"。关于次感知话语，我想区分两个小类，我将称之为"非重读"类和"重读"类。下列建议至少是可信的（我认为在第 15 篇《知觉因果论》里，确实提出了非常相似的建议）：非重读次感知话语表达了一种（但只有一种）管控相应感知话语的真值条件。其余真值条件可以被认为是由事实话语规定的，可能还有这个建议——是事实话语的真值解释了次感知话语的真值。X 看见花是红色的这个陈述的真值派生于 X 觉得花是红色的和花是红色的这些陈述的真值，第二个事实解释了第一个事实。如果这样构想，次感知话语的真值跟其相关感知话语的真值并不冲突。

当我们转到重读的次感知话语，形势就变了。一个次感知话语可能被 140 说成是重读的，如果其中的动词"seem（觉得）"表现出任何高亮，或低亮，使之不同于这些词在其上下文中的一般状态。这包括（但不限于）增加或减少音量。唯一的限制是其中的特征应该是自然的，而不是某种交际的产物，以致"seem"这个词有特别明显的标记。这个特别的特征是生成交际的，而不是被交际生成的。标准情况下，所生成的交际是简化的，所以"seem"这个词的使用是精心选择的，相对于某个可识别的对立表达式，它是被选中的。就所讨论的例子而言，那个可识别的对立表达式可能是感知话语中的"is perceived to be（被感知／看见）"，或者事实话语中的"are（是）"。重音的出现会引入一个隐含——感知话语，或其他真值条件（可能是事实条件）为假，或至少是可疑的。因此，重读会破坏相应的非重读话语的不介入性质。

当我们从感知类转向认知类，我们会看到一个结构上平行的局面。非重读的"It seemed to X that the actor had forgotten his lines（X 觉得演员忘记台词了）"在演员是否忘记台词（或者 X 是否知道他忘记台词了）问题上，可能是中性的。

第一，我们区分三种对立词语：

    （1）低主观对立词语

    （2）高主观对立词语

    （3）客观对立词语

（1）的例子可以是"It seems to X that p（X 觉得 p）""X thinks that p（X 认为 p）""It looks to X as if p（在 X 眼里，似乎是 p）"。（2）的例子可以是"X knows that p（X 知道 p）""X sees that p（X 看见 p）"，可能还有"It is clear to X that p（X 很清楚是 p）"，或"It is apparent to X that p（X 感觉很明显是 p）"。在（3）里，不管"p"表达什么条件，客观对立词语都

会是说 p 是什么的那个句子。

141 第二，三种对立词语之间有一种标准的，虽然可能不是普遍的，联系方式。标准情况下，高主观对立词语的真值条件在于相应低主观对立词语的真值，因为（或由于）客观对立词语描写的情景的实现。例如，X 感觉很明显演员忘记台词了这个陈述的真值条件是，对 X 来说，演员表现出忘记了台词，因为（或由于）他忘记了台词这个事实。

第三，现在我们可以考虑引入重音的效果了。重读低主观对立词语将非正式地声称说话人有理由不采用相应的高主观对立词语。所以，带重音地说 "I *know* that p（我**知道** p）" 非正式地声称有理由不采用 "I think that p（我认为 p）"，而带重音地说 "I *think* that p（我**认为** p）" 则声称有理由不标榜知道 p。

第四，如果赋予了肯定性，就不会再容忍在语境中包含任何妨碍肯定性的成分，不管它来自该语境中发生的什么事件。如果对 X 来说，p 是肯定的，那么，一定是这种情况——对 X 来说，p 是肯定的这件事对 X 来说是肯定的，至少，对 X 来说，p 是肯定的这件事不应该是不肯定的。

如果 X 对花的颜色有高主观对立词语表达的怀疑感觉，那么，X 内心就不能再怀疑他对花的颜色是否拥有刚才提到的怀疑感觉。刚才提到的怀疑感觉会明白无误地存在或不存在，但是，尽管这种感觉是否存在可能是明白无误的，对感觉是否存在的解释似乎不一定是同样明白无误的；人们可能有理由怀疑这种怀疑感觉的存在是否依赖花的颜色。如果是，那么，承认对花的颜色有高主观怀疑似乎最终超出了这种怀疑感觉实际存在与否这个问题，并且推翻了我们关于高主观状态跟低主观状态之间的语义关系的假定。看起来，刚才在某种程度上解释过的高主观状态取决于低主观状态这个观点可能最终是不能成立的。

上文描绘的图景——在说话人使用的严格断言的句子内容上加入蕴涵或暗示（即，由外加重音生成的暗示），我担心，将被证明不适合处理关142 于词语或词语使用者意义的讨论中涉及的额外暗示。因此，我怀疑，我们需要另外一种模型。在我已经开始的那个方向，区分两种形式的换说可能是可取的，明确引入这两种换说可能是误导人的暗示的来源。第一种形式的换说是把省略句补充完整。在这个阶段，我们将碰到的扩展是把词语意义的陈述换说成关于词语对词语使用者意味什么，或者换说成词语使用者用词语表示什么。在这个阶段值得注意的是，"mean"这个词出现在补充场景里。第二种形式的换说是对"mean"这个动词的用法的简化分析；根据我的理论建议，"mean"的这些用法将被替换成关于心理状态或态度的词语。对我来说，第二种形式的换说的主要困难是如何处理思想的具体化，如果我们假定思维主要涉及语言的可理解的使用，语言的可理解性又转而涉及语言使用者的内在心理态度。心理态度被假定涉及可能的相关思维事件，思维事件主要涉及语言运用；所用的语言必须是可理解的；其可理解性转而涉及相关的最初心理态度。所以，思维往后看到语言的可理解性使用，后者又转而取决于它跟思维的联系，这是一个不大的圆圈。

这个看起来难解问题的解决方案可能是这个观点——按照我的意义理论，伴随思维词语流动的心理态度是相关词语流动的原因和结果，但是它们不是**自然的**原因和结果，所以不是表现在心理事件或思想中的状态，它们在数量上不同于启动时或结束时的词语流动；它们是相关词语流动的应有的、正当的前件或后件，所以被合法地认为具有这些职责；为自己的内在词语流动赋予可接受的解释是理性思考者的一种权利。它们被认为能生成或导致的东西本身就是它们生成或导致的东西。所以，对自己用语言形成的思想的解读是思考者的一种权利。我们的词语流动跟我们的心理态度之间的关系是固定的，是我们学会用语言为了描写目的而描写世界后的产物。所以，当我们自发而又非任意地说话的时候，我们把态度看作词语流动的原因或结果。我们必须接受这一点——态度占据的这种地位是正当的。

第二部分

语义学与形而上学探究

8

常识与怀疑论

在本文开篇部分（此处按下不表），我集中讨论的是穆尔著名论文《捍卫常识》（A Defense of Common Sense）中所提出的一些问题。首先，我重述了穆尔声称的他本人确实知道的一系列事情，以及穆尔声称的其他很多人都确实知道的一系列相应事情。其次，我提到了穆尔对这种知识体系中的命题的各种看法：要接受这些命题的真值，不一定需要确定表述命题的表达式的意义；他声称的知识不需要人的神秘官能，而是基于人们认识事情的可能性（但人们不再记得这种认识的证据）；虽然穆尔捍卫常识，反对怀疑主义哲学家，他的声称只限于此（其"常识"世界观在**某些基本特征**上完全正确），他并没有声称常识信念不易受到哲学攻击。第三，我认为在穆尔看来，那些不恰当地质疑常识的人所犯的主要错误是，质疑或否认了他们事实上知道，而且（穆尔认为）确实知道为真的事情（这种错误是否真实关键取决于穆尔所声称的确切知识到底是什么）。第四，我区分了两种不同的怀疑论，一种是有关物质对象的经验命题，另一种是有关他人心理（other mind）的经验命题，为简便起见，我都只称之为"经验命题"。第一种怀疑论，我在撰写本文时更倾向于认为（现在我怀疑自己错了）是不那么有趣和重要的怀疑论。这种怀疑论认为不仅没有任何确实知道的经验命题为真，而且也没有任何这样的命题被知道更可能为真，而不是为假。我将这种怀疑论与笛卡尔第一沉思中关于"恶魔（Malignant Demon）"的讨论的两种不同阐释联系起来。我认为（现在想来我过于乐观），对于这两种阐释，笛卡尔的论证未能建立起这种怀疑论，哪怕是作为需要进一步形上之思来加以消除的一种初步的绊脚石。第二种怀疑论，（我当时认为）是更有趣的一种怀疑论，只是否认任何经验命题能被确知为真，但却又承认这些命题的真或许只是最大的可能性而已。针对这种形式的怀疑论，我考虑过一些反对意见，有些为多人所知。对于反对我的六条意见，我做过简略回答（我认为这些回答可能不能动摇怀疑论者的立场）。但是，我已表明我的主要兴趣在于决定性反对（final objection），在我看来，这是最严重和最激进的反对，这也是接下来此文节选部分的主题。

决定性反对。这种反对是由马尔科姆最清楚地提出的。[①] 当怀疑论者声称自己或其他人都不知道，比如桌上有奶酪时，他的立场非常奇怪。他并不是说看起来像奶酪的东西可能就是肥皂，也不是说我们没有调查那像奶酪的东西是不是用镜子表演出的魔术戏法效果，甚至不是说尽管我们非常仔细地排除了出错的可能性，但我们还不够仔细，如果继续测试一段时间（或更长时间），我们可以更有把握，最后能够说出"现在我知道了"。**但是**不管我们测试多久（不只针对"桌上有奶酪"，也针对其他每一个经验命题），怀疑论者仍然会拒绝承认我们能准确说出"我知道"。既然积累进一步的证据同怀疑论者与其对手之间的争论无关，怀疑论者的论点就必须是**先验的**，也就是说，"我知道桌上有奶酪"这样的例子是在断言149（或试图断言）自相矛盾的或逻辑上荒谬的东西。

　　不过，马尔科姆认为怀疑论者的这种争论本身就涉及自相矛盾或逻辑荒谬（如果结合怀疑论者必须承认的其他事情的话）。因为怀疑论者必须承认"我知道桌上有奶酪"是**日常**（ordinary）表达式，而马尔科姆认为"日常表达式"指的是"具有日常用途的表达式，即通常用来描述某种情

---

　　① 见 *The Philosophy of G. E. Moore*, ed. Schilpp；参阅 "Certainty and Empirical Statements," *Mind*, 1942。

况的表达式。"（"**日常表达式**"**实际上**不需要曾经被用过——"桌上有条美人鱼"就是日常表达式。但可以肯定的是，如果某种情况存在过或被认为存在过的话，日常表达式**将**被用来描述这种情况）。那么怀疑论者不得不承认"我知道桌上有奶酪"在这个意义上是一种日常表达式，因此，为保持怀疑论立场，他将不得不坚持认为一些日常表达是自相矛盾的或荒谬的。然而，这一做法本身就是荒谬的，因为从定义上来说，自相矛盾的表达式**永远不会**用来描述任何情况。如果是这样，那么认为任何一种表达式**既**自相矛盾**又**是日常表达式，就是荒谬的，但这正是怀疑论者坚持"我知道桌上有奶酪"的情况。

（出于善意地尊重持怀疑论的同事所具有的洞察力，有些哲学家认为，对于上述观点，怀疑论者不太可能是刻意否认"知道"一词"日常"用法的正确性，但必定（极为误导地）(a) 坚持以他们的方式使用"知道"一词，或者 (b) 建议改变现有的用法。对他们意图的这两种阐释，我认为怀疑论者不会感到十分高兴。）

现在我将调整注意力，试图为怀疑论者建立一道防线来抵制这个非常严重的反对。为了预防读者可能对我的蔑视，此刻我要说我本人并非怀疑论者；但我确实认为，持怀疑态度的立场可能会被傲慢地视为毫无希望。

怀疑论者可能会承认，据其观点，"我知道桌上有奶酪"永远是语言的不正确使用。他也可能承认，这是一种自相矛盾的语言的不正确使用（当然并非所有的语言不正确使用都涉及自相矛盾）。他还可能承认，在 150 "日常用法"的**某种**意义上，自相矛盾的表达式不是日常用法；而在**某种**意义上，"我知道桌上有奶酪"这样的表达式又的确是日常用法。但是，他可能会继续提出疑问：刚才提到的两种"日常用法"是否具有**相同的**涵义。

看看我认为马尔科姆可能会对自相矛盾的表达式所下的定义："**永远不会**用来描述任何情况的表达式。"（马尔科姆实际并未说这是"自相矛盾的表达式"的完整定义，但他同样也没说这不是，正如他的表述方式所暗示的那样，我强烈怀疑他是否赞成此项定义。）就目前的情况来看，这一定义真的令人满意吗？比如"I'm not copperbottoming'em, ma'am, I'm aluminiuming'em, ma'am."我非常怀疑这种表达式会被用来描述任何情况；这很难确切发音达意，而且肯定没人会想到把它用作书面符号来描述什么（我现在当然不是在描述性地用它）。另外，虽然可以用猥亵、亵渎的词语来填补下面的句子，"＿＿＿大主教从＿＿＿楼梯上摔下来，撞到了＿＿＿，就像＿＿＿"，也没人会这样表达。不过，我们不会将上述两种情况提及的表达式描述为自相矛盾。其实据我所知，原则上可能有无数个理由永远不会去实际使用某种表达式。那么，难道我们不应该修改马尔科姆的定义，增加一个特定原因说明，以排除使用自相矛盾的表达式吗？但如果我们这样做了，我们不是该说"因为用自相矛盾的表达式，会说一些自相矛盾的话"吗？那我们就是在用"自相矛盾"来定义"自相矛盾"。

但是，果真自相矛盾的表达式实际上**就是**从不用来描述任何情况吗？如果用它们来描述某种情况，肯定不会**成功地**描述那种情况，但这是另一回事。由于计算错误，我是否可以说："这里有八份鸡蛋，每份有八个，所以共有六十二个鸡蛋。"马尔科姆也许会说，**在这种情况下**，我是用"六十二"来表示通常用"六十四"表示的意思，但这种说法明显违背直觉。比如一道结构巧妙的"圈套题（catch-question）"，口头问："Can you 151 write down 'there are two ways of spelling＿＿＿'？"空白处是"throo"的读音，许多人会给出荒谬的答案"Yes."。

那么，如果怀疑论者承认"我知道桌上有奶酪"这样的表达式在**某种意义上**是日常用法（因为它们有时确实用于描述），他会声称这跟它们的自相矛盾性质没有什么不一致（即在**另一种**意义上，"日常用法"不是日常用法）。但他还不得不承认，这种表达式不仅有时被用来描述某些情况，而且实际上经常被用来描述这些情况。然而问题仍然存在，即，"大多数人通常（或更经常）使用'p'表达式来描述某种情况，这在逻辑上可能为真，而认为'p'是对那种情况（或可能是**任何情况**，那样'p'可能是自相矛盾的）的正确描述却可能是假吗？"怀疑论者可能会坚持这是肯定的。一个虚构的例示有可能照亮我们前行的路径。

假设有这样一种社会状态，在这种社会里我们的语言行为是这样的：大多数时候，当我们想要描述涉及玫瑰的情形时，所有人都使用诸如"那是花椰菜"之类的表达式（或含"花椰菜"一词的其他适当的表达式）。同时，所有人在所有场合也使用含"花椰菜"一词的表达式来描述花椰菜的情形。不过，再假设，在所有这些场合，当我们头脑中有玫瑰和花椰菜这**两种**概念时（比如，我们注意到在描述玫瑰和花椰菜时，都使用了"花椰菜"一词），我们会称玫瑰为"玫瑰"，拒绝称之为"花椰菜"，并坚持认为在所有场合，当称"玫瑰"为"花椰菜"时，我们都错了。那么，在这种社会，"花椰菜"是用来指称玫瑰的正确表达式吗？面对这样的语言行为，我们可否说，（1）用"花椰菜"来指称玫瑰是正确的表达式（也就是说，"花椰菜"是有歧义的，在一种意义上适用于玫瑰，在另一种意义上适用于花椰菜）；或者（2）该问题不可判定，我们不知道将"花椰菜"一词用于玫瑰是正确的还是不正确的（也就是说，这种情况位于"正确"和"不正确"之间的模糊地带）；或者（3）我们对这个问题不确定，但 152 较倾向于选择（2）？

我认为，怀疑论者可能会坚持，在"知道"一词的通常用法上，情况就是如此。我们所有人经常将"知道"这个词用在经验命题中（就像上述虚构的例子中，我们实际称玫瑰为"花椰菜"）；但是怀疑论者会声称，针对我们倾向于使用"我知道 p"这一表达式的每种情况（其中 p 是一个经验命题），他都可以提出某个命题 q（比如怀疑论者影响深远的观点，q 可能是"我在幻想"），所以，（1）我们应该承认 q 在逻辑上与"我知道 p"不相容；（2）我们应该否认"我知道 p"而不是否认 q。换句话说，怀疑论者可以提出观点来表明，如果充分思考，我们应该一直会纠正"知道"一词在经验命题中的应用。

暂时假设怀疑论者能提出观点来证明我们应该准确使用"知道"这个

词是正确的。在这种情况下，我们的立场该如何？（1）如果"花椰菜"问题的第一个答案是正确的（即"花椰菜"是用来指称玫瑰的正确表达式），那么，不管怀疑论者的观点多么好，即，认为经过思考，我们应该放弃将"知道"一词用于经验命题，怀疑论者将完全错误，而他的对手则完全正确。（2）如果"花椰菜"问题的第二个答案是正确的（即该问题不可判定），那么怀疑论者可能是正确的，因为他否认了对手的观点，即认为把"知道"一词用于经验命题是**绝对**正确的。但如果他断言这样做**绝对**不正确，那么怀疑论者将是错误的。（3）如果"花椰菜"问题的第三个答案是正确的（即"花椰菜"不是适用于玫瑰的正确表达式），那么怀疑论者可能是完全正确的，而他的对手则完全错误。

最后，我将列出一些可能合理的论据，怀疑论者也许会运用这些论据来为这个论点辩护（我自作主张地把这个论点加在怀疑论者身上），即我们应该反思一下，放弃使用诸如"我知道 p"这样的表达式（其中 p 是一个经验命题）。我不确定这些论据中有哪个能站得住脚（当然，我们应该记住，传统怀疑论的论据中对"……总是有可能的"这个句式用得太过频繁了），但我没有时间详细考虑它们。

153　　（a）怀疑论者可能会做如下争辩：如果这是真的，我知道一个经验命题 p 为真，那这一定也是真的，我有证据证明 p。但是我们若说"我有决定性证据证明 p，但 p 为假"，我们就是自相矛盾的。但如果 p 是一个经验命题，我们永远可以不自相矛盾地说："支持 p 的证据命题为真，但 p 为假"。因此（怀疑论者可能会说）我们必须承认经验命题的证据从来就不是决定性的，必须纠正对"知道"一词的使用。

　　（b）怀疑论者可能会争辩说："如果我说'我知道桌上有奶酪'是恰当的，我就必须声明（如果有人问我的话）我和其他人将来的观察不会让命题'桌上有奶酪'变得可疑。"但我们不愿意在压力下对将来的命题做出这种声明。

　　（c）怀疑论者可能会提出，"我知道 p，但是我可能有比实际更充分的证据来证明 p"这种说法很奇怪。但如果 p 是一个经验命题（怀疑论者会这样说），我将不得不承认这个奇怪的陈述为真。

（d）（怀疑论者可能会说）要让我知道 s 是 p（"s 是 p"是一个经验命题）为真，这就必须为真，即我知道没人能像我证明"s 是 p"那样有充分的证据来证明其他命题比如"s_1 是 p"，因此断言"s_1 是 p"将是错误的。如果我不能声称这一点，有人可能会问："你证明 's 是 p' 的证据和其他人证明 's_1 是 p' 的证据有什么不同？为什么你有权声称你知道 's 是 p'，他却不能知道 's_1 是 p'？"我认为这是一个难以回答的问题（或者难以避免回答的问题）。以"我有身体"这一命题为例（此命题显然不容易按怀疑论处理），我是否知道，不具备肉体的灵魂不能像我证明命题"我有身体"那样有充分的证据来证明命题"它（或他）有身体"？要知道这一点，要么我必须宣称不存在脱离肉体的灵魂，要么我必须宣称即使有脱离肉体的灵魂，它们中没有一个曾受骗以致认为自己拥有所有的感觉，从而为自己身体的存在提供了证据，尽管他（它）实际上并没有身体。对于这两种可能，我是否准备说我知道第一种或第二种呢？

9

穆尔与哲学家悖论

我先来讨论穆尔思想体系中两个互相联系的部分，一个是他处理某些哲学悖论（philosophical paradoxes）的方法，另一个是他对待常识的态度。这些是穆尔思想中具有典型特征的要素，它们一方面对英国其他哲学家们产生了重大影响，同时也使他们深感困惑。随后，我将从详论穆尔的观点转而考量处理哲学悖论的方法，这些方法可以被恰当地视为对穆尔本身观点的阐释或发展。

首先是穆尔处理哲学家悖论（philosopher's paradoxes）的方法。所谓"哲学家悖论"，我大致是指可能令外行初看起来荒唐、惊讶、生厌的哲学话语。马尔科姆[①]提供了不少这种悖论的例子，并在每个例子中详述了他认为穆尔可能会给出的理由或证据，以证明他对这些悖论性陈述的反驳是正确的。并且，在同一卷书中，穆尔在《对我的批评者的答复》（A Reply to My Critics）一文中赞赏了马尔科姆的论证程序，但只有一条保留意见。下面我引出马尔科姆的三个例子以及假设的穆尔的答复。

例 1

哲学家："物体不存在。"

穆尔："你肯定错了，因为这是一只手，这是另一只手，所以这儿起码有两个物体。"

[①]　Malcolm, "Moore and Ordinary Language," in *The Philosophy of G. E. Moore,* ed. Schlipp.

例2

哲学家:"时间是非现实的。"

穆尔:"如果你的意思是没有一个事件能发生在另一个事件之前或者之后,你肯定错了:因为午饭之后我去散了一会儿步,那之后我又去洗了个澡,然后我又去喝茶了。"

例3

哲学家:"关于物体的陈述,我们并不确知其真。"

穆尔:"我俩都确知这个房间里有好几把椅子,要是说我们不知道此事,只是相信此事,那是多么荒唐,或许不是这种情况。"

例1可算是极为著名,是应用穆尔的技巧来解决悖论的简略版,见之于穆尔在英国社会科学学院做的《对外部世界的证明》的演讲。在其中穆尔相当于声称,例1中的答复包含了关于物体存在的一个严格证明,这个证明满足了他提出的严格证明所要求的三个条件:(a)这个证明的前提("这是一只手,这是另一只手")不同于其结论("这儿起码有两个物体");(b)说话人(穆尔)在说话时刻确实知道前提为真;(c)结论是从前提得出。穆尔当然会承认,只有当"物体存在"被给予一个特定的可能性解释时,条件(c)才能被满足。他知道一些哲学家在否认物体存在的时候并不打算否认,比如说,穆尔有两只手。但是他宣称(我认为非常正确地),"物体不存在"这个句子有时被哲学家用来说一些与穆尔有两只手的说法为真不相干的一些东西。

我刚才引用的例子所体现的技巧有时被认为是诉诸常识。毫无疑问,虽然这在某种意义上可以被正视为"常识",但是我确信这诉诸的不是穆尔所用"常识"这个表达式的那个常识。在《捍卫常识》[①]这篇文章中,穆尔宣称他确知关于他自己的一系列命题的真值,这些命题在性质上与(我前面提及的三例中的)答复中宣称的那些命题相似,但是,文章中提及的命题没有答复中断言的命题具体;并且穆尔进一步宣称,他确知其 156

---

① *Contemporary British Philosophy*, vol. 2.

他很多人确知的关于他们自己的一些命题跟关于他自己的命题一致。穆尔确实不接受某些哲学家悖论，因为这些悖论和他声称确知的一些命题相冲突；穆尔也确实把他的观点概述为"'关于世界的常识性观点'在某些基本特征上是完全正确的"；但是同样清楚的是当穆尔论及常识时，他想到的是一组被十分广泛接受的信念（beliefs）；并且对他而言，"违反常识"就会和这组信念中的一个或者多个发生抵触。这里有两点是相关的：（1）大多数被穆尔用作前提来反驳悖论性观点的那些命题本身并非常识性命题（常识信念的对象）。在标准状态下，这些命题是关于个人或者事物的（例如，穆尔和他的双手），而且很明显没有多少人听说过穆尔，因而关于他也没有什么**十分**广泛接受的信念。当然穆尔的前提可能会证明一些常识性信念是正确的，但是关键点并不在此。（2）无论如何，对穆尔而言常识信念并非那么神圣不可侵犯，这是相当清楚的；在《捍卫常识》中（第 207 页），穆尔写道，"就我所知，可能有很多按照'关于世界的常识性观点'或'常识信念'会被恰当地称为特征的命题，并不为真，而且应该受到鄙视，就像一些哲学家鄙视'常识信念'那样"。在《哲学的一些主要问题》（*Some Main Problems of Philosophy*）中，穆尔引述了一些曾经是常识信念的命题，但此后就不再被视为常识信念，而现在已被完全抛弃。所以，如果把穆尔论证技巧描述成"诉诸常识"，就是暗示穆尔认为哲学家悖论应该被抛弃是**因为**它们违反了（穆尔所理解的）常识，那么这种描述是相当错误的（我认为，穆尔所用的"常识"这个术语不是一般意义上的常识，这种看法是合理的。缺乏这种常识的人是愚蠢的、荒谬的。这表明在这个意义上，穆尔反驳悖论时确实"诉诸了常识"，因为他确实常说或者暗示如果采纳悖论性观点就会导致荒谬）。

　　现在转向讨论穆尔的技巧所滋生出的困惑。对于穆尔处理悖论的方式，我认为，一个非常普遍的反应是，感觉它不会像穆尔面对哲学论题时所用的近乎直率的否决那样简单；他的"反驳"由此也缺乏说服力。正如马尔科姆所说，我们感觉问题被搁置了：否认有物体存在的哲学家很清楚他是在否认穆尔有两只手这类命题的真值，因此不能指望他接受穆尔有关外部世界存在的前提。既然穆尔的论证技巧是要用来说服哲学对手，那么就一定要多说一下穆尔的典型策略的**要害**；一定要解释一下哲学悖论提出者所犯荒谬错误的本质。马尔科姆本人立论道这种解释能够给出。他把穆尔的技巧描绘成一种展示哲学悖论"与日常语言相背离"的一种（隐藏）方法（明说或暗示这种日常表达式是荒谬的或者是无意义的），并论证这样做会导致荒谬或者自陷于自相矛盾之中。我随后将详细讨论这个论题的细节。现在我只关注这个问题，那就是在马尔科姆所建议的总路线上，穆尔本人的论证在多大程度上能够被合理地理解。我得承认，这到底能不能够，对此我相当怀疑。（1）穆尔在《对我的批评者的答复》一文中对马尔科姆的建议未置可否，实际上他没有提及这个建议。看起来马尔科姆的这个建议对穆尔来说还很新颖，他需要时间来仔细思考。（2）穆尔实际上在我给出的例 1 和例 3 之间做了区分（这也就是我前面提及的保留意见）。他同意可以通过举起双手并且说"这是一只手，这是另一只手"的方式来**证实**物体存在。但是他不同意能以通过"我俩都确知这个房间有椅子"这样一个前提来**证实**一个关于物体的陈述的真值。按照他的看法，说"我们确知这个房间有椅子，所以有时某人确知关于物体命题的真值"这样的话，给出的不是"一个证据"，而是一个关于物体的知识的"良好论证"。这是一个良好论证，但是（他说）这需要进一步论证，而且在这种情况下对进一步论证的需求，据说是与这样一个事实相联系的，这个事实就是，比起声称"没有物体存在"的哲学家来，更多的哲学家会断言**没有人知道物体存在**。现在我发现很难明白穆尔怎样能成功地认为例 1 给出了物体存在的证据而例 3 就没有给出我们关于物体知识的证据。（他能够否认他的关于严格论证的三个要求在这个情况下得到了满足吗？）。但这不是我此处关注的要点。我希望提出的建议是：穆尔的技巧要在所有情况下被正确地描述成一个隐藏的、诉诸日常语言的技巧，他不得不把例 1 与例 3 同等对待，因为对关于物体知识的否定和对物体的否定一样，并不违背日

158

常语言。当然，很可能是对于穆尔的论证过程找不到令人满意的综合性解释，并且诉诸日常语言这个方法来解释悖论刚好契合他当时大多数时间都在做的工作，并且这或许（有意无意地）显示了他当时的理解抑或是后来的感觉。不过，这样说还是与直接说运用穆尔的技巧就是诉诸于日常语言有所不同。

在《哲学的一些主要问题》中，有一两个段落显示了一种不同（或无论如何显然不同）的程序。我要联系一个特定例子，就这些段落所暗示的观点，来呈现我多少有点随意的想法。一些哲学家已经提出来一个悖论性的论题，那就是我们永远不能确知任一归纳性概括是否为真，归纳性概括最多只能是可能为真。经发现，对这个论点的接受却是基于一个原则。在这种情况下，这个原则是对于一个命题要被确知为真，这个命题要么是"必然真理（necessary truth）"，要么（在某种意义上）是属于"直接经验"，或者是由前两种命题中的一个或者另一个逻辑地派生而来。但是归纳性概括不属于其中任何一类，所以它们不能被确知为真。穆尔可能用来应对这种论题（例如，"但我们当然确知两个人的后代总是另一个人"）的策略可能会被描述成具有如下效力："由于你的论题赖以存在的原则不是自明的，也就是说，它需要某些证明来证其合理，并且因为它在形式上是**普遍的**，其可接受性将不得不取决于对适用该原则的具体事例的考虑。也就是说，一切知识都属于某个具体种类这个原则，在找到**不属于**任何具体种类的知识实例的情况下将会被驳倒；在通过仔细和恰当的考量之后，如果找不到反例存在，这个原则会被证实。但是我刚才就举出了一个反例，它不属于任何具体种类，它是一个归纳概括。你不能（除非欺骗）**用**这个原则来反驳我这个反例，也就是说，来论证我的样本不是一个知识的实例；如果这个原则是基于考虑这个特定的知识实例的特征，它就不能被用来确保明显的反例不能被视为知识的实例。如果你要反驳我的那些反例，必须要用其他方法，但是没有其他方法存在"。这个攻击方法在做必要修正后当然能够用于其他悖论性哲学

159

论题。

我很赞同刚才概述的这个想法；特别是，我似乎提出了这样一个方法，（至少主要是）我认为哲学论题应该以用寻找反例的方法来检验。而且，我认为在某些情况下，在反对悖论的支持者时，它能被证实是有效的。但是我怀疑这样是否能使一个真正的、执拗的悖论提出者满意。他可能会这样回应："我同意这样一个原则，这个原则就是所有的属于这样或者那样特定种类的知识并非不证自明，但是我没有用你建议的寻找可能的反例的方法来验证。我能通过仔细地思考知识的本性，和思考知识与其他有联系的概念的关系来证实它。由于我能这样做，我就能用我的原则来反驳你的假想的反例而不回避问题。"悖论提出者也许也在寻求在他对手那里转败为胜，因而说，"你也在使用一个哲学原则，这个原则就是怎样检验哲学论点；但是你的原则的可接受性也将（按你的观点）依赖于我自己的关于知识的论点是否构成一个反例；并且，要确定这个问题，你将不得不用与你自己的原则没有什么关联的方式来探究我所依赖的基础的合法性"。为了对此有所回应，我只好预先说明我文章的后面部分。我觉得在任何情况下在对此做回应时，我要证明穆尔的论证程序的逻辑依据毕竟只是"诉诸于日常语言"的一个特别的版本。所以我将过渡到讨论这种处理悖论的方式的效用上来，而不明确提及穆尔所做的论证工作。

面对哲学家悖论，我可以区分两种不同的论证程序，在某种意义上，160每一种都能视为诉诸于日常语言。论证程序 1 旨在寻求驳倒或抛弃悖论，而不考虑悖论提出者在详述或辩护时会说些什么。这些论点只是简单地被指控为与日常语言相悖，并由此认为这已经足以显明这些论点站不住脚。尽管哲学家除了简单指明这些论点站不住脚之外，当然还会被要求做进一步工作。另一方面，论证程序 2 会考虑这些悖论提出者在支持其论点时所说或者被迫说的理由，目的是在悖论提出者的观点里面找到一些普遍的同时又能被驳倒的特点。和论证程序 1 不同的是，论证程序 2 不会牵连到这种情况，就是因为某个论点与日常语言相悖，而仅仅凭此可以宣称该论点足以被驳倒。现在我建议思考一下论证程序 1 的两个版本，可以说，至少以其现有状态，它们不足以让甚为清醒的反对者无言以对，或者从他的反应中甚至获得"我明白你一定是对的，但是……"这样的应答，然后最终考虑论证程序 2。

我的第一个版本取自于马尔科姆。在我所陈述的论证形式里，这个论证程序只适用于反驳那些不是建立在经验基础上的悖论。实际上，马尔科姆对不同类型的悖论并未做区分，从实际效果看似乎把所有的哲学悖论都当成基于非经验基础之上的。马尔科姆观点的内核似乎是如此：某个悖论的提出者明确表示他认为某个语言的日常用法表达式（例如，"斩首是查理一世的死因"），要么是（a）不正确的，要么是（b）自相矛盾或者荒谬的，但是，这个争论本身就是自相矛盾或者荒谬的。因为，如果一个表达式就是一个日常的表达式，也就是说，它"有日常的（或被接受的）用法"，那也就是说，如果它是这样一个表达式，"它被用来描述某些类型的情景，而这个情景又是存在或者据信是存在的"，那么这个表达式就不可能是自相矛盾的（或者荒谬的）。因为一个自相矛盾的表达式根本就不能用来描述任何情景，因而就**没有**描述用法。更进一步的是，如果一个**要**被用来描述某种情景的表达式实际上是在一个给定的场合下被用来描述那种情景，那么在这个场合下它是被正确地使用，因为正确的使用就是标准规范地使用。可见马尔科姆对悖论的指责是，这些悖论与日常语言相悖不是由于错误地描述了日常语言的用法（这样做只会说假话，而不是说胡话），也并非是由于错误地使用日常语言（这样做只是偏离正常或者会产生误导），也并非是由于不明智地建议对日常语言进行改动变换（这样做只是给予错误的建议），而是由于这些悖论**蔑视**日常语言，那就是既承认一种语言的用法是日常的，同时又把这种用法称为不正确或者荒谬。此外，还可发现马尔科姆企图证实其指责，办法是仔细思考（a）日常用法、（b）自相矛盾以及（c）正确性这三个概念之间的相互关系。

这个版本的论证程序 1 有三大难点：

161

（1）单词"会（would）"在我看来似乎要造成麻烦，比如，当"会"出现在这个短语"表达式会被用来描述某一类型的情景，只要这类情景已经存在或者已据信存在"。我刚才引用的短语可能大致等同于"表达式会被用到，若某种类型的情景不得不被描述时"。但这个不会是马尔科姆的意思；当要求描述一个人丢了钱的情况时，总是或通常有人会说"他成了穷光蛋"，但这种情况根本不真。人们有各种其他说法，然而，想来"他成了穷光蛋"却会被会当作一个日常表达式。如果用这个词组"这不会是真的，它是不会被用来描述……的表达式"，或者更简短一些的词组"**可能会被**用来描述……的表达式"来替换前面引用的词组会更清楚一些。那么我们就在这个意义上来使用最初的词组。而"有些时候语言的日常用法是不正确的"这个句子该如何理解呢（马尔科姆说这个句子是自相矛盾的）？这个句子（或者其他有相同效果的句子）毫无疑问是由悖论提出者严肃认真地说出来的，并且看起来他们**曾**用这个句子来描述他们相信（就日常语言使用而言）会成立的情景。以下是否顺理成章：这不会是真的，这个句子**不**能用来描述某种情景，或者更简单一些，这个句子是能被用来描述某种情景的；也就是说，这个句子**不**是自相矛盾的？如果我们把"已被用来描述"和"可能不会被用来描述"结合起来（我们也许能够办到），那么，至少"不会被用来"的意义看似需要仔细考虑。然而我觉得马尔科姆自己可能不会承认这种结合的合理性。他可能宁愿说被讨论的句子是认真说出来的，甚至已被"使用"，但并非用来描述某个情景（只因为这会犯荒谬之错）；所以，我们可以毫无困难地接下去说，它不会被用于描述任何情景，即它是自相矛盾的（所以非日常）。这就指出了我所认为的一个根本性的难题。

（2）我认为马尔科姆的反对者可能合理地抱怨马尔科姆犯回避了针对他的问题。由于他很可能会承认他所不满意的表达式是日常表达式，并且这些表达式还可能会被用来描述某种类型的说话人相信存在的情景，但是接下来又说所讨论的情景是逻辑上不可能的。要是如此的话，这个表

162

达式既是日常的**又**是荒谬的。如果他开始时愿意宣称日常表达式可能是荒谬的，为什么他竟然不愿意说日常表达式可能会被用来描述一个**不可能的**（而说话人又误信其存在的）情景呢？只有当我们假定句子日常地描述的情景没有一个是不可能的情景时，马尔科姆的论证才勉强有效，而如此假定就是假定了悖论提出者的观点为假。

或者，悖论提出者可能会同意他所指责的那类日常表达式（例如，"斩首是查理一世死亡的原因"）会被用来描述一个查理一世死亡时才实际成立的情景（也就是说，它会被用来描述一个**实际的**情景而不仅仅是一个**不可能的**情景）。然后他可能又会说使用这种表达式的人不**仅仅**是在描述这个情景，还在对该情景做荒谬的阐释（例如，查理一世的斩首本身就要他死），又或者（差不多是相同的情况）话语的使用者真的只是在描述这个情景，但是以荒谬的方式在这么做。要是通过重新定义来回应反驳，可能又会回避问题，从而对马尔科姆有利。

悖论提出者可能会承认，一个用来描述某种情景的表达式可能会被正确地使用来描述那种情景，只要所蕴涵的只是在这个情境里使用这个表达式是很常见的；但是他仍然会坚持使用的正确性（在这个意义上）不能保证摆脱矛盾或荒谬。

163　　概括地说，我的主要观点是：**要么**马尔科姆必须承认，要我们自己信服一个表达式是"日常的"，我们自己必须要确信这个表达式是摆脱了荒谬性的（在这种情况下，"斩首导致查理一世死亡"是一个日常的说法还未得到认可），**要么**他必须（在这个环境下）以这种方式来使用"日常的"这个词：我刚才提及的句子无疑是日常的，此时"是日常的"与"摆脱荒谬性"之间的联系还有待确定。

（3）语言的日常使用不能是自相矛盾的，除非"语言的日常使用"由条文明确**定义**为不能自相矛盾，当然在这种情况下马尔科姆反驳哲学家悖论时的诉诸于日常语言的方式就没什么用了，这个情况是真的吗？下面一些例子除了没有荒谬性这个标准之外，从任何标准来看就只是语言的日常用法。就我所知，这些例子并非是技术性的、哲学的、诗歌的、比喻性的或者牵强附会的；它们都是许多人实际所说、所示意的例子。但是，我认为每个例子都至少有自相矛盾、荒谬或者其他类型无意义的嫌疑。在这个语境下我们所需要的可能就只是怀疑。

（a）"他是个幸运的人"（"幸运"被理解为气质倾向）。有时这个句子结果可能是表达"他是这样一个人，那些不太可能发生的事情都可能发生在他身上"的一种方式。

（b）"亡灵走在通往天堂的路上"（大家都知道亡灵是假定没有身体，不能被感知的）。

（c）"我希望我要是拿破仑就好了"（这个和"我希望我像拿破仑就好了"不一样）。"我希望不是生活在 20 世纪而是 18 世纪就好了。"

（d）"就我所知，星星是无限多的。"

当然，我并不想说这些例子最终会对悖论提出者有很大帮助。我想说的只是，"语言的日常使用不会是荒谬的"这个原则，要么没什么价值，要么需要加以论证。

就论证程序 1 的另一个不那么雄心勃勃的版本可大致表述如下。每个悖论归结起来都是宣称：如果某个词或者短语（或者某类词或短语）被（以某种具体的方式）纳入某类句子 T，就不会没有语言不恰当或荒谬性。例如，如果记得贝克莱[①]，我们就可能会反对把单词"引起（cause）"用作肯定句中的主要动词，如果该句的主语指的是某个实体而不是幽灵。然而悖论提出者将不得不承认，如果被要求向某个对 W 一无所知的人解释 W 的用法，我们应该毫不犹豫地选择某些包含 W 的典型的 T 类句子，同时指明或描述上述句子表达真值时依赖的典型情景。这样一种解释 W 的用法的模式是我们应该顺理成章地采纳的模式，如果这一点得到承认，那

164

[①] 乔治·贝克莱（George Berkeley，1685—1753），英国哲学家；美国有大学以他的名字命名，但一般译作"伯克利"。——译者

么同样应该得到承认的是：这也是一种合适的解释模式。如果这是一个合适的解释模式，那么使用这种典型句子的说话人（他相信典型句子受到普遍接受）怎么可能会犯语言不恰当或荒谬的错？你不能既遵循规则，同时又不遵循它。

悖论提出者的回应可能会有以下几种方式。如果我们确实经常设想种种典型情景，并在解释词汇意义时实事求是地提到这些情景，因为观察或经验使我们有资格这样设想，那么，悖论就不成立了。但是有可能是这样：碰到某些词汇（比如说"引起"），由于某些原因（可能是由于所谓的休谟式的自然倾向），我们会对所指定的典型情景做超出实际的解读，或者超出观察所赋予我们的设想的限度。而且，我们所做的多余解读可能就是荒谬之所在。例如，我们有可能对常识论哲学家认为存在于自然事物或事件之间的典型因果关联做错误和荒谬的解读，即某物**有意**要让另一物发生。如果我们确实这样做（怎么说明我们没有这样做呢？），那么即使我们只将"引起"这个词用在指定的该词意义的典型解释情景中，我们仍然会把一个蕴涵引入我们所用的"引起"这个词，它会使人有可能反对把这个词运用到自然事件。只要我们这样使用"引起"这个词，我们所说的话就会蕴涵荒谬性。

让我们来问问一个哲学悖论是怎样规范性地得到支持的。一个规范的程序（这是我唯一要考虑的，尽管可能还有其他方法）推导出一个或者多个所谓的衍推或等值概念，这些概念如果被承认，就会犯悖论的错误。例如，一个相信只有幽灵才是起因的哲学家可能会以如下方式劝说我们：如果有起因存在，那么就会有行动；如果有行动，那么就会有行动者；如果有行动者，那么就会有幽灵在起作用；我们说的没错吧。这个所谓的特定衍推链条可能不是很诱人，但是我们显然能在其他一些情况下提出更有诱惑力的东西。现在如果我们问问悖论提出者，他是如何假定这个悖论是确定的，不管他的衍推或等值概念是否站得住，我们显然不能回应说，是根据我们使用相关术语的情景而确定的。因为很显然我们没有把单词"引起"的应用限定在幽灵上，要是我们这么做了，那么所有关于悖论的嫌疑就都消失了。看来悖论提出者必须特别关注我们就"引起"这样的词的意义或者蕴涵所说的，或可能被认为所说的话。实际上他（在给我们一些帮助后）是在问我们就"引起"与"知道"而言，我们到底是什么意思，然后他坚持我们的回答显示了我们的**真实**意思。

先把为什么他要这样做，以及他用什么来对这个问题进行合理解释暂时搁置，我们来思考这一事实：他所给出的对于像"示意（mean）"这样的词汇的解释与他的对手可能给出的对该词的解释不一样。为了对两种解释做出区分，我们用 mean₁ 来标识悖论提出者赋予词汇"示意"的涵义（在这里，一个人所说的他用一个词时示意着什么在确定他实际上的示意时至关重要）；我们用 mean₂ 来标识那些悖论的反对者赋予词汇"示意"的涵义（在这里，一个人所示意的大致来说取决于他运用这个词的方式）。悖论提出者会说"'引起'一词示意（mean₁）诸如此类的东西"，而悖论的反对者会说"'引起'一词示意（mean₂）诸如此类的东西"。现在看起来如果不解决他们关于词汇"示意"的分歧，他们之间的争论就难以解决。这个分歧可以解决吗？看起来难以解决，因为如果悖论提出者宣称"示意"是 mean₁ 的意思，而他的对手宣称"示意"是 mean₂ 的意思，那我们似乎就陷入了僵局。很可能这就是他们双方之间的实际情况。

但是我们可以仔细思考这个情况：双方之间的争议在变得无法解决的时候，争议也就消失了。因为，悖论提出者会说，"某些日常话语是荒谬的，因为（在某些情景下）我们说的我们用它们所示意的东西是荒谬的，166 但是这些可以用对原意无损，却又能根除这种荒谬性的话语来取代，哲学分析的职责就是去找到这些替代成分"，而其反对者会说，"没有什么日常话语是荒谬的，尽管有时我们说的我们用它们所示意的是荒谬的，哲学分析的职责就是解释我们用它们所真正示意的是什么。"我们以哪种方式说话重要吗？事实是一样的。

我不愿意就此打住，幸运的是，尽管僵局显而易见，还是有两条出路：

（1）我觉得有些哲学家已经设定或相信"示意"就是"示意"（"mean" means "mean"）（一个人所说的他的示意是什么对于确定他实际示意了什么至关重要），因为他们已把"示意如此这般"看成是一种内省经历的名称。他们认为包含一个人的示意的陈述，是不可更改的，就像他对其当下感觉所做的陈述，或者对在那个时刻某物在他看来所具有的颜色的陈述一样。在我看来，确有一些场合，说话人所说的他的示意被认为具有特别的权威。思考一下我与学生之间可能会进行的对话：

> 我自己："我想要你明天带论文（paper 也指报纸）来。（I want you to bring me a paper tomorrow.）"

> 学生："你的意思是要我带报纸还是带书面作业？"

> 我自己："我的意思是'书面作业'。"

此时如果学生说"可能你只是误以为你的示意是'书面作业'，但是你真正示意的却是'报纸'"，这么说是荒谬的。这种荒谬性看起来和对某个说他手臂疼的人暗示也许他说错了一样荒谬（除非这个暗示被认为可能是说话人的身体没有什么问题，不管他的手臂是怎么感觉的）。尽管在示意某事和感觉疼痛之间有些类比，重要的是：要注意它们还是有显著的不同。疼痛可以在一个可以确定的时间上起止；同样，某事物可能在下午 2 点时开始对某人呈现红色，然后在下午 2:05 时停止对他呈现红色。但是，如果我的学生对我说，"你什么时候开始有那个示意的？"或者"你已经停止有那个示意了吗？"这就会很荒谬。另外，对疼痛出现在任何一组相伴的句子中，不会有**逻辑上的**异议；但是设想当我说"我要书面作业"的时候我突然发觉自己示意的是天在下雨就一定是荒谬的；事实上，说"突然发觉我自己示意某某"就很怪异，尽管我发觉我自己在遭受痛苦的说法并不奇怪。顶多在**非常**特别的环境下（如果确实有这种环境）能允许我们说"我要书面作业"，由此来示意"天在下雨"。考虑到这些差异，我们可能宁愿把"我的意思是书面作业"（见上述我和学生的对话）这类陈述列为"声明"而不是将其列为"内省报告"。这类陈述就像是对意图的声明，它也具有权威地位，在某些方面像（有些方面又不像）关于自己当下的疼痛所做的陈述。

与我刚才讨论的关于示意的陈述直接相关的一点是，只要它们具有它们似乎具有的权威地位，它们就不是说话人可能因调查或一系列论证而接受的陈述。回到和我学生的对话上来，当我说"我的意思是书面作业"时，如果我的学生问"你是怎么发现你是这个意思的？"或者"是谁或者是什么说服你让你有这个意思的？"就会非常不妥当。并且我想我们明白为什么"示意"的陈述不能既是有特定权威性的，同时又是论证或调查的结论。如果一个陈述是基于论证或调查而被接受，说这个论证站不住脚或者进行的调查不正确总还是有意义的（尽管这个可能有点傻）。如果这是可信的，那么陈述的做出者**可能**会犯错，在这种情况下，当然他的陈述就不具有我所提及的权威性特征。但是悖论提出者依赖于我所讨论的论证，他**既**要求说话人所示意的陈述应该有特别的权威性，**又**要求这个陈述应该建立在论证的基础上。但是这两方面是不可能结合的。

（2）悖论提出者的下一个困难是和前面这点联系在一起的。我希望（a）和（b）之间有相当明显的区别（尽管也有联系）：（a）一个给定的表达式（一般）所示意的，或者某个特定的人用一个给定表达式**一般**要示意的；（b）某个特定的说话人在特定的场合下，用那个表达式所示意（或曾示意）的；（a）和（b）可能差异明显。我将举例说明这种差异怎么可能发生。（1）"我耗光了燃料（I have run out of fuel）"这个句子通常（大致 168 示意说话人没有什么可驱动他操控的交通工具了；但是某个特定说话人在特定场合下（给定合适的语境）可能会比喻性地说，并可能通过这个句子示意"他想不出什么可说的了"。（2）"琼斯是个好小伙（Jones is a fine fellow）"这句话一般示意琼斯有好多优点（要么没有限定条件，要么可能是在语境指定的行为或表现方面）；但是当某个特定的说话人讽刺性地说这句话时，它可能示意琼斯是个坏蛋。在这两个句子中，特定的说话人没有把任何不寻常的意义赋予给句子中的任何一个单词；他是以一种特别的方式在使用每个句子，要正确理解他的话语就要了解所讨论句子的**标准**用法。（3）在特定场合下，说话人可能通过"下冰雹了（It is hailing）"这句话，来示意"下雪了"这个句子标准地表达的意思，这**要么**是他误用了"hailing"这个词，**要么**是他认为（无论对错）他的听话人（也许是由于某个家庭笑话）已经熟悉了将一个私人性意义赋予给词汇"hailing"。当然，在其中任何一种情况下，说话人都把某个特定词用在非标准意义上了。

　　我希望这些琐碎的例子足以展示（a）与（b）之间可能的差异。但是（a）与（b）又是有联系的。在某个特定的场合下，通过特定的（陈述性质的）话语，一个特定的说话人所示意的等同于他意欲通过话语的方式让其听话人所相信的（充分的讨论需要很多我现在不想涉及的限制条件），我认为这么说差不多是对的。同时，一个句子的示意一般等同于特定说话人在特定场合所**标准地**示意的东西，这么说我也认为差不多是对的；是什么让一个特定的使用句子的方式变得**标准**可能会因句子不同而不同。例如，在句子不包含术语的情况下，我认为大致来讲，标准用法就是非特定场合下的一般用法。**一般**来讲，这类句子示意的是，特定团体的人在特定场合下用这些句子所通常示意的东西（这当然过于简化了）。如果对其区169别的这个概述正确的话，那么（a）与（b）之间可以找出两方面的联系。首先，在某个特定场合，如果我要通过一个做陈述的话语来示意某事，也就是说，如果我要通过我的话语意图使我的听话人相信某事，我就必须认为我的听话人有机会从我的话语中觉察出他们应该相信的是什么。这看起来相当清楚：就这种类型话语的使用而言，除非听话人知道一般的做法是什么，或者我的做法是什么（或者除非我就这种场合下的示意给听话人做个补充说明），否则听话人就无法做到这一点。其次（很显然地），一个非技术性的句子要有某个大致意义，它必须是这种情况：在特定场合某个团体的人确实（或者要）使用它的这个意义。

　　我认为我能让悖论提出者面临更进一步的困难（我希望这个困难最终

将被证实是致命的）。当他表示，说"x（一个自然事件）引起 y"的意思就是（整体或者部分地）"x 用意志力驱使 y 发生"，他是要说特定的说话人在某特定场合用"x 引起 y"这个句子来示意（整体或者部分地）"x 用意志力驱使 y 发生"吗（这就是说话人要告诉他们的听众的东西，这就是他们意图让他们的听众要思考的东西）？如果他表示的是这个意思，那么他是在表示某个他必须承认为假的东西。因为在说服他的受害者承认"x 引起 y"的意思起码部分地就是"x 用意志力驱使 y 发生"时，他的部分目的是说服他的受害者承认他不应该（严格地）继续说诸如"x 引起 y"这类句子，只是由于它应该示意的部分明显为假或荒谬；他依赖的是他的受害者**不打算**以明显的虚假和荒谬来诱发信念。然而，如果他表示"x 引起 y"的**一般**意思（起码部分地）就是"x 用意志力驱使 y 发生"，即使没有特定说话人在某特定场合用它来表示过这个意思（或者可能会用它来表示这个意思），那么，他就接受了句子的**通常**意义与其在某个特定场合的**特定**意义之间的那样一种分离，而我一直认为这种分离是不可接受的。

　　最后，我想简要地提醒你们本文一直在尝试做些什么。我力图指明一类特定的在哲学史中不是未曾知晓的陈述，这些陈述（在特定的涵义下）可被描述成悖论。我考虑过多种找到有助于消除所有这些陈述的一般原则的尝试，这不同于对悖论提出者支持的方法的考量。我已表明很难找到任何能够令人满意地执行这项任务的原则。尽管我不想坚持说这样的原则是 170 找不到的，也不否认进一步提炼讨论过的原则可能会产生一两个令人满意的原则。我考虑过一个我认为是特有方法的样本，悖论提出者可以用它支撑自己的论点（尽管这可能不是悖论提出者用过的**唯一**方法）；最后我力图表明，使用这种方法让使用者深陷（实际上我希望是致命的）困境。

10

战后的牛津哲学

几天前，在离牛津有段距离的一所大学里，一位科学哲学家问我是否曾想过"哲学的日常语言研究方法（the ordinary language approach to philosophy）"对科学哲学有什么贡献。发现这个问题很难回答，原因有多个，最终，我问他所谓的"哲学的日常语言研究方法"指的是什么。他回答说，他一直希望我不会问这个问题，因为他对这个问题了解甚少。他也许会认为我应该能立即弄清楚这个概念指的是什么，因为它就是为了找出我（和其他牛津哲学家）惯常进行的那种哲学研究。不幸的是，我根本无法轻易地就我所进行的哲学研究进行总的特征刻画；实际上我不敢确定日常语言哲学都是一个样子的；此外，我很确定，牛津哲学家之间存在着大量方法论上的分歧，虽然他们之间无疑也存在着明显的家族相似性。重申一下，刻画一个人的哲学工作已经够难的了，我还面临另一个困难，因为我强烈怀疑他对我的各种哲学研究的**看法**也许与现实不符。因此，在此我会致力于（必然是纲要性的和零碎的）进一步弄清我的哲学实践和日常语言之间的关系。你必须明白，我只是代表我自己发言，尽管也可能存在这样的情况，一些哲学家（包括牛津内外的），也许会或多或少地欣然同意我所说的话。

首先，并非只有我一人认为日常话语，我们日常所说的话，值得哲学家特别关注，这确定无疑。但是，这么说并没有多少意思。更具体地说，我会认同两项主张。（1）在我看来，分析、描述或刻画（尽可能用一般术语来说）某些或某类表达式的日常使用是哲学家任务的一个重要部分，但是绝不是其全部。如果我对原因、感知、知识、信念这些概念进行哲学思考，我期待发现我正在思考（除了别的以外），在日常谈话中，我们会在什么情境下愿意谈论（或不愿意谈论）某事引起某事发生、某人看见一棵树或是某人知道而不只是相信某事就是那样。可能特别值得一提的是，在什么情况下我们会试图发现完全不用日常方式来谈论的事物；例如，当我们讨论知识和信念的时候，我们也许会发现记录语言事实很有帮助或者确实必要，比如，我们会没有什么用词不当地说某人"坚定地相信"某事，但不会说某人"坚定地知道"某事。这样的语言事实，或者至少为什么这些是语言事实的答案，或许具有哲学意义。（2）我认为，事实是，某种哲学论题拒绝日常所用并被接受为真的陈述（因为它们虚假、荒谬或语言不正确），在特定类型的情境中，它自身几乎确定（也许相当确定）为假；尽管说这样一个命题为假并非完全否认它有其他优点，因为提出这个论题的哲学家可能"接近"某个重要真理了（如果用其他更合适的方式表达的话）。我第二项主张的另一种表述方式是：如果某类日常陈述只是基于哲学理由而被斥为虚假、荒谬或语言不正确，那么这样的排斥几乎肯定（也许相当肯定）就是错的。例如，如果一位哲学家提出一个哲学论点来表明我们实际上从没看到过树、书和人，不顾在各种熟悉的场景中我们通常会说我们看到了这个事实，那么我们的哲学家几乎（或许相当）肯定就错了。

在进入下面论述之前，为了免受一个错误理解（我确信你们都不会犯这个错）的影响，我必须简要说明一下。我的两项主张都不等于我认为语 173 言的非日常使用须遭到禁止，甚至遭到哲学家的蔑视。我从来没有认为，非哲学家或哲学家应该将自身限制在只使用有日常用法的表达式，以及只以日常方式来使用用表达式。唯一的限制则是，哲学家使用术语时，应该意识到它是一个术语，因此需要给予特殊的解释。当一位哲学家反对另一位哲学家的论点时（就像有时发生的那样），他说"但是这不是某某表达式的日常使用"或是"但是这个表达式是作为一个术语在使用"，他的反对不是针对表达式的非日常使用或术语使用，而是针对表达式在**没有**必要解释的情况下以一种非日常的方式被使用，实际上（通常）是针对说话者没有认识到他把非日常使用替换为日常使用了。这通常是一种指责他人含糊其辞的方式。

现在我将提及一两点反对意见，它们也许针对的是我的第一个主张，即刻画语言的日常使用是哲学家的一项重要任务。

反对意见 A

"你的这种哲学研究能够和社会学对人们语言习惯的研究区别开来吗？你所进行的这种哲学研究（也）没有收集这种研究应该基于的经验证据，没有做必要的民意调查。或者说，你的工作能够和词典编纂区别开来吗？当然，哲学不是人数统计，也不是词典编纂。"

针对这个双重的反对意见，我将引入"概念分析（conceptual analysis）"这一概念。我在这里用到这个表达时，它不一定就指一项哲学研究，虽然它在某些方面必然**很像**哲学研究。在哲学中有一个很古老的思想，那就是你不能以一种哲学的方式问某物是什么，除非（在某种意义上）你已经知道它是什么了。柏拉图（我认为）认识到了你不能问诸如"正义是什么？"这样的一些问题，除非，**在某种意义上**，你已经知道正义是什么了。当穆尔把知道一个表达式的意思和知道它的分析这两者区别开来时，这个古老的思想又以新的姿态重新出现。当人们会在哲学上问什么是正义的时候，他们已经能够在具体的情景中**应用**"正义（justice）"一词和它的同根词"正义的（just）"了；他们会面临多种行为，会准备着毫不犹豫地使用或不使用"正义的"这个词，当然，即便是还存在另一些种类的行为，让人们不确定是否要使用这个形容词。人们或多或少地具备足够的能力，决定某些特定的行为能否被称为"正义的"；可是，如果

要求他们（或他们要求自己）对能够称为"正义的"行为种类和不能称为
"正义的"行为种类这两者之间的区分给出一个**一般性**解释，他们会倍感
困惑。

　　我希望现在我所谓的"概念分析"是什么已经相当清楚了。寻找一个
既定表达式 E 的概念分析就是有能力决定在特定情况下使用或不使用 E，
但是寻找各类情况下的一般性描述，却是我们会使用 E，而非不使用 E 的
情况。我们也许会注意到，一个人在进行 E 的概念分析时，会利用其是
否使用 E 的能力，因为这一典型程序是要想出一个可能使用 E 的一般特
性描述，然后通过试图找到或想象出一个特定情景来检测它（这一特定情
景会符合所提出的特性描述，但**不**会是其愿意应用 E 的情景）。如果一个
人在仔细考虑了这些方面之后，没有找到任何一个那样的情景，那么其多
少会相信对 E 的使用所提出的特性描述还算过得去。但一个人不能以这
种方式检测所提出的特性描述，除非其依赖于自身在**特定**情况下使用或不
使用 E 的能力。

　　可以进一步指出的是，人们可能希望找到概念分析的表达式不一定是
与哲学直接相关的表达式。人们（想要一个概念分析时）可能会问诸如
"什么是战斗？""什么是游戏？""什么是阅读？"这样一些问题——因
为我们无从知道，人们如何区分战斗与冲突、战役和战争，如何区分，比
如说，游戏与消遣或运动，或是如何区分阅读与诸如把书本打开放在眼前
的背诵等行为。但是，我自己或是大部分人不会认为战斗、游戏和阅读的
本质属于哲学的主题。因此，做概念分析不一定就是哲学活动；若要将一
种概念分析视为一种哲学，必须要进一步满足某个或某些条件。

　　我们现在能够直接处理这项反对意见了。当我在进行（无论是哲学或
非哲学性质的）概念分析的时候，你也许会认为我主要是想提供一个**我自
己**使用的既定表达式的概念分析（当然，我可能会在这个过程中寻求别
人的帮助）。要得到一个本人使用的表达式的概念分析，通常是极度困难
的；你会看到我大部分关于表达式的概念分析的讨论都与这个困难有关。

但是，如果我认为我获得了对于我自己用法的令人满意的概念分析，那么我就不会继续发起民意调查来看看这个分析是否符合其他人使用这个表达式的方法。一方面，我假设（有道理地，我认为）我的用法一般来说确实符合其他人的用法，因为（作为一位哲学家）我通常关心的那些表达式就是十分常用的表达式；对于一个特定的表达式 E，如果在日常生活中与我交谈的某些人有一个与我所给的非常不同的用法，那么我应该几乎肯定能发现这种不同；一个人确实能发现别人的特殊语言用法。但是，更重要的一点是，即使适用于我的也适用于别人这一假设是错误的，也没有多大关系；而我哲学困惑的产生与我对 E 的用法有关，我的概念分析对我来说会是有价值的（对于其他可能发现他们对 E 的用法跟我一致的人也有价值）。这也可能对于那些对 E 有不同用法的人来说是有价值的，尽管与我的用法只是在很小的方面有所差异；但是，如果情况不是这样的，那么我们对 E 就有不同的用法，就要分别进行处理，就要分别进行概念分析。这是我们能够做的，**如果有需要的话**（因为在概念分析中的合作不需要被分析的概念有相同的用法；我可以和你一起对你的表达式的用法进行概念分析，即使你的用法和我的用法有差异）。因此，概念分析并不是社会学考察，分析者对于百分比数据没有兴趣。

也不能将概念分析等同于词典编纂（而我怀疑这个反对者所想到的就是词典编纂）。我怀疑这个反对者认为词典提供了一种特定类型的定义，例如，父亲被定义为双亲中的男性。事实上，对词典进行考查会很快发现，它们所包含的内容几乎不能被看作这一类的定义。但是我不会强调这一点。现在，让我们对比一下下面两个书面定义：

（1）父亲——双亲中的男性

（2）敬畏——畏惧与敬佩的交织

（1）可以被认为是向我们指出"父亲"这一表达式能够正确应用到一个人身上，当且仅当他是双亲中的男性；同样地，（2）可以被认为是向我们指出"敬畏"这一表达式用于指一种情感状态，当且仅当它是畏惧

与敬佩的交织。到目前为止，两者的关联是类似的。但是，它们之间存在
一个重要差别。粗略地讲，如果任何一个人知道"双亲中的男性"这一表
达式的意思，而没有立刻同意当且仅当某人是双亲中的男性时其才能正确
地被称为"父亲"这种提议，那么这个人会被认为是不知道"父亲"这一
表达式（的规范用法）的意思（当然，除非他的拒绝被认为是一种不合作
或拒绝参与的迹象）。但是，也许一个人不愿意立刻同意当且仅当一种情
感是畏惧与敬佩的交织时它才能正确地被称为"敬畏"这种提议，却**没有**
因而显示出其不知道"敬畏"的意思（不知道如何正确地使用它），因为
或许此人很合理地希望看到，比如说，其是否能想到一个情景，在这个情
景中他会愿意应用"敬畏"这个词，即使那个情景不是一个畏惧与敬佩交
织的情景。因此，反对者所设想的词典定义给出了被下定义的表达式的意
义，在这个意义上，概念分析——对（2）的概念分析就是一个例子——
没有给出被分析的表达式的意义（尽管，毫无疑问地，从"给出意义"的
另一种意义上说，概念分析确实给出了被分析的表达式的意义）。其中的
差别与一种看法有着密切的联系，即认为词典是设计给那些希望学会如
何正确使用表达式的人看的，然而概念分析（正如已经指出的）却不是
这样。

　　我将更加简短地处理一两点其他反对意见。

反对意见 B

　　"日常语言存在各种不适合概念分析的缺陷，或者至少说它们阻碍了
概念分析，或者至少说它们阻碍了概念分析获取任何值得努力的成果。这
些缺陷是歧义性、误导性、含糊性，以及包含错误或荒谬的假设。"　177

　　让我们逐个来看这些暗含的缺陷。（a）日常表达式有歧义（或者好
一点，有不止一个意思），但这不构成这些表达式不能进行概念分析的理
由。要么意义的双重性（duplicity）是明显的，在这种情况下，概念分析

会直接针对一个表达式的一个或多个特定的含义；要么意义的双重性不明显，在这种情况下，概念分析的部分功能将会把（也许）被认为是意义的双重性的东西摆到台面上来。（b）如果一个表达式的误导性是指**哲学上的**误导性，即是说可能一个人无法把它的用法特性与其他和它语法相似的表达式的用法特性区分开来（比如说，无法区分"存在"的使用特性和诸如"咆哮"这类表达式的使用特性）；那么，这很明显是**支持**而不是**反对**进行表达式的概念分析的一个理由，因为概念分析能抵消造成误导的倾向。（c）说一个表达式是含糊的（广义上的含糊），大致上说的是存在一些（现实的或可能的）情况，即一个人只是不知道是使用这个表达式还是不使用，而这种不知道不是因为其对事实缺乏了解。举例来说，一个人可能不知道是否要把一个特定的人描述为"秃顶的"，即便是被精确地告知那人头上有多少根头发，也可能根本无济于事。在一些情况（甚至是很多情况）下，表达式 E 的适用性用这种方式是无法判定的这个事实，可能会妨碍提供一个关于 E 的**条理分明的**概念分析，也可能会妨碍具体描述一组条件，而满足这些条件对于 E 的正确使用来说，既是必要的也是**充分的**。但是，这不妨碍我们给 E 做**某种**概念分析；我们可以在关于 E 的用法的一般性特性描述中，不仅**包括**对肯定适用或肯定不适用的情景的具体说明，而且包括（没有语言规则时）E 的适用性不可判定的情景的具体说明。此外，这些不可判定的案例可能会给我们提供 E 在可判定案例中的用法信息。举一个洛克（Locke）给出的例子，假如洛克同时代的人发现，洛克能告诉他们内斯特（Nestor）生活上所有的各种私密细节（其中至少有些细节是可以独立审查的），假如他们发现洛克不是通过历史研究而获得这些信息的，他们也许会犹豫，洛克和内斯特是不是同一个人。如果是这样的话，他们会被拉向两个方向；考虑到记忆连续性会使他们倾向于说"是同一个人"，考虑到缺乏身体同一性会使他们倾向于说"是不同的人"。但是这个例子为我们确立了两个条件，当这两个条件合乎标准地得到满足时，我们就说"是同一个人"；当两个条件都没有合乎标准地得

178

到满足时，我们则会说"是不同的人"。

当然，如果一个表达式含糊得**难以对付**，那么这可能会使得它不适合进行概念分析；的确，"含糊得难以对付"也许就示意"太过含糊以至于不能够进行概念分析"。但是，我觉得没有理由假设，作为哲学家的我希望进行概念分析的那些表达式通常含糊得难以对付。此外，只有试图对它们进行概念分析而没有达到任何满意结果时，人们才能发现它们含糊得难以对付；因此，奇怪的是，抱怨日常语言太过含糊以至于无法进行满意的概念分析的那群人，通常也就是从来没有认真试图找到满意的概念分析的那群人，他们从来没有以这种方式进行过哲学思考。

反对意见 C

"你认为是哲学的一个重要部分的那种事情，配不上'哲学'这个名字。哲学不仅仅是谈论语词。"

我在这里不能花很大的篇幅来讨论这项反对意见，虽然我确定，它得到了非常广泛的认同；我只能简明扼要地指出答复时可以扩展的几个方向。

（i）为什么"语词"在这项反对意见中要被如此轻蔑地提到？反对者会用相同轻蔑的语调对语法学家、语文学家或是语言学家说"你们只是关心谈论语词"吗？我不这么认为。那么，为什么当哲学家谈论语词时，"语词"就突然受人轻蔑呢？

（ii）当代哲学家提出的一些概念分析与那些被公认为伟大哲学家的著作的核心部分的讨论，两者之间存在着相当密切的联系。许多伟大哲 179 学家的问题都（不一定全部以最精准的程度）可以被解读为是对概念分析的要求。毫无疑问，伟大的哲学家们自己都没有认识到这种解读的可能性（他们怎么可能呢？），但是当代讨论与伟大哲学家著作之间的联系是如此亲密，足以证明可以继续使用"哲学"这个名称。此外，我觉得，在这样解读之后，伟大哲学家提出的许多问题和难题能够受到真正清楚的、详细的、严格的处理。如果我必须在重新解读和持续迷惑两者中做出选择，我会选择前者。

（iii）我非常仔细，没有说我认为日常表达式的概念分析是我所认为的哲学任务的全部。首先，我不认为表达式的用法必须是"日常的"，以适合哲学分析。（比如说）文学批评家和物理学家的专业设置（professional apparatus）中的表达式可能并不包括它们的日常用法；尽管如此，将它们进行概念分析也可能是哲学家要做的工作，只要它们是这样的表达式，其使用者能够在特定的情况下使用它们，而不需要（用普通词汇）阐明它们是**如何**被使用的全部情况。其次，我认为哲学家应该关心除了概念分析之外的其他问题。仅举一个例子，即使一个哲学家已就一个表达式或一组表达式被如何使用这一问题给出了结论，他可能也还想要（通常**应该**想**要**）继续追问下面这些问题，"为什么我们会以这种而非其他方式使用这些表达式？"，或者"我们能拥有一种语言，其中没有以这种方式使用的表达式吗？"（比如说"我们能有一种没有单称词项的语言吗？"）。

但我有所怀疑，我想要看到哲学家们完成的其他任务是否能够让提出这项反对意见的人感到满意。他们希望哲学是伟大的，能够给出重要的、非经验的信息，能够帮助人们解决世界问题或个人问题或两者。对他们来说，**我在最后**倾向于回复说："你们简直就是在痴人说梦；哲学永远没有真正完成过这项任务，尽管它可能偶尔表现为是在做这件事情（表现为是在做这件事情的实际结果并不总是那么令人愉快）。抱怨哲学再也不能解决实际问题，与抱怨星体研究再也不能让人预见世事的轨迹，两者同样没有意义。"

11

概念分析与哲学的范围

在 29 年后，当我回头审视那篇讨论战后牛津哲学的论文时，即前文，我发现自己并非完全不满意。那篇文章仅有的另一次面世是 1958 年在马萨诸塞州的韦尔斯利学院。尽管文中的观点探讨得不够全面或不太恰当，但至少在某些方面我认为我关注的方向是正确的。我所谈论的概念分析与从事哲学两者的矛盾关系并非仅仅是我思绪紊乱的产物；这从一些牛津领军人物，尤其是奥斯汀本人的实践中可以看出。1940 年代后期，（牛津学派的）兴趣小组（the Playgroup）成立了，奥斯汀做了正式的（甚至可能有点玩笑似的）理论说明，我们全是本地的哲学拥趸，平日里与那些哲学素质低下的学生角力，应该有能力在周六上午进行恢复性的非哲学活动，不过，这些活动倒是既令人愉悦，从长远来看，又让人大获哲学裨益。因此，我们从地图、图表、（用另一术语）游戏规则这些准哲学话题（paraphilosophical topics）开始。这时，准哲学（paraphilosophy）明显不被看作哲学，尽管某些方面类似哲学。然而，当我们有人对二者关系提出疑问并表露出对区分标准不胜其烦时，我们就面临并非不典型的立场转变。当我们询问何为重要与不重要的区别时（当然，我们指的是何为**哲学上的**重要与不重要语料 182 之间的区别），我们容易面临这样的言论（同样出自奥斯汀的文章《假装》（Pretending）的末尾），即奥斯汀本人并不擅长区分何为重要与何为不重要。我现在将此看作一种后退的方式，或者至少是弱化他自己早期对哲学和我所称的"准哲学"的区分。如果大师都这样摇摆不定，我们还能对他的朋友抑或他的敌人有何期待呢?

　　我认为应该面对此事，而不可随意糊弄；因此我打算最后为搞清相关问题而付出努力，尽管时间和知识素养的缺乏迫使我搁置问题。20世纪中叶牛津哲学的"敌人们"或许曾误入歧途，但是至少他们有权得到理性而非简单打发了事的回应。

A 类案例

　　假设我们真心有志趣研究在某个物质 r 的特定范围内某个概念 K 的非实体性，那样的话我们似乎自然而然地要寻求一种科学或学科，以便为我们提供系统的测定方法，在那个物质范围来确定 K 的出现和缺失。然而，我们可能会有这样或那样的失望。我们或许不能找到任何一个声称能够提供给我们那种系统方法的学科；或者，即使我们能够找到那样一个学科，我们可能认为或者怀疑那是一个伪学科，在满足我们需求的层面上就如同占星学能够确保我们下次去贝鲁特的旅程完全安全一样拙劣。然而，我们也许会很幸运，我们也许能够很满意地得知这个可用学科是真学科。那样的话，我们可能不得不承认这个学科将无力满足我们的需求，除非我们希冀能够被该学科证明的命题先以一种与该学科论证方法相一致的方式重新表达。我们所希望知晓的内容必须以一种与理论相关的模式进行重新表达；实现这种"理性重构"的过程可能因我们需要运用的理论**种类**的不同而不同。

183　　在更多案例的某有限范围内，刚刚所谈及的也许并不足以满足我们。因为我们想要严肃地，因而更为科学地探究的不仅仅是关于 K 能否在 r 中实现的问题（因此我们需要学科 θ_1），还有关于它是否（以恰当的方式）**依靠** θ_1 为我们决定 K 能否以及何时能在 r 中实现；为了解决这些进一步的问题，我们可能需要进一步的理论 θ_2。当提供合适的（与 θ_2 相关的）、理性的并（非正式地）使 θ_1 承担义务或职责的表述重构时，θ_2 会为我们决断其真与伪。我们由此预期会有不确定的一系列学科，每个学科都在某个方面会谈及其序列中的前序学科的充分性。

B 类案例

在这一系列的例子中，或许为了避免无限序列中实在的或假定的恶性，这一特征并不显现。在这些将被称为 B 类的案例中，学科 D 在所需方面的充分性，不是借助于另一个学科 D 而是借助于学科 D 本身来证实。这在某种适当的意义上是一种自我辩解（self-justifying）。有可能（比如）在学科 D 中证实一种通用理论或法则（θ_1），其特定的实例或说明（θ_{11}）将有效地断定 D 的充分性，从而证明自身在所需方面的充分性；或许 θ_{11} 进一步的实例或说明即 θ_{111} 具有可证性，这能有效断定 D 的充分性，从而证明 D 在所需方面的充分性。由此，在一个 B 类案例中，我们应该把以 A 类案例为代表的，每个案例都依赖前序学科的，无限序列的需要证明的多个学科，替换成**单一**学科内的无限序列的法则或定理；而且，从这种变动中获取的逻辑收益也许是可观的。

B 类案例和哲学

最后，我们应该简要地转到所谈问题的前期讨论之影响上来，这就是牛津学者们和他们的一些对手之间的讨论。那些对手或许将著名的"做到清晰还不够（Clarity is not enough）"当作他们的战斗口号，他们认为哲学的部分要务即是决定或甚至制定哲学的权限和权威，以此来判定关于实在（reality）的某些非语言学问题的答案。有些人甚至认为哲学是至高无上的科学，甚至是**唯一**的至高无上的科学，因为在这些科学中，哲学单独享有权威以决定其自身在**每个**领域的能力，而在这些领域中，对能力合理性的要求是合法的。但是，一个人无论或多或少接受这一立场的极端版本与否，他都会认为哲学著作的物质性特征描绘，必须让哲学履行它的角

184

色，而且无论是在哪种情况下，把哲学描述成是概念清晰化的实现，这不是哲学著作的全部特征。实际上，这项活动甚至还可能不是哲学的**一部分**，尽管它无疑代表了哲学家所需要的能力。

我认为，在反牛津学者一方，这样的要求是否有理，或者它们甚至是否一贯，这很不确定。但是，我在此的目的全然不是描述牛津学者和他们的反对者之间的战斗的结果，而仅仅是为了在决定这一战场或这些战场的定位方面取得些许进步，尽管我坦白我有个希望，就是知道了战斗的焦点也许会对其结局产生有利影响。

然而，也许有人会说："你做得还不够，对我们帮助不大，因而我们还无法展现出一丁点的兴奋来。因为可能还没有丝毫合理的入选者，来描述哲学活动的实质内容；这样的哲学活动将使牛津学者的反对者有机会证实他的主张，即，哲学工作超越了概念澄清，达到自我证明是理性学科的程度。所以多说点，以免你所定位的战斗还没开始就结束了。"

此时我回答："如果你坚持掣肘反驳我，我不会被迫保持沉默。为了让哲学达到任何目的或者实现任何功能，也的确为了**有**哲学这样的东西，就必须有（或者已经有了）哲学家。正如那位诗人所说，人类最应该研究的是人，牛津学者的反对者（首先）可以说哲学家这一类人最应该研究的是哲学家。说得不太隐晦些，他会说将会有一组可能没有明确定义的属性或能力，对其全部的拥有（都在这种或那种程度）将完全决定拥有者的哲学能力。例如，每个人都可能会承认这一步骤包括推理能力，大多数人可能会承认它包含某种理论想象力，但很少有人会认为它包括良好的领悟力。因为虽然未能达到最低领悟标准可能会终止一个哲学生涯，但一旦达到最低限度，领悟提升就会（可能）与哲学特质无关，而推理能力（可能）不受此限制。那么，牛津学者的反对者可能会认为，哲学范围是对不同程度的哲学能力最终依赖的整体能力的认同和证明。我不愿去猜测他的前景有多好。"

12

笛卡尔论清晰明显的知觉

I. 如何理解清晰明显的知觉概念

这个概念的主要参考资料，除了《第一哲学沉思录》(*Meditations on First Philosophy*) 以外，包含在《方法论 II》(第一条规则)、《原则 III》《原则 XII》《哲学原理 I, 45—46》和《对反对意见的 II 的回答》("第三条""第四条"和附录中的命题 IV) 中。在《哲学原理 I, 45》中，当知觉是"呈现和显现给专注的心灵时"，知觉被认为是清晰的。我们可以比较《原则 III》，在那里，直觉被描述为"由疏朗专注的心灵形成的不容置疑的概念"("疏朗"连接着"明显")。在《哲学原理 I, 45》中，知觉被说成是明显的，"如果它如此精确且不同于一切其他对象物，以至于它内部包含的一切都是清晰的"。在剧烈疼痛的情况下，知觉被认为是非常清晰的，但如果与疼痛的原因（物理损伤）所做的模糊判断相混淆的话，那么知觉可能就不明显。因此，知觉可能清晰但不明显，但不清晰就肯定不会明显。

笛卡尔的阐释被弄得含混不清，原因是（1）论说中视觉类比占了主导地位，（2）他未能区分关于对象物或概念的知觉（设想）和关于命题的知觉（知识、确信）。命题可能是他的主要关注点，并且要对一个命题的清晰明显的感知给出或多或少的精确解释并不太难。如果我在充分地（也许成功地）满足了自己对一个命题衍推什么不衍推什么的了解的需要后

（我清楚它包含的内容，所以它包含的内容对我来说是清晰的（它清晰地为真），因为我不能**同时**毫不怀疑 p 和毫不怀疑 p- > q，除非我毫不怀疑 q），毫不怀疑其为真，那么我就清晰明显地感知了该命题。

笛卡尔没有把对象或概念这一方跟命题这一方区分开来，这在《原则 XII》中表现得尤为明显。他关于"简单本质（simple natures）"和"它们的混合或结合"的知识的叙述，很清楚就是对所谓的清晰明显知觉的对象（或至少是这些对象的一个非常重要的子类）的叙述。正确地说，"简单本质"是不可分析的高层次但又不太高的普遍性概念。图形是一个简单的本质（不再衍推一般概念），但边界（即终点）不是，虽然比图形更通用，不仅适用于空间区域，而且适用于时间延伸，因为根据笛卡尔的说法，"边界（limit）"这一表达式不能无歧义地应用于空间和时间（大概是因为空间和时间之间的明显差异）。据说简单本质的知识是不会出错的（根据笛卡尔的简单性而言），但这种无错性的现金价值肯定是：简单本质不是命题，所以是不能为假（或不能为真）的东西。在这一节中，笛卡尔一口气讲述了简单性质（概念）的知识，以及它们的混合或组合（也许是命题）和"公理"（当然是命题）的知识。

笛卡尔在其早期作品《原则》中反映出的思想立场似乎是：（1）某些知识仅限于直觉与演绎。直觉是不会错的，而包含了一系列直觉的演绎，只有在出现记忆错误的情况下才容易出错（没有提到谬误）。（2）直觉，作为对简单概念的一种理解或领会，是不会出错的，因为我不会误解或完全不领会没有内部复杂性的概念。（3）关于命题的直觉是对简单概念之间**必要**联系的认识，即认识到一个概念隐含在另一概念中（比较康德的"分析命题"）。

因此，笛卡尔可以主张命题的某些知识实际上只是对概念的理解的**明确表述**。这种观点一点也不荒谬，它或多或少类似于当代对于分析命题的观点，即分析命题是不能被其理解者否定的命题（否认与理解相违背或相冲突）。同样，这种命题对笛卡尔来讲是不连贯的。**简单概念间的必然联**

系不存在某一概念隐含在另一概念中，因为这种包含概念必然是复杂的。不清楚的是，在笛卡尔后期的主张中这种思维方式是否得到延续；"简单本质"这一术语未出现在其后来的著作中。

　　然而，在笛卡尔的《沉思录》中已可见命题知识与概念理解之间的可能混淆。他采用清晰明显的知觉，主要目的在于为**命题**提供真理性（truth）与确实性（certainty）的标准。但在证明心灵与身体的区别时，笛卡尔依据的是这一原则：如果 A 有别于 B 能清晰明显地被认知或理解，那么 A 在逻辑上有别于 B，可独立存在。当然，这也可以被表述为这一情态命题（当 B 不存在时，A 可以存在（被例证））的清晰明显的知觉（知识），但我猜想笛卡尔认为，这个命题是以 A 的清晰设想为基础的（一个不涉及设想 B 的设想）。

　　最后，值得记住的是，对笛卡尔来讲，尽管最初讨论的能被清晰明显理解的案例都是**必然**真理，但不是所有能被清晰明显理解的案例都是必然真理。"我在"和"我痛"并不是必然真理的表达式，尽管笛卡尔可能没有认清"我在"不是必然真理。

II. 怎样理解标准

　　《方法论》第四部分（参阅《沉思录 III》）具体指出了争论的问题，即"判断一个命题的真理性与确实性的必要条件是什么？"，并制定了"我们非常清晰明显地认知（《沉思录 III》中描述为'感知'）到的一切事物都是真理"这一普遍规则，而且还补充说，辨别什么是真正明显的设想是有一定难度的。

　　某人可能会想既然真理性和确实性是完全不同的概念，为什么还要将二者并肩提及。（尽管可能有些人倾向假设二者在必然真理领域上具有重合性，但更受欢迎的是把数学证据等同于可证明性（尽管根据哥德尔这是错的））。"确实（certain）"至少存在于两种可区别的语境中：（i）"确实 p

（it is certain that p）"（将其命名为"客观的"确实性）；（ii）"某人确信 p
（x is certain that p）"（将其命名为"主观的"确实性）。也许紧接着笛卡尔
会同意以下两种原则（合并真理性与确实性后总结而出）：（1）我们清晰
明显地感知到的一切事物都是客观确实的。（2）客观确实的一切事物都是
真的。

很清楚，笛卡尔想要说明的不仅仅是清晰明显地感知到的某些事物是
确实的，还要证明**只有**清晰明显感知到的某些事物才是确实的（或者至少
是只有我们满意我们清晰明显感知到 p，我们才**有资格**说确实是 p）。

笛卡尔将这一普遍规则归属于何种状态？自然的假设是他认为其规
则是一种**必然**真理。如果该规则是一个必然真理，那么它**要么**是"确
实"的一个隐式定义，**要么**具体说明了存在或确实性的一个确切记号或
标记。但是又存在另外一种不同的解释。《方法论》第二部分（第一条原
则）谈到只接受"清晰明显呈现在心灵中的且无理由质疑的东西"。并且
在《回答 II》（第四条回答）中笛卡尔谈到："首先，我们认为自己确实感
知到了某样东西，就会自发地劝说我们自己这样东西是真的。"他继续补
充到："其次，如果这种确信强烈到我们没理由质疑我们劝说自己相信的
东西，我们就不会继续查究，并认为自己合理预期的东西持有全部的准确
性。"这种解释表明了另外两种可能的理解：（i）普遍规则说明一个心理
事实，即我们不能不赞同自己清晰并明显感知到的东西（或者认为我们清
晰并明显地感知到了）。（ii）唯一**合理的守则**就是赞同我们（认为我们）
清晰明显感知到的东西。那么就有四种方式理解普遍规则，更具体的表
述是：

（1）定义确实性的必然真理
（2）具体说明确切标记确实性的必然真理
（3）关于何时赞同某物的心理事实
（4）确实性由来的唯一合理程序

我们至少会重提上述个别话题。

III. 标准附带的难题

（1）笛卡尔认为其建立的普遍真理是由确信自己的存在应运而生或衍生而来。但是是由哪种推理方式产生的呢？很明显不会假定为演绎。那又是什么方式呢？可能笛卡尔认为这是所谓"直觉归纳"的例子，被引导到通过发现某一特定情况下 A 和 B 的共同例示来识别 A 是 B 的普遍必然性。但无论笛卡尔相信与否，这种推理步骤本质上极为模糊；除了吸引人们对 A 与 B 具有普遍联系的可能性的关注和使其接受普遍真理这个想法外，对于个别案例的功能，我们不得而知。但是"我思"似乎并不特别有资格起这个作用，因为"我在"的确实性并不引人注目地依靠清晰明显的感知，而依靠（i）"我在"不受错误演绎假设影响这一事实和（ii）"我在"是一种特别的命题（陈述）这一事实（参照"我醒了"），其真理性是必须的，以便其表述可以视为做出断言；"我在"这种讲说要么为真命题，要么就根本不是做出陈述的讲说。笛卡尔本可以只依靠如简单算术命题这类他最初似乎持怀疑态度的命题来讨论普遍规则；的确，如果最初这类命题对他毫无好处（因为其可疑性），即使在普遍规则为大家所接受之后，这种可疑性仍然存在；然而这并不是笛卡尔想要的。

如果特定特征 B（如确实性）依赖条件 A，人们当然就可能通过考虑清晰的 B 案例有什么共同点，看看归因于 B 时我们似乎依据的是什么，来考察 A ；但要达到此目的我们需要考虑一系列实例，而不是像"我在"这种单一实例。而是否存在这样一系列实例（参照数学例证）恰恰就是笛卡尔最初似乎怀疑的问题。

（2）著名的笛卡尔循环呈现了另外一种难题。笛卡尔似乎想表明，接受普遍规则依赖于接受存在着仁慈上帝——恶魔也许会欺骗我们，即使是关于我们清晰明显地感知到的东西。但证明上帝的存在需要证据，并且这一证明的前提与结论的被接受必须基于它们是被清晰明显感知到

190

的这一点。然而在得到上帝的担保之前先要有标准。

《回答 II》中笛卡尔指出自己从未打算用仁慈的上帝来担保普遍规则，191 他想要担保的是在进行证明时，人们依靠记忆中已经证明的某些命题，而其证据已不在人们头脑里。[①] 在这个问题上笛卡尔有点投机取巧。确实在《沉思录 V》中他提出了在《回答 II》中所处的立场，但在《沉思录 III》的开头，笛卡尔明确指出想要用普遍规则来重建《沉思录 I》中质疑的简单算术命题就需要证明上帝的存在。事实上，笛卡尔在用两种声音说话，只是他不承认罢了。

无论如何，受青睐的立场并非没有自己的困难：

（i）笛卡尔持有的两种证明上帝存在的证据都极其详细，并且依靠记忆才可实施。然而，本体论证据非常简短。也许笛卡尔会主张这种本体论证据无须依靠记忆的作用。

（ii）似乎仁慈的上帝担保了太多的东西，因为如果它保证了**每个证**据都需依靠记忆，那么我们就不能犯任何记忆性错误，但事实上我们都做不到这点，而如果上帝仅仅只能保证**某些**记忆，那么我们怎样辨别被保证了的记忆，这些记忆的特征又是什么。

我觉得，笛卡尔有完美的分析方式来处理记忆问题，与他在《沉思录 VI》中分析物质世界所采用的方法相似。他在那里直截了当地指出，只要我们可以依赖认为自己的感官观念是由物质对象生成这种一般假设（也许还应该加上某些检验程序是正当的这个假设），我们就有能力解决或修正关于物质世界的各种各样非哲学的日常疑惑和信仰。我们的感官观念是这样生成的（而且或许这些程序是正当的），这是"自然的启示"，我们自然愿意相信；但如果怀疑论哲学质疑由此而出，我们就无法面对这些质疑；如果我们的自然信仰是错误的，我们就无法发现它们是错的。为了确

---

① 我获知笛卡尔学者不再认真对待这项建议，即笛卡尔标准的功能在于为论证时人们依赖记忆提供理据。不过，在写这篇文章的时候，这一观点仍然活跃，而且清晰可辨。

定我们没有内置的错误的自然信仰，我们需要明白上帝不是骗子。（以上
参阅休谟关于自然秉性的讨论。）

　　类似地，笛卡尔可以说，我们有能力修正或证实错误的、可疑的记忆
申述（记忆观念），只要我们能确保记忆申述通常是由过去事件和情景产
生的，并且某些检验程序（考虑到时间、区别和连贯因素）是正当的。但
是如果怀疑论者攻击这些，我们除了祈求上帝的施恩别无他法，这将排除
我们生来具有的自然倾向（即记忆观念大体上与过去事实一致），事实上
并没有这种普遍一致性。要求证明上帝存在仅仅是为了保护我们免受怀疑
论者的攻击，这并不能证明记忆的绝对无误。

　　（3）普里查德（Prichard）在《知识与知觉》（Knowledge and Perception）
中表明笛卡尔在试图完成一项不可能完成的任务，也就是为确实性（也称
作知识）提供普遍适用的标准或水平。笛卡尔尝试着说明一个标准（即一
种清晰明显的感知状态），以至于当且仅当我们能够识别把命题 p 看作 M
的例证时的心理状态，我们才能称之为知识状态 p。由于以下两种不同的
恶性循环或倒退，此类尝试都以失败告终。(ⅰ) 为知道心理状态 S 是否命
题 p 的知识状态，我们需要知道其是否例证了 M；在此之前，我们需要
先知道自己关于这个命题的心理状态 S_1，即 S 例证 M 这个命题本身例证
了 M，等等。(ⅱ) 为知道普遍规律为真，我们必须知道普遍规律例证了
M 这种心灵状态，但只有我们已能运用这一规律（即已经知道其为真），
这种信息才对我们有效。我们必须用普遍规律来证明其本身。

　　提供一个绝对普遍确切的确实性标记（解释 2）这类尝试因这两种恶
性循环而受到致命一击。但笛卡尔估计不会做出这种尝试。我认为两个
恶性循环也不会用以反证解释 1（定义变量）；但是如果我们这么解读笛
卡尔，那么就会有其他的反证因子。因为把"某人 x 确定命题 p"定义为
"某人 x 清晰明显感知到了命题 p"可能是合理的，但是用清晰明显的感
知尝试定义"确定就是 p"（客观确实性）就毫无吸引力了。的确，确实
性问题可能就是何时用何种方法证明"我确定"为"这是确定的"。

193 我倾向于认为笛卡尔采纳解释 4 时头脑不是很清醒，因为解释 4 与解释 3 完全不同。我会标记一些具普遍哲学意义的区别来详细解释。对任意一个命题或者命题系列而言，可以具体说明三种条件，我称之为：

（1）真值条件
（2）建立条件
（3）保证条件

我们从笛卡尔特别感兴趣的一类命题——数学命题——着手分析以上条件。

（1）真值条件既可是明确的也可是隐含的定义。对任何特定命题，可能有多种不同的具体说明；选择哪种说明取决于个人喜好以及愿意将原命题或命题系列中的概念跟什么概念联系起来。例如，出于某种目的，人们可能希望这样说明 $\frac{x}{y}=z$ 的真值条件：$\frac{x}{y}=z$ 为真，当且仅当 $z+z(y-1)=x$。

（2）建立条件。我们可以为某个特定数学命题系统说明其建立条件。如果在系统内能找到命题 p 的证据，命题 p 可成立；如果（那是）从某些公理出发，能在按照某些推理规则建构的有限步骤中达到表达式 p。

（3）保证条件。建立条件会说明一个程序或结局，如果成功落实，就会担保 p。但是，结局或程序是不是真的成功落实了、是不是会出什么错之类的问题会冒出来，而如果这样的问题不能被排除，我们就不能说"确定是 p"，尽管**事实上**可能什么错也没有。所以我们需要"再次检查证明过程（如果有必要的话，检查第三次），当心误用了推理规则"这类的指导意见。保证条件的具体说明有以下两种显著特征：（1）它们极其乏味，尽管涉及我们需要注意避免哪些错误的补充意见也许有普遍意义。正因为这些说明是普遍的、乏味的，实施起来也许就需要相当的技巧与智慧，而不是一种机

194 械操作。（2）保证条件是开放式的，每进行一步都不是**最终**的完成。你总是可以再检查一次，尽管在某个时候（常有的事）坚持做进一步检查会变得不合理。但是，并没有一种通用的方法可以精确地说明何时到达那一点。

将这些观点部分应用于有关物理对象的命题中，可能有一些哲学意

义。我不清楚什么是以一般形式说明物质对象命题的真值条件的适当方法，当然我也不会去尝试这个任务。但相当清楚的是，应该如何说明建立条件，至少是说明建立一个核心类物质对象（即"中等大小的"对象）命题的最优或最受欢迎的方法。在这种情况下建立命题 p，就是以感知的方式观察 p。因为知觉观察的结局可能无法成功地落实（可能会出错，但通常不是观察者的错，而是大自然的错），我们设有保证指令，例如，"做进一步的观察，调动不同的感官，将你的观察结果与其他人的观察结果进行比较等等"。在我看来，现象主义者可能犯了一个错误，那就是接受完全可靠的保证指令并且对指令进行包装，以便把它作为一般物质对象命题的真值条件的说明。对现象主义者的通常反对意见是，他的分析是无法完成的，不得不无限延长下去，这一点值得牢记，因为如果试图将保证指令转换为真值条件的说明，那么这可能是一种表明保证指令特有的开放性变得令人反感的一种方式。

　　对笛卡尔的这种讨论的意义在于，我建议把他的普遍规则看作是一种提供最大普遍性的保证指令的尝试。这些规则将适用于所有可以说是确定的命题，一旦确认了建立条件，无论它们的真值条件是什么，它们具体的建立条件是什么，以及更具体的保证指令是什么，都适用。该指令实际上是"采取一切步骤，使自己确信某一命题所衍推的和不衍推的内容，并且在这样做之后，你就没有理由怀疑这个命题了"。

　　提供最大限度的普遍化保证指令是不是一项恰当的哲学任务，如果是的话，笛卡尔是否已经充分履行了这一任务，是比本文想要解决的问题更加重大的问题。我想争辩的只有两点：（1）这是一项不恰当的哲学任务，这一点并非显而易见，也没有得到证明；（2）如果这是一项恰当的任务，那么就很难看出在笛卡尔努力完成这一任务之后，如何改进。我认为，我们应该首先考虑的问题，不是笛卡尔的标准是否可以接受，而是他通过运用一个显然无懈可击的原则，如何以及有什么理由，设法使得违背常识的可疑立场至少合理。

13

为一个教条辩护

（与 P. F. 斯特劳森合著）

在《经验主义的两个教条》（Two Dogmas of Empiricism）[①] 一文中，蒯因（Quine）教授对分析与综合陈述之间的假定区分以及其他相关概念，提出了许多批评意见。他说他反对这种区分。[②] 我们希望指出，他对这种区分的批评并不证明其反对意见是合理的。

一种区分可以有多种批评方式，且反对这一区分的方式也不止一种。我们可以批评这种区分不明确（允许了一些并不明显归于哪一方的情况存在）；或者批评这种区分中通常所使用的术语有歧义（有不止一种意义）；或者批评这种区分模糊不清（习惯性地混淆了不同的意义）。单单这样的批评很难等同于反对这种区分。相反，它们会成为澄清这种区分的前奏。当然，这不是蒯因做出的那种批评。

再者，某种区分可能因为它没有用处而受到批评。可以说它对于特定目的来说是无用的，或者说完全没用，也许还只是卖弄学问。用这种方式批评的人确实可以说反对某种区分，然而，在某种意义上，这种反对要求他承认区分是存在的。他只是宣告他不需要这种区分。但是，蒯因对分析-综合区分（analytic-synthetic distinction）的反对显得比这更为激进。

[①]　W. V. O. Quine, *From a Logical Point of View* (Cambridge, Mass. , 1953), pp. 20—46. 下文脚注中的页码均指在该文献中的页码。

[②]　第 46 页。

他当然会说他可以不需要这种区分，但不是在一种使他承认这种区分存在的意义上。

又或者，人们可以批评通常用来阐述或解释区分的这种或这些方式，因为这些解释并没有真正地将区分说清楚。而蒯因肯定是在区分分析-综合的情况下提出这种批评的。

然而，他做了，或者看似做了许多事情。他不仅宣称或看似宣称，这一区分没有用或者没有得到充分阐明，而且还宣称这个区分完全是虚幻的，相信其存在是一个哲学错误。他说："执意做出这样一种区分，是经验主义者的一种非经验的教条，是一种形而上学的信念。"[①] 他在此正是怀疑区分是否存在。因此，他反对这种区分似乎意味着否定这种区分存在。

显然，这种对区分的极端怀疑主义立场，一般来说并不仅仅因为批评了哲学家澄清区分的尝试而证明其合理，不管批评本身是如何正当。毫无疑问，在哲学内和哲学外都有许多依旧等待充分的哲学阐释的区分，但很少有人会因此想要宣称这些区分是虚幻的。然而，蒯因的文章并非整篇（尽管大部分是）批评尝试性解释。他也努力寻找人们相信区分的原因，并且提出了某种正面的理论（他认为接受这种理论与相信区分是不相容的）。假如有任何支持这种区分存在的普遍先验假设，那么看上去，蒯因对区分的彻底反对必然非常依赖他文章中的这一部分，因为这种假设的力量并没有削弱，即使哲学家没能澄清得到这种支持的区分。

是否存有这样支持区分存在的假设呢？表面看来，我们必须承认存有这样的假设。诉诸于哲学传统也许不起作用，当然也是不必要的。但值得指出的是，蒯因并非反对"分析的"和"综合的"这些词语，而是反对这些词语应该表达的差异，以及不同时期的哲学家们认为自己用这样一对对词组所表达出来的差异，例如"必然的"和"偶然的"，"先验的"和"经验的"，"理性真理"和"事实真理"。因此，蒯因自然就与一种漫长却并

---

① 第37页。

非完全没有声望的哲学传统背道而驰。但也没有必要只诉诸于传统，因为还有当前的实践可供参考。也就是说，我们可以诉诸于这样的事实：那些使用"分析的"和"综合的"这些术语的人，很大程度上对这些术语的使用确实达成了共识。他们在大致相同的情况下使用"分析的"这个术语，也在大致相同的情况下控制对这个术语的使用，并且在大致相同的情况下犹豫是否使用这个术语。这种共识不仅适用于他们被**教导**去刻画的情况，也适用于新的情况。简而言之，"分析的"和"综合的"有着大致确定的哲学**用法**。这似乎表明，没有这种区分的说法是荒谬的，甚至是无意义的。因为，一般说来，假如一对反义表达式被人们习惯性地普遍用于相同的情况，**这些情况就不是一个封闭清单**。那么这足以说明这些表达式适用于**各种**情况，要进行区分的话，也不需要更多的论证。

　　考虑到这种争辩的可能性，人们可能开始怀疑蒯因是否真的持有这种极端论点，他的言辞鼓励人们将这种极端的论点都归至他的名下。正是由于这个原因，我们所做的归属是尝试性的。就这种极端论点的至少一种自然解释而言，当我们说某一真实事物是分析性的，另一真实事物是综合性的时候，我们根本就没有对它们进行区分。这种观点似乎很难与既定的哲学用法（即应用于开放类别的普遍共识）相协调。由此，蒯因的论点可能最好不要被表述为这些表达式的使用并**没有**表明**任何区别**，而要表述为：使用这些表达式的人完全曲解了这种或这些区别的本质和原因，**关于**这种区别他们的自我解读充满了幻想。

　　我们认为，蒯因可能准备好了接受这种修正观点。假如确实如此，我们可以以它为基础，用以下方式回答导致它的论点。众所周知，哲学家们会受到幻想和错误理论的影响。假设有这样一个关于语言或知识的错误理论，按照这个理论，一些陈述（或命题或句子）似乎具有一种任何陈述都不真正具有的特征，或者甚至连假设任何陈述具备这种特征都没有意义，而且没有自觉或不自觉地受到这种理论影响的人会将这种特征附加于任何陈述。假设按该理论还存在一些似乎没有这种特征的陈述，也存在一些外观不确定的陈述，那么，受到这种理论影响的哲学家们会倾向于用"分析的"和"综合的"这组反义表达式来标记这种特征的存在与否。现在在这样的情况下，我们仍然不能说使用这些表达式时根本没有进行区分，因为至少会有我们刚才所描述的那种区分（就是似乎具有某种特征的那些陈述和似乎不具有某种特征的陈述之间的区分）。并且也可能还有其他可归因的差异，这种差异可以用来解释显现出来的差异性。然而，我们可以肯定地说，哲学家们认为，自己通过使用表达式标记出来的**这种**差异根本就不存在，也许也可以肯定地说（假设所讨论的特征是那种将之归属于任何陈述都显得荒谬的一种），如此使用的这些表达式毫无意义。为了使一对反义术语存有既定哲学用法的事实，与那些术语声称标记出的**这种**区分根本不存在的主张相协调（尽管不是与声称在这样的特征陈述类别之间根本没有任何差异的主张相协调），我们只需要假设这个错误理论是非常合理的和有吸引力的。我们认为前一论断很可能足以实现蒯因的目的。但要根据我们指出的理由提出这种主张，分明需要更多的论证，远多于表明某一术语的解释不符合哲学澄清的充分性要求所需的论证，而且，不仅是论证更多了，论证的类型也非常不同。因为，坚持认为**普遍性**假设就是指哲学区分包含了我们所描述的那种幻想，当然过于苛刻。总的来看，哲学家们似乎倾向于做出太少的区分，而不是做出太多的区分。他们的归同，而不是他们的区分，常常是虚假的。

到目前为止，我们论证了支持蒯因质疑的区分是否存在的先验假设似乎只是依据对"分析的"和"综合的"这两个术语达成共识的**哲学**用法。毫无疑问，一个仅以此为基础的假设会被我们刚刚列出的策略驳回。然而，事实上，假如我们要接受蒯因对它的解释，所讨论的假设就不仅仅以此为基础。因为属于分析性集合的那些概念之中有一个被蒯因称之为"认知同义性（cognitive synonymy）"的概念，运用这个概念，他允许分析性概念至少得到一个形式上的解释。遗憾的是，他进一步指出认知同义性概念和分析性概念一样，都是不清楚的。粗略说来，我们说表达式 x 和 y 是

200

认知同义的，似乎等同于说我们平常说 x 和 y 有相同的意义，或者说 x 和 y 意义相同。如果蒯因一直坚持他的极端论点，那么他似乎必须主张，不仅我们通过使用"分析的"和"综合的"这两个术语来标识的区分并不存在，而且我们通过使用"与之意义相同"和"与之意义不相同"的表达式来标识的区分也不存在。他至少必须主张，就**与之意义相同**的概念应用于谓词表达式而言，应该不同于并且超越**适用于相同对象**这个概念（后面的那个概念——或许我们可以称之为"共外延性（coextensionality）"——他打算允许这个概念是可理解的，尽管正如他正确地指出的那样，这个概念还不能充分解释分析性）。现在，既然这次他不能声称所讨论的这对表达式（即"与之意义相同"和"与之意义不同"）是哲学家们的特别财产，上面列出的对支持真正区分的假设进行反驳的策略，在这里就行不通了（或者至少不那么合理）。然而，否认这种区分（视为不同于共外延性和非共外延性之间的区分）真实存在，就会极度矛盾。这等于说譬如，任何一个人严肃地说，"单身汉"与"没结婚的男人"意义相同而"有肾脏的动物"和"有心脏的动物"意义不同——假设后面的两个表达式是共外延的——这种说法**要么**实际上并不关注每一对表示式的成员之间关系的任何区分，**要么**就是在成员之间区分的本质方面犯了哲学错误。不管是哪种情况，如果按照他想要被理解的方式来进行理解，他所说的东西都毫无意义，或者是荒谬的。更一般地说，这等于说"谓词 x 和 y 实际上应用于相同的对象，但具有不同的意义"这一形式的陈述总是毫无意义或荒谬的。但这一悖论更为严重。因为我们经常谈到各种表达式之间同义关系的存在或缺失——譬如连接词、各种小品词、整个句子等——那些表达式中，似乎没有任何替代物来代替日常的同义概念，就像共外延性被说成代替了谓词的同义性那样。所有的这些讨论都没有意义吗？将一种语言的句子翻译成另一种语言的句子时，对**翻译**正误的所有讨论都是无意义的吗？这让人难以相信。但如果我们确实努力相信这样的讨论没有意义，我们还会面临更难的否认。假如对句子同义性的讨论没有意义，那么句子是有意义的讨论看起来必然也没有意义。因为，如果句子具有某种意义或意思的讨论是有意义的，那么问"它的意义是什么"大概也是有意义的。如果问一个句子"它的意义是什么"，那么句子的同义性大致可以界定如下：两个句子是同义的，当且仅当，问其中一个句子"它的意义是什么"时得到的任何为真的答案是问另一个句子相同问题时得到的真答案。当然，我们并不声称这个定义有任何澄清力量。我们只是想指出，如果我们把句子同义概念视为无意义而予以放弃，那么我们也必须把句子意谓概念（句子有意义这个概念）视为无意义而予以放弃。但我们也许会因此放弃意义概念。在此，我们似乎很明显地有了一个哲学家悖论的典型例子。哲学家没有检验我们所用的**与之意义相同**概念的实际用法，却用某种可能不合适的标准（在此情形中是某个关于澄清度的标准）来衡量它，并且由于它不符合或看似不符合这个标准，他就否定了其实在性，宣称它是虚幻的。

到目前为止，我们已经论证了，有充分的假设来支持蒯因所质疑的那种或那些区分——这种假设依赖于哲学用法和日常用法两者——而且这种假设丝毫不会被所讨论的区分在某种程度上没有得到充分澄清这个事实所动摇（如果这是事实的话）。也许是时候来看看蒯因所谓的充分澄清的概念是什么了。

他的这篇论文的主要论点可以粗略地总结如下。存在一个特定的表达式圈子或表达式家族，"分析的"表达式是其中之一，由此，如果这个圈子中有任何一个成员可被视为得到了令人满意的理解或解释，那么，圈子中的其他表达式就可以用它得到语言解释，从而得到令人满意的解释。[202]这个表达式家族的其他成员包括"自相矛盾的"（从广义上说）、"必然的""同义的""语义规则"，也许还有"定义"（但同样是从广义上说）。我们还可以往这个列表中添加其他表达式。遗憾的是，这个表达式家族中的每个表达式，都与其他任何表达式一样亟需解释。我们给出一些引文示例："自我矛盾（按照前后不一致的广义来讲）这样的概念，与分析性概念自身一样都亟待澄清。"① 蒯因也再次提到"一个与分析性自身同样需要澄清的同义性概念"。② 再谈到副词"必然地"时，即准备被用来解释同义性的那个词，他说道："这个副词**真的有意义**吗？假定它具有意义，那就假定我们已经**充分理解**了'分析的'的**意义**。"③ 要对这些表达式中的某一个做出"充分理解"，似乎就包括了以下两点：（1）需要提供一个不包含任何属于这个家族圈子中的表达式的解释。（2）所提供的这个解释，必须和那些包含了家族圈子成员的被拒绝的解释一样，具备相同的普遍性特征（也就是说，它必须说明适用于所有案例的共同的（和只适用于它们的）特征，就像"分析的"一词那样；它必须由相同的一般形式的解释开头，即"一个陈述是分析的，当且仅当……"）。蒯因确实没有明确论述第二个要求，但由于他甚至没有考虑过任何其他的解释是否有关联，那么，把这个要求归于他名下似乎也是合理的。如果我们将这两个条件放在一起并概括出结果，那么蒯因似乎会要求对表达式进行充分解释，即它应该采用非常严格的定义形式，但又不该用到那个表达式的那组可相互定义的术语中的任何一个成员。我们或许开始觉得充分解释难以得到。蒯因所持的另一个观点已经被我们从整体上进行评论了，就在我们询问什么（在他看来）可以被当作充分解释之前。这是从"我们没有充分理解 x（给 x 提供一个充分解释）"进到"x 没有意义"的步骤。

203　　坚持认为上述意义上的充分解释**一般是**可能获得性的，并将它看作表达式具有意义的必要条件，似乎相当清楚是不合理的。也许有人怀疑是否能够给出**任何**这样的解释。（对充分解释的期望，就是或曾经是一般还原论分析的期望。）即便在某些情况下我们可以给出这样的解释，但人们还是相当普遍地同意存在着其他不能给出解释的情况。比如，有人可能想到包括了"道义上错了""应受指责的""违背道义原则"等的一组表达式，

---

① 第 20 页。
② 第 23 页。
③ 第 30 页。黑体是本书标示的。

或者包括命题连接词和词语"真"与"假"，以及"陈述""事实""否定""断言"的一组表达式。没人想要指出因为缺乏形式上的定义（甚至因为不可能从形式上进行定义），属于这些群组的表达式就没有意义，除非这种定义是依据同一组表达式中的其他成员给出的。然而，人们可能说，虽然在所描述的特别意义上不能给出充分解释**通常**不构成给定表达式无意义的充分理由，但就分析性群组的表达式而言，它却是充分的理由。但是，任何这么说的人都必须说明理由，为何用这种方式将分析性群组的表达式挑出来。我们对这些表达式比对其他表达式更为严苛，唯一合理的原因是我们之前提到过的想法可以改进一下。它源自这样的观点，即"分析的"和"综合的"本身就是技术性的哲学表达式。所涉及的群组中其他表达式，如"与之意义相同""与之不符""自相矛盾"等，根本不是技术表达式，而是共有财产；要反驳这个观点，我们的回应毫无疑问是：为了进入家族圈，这些表达式必须在其日常不具有的特别调整和精确的意义（或者伪意义）上使用。因此，所有属于这个圈子的术语实际上**要么**是技术性术语，**要么**是以一种特别调整了的意义被使用的普通术语；这可以解释为什么我们特别怀疑"这个圈子中的成员具有意义"这个论断，进而解释为什么我们要求那些成员通过一项意义测试，一项如果被普遍应用的话会被认为过于严格的测试。这个观点有些道理，虽然我们怀疑所提到的特别调整是否在每种情况下都像所说的那样值得注意。（在"不一致"一词的例子中，这似乎特别值得怀疑，因为这个词是非技术人员元逻辑词汇中一个极好的成员。）尽管这个论点有些道理，它却不足以解释为什么我们坚持相关表达式应该恰好通过所讨论的意义测试。表达式无法严格按照蒯因要求的那种方式进行解释的事实，假如这是个事实的话，并不意味着它们根本无法被解释。没必要因为表达内在想法而让它们过关。它们可以被解释，也得到了解释，尽管是以其他方式，没有蒯因考虑的那种方式正规。（它们被如此解释的事实跟下列两个事实一致：一是它们有普遍认同的哲学用法；二是这种用法是技术性的，或经过特别调整的。）为了简要

204

说明分析性家族中一个成员的情况，让我们假定，我们正试图给某人解释**逻辑不可能性**（logical impossibility）概念（这是该家族中蒯因推定与其他成员一样不清楚的一个成员），并且我们决定通过对比"逻辑不可能性"和"自然（或因果）不可能性"来进行解释。我们可以将三岁孩子不可能是成年人作为逻辑不可能性的例子，把三岁孩子不可能懂得罗素的类型论（theory of types）作为自然不可能性的例子。我们可以让我们的学生来设想两段对话，其中一段对话以某个人（X）的声称开始：

（1）"我邻居家的三岁孩子懂得罗素的类型论。"

另一段对话以另一个人（Y）的声称开始：

（1′）"我邻居家的三岁孩子是个成年人。"

只要把 X 的话当作夸大之词，下述回应就没什么不恰当的：

（2）"你是指那个孩子特别聪明吗？"

假如 X 说：

（3）"不！我指的就是我说的——他真的懂得那个理论。"

那我们就可能回答：

（4）"我不信——这事儿不可能！"

但假如那个孩子出现了，并且真的（别人以为他不会）正确阐述了这个理论，回答了有关这个理论的问题，对该理论进行了评论等等，那么最后我们就会被迫承认那个声称名副其实是真的，那个孩子是个奇才。现在，我们来考虑对 Y 的声称的回应。一开始，可能会有点像前面那种情况。某人可能会说：

（2′）"你是指他很懂事，超出他那个年龄段的心智吗？"

如果 Y 回答说：

（3′）"不，我指的就是我说的。"

我们也许会说：

（4′）"或许你是指他不会再长大，抑或他是某种怪人，他已经完成发育了。"

Y 回答道：

（5′）"不，他不是个怪人，他就是个成年人。"

在这个阶段——或者如果我们足够耐心，在稍后的阶段——我们将倾向于说我们完全不明白 Y 在说些什么，并且会怀疑他根本不知道他正在使用的一些语词的意义。因为除非他准备承认，他是在以比喻的或者非同寻常的方式使用语词，否则我们就会说，并非我们不相信他，而是他的话根本**没有**意义。不管我们调查中最终出现的是哪种生物，都不会致使我们说 Y 说的话名副其实为真，而最多只会说我们现在明白他的意思了。我们可以总结一下这两段想象出来的对话之间的区别：在两段对话中，我们都会倾向于以假设开始，认为另一个说话者以比喻的、非同寻常的或少见的方式使用语词；但当那个人重复声称他是在实话实说时，我们就会在第一段对话中合适地说不相信他，在第二段对话中说不明白他在说些什么。如果我们像帕斯卡（Pascal）那样，认为准备应付小概率事件是明智的，那么在第一段对话中，我们应该知道该准备什么；但在第二段对话中，我们就一无所知了。

我们将此作为一种非正式解释的实例，在讨论分析性词组的一个概念时，我们可以借助这种解释。（我们不愿说那是唯一的解释。）要教会我们的学生把逻辑不可能性的概念应用于更复杂的情况的话——假如他还没有从前面的例子中学会，那我们就需要更多不同却有关联的例子。当然，现在这种解释还没有得出一个正式的陈述，是应用所提到的概念时作为充要条件的陈述。因此，这种解释没满足蒯因似乎要求的充分解释的一个条件。另一方面，这个解释似乎确实满足了另一个条件。它逃出了表达式家族圈。我们最终所依赖的区分是不相信某事和不明白某事之间的区分；或者说是屈从于相信的疑惑和屈从于理解的不理解之间的区分。坚持认为**这种**区分不需要澄清未免有些草率，但若认为这种区分根本不存在就是荒谬的。在分析性词组概念得到这种非正式解释时，它们没有得到其他类型的解释这件事（让人怀疑的是，是否有**任何**表达式**曾经**得到过这种解释）似乎完全不足以据此得出结论——这些概念是伪概念，那些旨在表达这些概

206

念的词语毫无意义。这么说并不是要否认，要为这组概念找出比目前所给
出的更有启发性的一般描绘，在哲学上将是可取的，是哲学努力的一个合
适的目标。但是，如果能做到的话，如何才能做到的问题与这个圈里的表
达式是否具有可理解的用法、是否标记真实的区分的问题毫无关联。

　　到目前为止，我们已经试图表明，蒯因论文中的第 1 节到第 4 节——
这部分的重点在于分析性词组中的概念没有得到充分解释——并没有建立
起他看似想要论证的那种极端论点。在第 5 节和第 6 节中，他给出了判断
和正面理论，这两节是否更成功还有待考察。但在我们转而讨论这两节之
前，对论文的前两部分，还有两个更深层次的观点值得重视。

　　（1）第一个与蒯因就**定义**和**同义性**所说的内容有关。他说，正如一些
人所设想的那样，定义并没有"掌握同义性和分析性的关键"，因为"定
义——除了在明确引入规约性新标志的极端情况下——依照先前的同义性
关系而变化"。[①] 但现在我们来考察他所说的那些极端情况。他说："在此，
被定义词与定义词同义，完全是因为它是为了和定义词同义的目的而特意
被造出来的。这里我们就有了同义性由定义创造出来的真正明显的例子；
但愿所有种类的同义性都像这样可理解就好了。"现在，假如我们认真对
待蒯因说的这些话，那么他的**整个**立场就不连贯。这就像某个人的立场，
我们正试图向这个人解释一个事物适合另一事物，或者两个事物彼此适合
时，他对我们说："一个事物被刻意制造出来适合另一事物的话，我可以
理解一事物适合另一事物的意思，理解两个事物彼此适合的意思。但在其
他情况下，我就不知道这么说是什么意思了。"也许我们不应在此过于认
真地对待蒯因的话。但如果不认真对待，我们就有权问他，他觉得通过明
确定义到底带来了什么样的确切事态，通过这个程序建立起来的表达式之
间又是什么关系，以及为什么他会认为在没有这个程序的情况下建议相同
的（或非常类似的）事态或关系应该存在是不可理解的。就我们而言，我

---

① 第 27 页。

们应该倾向于认真对待蒯因的话（或一部分话）并颠倒他的结论；而且坚持认为，如果没有预设由用法而产生的同义性，那么由明确规约而产生的同义性概念就不可理解。没有习惯的地方就没有规律，没有规则的地方就没有惯例（虽然通过考察规则，我们也许能更好地理解惯例到底是什么）。

（2）第二个观点出自蒯因那本书第 32 页的一段话。我们引用如下：

> 我不知道"一切绿色的东西都是有广延的"这个陈述是不是分析的。那么我对这个例子犹豫不决，真的暴露了我对"意义""绿色的"和"有广延的"的不完全理解、不完全掌握吗？我认为不是。问题不在于"绿色的"和"有广延的"，而在于"分析的"。

如果正如蒯因所言，问题在于"分析的"，那么，当"分析的"被删掉时，问题毫无疑问就应该消失了。所以，我们删掉"分析的"，并用"真的"这个词来代替——蒯因本人把这个词与"分析的"进行了对比，认为它比后者清晰。那种犹豫不决马上就消失了吗？我们认为没有。对"分析的"犹豫不决（同样，这种情况下对"真的"犹豫不决）当然源自更深层的犹豫不决，也就是在面对"我们应该把绿色的光点当成是有广延的吗？"这个问题时，我们所感觉到的那种犹豫不决。正如在这种情况下经常发生的那样，犹豫源自如下事实：语词用法的边界并不是由所有可能用法决定的。然而，蒯因所选择的例子特别不利于他的论点，因为我们的犹豫不决在**这里**并不能被归结为"分析的"一词模糊不清，这太明显了。我们可能去选择其他一些例子，在这些例子中我们对"分析的"和"综合的"会感到犹豫不决，并且对"真的"也担忧不已。但是，与上面举例的情况相比，这些情况中的犹豫并没暗示分析性概念有任何的模糊不清；因为提出"到底是分析的还是综合的"这个问题时，陈述中用到的语词之间的关系上相同或类似的不确定性，可以充分说明这种犹豫不决。

现在让我们来简要考察一下蒯因关于关系的正面理论，这种关系指的是我们视为真而接受或视为假而拒绝的陈述与我们接受和拒绝时所依据的

208

"经验"之间的关系。这个理论只会被粗略概述，而不是详细论述。①我们只会从中提取出两个断言。第一个断言，蒯因显然认为与认可分析陈述和综合陈述的区分是不相容的，另一个他认为阻碍了对这种区分进行解释的某种方式。我们将设法表明第一个断言并非不兼容于对这种区分的认可，而恰好相反，它以一种与接受区分非常一致的方式获得最易被理解的阐释。我们也将设法表明第二个断言给蒯因认为被排除了的那种解释留有余地。这两个断言是：

> （1）假设存在任何一类被接受的陈述，其中的成员原则上根据经验都"免于修订"，这种陈述是指所有那些已被我们接受为真实的陈述和任何情况下必须继续被接受为真实的陈述。这种假设是一种幻想。

> （2）假设一个从其同类中被孤立出来的个别陈述能够得到确认或根本不能得到确认。这种假设是一种幻想。某个陈述的真假由特定的经验或经验集合决定，并且与我们对所有其他陈述的态度无关，这种特殊的陈述是不存在的。

209　这两个论断之间的明显联系可以总结如下。无论我们的经验如何，只要我们准备好在自己的信仰体系中的其他部分进行足够广泛的修订，原则上我们还是可以坚持或拒绝任何我们喜欢的特定陈述。在实践中，我们的选择主要取决于对方便性的考虑：我们希望体系尽可能简单，也希望对这个体系的干扰（确实存在干扰）尽可能小。

这些论断与分析-综合区分之间的表面关联性，在第一种情况下显而易见，在第二种情况下却没那么明显。

（1）由于对原则上免于修订的特征，无论如何，属于或者可能属于任何陈述的假设是一种幻想，所以，假设具有这个特征和不具有这个特征的陈述之间有待区分也是幻想。然而，蒯因认为，这正是使用"分析的"和"综合的"这对术语的那些人以为自己要做的那种区分。他也可能认为（尽管他并没有在我们考察的文章中明确说）那些相信这个区分的人至少有时会倾向于将强烈抵制修订的特征（这种特征属于在整个体系中占据中

---

① 参阅第 37—46 页。

心位置的信念）误当作完全免于修正的神秘特征。

（2）按照蒯因的说法，第二个论断和分析-综合区分之间的联系是通过意义验证理论（verification theory of meaning）建立起来的。他说："假如验证理论可以被接受为对陈述同义性的充分解释，分析性概念将最终得以保留。"[1] 因为首先，两个陈述可能被认为是同义的，当且仅当任何有助于或有损于一个陈述的确认的经验，在同等程度上有助于或有损于另一个陈述的确认。其次，同义性可以被用来解释分析性。然而，蒯因似乎认为，接受任何对同义性的这种解释都只能依赖于错误的信念，即从其同类中被孤立出来的个别陈述可以得到确认或根本不能得到确认。一旦我们放弃关于每个单独的陈述都有一个经验性真值条件集合的想法，我们就必须放弃用那些集合的同一性来解释同义性的想法。

为了指出这些论断和分析-综合区分之间的关系并不像蒯因所认为的那样，我们先来看第二个论断。不难看出，接受第二个论断并不会迫使我们放弃对同一性提出的解释，而只是对其进行修订。蒯因并没否认被视为得到确认或未得到确认的个别陈述，实际上是根据经验被拒绝或被接受。他只否认单个陈述和经验之间的关系不依赖于我们对**其他**陈述的态度。他的意思是说，只有在对其他陈述的真假进行假设的前提下，经验才可以确认或不确认单个陈述。他说，面对"顽强的经验"时，我们总会有权选择修订什么样的陈述。我们必须放弃什么取决于我们急着想保留什么。然而，这种观点只要求对陈述同义性的定义在确认或不确认方面稍作修改。我们现在不得不说的是：两个陈述是同义的，当且仅当任何经验（根据某种关于其他陈述的真值的假定）确认或不确认一对陈述中的一个时，也根据同样的假定，对另一个进行了同等程度的确认或不确认。更概括地说，蒯因将一种更松散关系的概念称之为"恰当性（germaneness）"[2]，希望用

---

① 第 38 页。
② 第 43 页。

来代替他认为是特定陈述和特定经验之间的过于简单化的确认关系。但不管"恰当性"如何被随意地理解，说两个陈述与同样特别的经验有同样的恰当关系显然还是有意义的。因此，蒯因的观点不仅与陈述同义性是一致的，甚至还为其提出了按照这些线索所修订过的解释。当然，我们并不想替这种解释辩护，也没想过要用任何精确的方式来阐述这种解释。我们只想表明接受蒯因的有关经验确认的论断，并不像他说的那样，衍推要放弃利用确认来定义陈述同义性的努力。

现在我们来看原则上没有免于修订的陈述这个论断，在经验面前没有陈述不能被放弃的论断。接受这个论断与坚持区分分析陈述与综合陈述是完全一致的。只是，对**这个**区分的支持必然要求支持另一个区分；即对两种放弃的区分，一种放弃只是承认虚假，另一种放弃涉及改变或抛开某个概念或概念集合。曾经用来表达某些真实东西的语词形式，毫无疑问，可以在其他时候被认为表达了虚假的东西。然而，并不只有哲学家们对这两种情况做出区分。一种情况下，这仅仅是基于事实改变看法的结果；另一种情况下，这至少部分是语词意义改变的结果。词义的改变成为真值变化的必要条件的话，支持这种区分的人就会说所讨论的语词从表达分析性陈述变为表达综合性陈述了。我们现在不关心，也没有被要求详述一种关于概念修订的恰当的理论，正如我们刚才没有被要求详述一种关于同义性的恰当理论那样。如果我们能理解这样的想法，即语词的相同形式，可以以一种方式（或承载一种意义）表达真实的东西，以另一种方式（或承载另一种意义）表达虚假的东西，那么我们就能理解关于概念修订的想法。并且，假如我们能够理解这种想法，我们就完全可以保留分析的和综合的之间的区分，同时又向蒯因承认，我们所说的一切原则上都可以被修订。至于这个想法，即语词的相同形式以不同的方式使用，可能会有不同的意思，可能用来述说具有不同真值的东西，如果要说它在某种程度上是一个错误的或被混淆的想法，这个重担就正好落在蒯因的肩上。通过强调可修订性，蒯因提出的实质要点（或其中一点）是，对任何概念体系的采纳或使用，无论如何都没有绝对的必然性，或更狭义地，用他可能会反对的说法，没有这样的分析命题，即，我们**必须**有一些语言形式只承载表达那个命题所需要的意义。但承认这一点是一回事，说我们所采纳或使用的任何概念体系都没有必然性，或者再次更狭义地，说没有确实表达分析命题的语言形式，则完全是另一回事。

分析-综合区分的拥护者可以更进一步并且承认有些情况可能存在（也许尤其是在科学领域）。在这些情况下，追问所赋予的陈述真值的改变是否代表概念修订毫无意义，相应地，坚持分析-综合区分也没有意义。我们不能引用这样的情况，但这种不能也许源于对科学的无知。不管怎样，对于所存在的这样的陈述，假如的确存在的话，追问它们是分析的还是综合的根本没意义；这样的陈述的存在并不衍推可以以一种或别种方式清楚分类的陈述不存在，也不衍推不同原因导致不确定的陈述不存在，例如表达陈述的语言形式有可能有不同的解释。 212

下面是我们考查蒯因文章后的结论。很显然，我们的目的完全是否定性的。我们只是旨在表明，蒯因反对分析-综合区分是不成功的。他的文章分为两个部分。在其一部分中，分析性词组的概念因为没有得到充分解释而受到批评。在另一部分中，他提出了一种正面的真理理论，声称这个理论与那些分析-综合区分的信徒们必然或极可能坚信的观点是不相容的。事实上，我们认为，蒯因并没有确立任何让接受分析性词组概念的人们将之放入自己的信念体系中时会感到任何压力的观点。这并不是要否认，他所提出的许多观点，对于为分析性和一些相关概念给出令人满意的普遍性解释来说，都是极为重要的。我们在此只批判如下看法：蒯因的这些观点证明了分析-综合区分和那些属于相同家族的概念是虚幻的，应该被拒绝。

14

意义

请思考下列语句：

　　"那些斑点示意（曾示意）麻疹。"

　　"那些斑点对我不曾示意什么，但对于医生来说它们曾示意麻疹。"

　　"最近的预算示意我们将要过一年苦日子。"

　　（1）我不能说，"那些斑点曾示意麻疹，但是他没出过麻疹"；我也不能说，"最近的预算示意我们将要过一年苦日子，但我们将不会过一年苦日子"。这就是说，在上述这样的情形下，x 曾示意 p，并且 x 示意 p 衍推 p。

　　（2）我不能从"那些斑点示意（曾示意）麻疹"得出任何关于"什么被那些斑点示意（曾示意）了"的结论；例如，我没有理由说，"那些斑点曾示意的是他得过麻疹"。同样，我也不能从关于最近的预算的陈述得出"最近的预算所示意的是我们将要过一年苦日子"的结论。

　　（3）我不能从"那些斑点曾示意麻疹"得出大意如此的结论，即某人用那些斑点示意某某物。加以适当的修改，这同样适用于上面关于最近的预算的语句。

　　（4）无法为上述例句找到一个重述，在这个重述中，"mean（示意）"这个动词后面跟的是一个带引号的语句或短语。例如，不能把"那些斑点曾示意麻疹"重述为"那些斑点曾示意'麻疹'"或"那些斑点曾示意'他得了麻疹'"。

（5）另一方面，可以为这些例句找到以"The fact that ...（……的事 214
实）"这个短语开头的近似的重述。例如，"他曾有那些斑点这个事实
曾示意他得过麻疹""最近的预算是那样的事实示意我们将要过一年苦
日子"。

现在，把上面的样本句与下列语句做一比较：

> "（公共汽车的）那三声铃响示意汽车已经满员。"
> "'史密斯离开他的烦恼和纷争就活不下去'这句话曾示意史密斯觉得他
> 的妻子是不可或缺的。"

（1）我可以使用其中的第一个语句并接着说，"但汽车其实并未满
员——售票员犯了个错误"；我也可以使用第二个语句并接着说，"但实
际上史密斯七年前就遗弃了她"。这就是说，这里 x 示意 p 和 x 曾示意 p
不衍推 p。

（2）我能从第一个语句得出一个关于用三次响铃"示意（曾示意）什
么"的陈述，并且能从第二个语句得出一个关于带引号的话"示意（曾示
意）什么"的陈述。

（3）我能从第一个语句推出一个结论，认为某个人（即售票员）曾用
响铃示意（至少应该已示意）汽车满员，对于第二个语句我也能做出相似
的推论。

（4）第一个语句能以某种形式被重述，在这种形式中，"mean"后面
跟一个带引号的短语，也就是说，可被重述为"那三次响铃示意'汽车满
员'"。第二个语句也能被这样重述。

（5）"铃已响过三次这个事实示意汽车已经满员"这样的语句不是第
一个语句的意义的重述。它们都可以是真的，但它们不具有（甚至不近似
地具有）相同的意义。

当"means""means something""means that"这几个表达式像它们在
第一组语句中那样被使用时，我把它们被使用时的涵义叫作这些表达式的
自然涵义（natural sense(s)）。当这些表达式像在第二组语句中那样被使用

时，我把它们被使用时的涵义叫作这些表达式的**非自然**涵义（nonnatural sense(s)）。我将用"示意 $_{NN}$（means$_{NN}$）"这个缩写标示非自然涵义。

215 　　为方便起见，我提议把"mean"的另一些涵义也包括在其自然涵义中，例如这个句式"*A* means (meant) *to do* so-and-so (by *x*)"（A 是人类施事）中"mean"的意义。与此相反，正如前面的例子表明的，我把"*A* means（meant）something by *x*"或"*A* means (meant) by *x* that ..."这种句式的语句中的"mean"的涵义都包括在其非自然涵义中。（这样做过于死板，不过可以起到提示作用。）

　　我并不认为我们对"mean"的**所有**使用都能简单明白、整齐划一地归入我区别开的两类之中的某一类中，不过，我认为，在绝大多数情况下，我们至少应当是相当强烈地倾向于把"mean"的一种用法归入某一类，而不是归入另一类。现在产生的问题是："关于下述两种情况之间的区别我们还可以再说些什么？一种情况是，我们应该说这个词是在一种自然涵义上被使用的；另一种情况是，我们应该说这个词是在一种非自然涵义上被使用的。"提出这个问题当然并不妨碍我们试图通过"mean"的某一种自然涵义去解释"意义 $_{NN}$（meaning$_{NN}$）"。

　　我认为，这个关于自然意义与非自然意义的区别的问题，就是人们对"自然指号（natural signs）"和"规约指号（conventional signs）"的区别感兴趣时思考的问题。不过我认为我的表述更好，因为，有些能示意 $_{NN}$ 某物的东西不是指号（例如词就不是指号），有些东西在任何日常意义上都不是约定的（例如某些手势）；而有些自然示意的东西又不是它们所示意的东西的指号（参看"最近的预算"的例子）。

　　首先，我要简单考察并拒绝的是我所谓的对"意义 $_{NN}$ 是什么"这个问题的因果型回答。例如，我们也许会说，这种说法与斯蒂文森（Stevenson）[①] 的说法多少是一致的，x 若要示意 $_{NN}$ 某物，x 必须（大致地）具有

---

　　① 《伦理学与语言》（*Ethics and Language*, New Haven, 1944），第三章。

一种使听话者产生某种态度（认知态度或其他态度）的倾向和（对于说话者而言）一种被这种态度产生的倾向，这两种倾向都依赖于"伴随着交际中指号使用的一个复杂的决定过程"。[①]这种说法显然是站不住脚的。

（1）让我们思考一种情况，在这里，如果一个话语有资格示意$_{NN}$某物，那么它就属于一种描述性的或能提供信息的话语，并且相关的态度因此就是一种认知态度，例如信念。（我把"话语（utterance）"当作适用于意义$_{NN}$的所有候选者的中性词使用；它有一种方便的行为-对象歧义。）许多人在想到将去参加舞会时倾向于穿上燕尾服，这无疑是事实，许多人在看见一人身穿燕尾服时会断定此人将去参加舞会，无疑也是事实。穿燕尾服示意$_{NN}$一个人将去参加舞会（或的确示意$_{NN}$什么），这能使我们信服吗？显然不能。求助于限制性短语"取决于一个复杂的决定过程"是没有用的。因为，如果这一切指的是对穿燕尾服的反应是以某种方式学到的或习得的，那么它不会把目前的情况排除在意义$_{NN}$之外。但是，如果我们必须认真对待这个短语的第一部分（"伴随着交际中指号使用的"），那么对意义$_{NN}$的解释就显然是一种循环解释了。我们完全可以说，"如果 x 在交际中被使用，那么它有意义$_{NN}$"，这样说尽管正确，但毫无益处。

（2）如果这还不够，那么还有一个困难——我认为它实际上与斯蒂文森承认的困难是相同的：我们应该怎样避免说（例如）"琼斯长得很高"是"琼斯是运动员"示意的东西的一部分呢（因为告诉某人琼斯是运动员会使他相信琼斯长得很高）？斯蒂文森在这里求助于语言规则，即求助于"运动员可能是非高的"这条语言容许规则。这等于是说这条规则不禁止我们谈论"非高的运动员"。但是为什么不禁止呢？不是因为它的语法不拙劣或它不是不礼貌的等等，大概是因为它不是无意义的（或者，如果这样说太严重，可以说是因为它丝毫没违背有关表达式的意义规则）。但是这似乎又使我们陷入了一个循环。而且人们要问，如果在这里为了区分所

216

---

① 《伦理学与语言》（*Ethics and Language*, New Haven, 1944），第 57 页。

示意的东西和所暗示的东西而求助于规则是合法的，那么为什么以前不这样做呢，例如，在讨论呻吟时为什么不这样做，斯蒂文森就是在处理呻吟时首次引入了关于取决于决定过程的限制性短语。

刚刚阐述的这种类型的因果理论的另一个缺陷似乎是，即使我们原封不动地接受它，它提供给我们的也只是对关于"指号"的**标准**意义或一般意义的陈述性分析。它没有为处理关于特定的说话者或写作者在特定场合用一个指号示意的东西（它很可能不同于这个指号的标准意义）的陈述做任何准备；而且人们也不清楚怎么修改才能使这种理论做出这种准备。人们甚至可以进一步批评它，认为这种因果理论忽视了一个事实，即指号的（一般）意义需要通过指号的使用者在特定场合用指号确实意指（或应该意指）的东西进行解释；所以这种因果理论没有解释的后一个观念其实是基本的观念。我赞同这种更激进的批评，尽管我知道这是个有争议的问题。

我不打算考察其他"因果-倾向（causal-tendency）"型理论。我猜想，任何这一类型的理论都不能避免与我概述的困难类似的各种困难，除非完全放弃被视为这种类型的理论。

现在我试用一种不同的而且我希望是更有前途的方法。如果我们能阐明下列意义：

"x（在特定场合）曾示意$_{NN}$某物"和

"x（在特定场合）曾示意$_{NN}$如此这般"，

以及

"A（在特定场合）曾用 x 示意$_{NN}$某物"和

"A（在特定场合）曾用 x 示意$_{NN}$如此这般"，

那么就可以合理地期待这会帮助我们解释：

"x（永远）示意$_{NN}$某物（如此这般）"，

"A（永远）用 x 示意$_{NN}$某物（如此这般）"，

并帮助我们解释"示意与……相同""理解""衍推"，等等。我们暂且假定我们只需要处理可能是提供信息的或描述性的话语。

第一个尝试是，认为如果说 x 的人意图用 x 诱使某个"听众"产生一种信念，那么"x 示意$_{NN}$某物"就是真的，并且认为说出信念是什么也就是说出了 x 示意$_{NN}$什么。这是行不通的。我可能把 B 的手帕丢在一桩谋杀案的现场附近，从而诱使侦探相信 B 是谋杀犯；但是我们不会说那块手帕（或我把它丢在那里这件事）示意$_{NN}$什么，或说我曾用丢 B 的手帕示意 B 是谋杀犯。显然，我们至少必须补充一点，x 若要示意$_{NN}$什么，那么，说它的人不仅必须带着诱发一个信念的意图"讲说"它，还必须意图使一个"听众"辨认出话语背后的意图。

这样可能好一点，但还不够好。请思考下列情况：

218

（1）希律王（Herod）用一只大盘子把施洗者圣约翰的头献给撒罗米（Salome）。

（2）由于感到昏晕，小孩让他的母亲看到他的脸色是多么苍白（希望她能自己得出结论并给予帮助）。

（3）我不收拾女儿打破的瓷器，让它散在地上，以便让我妻子看见。

这些情况看来满足到此为止给出的意义$_{NN}$的条件。例如，希律王意图使撒罗米相信施洗者圣约翰已死，并且无疑也意图让撒罗米觉察到他意图使她相信施洗者圣约翰已死。其他情况与此相似。但我当然不认为我们应该想说我们在这里得到了意义$_{NN}$的实例。

我们想发现的是某种区别，例如"故意并公开让某人知道"与"告诉"的区别和"使某人认为"与"告诉"的区别。

解决的方法也许是像下面这样的。比较下列两种情况：

（1）我向 X 先生出示一张 Y 先生向 X 夫人表示不适当亲昵的照片。

（2）我画一幅 Y 先生在进行不适当亲昵行为的画并把它出示给 X 先生。

我发现我想否认在（1）中照片（或我把照片给 X 先生看）示意$_{NN}$任何东西；但我想断言在（2）中图画（或我画这幅画并给 X 先生看）示意$_{NN}$

某物（Y 先生曾不适当地亲昵），或至少我曾用它示意 $_{NN}$ Y 先生曾不适
当地亲昵。这两种情况有什么区别呢？在情况（1）中，X 先生察觉到我
有这个意图（使他相信 Y 先生与 X 夫人之间有事情）与照片产生的这个
效果肯定（或多或少地）是不相关的。即使我不把照片出示给 X 先生，
而是无意中把它丢在了他屋里，这张照片也会导致 X 先生至少怀疑 X 夫
人，而我（出示照片的人）不会不知道这一点。而 X 先生是否理解到我
的意图是告知他关于 X 夫人的事情（使他相信关于 X 夫人的事情），而
不只是信笔乱画或试图创作一件艺术品，却会使我的画对 X 先生产生不
同的效果。

219　　但是，如果我们接受这种解释，我们似乎就会陷入另一个困难。现在
请考虑皱眉。如果我自发地皱了皱眉，通常某个看着我的人很可能把皱眉
看作不快的自然指号。可是，如果我故意皱眉（表达我的不快），那么可
以期待，如果一个旁观者觉察到我的意图，他**仍**会断定我不愉快。所以，
难道我们不应该说，由于不能期待旁观者是把我皱眉看成自发的还是看成
意图告知的这件事会使他做出不同的反应，所以我（故意）皱眉**不示意** $_{NN}$
任何东西吗？我认为这个困难是可以解决的；因为，尽管一般说来故意皱
眉与自发皱眉（就诱发关于我的不快的信念而言）可能产生相同的效果，
但是，**只有**当听话者把故意皱眉理解为意图传达不快时，才能期待它产生
相同的效果。这就是说，如果我们去掉对意图的觉察，留下其他条件（包
括觉察到皱眉是故意的），那么人们一定会认为皱眉会产生信念的倾向受
到了损害或破坏。

　　我们也许可以把 A 用 x 示意某物的必要条件概括如下。A 必须意图用
x 使听众产生一个信念，而且还必须意图他的话语被觉察到有这种意图。
不过，这些意图不是独立的；A 意图让觉察在引起信念上发挥作用，如果
觉察没发挥作用，A 的意图的实现就会遇到挫折。而且，我认为，A 意图
让觉察发挥这种作用，这蕴涵着他假定觉察有可能实际发挥这种作用，并
且蕴涵着他不认为下述结论是可以肯定的：无论话语背后的动机是否被

觉察，它都将在听众心中诱发信念。总之，我们也许可以说"A 曾用 x 示意某物"大致等值于"A 曾经抱着人们会因为觉察其诱发信念的意图而诱发信念这种意图讲说了 x"。（这似乎包含着一个自反悖论，但实际上不包含。）

现在，我们也许应该放弃只须处理叙述句这个假定了。我们从祈使句和准祈使句的一些例子讲起。我屋里有一个贪财如命的人，我想让他走；于是我把 1 英镑的纸币扔到窗外。这里有带有意义 NN 的话语吗？没有，因为我在那样做时，并不意图他对我的目的的觉察会以任何方式发挥使他走的作用。这与照片的例子是相似的。相反，如果我先指了指门或轻轻推了他一下，那么我们就完全可以认为我的行为构成了一个有意义 NN 的话语，这正是因为我意图让对于我的意图的觉察在促使他离开上发挥作用。另一对情况是（1）警察挡住汽车的道路从而使它停下和（2）警察挥手使汽车停下。 220

或者，我们也可以简略考察一下另一类情况，如果我作为主考人使一个人不及格，我很可能使他觉得苦恼、愤怒或耻辱；而且，如果我是有意报复的话，我就可以意图产生这个效果甚至意图让他觉察到我的意图。但我不倾向于说我使他不及格曾示意 NN 什么。相反，如果我在街上故意不理某个人，我就倾向于把它视为意义 NN 的情况，而且，在我看来，这个倾向依赖一个事实，即除非他觉察到我想以这种方式影响他这个意图，我就没有理由期待他会感到苦恼（愤怒或耻辱）。假如我的学院停发我的全部工资，那么我应该控告他们迫害我；假如他们克扣 1 英镑，我可以控告他们侮辱我；克扣得多一些，我可能就不完全知道该说什么了。

这时，也许我们可以做出下列概括。

（1）"A 曾用 x 示意 NN 某物"（大致）等值于"A 曾意图让 x 的讲说在听众身上产生某种效果，方法是通过他对这个意图的觉察"；我们还可以补充一句，询问 A 曾示意什么就是要求具体说明他意图的效果（当然，也许并不总能得到一个包含一个"that"从句的直接回答，例如 "a belief that ...")。

（2）"x 曾示意某物"（大致）等值于"某人曾用 x 示意 _{NN} 某物"。这里也将出现这个概括不完全有效的情况。谈到交通指示灯时，我倾向于说变成红灯曾示意 _{NN} 交通应该停止；但是下面这种说法是很不自然的，"某人（例如市政当局）曾用变成红灯示意 _{NN} 交通应该停止。"不过，这里似乎也提到**一些**某人的意图。

（3）作为首次尝试，也许可以把"x（永远）示意 _{NN} 如此这般"等同于某个关于（不确定的）"人们"意图（带着关于"觉察"的种种限制条件）用 x 产生的效果的陈述或陈述的析取。关于这一点，我要做一些说明。

任何种类的被意图的效果都行吗，或者说，会有一个效果被意图（带着必要的限制条件）但我却不想谈论意义 _{NN} 的情况吗？假设我发现一个人有这样一种素质：我告诉他每当我以一种特殊方式咕哝时，我就想让他脸红或发病，此后，每当他觉察到咕哝声（并从而觉察到我的意图）时，他就脸红或发病。这时我们会说咕哝示意 _{NN} 某物吗？我认为不会；这使大家注意到一个事实，x 若要有意义 _{NN}，被意图的效果必须是在某种意义上受听众控制的某物，或者说，在"理由"的某种意义上，对 x 背后的意图的觉察对于听众来说是一个理由，不仅仅是个原因。看起来这里似乎有一种双关语（"相信的理由"和"行动的理由"），不过我认为这不严重。因为，尽管从一种观点看，关于相信的理由的问题无疑是关于证据的问题，因而完全不同于关于行动的理由的问题，但是，觉察到说话者说 x（描述性话语）时的意图，有相信如此这般的理由，至少很像"有动机去"承认如此这般。"decisions 'that'（'……的'决定）"似乎包含着"decisions 'to'（决定'去做'）"（这就是为什么我们能"拒绝相信"，也能"被迫相信"）。（"故意不理睬"的情况需要略有不同的处理，因为一个人在任何直接意义上都不能"决定"被冒犯，但是能拒绝被冒犯）可见，被意图的效果一定是听众控制下的某物，至少是他控制下的那**一类**事物。

在我接下去讨论一两个反对意见之前，还有一个问题。我认为，从我对意义$_{NN}$与意图的觉察之间的关系的论述，可以得出，（就我是正确的而言）只有可以被我叫作说话者的主要意图的东西才是与话语的意义$_{NN}$相关的。因为，如果我讲说 x，意图引起效果 E（因为对这个意图的觉察），并意图这个效果 E 导致另一个效果 F，那么，就 F 的出现被认为完全取决于 E 而言，我根本不能认为 F 依赖我引起 E 的意图。举例说明，也就是说，如果我意图通过给某人提供一些信息使他做一件事，那么就不能认为对我意图让他做的东西进行描述与我的话语的意义$_{NN}$是相关的。

现在，可以就我对"意图""觉察"等词的十分自由的使用提出问题。我必须放弃用大量复杂的心理事件充斥我们的谈话的意图。我不希望解决任何关于"意图"的哲学疑难，不过我确实想简单地证明，我在意义问题上使用"意图"这个词不会引起任何特殊的困难。首先，将存在一些情况，在这里，有自觉的"计划"或对意图的明确表述（例如，我声明我将怎样使用 x，或者问我自己怎样"让别人理解某种东西"）伴随着话语或先于话语。这样一个明确"计划"的出现对于说话者的意图（意义）成为"有计划的"显然十分重要，尽管我不认为它的出现有决定性意义；例如，一个曾声明意图用一种不常见的方式使用一个常见的表达式的说话者很可能会不经意地以常见的方式使用它。非语言的情况与此相似：如果我们想了解一个行动者的意图，那么事前的表达是很重要的；但是，一个人可能原计划把一封信扔进垃圾箱，但却带着它走到了邮筒前，当他抬起手时，他可能"醒悟"，说"我本来不想这么做"，**或者**说"我想我一定一直想把它投进邮筒"。

明确表述出来的语言（或准语言）意图无疑是比较少的。没有它们时，看来我们就会像在非语言意图情况下（这里有一种一般用法）那样在很大的程度上依赖几种相同的标准。说话者被认为意图传达通常传达（或通常被意图传达）的东西，我们需要有恰当的理由才能承认一种特殊用法背离了一般用法（例如，他从来不知道或已经忘记了一般用法）。非语言的情况与此类似：人们假定我们意图让我们的行动产生通常的结果。

另外，在一些情况下，例如在对于一个说话者意图传达两个或更多个事物中的哪一个这个问题有疑问的情况下，我们会求助于话语的（语言的或其他的）环境并问在可选择的事物中哪一个与他正在说或正在做的事相关，或者问在一种特殊情形中哪一种意图将适合他显然有的某个目的（例如，一个在火灾中要"泵"的人不可能想要气泵）。与此类似的非语言情况也很明显：环境是解决为什么刚把烟叼在嘴上的人把手插进口袋这个问题的标准；与一个明显的目的相关是解决为什么一个人从一头公牛身边跑开这个问题的标准。

在某些语言情况下，我们事后问说话者的意图，而且在其中的少数情况下（这是些很困难的情况，正像一位哲学家被请求解释他的著作中一段晦涩的话的意义一样），答复不是基于他记住的东西，而是更像一个决定，一个关于应该如何理解他的话的决定。这里，我找不到与此相似的非语言情况；不过这种情况十分特殊，似乎不会造成重大差别。

这一切都很明显；但是，表明判断语言意图的标准很像判断非语言意图的标准，无疑就是表明语言意图很像非语言意图。

15

知觉因果论

1

知觉因果论（Causal Theory of Perception, CTP）有一段时间较少受到关注，我认为主要是因为人们普遍认为这一理论主张或涉及物质对象不可观察这样的命题的缘故，并且这一命题的不可接受程度足以摒弃这一理论。我认为这种态度是不公平的，或者至少是不合情理的，我将试图概述一种论点，它应该不会被不恰当地认为是知觉因果论的一个翻版，如果它不是真的，至少也不是太明显的假的。

什么算是知觉因果论的主张呢？（1）只是相信对一个物质对象的感知总是要通过参考条件来因果地解释，且这些条件中至少一个涉及被感知的对象，我认为这是不够的。例如，知觉是一个因果序列的终点，它涉及被知觉对象历史上的某个更早的事件或过程。这种信念在性质上似乎不具有哲学性，它的对象看起来是一个非常普遍的偶然命题，尽管值得指出的是，如果我主要关注的知觉因果论版本是正确的，那么它（或类似的东西）将被证明是必要的而不是偶然的真理。（2）或许会认为，对感知一个物质对象这一概念的阐明，将包括参考对感知到的物质对象在知觉因果性先在中的作用，或者参考涉及知觉的感觉印象或感觉与料（sense-datum）在知觉因果性先在中的作用。这一论点是我所认为 225 的知觉因果论标准版本的核心。（3）人们可能会认为，研究感知的哲学家的任务不是阐明或描述一般意义上的感知物质对象的概念，而是提供它的理性重构，用一些更适合于理想或科学语言的概念来取代它。进一步说，这种重新定义可以根据物体的存在对观察者的感觉器官和神经系统的影响，或对其行为或"行为倾向"的影响，或这两种影响来表述。这种观点也许应该被称为知觉的因果理论，但我将不关心这些方面的理论。（4）我将把知觉因果论的采用和下面的这种尝试区分开来，这种尝试就是就物质对象进行归因，为一些或宽或窄的命题提供一种实在的因果分析：我心目中的这种分析就是，在**一种**可能的解释上，可以拿洛克关于颜色和温度的归因为例；洛克可能被认为持有这种观点，即这些命题断言一个对象，在一定的标准条件下，引起观察者拥有一些种类的关于感觉印象的观念。

普赖斯（Price）在《知觉》（*Perception*）[①]一文中对知觉因果论有一个初步的提法，可以将它归入前一段所述的第二类。这种知觉因果论被认为主张：（1）在所有感觉与料（不仅仅是视觉和触觉）的情况下，"属于"仅仅表示是**由什么引起**，因此"M 在我的感官中出现"将等同于"M 引起我所熟悉的感觉与料"；（2）这种意识从根本上说是因果关系的推论。因此我认为，公平地说[②]，普赖斯引入的"出现在我的感官里"这一表达式，它是作为一种特殊的术语来区分动词"感知"的一种可能的意思；上面引语里的第一个小句可以被看作提出了这样个论点，即"我正在感知M"（该表达式中的一个意思）将被视为等同于"我有（或感觉到）一个由 M 引起的感觉与料"（第二个小句我暂时忽略）。我将花费一些时间，讨论这个知觉因果论版本与其他非知觉因果理论共同的特征，即感知一个物质对象涉及拥有或感知感觉与料；除非这个主张能被证明，否则知觉因果论的特殊特性就是多余无用的。

226

---

① Steven Davis, ed., *Causal Theories of Mind: Action, Knowledge, Memory, Perception, and Reference* (Berlin, N. Y., 1983), p. 66.

② 参阅同上，第 21—25 页。

2

认为感知涉及拥有或感知感觉与料的观点，面临的主要困难是对术语"感觉与料"的意思难以给出令人满意的解释。试图完成这项任务的一种熟悉的方法是设法通过某种形式的"幻觉论证（argument from illusion）"来证明一种特殊类型的对象的存在，术语"感觉与料"是其类名。另一种方法（在穆尔的一篇非常出名的文章中采用过）是指出方向，使人们能够挑选出应用"感觉与料"一词的物品。人们也熟悉每一个方法的反对意见的普遍特点，就当下目的而言，我认为这两种方法都不令人满意。

很多哲学家提出，尽管试图表明或证明存在某种被称为感觉与料的特殊对象的尝试都失败了，"感觉与料"可以（而且应该）作为一个术语加以引入；它的使用可以通过引用一些标准惯用语来明确定义，如"对我来说某某看上去是 φ（如，蓝色的）""对我来说它看（摸）起来好像有一个如此的 φ""我似乎看到了 φ 的某物"等等。既然我所想到的反对这种建议的意见原则上可以被描述为反对意见，那么我当前的目的就不是要详细地考虑如何对感觉与料的概念做出如此明确的定义。然而，我认为这个程序绝不像有时候人们随意地提出它时所认为的那样容易执行；其中，各种表达式都是这项工程关键角色的候选者，比如"看起来"（"摸起来"等）、"似乎""显得"以及它们之间或多或少的细微差别都需要被研究；此外，即使有人已经选定了一个理想的候选词，并不是其所有用法都是合适的；例如，如果我们决定使用"看起来"之类的表达式，我们就接受"看起来我难以理解"这句话的合法性吗？认为它给我们提供了"我有一个难以理解的视觉感觉与料"这样的感觉与料句吗？

对所建议的程序的一般反对意见可能是这样的：当某人说"在我看来 227 它是红的"时，就带有某种蕴涵，一种形式上是选言式的蕴涵。它蕴涵说话人知道或相信所指物体不**是**红色的，**或者**它已经被别人否认是红色，或者说话人怀疑它是红色的，**或者**别人对它是否为红色表示了怀疑，**或者**是这样的情况，尽管没有人表示怀疑，也没有人否认，但有些人在回答物体实际上是否为红色时可能会倾向于否认或怀疑。这可能不是这个蕴涵的绝对准确或完整的描述，但它可能已好到足以继续下去。让我们把这种只要选言判断的一个选言肢为真就能满足的条件称为怀疑或否认条件（doubt or denial condition）。现在，我们可能会同意，在适当的怀疑或否认条件相当明显地没有得到满足的情况下，使用"在我看来（It looks to me）"这个短语可能会有些奇怪甚至荒谬；当我在正常日光下，在几英尺的范围内面对一个英国邮筒时，我说的"在我看来是红色的"（这不是开玩笑），至少有点表面上的奇怪。在这一点上，和我意见不同的学者提出了一个双重论点：（a）这是"在我看来"这类话语的用法特点（也许是其意义特点），即，这类话语带有怀疑或否认条件已得到满足的蕴涵，并且，如果它们是由一位不认为这种条件已得到满足的说话者说出来，他就犯了滥用所讨论的话语的错误（当然除非他打算欺骗听众，让听众认为该条件已得到满足）；（b）在怀疑或否认条件未满足的情况下，使用"在我看来"这样的话语，这不是毫无意义地真，是既不真也不假。如此武装以后，我的反对者现在开始攻击当代的感觉与料理论家。我们的日常生活中充满了这样的情况，我们碰上的事情的可感知的特点不是任何怀疑或争议的主题；因此，在无数情境中，使用"在我看来"这个习语是有问题的，而且非真也非假。但感觉与料理论家想要他的感觉与料陈述是这样的：每当一个知觉陈述为真时，他的感觉与料陈述中的某个或多个为真；因为他想用感觉与料概念对知觉表现进行**一般性**分析。但是，如果"在我看来"这样的感觉与料陈述只能在**不太**直白的知觉情况下才能做出，那么这个目标必定是无法实现的；如果目标无法实现，知觉因果论就会崩溃。

当然，对我在前一段中概述的语言现象可以有不同的看法。有人可能会说，如果我在怀疑或否定条件没有得到满足的情况下说"在我看来它是红色的"，那么我所说的（受某些条件限制）是真的，而不是中性的。虽然承认这一点，但这可能是非常误导人的，它的真相可能非常无聊，其误导性也非常严重，人们可能仍然认为其虚假的暗示与其字面真理完全相符。此外，人们可能会认为，虽然有的人（没有欺骗的意图），在采用"在我看来"惯用语时，没有假设怀疑或否定条件得到满足，他可能会在某种意义上滥用**语言**，但他不能被认为是滥用了讨论中特定的惯用语。因为，有人可能会说，怀疑或否定条件实现的蕴涵并不是作为这些表达式的意义或用法的一种特殊特征附着于其身的，而是由于语言使用的一种普遍特征或原则。假定这种蕴涵是"在我看来"的部分意义这种错误，类似于（虽然更隐伏）下面这个错误：如果有人假定他相信正在下雨这种所谓蕴涵是"正在下雨"这个表达式的"部分意思"。对这样一种假定的简短和字面上不准确的回答可能是所谓的蕴涵之所以附着于此，是因为这个表达式是命题性的，并非因为它碰巧是特定的命题性表达式。

直到最近，在我看来似乎真的很难找到任何能够解决这两类观点间的争执的论据。例如，人们也许会说，感觉与料的拥护者完全可以规定，感觉与料句子"我有粉色的感觉与料"应该表达真理，当且仅当（要它为真的话）事实如它们所必须的那样，如果说"某物在我看起来是粉色"是符合规矩的，尽管这么说实际上并不符合规矩（因为怀疑或否定条件并没有得到满足）。然而，绕开反对者立场的企图，会被说成是在回避问题；因为它假定有方法孤立地说明事实，不需要这种说明标准地携带的蕴涵；这 229 恰恰就是反对者所要否定的。由于这种挫败，我开始怀疑这两种立场的任何一个都不能被看作是正确的或错误的，语言现象**可以**从两个角度去看，尽管有理由偏好一种而不是另一种；可能没有确认证据或反驳证据，有的仅是引发条件。按照这个假设，我倾向于反对我的反对者，部分原因是其对手的立场更符合我准备就其他语言现象（它们在某种程度上是可比较的）发表的观点，但主要原因是反对者距离对物质世界的怀疑主义比距离感觉与料还要近的多；而且我认为一个怀疑论者可能会抱怨说，尽管他的担忧可能很难解除，但他至少应该能够陈述它们。如果我们不允许他陈述，我们就无法消除造成他不适的真正根源。但是，我现在倾向于认为这个问题是一个可判定的问题，而我的反对者的立场是错误的，他的对手的立场是对的。我将试图提出一个论点（尽管毫无疑问还有其他论点）来支持这一主张，首先，我将着手讨论关于蕴涵的概念的某些方面，我会或多或少使用一些熟悉的例子。

3

［这一节被省略了，因为它所呈现的材料大体上和本书第2篇文章《逻辑与会话》所讨论的材料是一样的。在"蕴涵"这个标题下面，我介绍了四个主要例子，一个是关于通常被称之为"预设"的例子，其他三个是关于我之后称之为"隐含"的例子，其中一个例子是关于规约隐含的，另两个是关于非规约隐含的。根据选择的例子我提出了四个不同的问题，答案取决于这些例子之间的一些重要区别。这些问题包括：所蕴涵的事实的真实性是否是原始陈述所拥有的真值的必要条件，什么是蕴涵的载体，蕴涵是否具有可分离性和可取消性这两个特征之一或全部，以及蕴涵的出现是否关乎某个特定词或短语意义的问题。我也提出了在某些情况下蕴涵与管束语言使用的原则之间的关系问题，特别是和我后来称之为第一数量准则[①]的关系。根据这些资料，我认为非规约蕴涵（也就是之后我称之为的会话隐含）可能是存在的。］

4
（再论反对意见）

让我们回到本文这一节的主要话题。让我们将"在我看来它是红色

[①]　原文的"Quality（质量）"，应该是"Quantity（数量）"的笔误，见 Grice, "The Causal Theory of Perception," *Aristotelian Society Supplementary Volume*, 1961, p. 132。——译者

的"这样的陈述句称之为 L 陈述句。那么根据前一小节的看法，L 陈述句与相对应的怀疑或否定条件有什么关系呢？或者，既然这可能是有争议的，那么我的反对者认为在这个问题上哪个对呢？如我所说，他的立场明确认为怀疑或否定条件的满足是 L 陈述句是否为真或为假的必要前提条件。他也或多或少明确认为怀疑或否定条件的满足是关于"看"（或者"在我看来"）这个词的意义问题；比如有人会意识不到蕴涵的存在，**因此**表现为他不能完全理解所说的短语和词汇的意义。可以设想刚刚所提到的观点是与他剩余的立场无关的，如果有必要的话，那么他可能为了不破坏剩余的立场而放弃这个观点。因此，我不会在接下来的内容中直接谈到这一点，尽管我希望它可能会"逐步消解（*solutum ambulando*）"。接下来，我认为他想要说满足怀疑或否定条件的蕴涵既不是可分离的也不是可取消的；但是即使他想说这个，如果他的反对意见很重要，他当然**必须**说出来。因为如果该蕴涵是可分离的或者可取消的，所有感觉与料理论家所要做的就是找到一些词语形式，该蕴涵跟它们是可分离的或在其中是可取消的，然后使用这些表达式去定义感觉与料。仅仅是**一些**引入感觉与料的方式容易受到它的反对是不够的，必须是**所有**方式都易受到攻击。最后，不清楚的是他是在致力于肯定还是否定可以被称作蕴涵载体的可能性的存在，所以我现在不会去追究这个问题，虽然之后会提到他为了坚持自己的立场只能给出一些实际上肯定是错误的答案。 231

现在是该反击的时候了。在我看来，怀疑或否定条件的满足是 L 陈述句为真或为假的必要条件的论点不成立（至少在自然解释中）。即使怀疑或否定条件并不被满足，L 陈述句当然也可以为假。假设在正常的日光下，我遇到一个完全正常的邮筒；再假设我遇到一个正常的非怀疑论者同伴；我们俩都完全知道邮筒是红色的。但是他不知道的是我长期患有史密斯疾病，这种病对别人来说症状并不明显；最特别的也许是当它发作起来时，红色的东西在我眼中成了其他颜色。我知道我患有此病，并且知道那时它正在发作。在这样的情况下我说道:"在我看来那个邮筒是红色的。"我要说,在这里怀疑或否定条件没有被满足;让反对我的人高兴的是我的同伴在接受我的言辞时充满了困惑与嘲讽;但是当同伴得知我的疾病发作时,他肯定会认为我所说的为假。

　　这时,也许有人会说,虽然我成功想出了一个 L 陈述句为假的例子,但是我却没有想到一个当怀疑或否定条件没有被满足时,L 陈述句为假的例子;因为实际上怀疑或否定条件是满足了的。在我这个小故事中的说话人可以被说成**有**理由去怀疑他面前的邮筒是否是红色的,这就确保了条件的满足,**即使**这位说话人有证据(比如这是他长年以来每天能看到的邮筒,并且从未被重新油漆过等等)去完全忽视初步认定的怀疑理由。但是这一点都不会奏效。那么什么是怀疑邮筒是否是红色的初步理由呢?可以说这个理由就是在他看来邮筒是蓝色的。但这是一个对于他所持理由的过分具体的描述;对他来讲是蓝色的只是反驳了邮筒真的是红色的观点,因232 为对他而言看起来是蓝色就是没能看出其是红色的;这里不需要特别强调它看起来是蓝色的还是其他除了红色以外的颜色。所以,这种拯救方式似乎假设满足 L 陈述句具有真值的先决条件的一种方法在于拥有真值 F,或者至少在某些状态下衍推它有真值 F。但是当然,一个假的陈述不能成为满足这个陈述具有真值的前提的方式,而唯一能满足其的方式是在它有**什么**真值问题上具有开放性(让它取决于其他可能根据)。

　　让我们假设这种最后挣扎已被驳倒了,于是人们很可能争辩如下:既然反对者不能再坚持怀疑或否定条件的满足是 L 陈述句有真值的前提条件,那么他就不得不承认这种条件的满足**至多**是一个**部分真值**条件,即使是一个特别的种类(即,是**一种**不得不为之的情况,如果陈述要为真的话)。它不可能是唯一的真值条件,一定还有另外的真值条件;事实上我们可以说这是根据前面的论点而来的;它在于未被满足的陈述的虚假条件(刚刚表明是与怀疑或否定条件无关的那些虚假条件);更清晰地讲,它在于没有什么能使得 L 陈述句为假。但是如今这在感觉与料理论家眼中都被认为是轻而易举的事；他可以简单地规定，一个感觉与料句子将表达真理，当且仅当对应 L 陈述句第二个真值条件被满足时，不管第一个真值条件（怀疑或否定条件）是否得到满足。这个论点的背后的想法是，一旦反对者被迫撤回这个论点，即怀疑或否定条件的满足是 L 陈述句具有真值一个条件，他也会被迫撤回这个论点，即怀疑或否定条件被满足这个蕴涵是不可分离的；而这会毁了他的立场。

　　也许到目前为止还好，但不幸的是还是不够好。因为反对者有一个看起来很有力的回应。他可以说："你再一次暗中回避了这个问题。你在没有正当理由的情况下假设，因为在某种意义上，人们可以区分第一和第二个真值条件，因而在这种情况下实现第一个（怀疑或否定）条件的 [233] 蕴涵是可分离的；也就是说，一定会有一种方式具体说明第二种条件并不携带第一种条件已满足这个蕴涵。但是你的论点并未证明这个结论。想一下一个简单对比：很明显的是那些非朱红色之物或许是也或许不是红色，因而是红色之物并非是朱红色之物的必要虚假条件。那么以下结论也是正确的：一个东西是红色只是这个东西是朱红色的部分真实条件，倘若这句话表示的是确认某个东西是红色的并不足以确认这个东西是朱红色的。但是并不能就此认为（或者说这是假的），有的是办法可以为这个物体呈现出朱红色创造一个补充性的真值条件，这样就不会蕴涵所讨论的物体是红色的。这个不根据前提的推理跟你所犯的错误是非常相似的；怀疑或否定条件的满足恰好仅是一个 L 陈述句的**真值**条件，而且只有两个中的**一个**真实条件如此，并且没有出现其实现的蕴涵是可分离的情况。"他也许会补充下面的观点："尽管在你所给出的解释下，关于怀疑或否定条件的实现是相对应的 L 陈述句为真或为假的前提条件的争论并不能得到支持，但如果给它另一个非自然的解释，那么这种观点就能得到支持了。我不能在看到你举的反例后还坚持，要使 L 陈述句为真或为假，怀疑或否定条件必须得到满足。但是我可以坚持的是，怀疑或否定条件的满足是下列意义上 L 陈述句为真或为假的一个条件，即，如果怀疑或否定条件被满足的话，是真（T）是假（F）就是两种可能性，决定权就在于其他理由（即中性（N）被排除了）；然而如果怀疑或否定条件**不**被满足时，那么人们就不能够在这些可能性中做出关于 L 陈述句的决定了，而是在中性（N）和假（F）这两种可能性之间选择了（即 T 被排除在外）。"

　　我认为，可以去迎击这种反击，尽管要修订一下其所针对的论点。我认为可以做以下回应："在你所认为类似的两种情况之间有一个关键的不同。让我们尽力为 'x 是朱红色' 这样的陈述找一个补充性真值条件。我们也许会提出这个条件，即 x 的特点是能把朱红色物体与其他红色物体区别开。但是若 x 满足这样的条件，而不满足第一个真值条件，即 x 应该是红色的，那么就会造成逻辑荒谬；逻辑上讲，x 不能区别于非朱红色的红色之物，**正像**朱红之物如果不是红色的同样有别于非朱红的红色之物。因而在这种情况下，如果不蕴涵第一个真值条件得到满足，就不能断言第二个真值条件得以实现，也不能接下去取消这种蕴涵。但是在 L 陈述句中却不存在第一个和第二个真值条件之间的**逻辑**蕴涵。一方面，如果存在以上逻辑联系，那么在 L 陈述句与怀疑或否定条件的满足之间也会存在这样的逻辑联系；如果是这样的话，那么怀疑或否定条件得到满足的蕴涵就必须由讲说 L 陈述句的**所言**或**断言**携带。从以下这种假设的不可接受性可以看出这种情况并非如此：'如果在我看来邮筒是红色的，那么我和其他人就会倾向于否定或怀疑这是红色的。' 另一方面，非常清楚的是，如果我现在说 '没有什么会让我觉得说这只手的手掌看起来是粉色为假，尽管我并不是蕴涵说我或者其他人会否认或怀疑这是粉色的'，这将是一个完全可理解的评论，即使这样的评论既啰唆又无聊。事实上，我准备就这样说。因而，尽管你可能是对的，如果你声称，没有人表明，满足怀疑或否定条件的蕴涵是**可分离的**（实际上它也许不具有可分离性），但是如果你认为这种蕴涵是不**可取消的**，那就一定是错的。但得承认至少在一种情况下一种不具有逻辑性的蕴涵是具有不可取消性的，我们在分析例（2）'她贫穷但

234

诚实（She was poor but she was honest）'①时发现了这样一种情况，但是如果我们再仔细看一下这个句子，我们就会明白这句话的蕴涵在某种程度上不可取消的原因正是——它**是**具有可分离性的（通过使用'and'一词②）。更全面地说来，'她很穷但她是诚实的，但我并不认为这里有一个对比'这句话之所以奇怪，原因是任何这样说的人**起初**费力找到一种语词形式来引入蕴涵，**然后**又费劲把它拿掉。那为什么不把它留下来呢？结论是如果你认为怀疑或否定条件得到满足的蕴涵（a）是不具备逻辑性的以及（b）它是不可分离的，那么你就是在说它是可取消的。这就是感觉与料理论家所需要的。"如果有人对这个论证有答复，我目前尚不得而知其内容。

作为结束语我再讲三点：

（1）如果我对于反对者误入歧途的看法是对的，那么我想我可以对他之所以犯错误提出一个可能的解释。他最初拒绝区分L陈述句所陈述的事实与怀疑或否定条件的实现，我认为这是由于他认为如果怀疑或否定条件没有得到满足，就没有事实可以陈述；我想，这种感觉是注意到L陈述句在某些情况下会有令人困惑的特性的结果。但到底是**什么**情况呢？我想，这位反对者脑海中想象的例子可能是这样的：我和一个同伴在正常的日光下站在一个邮筒前。我们都有理由假设另一个是完全正常的。在这种情况下，他突然说："在我看来这个邮筒是红色的"，而且（认为）不允许我把这当作一个玩笑。所以我困惑了，我不知道怎样理解他说的话。但原因肯定是：我之所以困惑，是因为我不明白他的话语到底想要承担什么交际功能；它有一种旨在传递信息的话语形式，但他可能想把什么我还没有掌握的信息传递给我呢？所以这句话当然是令人困惑的。但反对者可能没有注意到的是，如果在这种情况下，我的同伴说的不是"在我看来这个邮筒是红色的"，而是"这个邮筒是红色的"，那么他的话会同样令人困惑，

235

---

① 这个例子在被略去的第3节里。——译者

② 即，如果将"She was poor but she was honest"改成"She was poor and she was honest"，就不再蕴涵"贫穷"与"诚实"是对立的。——译者

如果不是**更**令人困惑的话。我的观点可以陈述得更具有普遍性。反对者想要赋予 L 陈述句一些特殊的品质（例如，在某些情况下既不是 T 也不是 F），从而至少区别于某些其他的语句。如果是这样的话，他的论点就不能从这个事实中得到支持，即在某些情况下，讲说 L 陈述句会令人困惑，而这些情况（做必要修正后）会使**任何陈述**都令人困惑。他应该改改自己的例子，L 陈述句不应该以说话人和听众都能完全清楚地看见的为对象，而要以说话人看得见，听众却看不见的为对象。但是当这些例子被改变后，他的观点似乎就不那么可信了。

（2）如果有人问我，关于 L 陈述句以及这些话语的蕴涵，**正确的**说法是什么，我会这样回答：和我之前在这篇文章中提到的关于析取语句的内容非常相似。我不想重复我之前的评论，所以我将简要地阐述这个问题。（i）有关怀疑或否定条件的满足既不是 L 陈述句为真或为假的条件，尽管如果这个条件没有得到满足，L 陈述句的表达很可能会（在其蕴涵上）产生严重的误导。（ii）就像前文所提及的例（3）和（4）[①] 我们可以把说话者本人或他所说的话语作为蕴涵的载体；第二种可能性很重要，如果我是对的，它会指向接下来一点。（iii）其蕴涵在任何正式意义上都是不可分离的。因为如果蕴涵可以看作是由他的言说（而不是其他）所携带，例如，他提到**这个**事实或推定的事实，而不是其他一些事实或推定的事实，那么这一点是很清晰的：任何其他陈述相同的事实或推定的事实的方式将与原始陈述事实的方式具有相同的蕴涵。（iv）与例（3）和（4）相比较，其蕴涵在我先前提到的与例（4）有关的更可能的非正式意义上是可以加以分离的；在**有些**条件下，其中话语的蕴涵不再被携带，例如，如果我和我的眼科医生谈论事物在我看来是什么样子的时候。（v）蕴涵是可以取消的（对此我无须多言）。（vi）正如例（4）所示，该蕴涵是**规范地**携带的，其原因在于这样的一般原则，即，相比较弱陈述，人们赋予了较强陈述优先性，并认为没有理由不这样做。因此，蕴涵并不是"在我看来"表达式

---

① 这两个例子都在略去的第 3 节里。——译者

的意义的一部分。然而，在这里 L 陈述句和选言判断之间有一个重要的区别。从直观的逻辑意义上讲，选言判断比其任意一个选言肢都要弱，也就是说，每一个选言肢都衍推选言判断，但选言判断却不衍推每一个选言肢。然而，在这种意义下"它在我看来是红色的"这句话并没有比"它是红色的"这句话更弱，两者互不衍推。我认为，尽管如此，有人还是倾向于认为第一种说法比第二种说法更弱；但在这里，我不会试图确定在什么意义上这种"更弱"也许是真的。

（3）我主要关心的问题可能被认为是一个很细小的问题，但肯定不是孤立的问题。我认为，有几个哲学命题或者哲学说法需要受到检查，以便 237 确定它们是否足够类似我之前所讨论过的论题，从而能被用同一类方法处理。我想到的例子如下：（1）你不能把**刀**看成刀，尽管你可能会把不是刀的东西看成刀。（2）当穆尔说他**知道**他面前的东西是人的手时，他误用了"知道"这个词。（3）要使一件事的发生是有原因的这一说法正确，它必须是件不正常或不寻常的事情。（4）如果一个行为被恰当地描述为行为主体是要负责的，那么这种行为一定是人们谴责的行为。（5）存在的不一定是合理的。（6）我所知道的事实，不是我也相信的事实。我毫不怀疑，除了我提到的这六种候选者之外，还有其他候选者。我必须强调的是，我并不是说所有这些例子与我一直在批评的论点都**有**重要的相似之处，只是说，就我所知，它们**可能**是。更笼统地说，我的反对者所采取的立场，在我看来，似乎涉及一种策略，这是多种当代哲学化模式的特点。我不是在谴责这种策略；我只是建议，不加谨慎地着手进行这项工作，会有与事实冲突的危险。在急于利用我们发现的细微语言差异之前，我们应该确保我们相当清楚它们是什么类型的差异。

5

我希望我已经成功地处理了我发现的一个经常被提出的反对意见，其反对的是用所建议的惯用语家族的某个或某些成员来解释感觉与料的概念。为了找到该家族中最合适的成员，并在发现时选择合适成员的适当使用范围，还需要进行进一步的工作；正如我已经指出的，这两项任务都不容易。为了目前的目的，我将假设 "It looks (feel, etc.) to X as if" 形式的惯用语的某些用法最有可能是合适的。我还将进一步假设，因果理论家最安全的程序将是把"感觉与料"一词的实际出现限制在"感觉与料陈述"或"感觉与料句"等分类标签上；在我看来允许引入"感觉与料术语"来重新表达包含偏爱的惯用语的句子既不必要又危险。我本人将以知觉因果论的名义，经常为了简短起见，谈论感觉与料或感觉印象；但我希望有一种更严谨，甚至更笨拙的表达方式，总能随时可供使用。我希望按照我所建议的思路来解释的论点，即感知涉及有一个感觉与料（包括关于感知者的某个或其他感觉与料陈述为真的情况），现在被允许至少有一个公平的机会被证明是可以接受的。

　　现在我转回来谈谈知觉因果论的特殊特性。从上面普赖斯《知觉》一文中所引出的理论构想的第一条，可以解释为表征这种实际情况的一个充要条件，这种情况就是 X 感知到了 M，而 M 的感觉印象在因果关系上依赖于涉及 M 的某种事态。我们先来探讨这项建议的条件是否是必要的。假设在 X 看来架子上好像有一只钟，那么，说 X 看到了一只钟在架子上，这话若要为真，它需要更多的条件是什么呢？人们可能会说，架子上必须实实在在地有一只钟，而且它在 X 的眼前，在 X 的视野范围内。然而，这似乎并不足够。因为逻辑上可以想象的是，专家应该有某种方法，把本来空空如也的架子弄得让 X 看起来好像就有一只钟在上面：可能通过某种装置，X 的大脑皮层能够得到适当的刺激，或者有某种类似于催眠后的暗示。假如在架子上实实在在就有一只钟的情况下，而把这样的处理方法应用到 X 上，并且发现，当把架子上的钟拿掉或者挪动位置后，X 的感觉印象仍然保持不变，那么此时，我想我们应该倾向于说，X 并没有看见他眼前的钟，原因就在于我们应该认为这只钟对他感觉印象的产生，并没有起到任何作用。或者，离开这种幻想之境，也许是这样，在某一方向的某个地点，在我看来好像有一根柱子，而且也许在那个地方果真有一根柱子；但是，不让我知情，在我和柱子之间放置一面镜子，镜子反射出大小有别但相似的柱子，（这时）说我看到了第一根柱子，这当然并不正确，说我看到了第二根柱子，这是正确的；那么，这将是极有诱惑力的解释这种语言事实的方法：说第一根柱子与事物在我看来的样子并无因果相关性，而第二根柱子与事物在我看来的样子并非没有因果相关性。

似乎有个很好的论据可以让这项建议的条件成为必要条件；然而，就 239 目前而言，该条件却不可能是充分条件。因为，在任何特定感知情境中，都会有一些对象通常不会被感知到，这些对象的某种状态或作用模式与特定的感觉印象的出现具有因果相关性：这点对于观察者的眼睛或者太阳这样的对象来说可能为真。因此，有必要对正在讨论的知觉分析增加某种限制。普赖斯[①]建议这样的使用应该区分"常在"和"区别"条件：例如，太阳的状态或者感知者眼睛的状态，这些是常在条件，（粗略地说）如果适当地改变它们，那么感知者所有的视觉印象在某些方面就会相应地发生变化；而被感知到的对象的状态是区别条件，因为它的一个变化只会影响感知者视觉印象的一部分，也许只是讨论中的某特定印象的引发来源。那么，这个建议就是，当且仅当所涉及的条件是感知者的某种感觉印象的区别条件时，知觉因果论才应该认为一个对象被感知到了。然而，我怀疑这样增加的一条限制是否足够。假设在一个漆黑的夜晚，我同时看到了由不同火把照亮着的每个物体；如果有一只火把变动了，对我的视觉印象的影响将是有限的，而不是普遍的；由其他火把照亮的物体在我看来将仍然是一样的。不过，我们还不想就此被迫说，在这种情况下每个火把都被感知到了；隐藏着的火把也许正发着亮光。但是，这就是对知觉因果论的修改

---

① 《知觉》第 70 页。

建议所迫使我们接受的观点。

我倾向于这样的想法，知觉因果论应接受的更有前景的一个方向，就是根据一个感知到的对象使人产生感觉印象的方式来形成所要求的限制条件。一个可以设想的过程会是，把专家的部分解释纳入对限制的具体说明中来，例如，要参考光波在视网膜上的传播；然而，对于这一程序的反对意见也显而易见；如果我们企图刻画日常的知觉概念，我们就不应该明确地引入那些完全能够使用日常概念的人可能会忽略的材料。我认为，对于因果理论家而言，最佳做法是通过举例的方式表明因果联系的模式。换句话说，一个物体要被 X 感知，那么只要该物体因果性地参与了 X 的感觉印象的产生过程就够了，比如以这种方式，当我在好光线下看我的手，我的手就因果性地导致了它在我看来的形象，即我的面前好像有一只手，或者……（等等），**无论这种方式会是什么**；要在这个问题上得到启发，就必须求助于专家。我认为以下说法没有任何荒诞之处，一个非专业人士的概念应该包括，这么说吧，一个将会由专家填充的空白空间。情况是这样的，也许可以用这个例子证明，在讨论看见这个概念时，如果我们怀疑说一个有特殊感觉器官的生物**看见**东西的说法对不对，我们很可能希望能够从专家嘴里听到人类眼睛与所说生物的相关感觉器官之间的一个比较说明。当然，通常情况下我们不需要专家的帮助，因为我们可以说在许多情况下都涉及同一种机制，尽管我们无法说出这是什么机制。可能有人会认为我们需要进一步的限制，来把事物对于 X 而言存在的方式和它们实际存在的方式之间的差异限制在许可的范围内。但是，即使是透过粗糙的厚玻璃或者扭曲的眼镜看物体，也可以说是看得见的，尽管事实上它们可能无法辨认。

在这一点上，必须提到一项反对意见，对此我只做简要说明，因为它涉及的手法与我在本文前面详细讨论过的手法类型相同。正如我所阐述的，可以这么说吧，知觉因果论要求，谈论完全正常的知觉情境中所涉感觉印象的成因，是语言上正确的事情。但这是个错误；例如，谈论使 X 看来他面前好像有只猫的原因，是很不自然的，除非是或被认为是在某种不正常或者虚幻的情况下。尽管如此，当一个原因可以（并非不自然地说）引起一个印象时，它总是所存在的被感知对象以外的东西。"由于出现了一只猫，导致在 X 看来他面前好像有一只猫"这样的句子，没有自然的用法；然而，对于知觉因果论而言，应该有这样的自然用法却是绝对必要的。

　　为了回应这个反对意见，我要做三点说明。（1）如果我们要富有同情 241
心地对待知觉因果论，就不能只让这位因果理论家（the Causal Theorist）使用"引起"这个动词，我们必须允许他根据自己的意愿使用因果动词或动词短语家族的其他成员。该家族包括"说明""解释""部分地解释""部分原因是"这样的表达式，而且，似乎这个理论的其他表述很可能会避开这个反对意见。（2）如果我认为我有能力说"这里有一只猫"或"我看见一只猫"，我自然会避免做出"在我看来好像有一只猫在我面前"这个较弱的陈述，而且我就更有理由避免谈论为什么在我看来是这样。但是，如果我在前文所言无误，做出这种较弱的陈述，就是说了语言上正确并且真实的话，即使是令人误解的。我们是否有理由反对这个假定，即把较弱陈述报道的事件状态归结于某种特定原因可能是语言上正确而真实的，即使毫无意义或令人费解。（3）X 正站在街上，一头大象正在靠近；他想他一定是眼花了。知道了这一点，我可以很自然地对 X 说："在你看来，好像有一头大象正在靠近，这一事实可以解释为，确实有一头大象正在靠近，而不是你变得精神错乱了。"如果在马戏团对邻座说同样的话，那肯定是在描述事实，尽管这可能会被认为是挑衅。

　　我已经从知觉因果论的最初构想的第一句中获知了知觉的因果分析的提纲，我希望这至少不是明显不可接受的。我当然只是从与视角有关的方面仔细考虑了所建议的分析，更仔细的讨论必须注意非视觉感知；即使在视觉感知领域内，所建议的分析很可能不适合"看见"一词的一些用法，这需要一个比由理论提出的条件更强大的条件。

6

上文一直在阐述的知觉因果论被指控代表原则上不可观察的物质对象，并因此导致对物质世界的怀疑，其对该指控是否持开放态度？我在理解指控的准确本质上有些困难，因为在这个上下文中，"不可观察"的含义一点也不明显。

（1）将"不可观察"理解为"不能被感知"并非不自然。现在可能的情况是，人们不用违反一致性，就可以将对感知的因果分析的接受与物质对象原则上不能被感知的观点结合起来，如果他们准备坚持认为物质对象在原则上不可能产生感觉印象的话，而这种不可能已经逃过了常识的注意。这一立场，即使内部一致，似乎要面临严重反对。但即使物质对象无法被觉察的命题与感知的因果分析一致，它肯定也不是后者的结果；到目前为止，知觉因果论仅限于提出对感知的因果分析。

（2）评论家可能将"不可观察"等同于"不可直接观察"；并且说物质对象不可直接观察可能转而被解释为，关于物质对象的陈述缺乏至少某些感觉与料陈述所拥有（或应该拥有）的对事实错误的免疫力。但是，如果"不可观察"被这样解释，那么物质对象似乎**真的**是不可观察的，并且对这一事实的承认很难被视为可指责的事情。

（3）"观察"可以与作为知识来源的"推断"形成对照，因此，批评家的主张可能是，知觉因果论断言或蕴涵特定物质对象的存在只能是推理出来的。但是，首先，这是不成立的，即感知的因果分析接受有特定物质对象的存在必然是一个推理的问题（尽管这一观点已由普赖斯的知觉因果论最初构想的第二条明确地断言）；其次，许多批评家都是现象学家，他们自己也准备允许特定对象的存在，在某种意义上，这是一个推理问题。如果抱怨知觉因果论没有把推论表示为正确的，那么看起来批评家实际上可能抱怨因果理论家不是现象主义者。现在所讨论的批评只能由不仅接受现

242

象主义，而且还将其视为从怀疑主义中解脱的唯一手段的人所提出，除此之外，一点都不清楚的是，接受一种感知的因果分析，是为了使自己不接受现象学；这个想法似乎没有显然的荒谬之处，即人们可以在第一阶段对 243 "X 感知到 M"提供因果分析，然后以现象主义者的话语来就这一结果进行重新表述。如果知觉因果论被看成是（它经常被看成是）现象主义的竞争对手，那么这种反对很可能就会从这一理论最初形成时的第二条中涌现出来。

　　关于前面的解释，还有进一步解释的可能性。如果某人看到地平线上的黑点，而事实上是一艘战舰，那么，在一些语境中我们应该愿意说他看见了一艘战舰；然而，我想，我们不应该愿意说他观察到了一艘战舰，除非他确实辨认出他看到的就是一艘战舰。于是指向知觉因果论的这一批评很可能是，它断言或衍推，原则上不可能**知道**或者甚至不可能合理地确定人们正在感知一个特定的物质对象，即使人们事实上正在感知它。这时，我们必须把我们的注意力投向知觉因果论最初形成时的第二条，该条断言道，"知觉意识基本上是从后果到原因的推论"。我会假定（希望并非没有道理）这里提出来的这一观点的实质就是，任何宣称感知到一个特定物质对象 M 的人，都能被合理地要求证明他的主张是正当的，而且满足这一要求的唯一方法，在最基本的情况下，就是提出可接受的论据，来证明对象 M 的存在是符合要求的，或者大概是符合要求的，以便能够足以解释宣称者现有的感觉印象。关于知觉因果论更为详细的说明，可以通过提供总的原则来补充这一条款，总原则使我们确信因与果之间具有对应关系，因此能够产生符合要求、令人满意的论据。

　　很明显，如果因果关系理论家按照我刚刚指出的方法前进，那么人们就不能指责他**断言**物质对象在这个被考虑的意义上是不可观察的，因为他费了一些功夫，企图表明我们如何能有理由地确信特定的物质对象是存在的。但是，也许可以认为（在可能是"结果"的某种特殊意义上）物质对象不可观察是知觉因果论不需要的结果，理由是如果我们接受知觉因果论的这些观点，即，（1）感知是按因果关系分析的，（2）关于被感知对象的知识依赖于因果推论，以及（3）所要求的因果推论在没有提供合适的对应关系总原则的情况下是不可靠的；于是，我们必须承认关于感知对象的知识是无法获得的，因为所提供的总原则，除了在真实性和状态方面都是可疑的，并没有得出设计它们时想要的结论，并且没有更成功的替代品。如果这就是对知觉因果理论的批评所做的理解，那么我就不会去挑战它，尽管我必须承认自己有些怀疑这是否是批评者真正的意思。我现在对这个批评的评论是，它是以一种具有哲学意义的方式表达出来的无情。

　　在我看来，有两种可能的方式来看待知觉因果理论。一是假设一种初始情况，在这种情况下人们认识到，虽然外观表现最终是对现实的唯一指南，但似乎不能假设这就与事实相符。这个问题被认为是展示从外观表现到现实争论的合法方法。那么，知觉因果理论会被看作旨在解决这个问题的复杂结构；如果这个结构的一部分坍塌了，其余部分就不再引起人们的兴趣。看待知觉因果理论的第二种方式是，把对感知到某物的因果分析看成是主要根据其内在优点来判断的东西，而不仅仅是作为解决先前认识论问题的一个部分，并且认识到它的某些版本很可能是正确的；然后，知觉因果理论的其余部分被看成是包括（1）看起来被强制执行的组成步骤，如果接受感知的因果分析的话，还有导致怀疑论困难的组成步骤，以及（2）克服这一困难的不成功尝试。这种看待知觉因果理论的方式认识到我们面临的一种可能性，在这种情况下自然辩证法从真命题中产生令人痛苦的后果（或相当明显的后果）。排除第二种态度而采取第一种态度，既是把很可能是能够接受的哲学分析放在一边，又是忽视了从揭示自然辩证法的运作中获得哲学利益的机会。我认为，这就是批评家们倾向于做的事；尽管毫无疑问他们可能会以历史理由为借口，因为看待知觉因果理论的第一种方式可能就是实际的因果理论家的方式。

　　我还需要证明知觉因果理论可以通过第二种方式来看待，我会提出一条论证路线（虽然具有怀疑性质），会恰当地包含知觉因果理论的要素。我提供以下示例。在基本类型的情况下，真实地声称感知到特定物质对象 M 是基于感觉与料的陈述；只是因为出现了某些感觉印象，陈述者才会认为自己有权断言 M 的存在。由于知觉的因果分析是会被接受的，所以感知 M 的主张包括这样的主张，即 M 的存在因果性地解释了适当的感觉印象的发生。综合以上考虑得出这样的结论，即陈述者接受 M 的存在，**理由是**某些感觉印象的因果解释需要 M 的存在；也就是说，M 的存在是从感觉印象的发生因果性地推断出来的。而因果推理的一个典型案例是从烟到火的推断；这种推断的可接受性涉及在烟雾的发生和火灾发生之间建立相关可能性；这种办法之所之可行，只是因为除了因果推理，还有一种确定火灾发生的办法。但是除了通过感官印象的因果推理之外，没有办法确定特定物质对象的存在，因此这种推理不能被合理地证明。提出对应原则当然是试图通过否定烟火模型来避免这种后果。[如果这个模型被否定，可以将物质对象同化为诸如电子之类的实体，接受这些实体（大致）是因为它们可以被用于解释和预测的目的；但是，这种同化令人厌恶，因为物质对象作为未发现的实体范式第一次跟理论结构或科学家的理性实体对立，然后又自己被作为理性实体。]

　　当然，对这种论证的一种可能的反应是，"感知的因果分析更糟"；但作为另一种选择，这一论证本身可能会受到挑战，而且我将通过提及，而不是试图评估，一些可以做到这一点的方式来做总结。（1）有人可能会说，把我的许多信念（比如现在在我面前有一张桌子）描述成任何种类的"推论"都是非常不正确的，如果这意味着我有责任根据要求通过论证（也许在获得进一步数据之后）证明在我看来的情况实际是事实的论点。正常情况下，在我看来我面前好像有一张桌子，我有权断然地说我面前有一张桌子，并拒绝任何我应该为我的主张辩护的要求，直到有具体理由怀疑它为止。怀疑论者必须假定，任何知觉的主张可以在没有先决条件的情况下受到审判，并且必须证明清白，而不是有罪；但是这种假定是错误的。（2）所谓"基本"情况（其他类情况的基础）是虚构的，在该情况下，知觉主张应该纯粹基于一组感觉与料的陈述来确立；任何特定知觉主

246

张的正当性将依赖于关于物质世界（例如，关于知觉者的身体）的一个或多个进一步命题的真。坚持认为"基本"的情况应被选择来加以考虑，实际上是在开始时就假定，我立即对我关于物质世界的所有信念提出质疑的做法在概念上是合理的；而怀疑论者无权从这个假设开始。（3）可能有人会质疑，鉴于我依据某些感觉印象接受了 M 的存在，并且我认为 M 对这些感觉印象负有因果关系的责任，是否可以得出我接受 M 存在的**理由是**，它的存在是为了解释感觉印象所必须的。（4）在持怀疑态度的论证中，使用烟火模型可能会受到两种出自不同理由的批评。**首先**，如果本段第一点站得住，那么就有感知对象的存在不是因果推理的结论的情况，即根本不能正确地将其描述为推理问题的情况。**其次**，这个模型不应该被引入；因为虽然火倾向于引起烟的命题被认为是纯粹偶然的，但是就下列命题而言，这一般来说不是真的，即，具有性质 P 的物质对象的出现，趋向于（或将在标准情况下）对于特定的人来说，好像就有一个拥有性质 P 的对象存在。那么，这就是怀疑论证中可反驳的一个特点，它首先把非偶然联系看成好像是偶然的，然后抱怨这种联系不能以适合于偶然联系的方式来建立。一个红色（或圆形）对象的出现，会让特定的人看来好像就有某种红色（或圆形）东西存在，这一命题的非偶然性特征本身当然不能用来排除这样一个特别的事实，即在我看来好像在我面前有某种红色的东西，可以由一个特定红色物体的出现来解释；腐蚀性物质往往会破坏它们所应用的表面，这是一种非偶然性事情，但通过说它是由某种腐蚀性物质引起的，可以解释一个特定的表面损坏情况，这却是非常合理的。在每种情况下，解释效果可能以某种其他方式产生。

247

7

我的结论是，下面这个知觉因果论版本不是不可以接受的：（1）这是真的，X 感知到 M，当且仅当某些现在时态的感觉与料的陈述对于 X 来说是真的，在所报告的事态中，M 被以举例的方式说明负有因果性责任，并且（2）X 感知 M 时的声称是正当的（如果需要为其提供任何理据的话），通过显示 M 的存在是必要的，如果某些真实感觉与料的陈述报告的情况（其中一些陈述可能是关于其他人而不是 X 的）需要做因果性说明的话。这双重论点是否值得称之为知觉理论，我不敢妄加推测；我已经提出第一条既非明显衍推现象主义，也非明显与现象主义冲突；我怀疑第二条可能也是如此。我意识到，我的理解无论与字面表述多么接近，都离最初的理论精神相去甚远，可是要同时捍卫字面表述和理论精神就超出了我的能力范围。

16

关于感觉的评论

有一项主张其大意是某些生物拥有称得上是感觉的官能，它与我们现在所熟悉的感觉并不相同；应对这种主张的方式可能不止一种，也不会实际上否定这项主张所基于的既定事实。[①] 可以说，这个官能虽然可能以某种方式提供关于世界的信息，却不是一个知觉官能；或者可以承认，这种官能的运用构成了知觉，但坚持认为这不涉及新的感觉，只是一个熟悉的感觉可能以某种不熟悉的方式在运作。

关于第一个可选观点，我不想多说。它包含了许多次级可选观点：

（1）这个官能可能被同化为道德感或幽默感等事物。这些是否有信息内容，是有疑虑的；即使把这些看成有信息内容，也不能把它们当作仅仅只是（首先）说明这个世界在时间和空间上呈现给这个生物的各种条件。

（2）这种官能可能被认为是某种预知能力。这种观点可以得到采纳，如果这个生物看上去拥有物质世界中某些当时状态或事件的直接（非推论）知识，尽管这种知识与任何感觉器官的操作无关。当然，我们应该不是非常愿意接受这一次级的可选观点。我们应该尽可能地坚持一个观点，那就是这种知识必须与某个感觉器官的运作有联系，即使我们无法把它识别出来。

---

① 我得感谢罗杰斯·奥尔布里顿（Rogers Albritton），他对这篇文章给了一些极有用的批评和建议。

（3）这种官能的运用——让我们称之为 x-ing[①]——可能会因其类似 249
于有感觉而不能被称为知觉。可以这样认为，x-ing 在于拥有由 x-er 的环
境中的物质事物或事件通过影响他的神经系统而产生的某种经验，尽管
它不具有感知这些事物或事件的资格。持如此观点的那种情形或许会变
得明朗，如果我们考虑一下生理学家和心理学家对所谓的"触觉"进行
的攻击的话。我认为，他们希望从神经学的角度来区分三种感觉：压力
感、冷暖感和疼痛感。我们是否乐意像接受视觉或嗅觉为一种感觉那样
也把他们的疼痛感接受为一种感觉呢？我不这样认为，因为这样做会使
我们留意我们不会将疼痛仅仅"外化"为语言事故这个事实。也就是说，
它将使我们认为以下事实不重要：（a）我们准备将认为"恶臭的"不同于
"痛的"或"剧痛的"作为一般物质事物拥有或不拥有相对持久的特征的
名称；作为一般规则，我们准备将"M（一种物质事物）是恶臭的吗？"
这类形式的问题视为至少在原则上是可以肯定地或否定地回答的，而我
们应该经常希望摒弃"M 是痛的吗？"或"M 是剧痛的吗？"这类形式
的问题；（b）我们谈论厨房的气味而不是厨房里的疼痛。

非常简洁，在我看来这里凸显的观点如下：

（a）除了强度和位置不同，疼痛并非五花八门。气味则相反。

（b）没有标准程序来获得疼痛：可以是切割、撞击、烧伤、刮擦等。嗅
　　　觉则有一种标准程序，即吸入。

（c）几乎任何一种对象都可以对我们造成疼痛，而且方式常常不止一种。

由于这些事实，在指明伤害我们的事物的特征方面，我们的疼痛总体上都
不是好的指引者。另一方面，各种特定的气味则通常能够显出这种或那种
类型对象的特征。我希望这些考虑可以在一定程度上解释为什么我们通常
不会将疼痛特性归因于事物，例如我们可能在特殊情况下谈到拇指夹这种
令人疼痛的刑具，但这是因为有一种将拇指夹应用于人的标准方法。

我们并没有把疼痛说成是（比如说）在厨房里发生的；因为，我认为 250

---

① "x-ing"意思是某种感觉在进行中。——译者

如果疼痛源离开了一个特定的地方，那么在去掉疼痛源之后，到达这个地方的人就不会感到疼痛。另一方面，气味确实会在某些地方留存，因此可以从其起源的物质对象上"分离开来"。虽然疼痛不会在某些地方留存，但在消除疼痛源后，它们确实还会继续存留在个体上。在这一点上，它们又不同于气味。

我现在转而讨论应对 x-ing 主张的第二种可能的方式，即认为它运用一种新感觉。你会记得，这就是以某种形式认为 x-ing 虽然是感知，但只是通过一种熟悉的感觉来感知，也许是通过一种不熟悉的感觉器官。在这一点上，我们需要问不同的感觉是通过什么标准来区分彼此的。这个问题的答案，如果可以获得的话，将会告诉我们 x-ing 如何必须区分于熟悉的感觉的运用，才能算作一种独特感觉的运用。这可能涉及四个看似独立的观点：

I. 有人可能提议，不同的感觉可通过我们所了解到的它们的区别特征区分开来：也就是说，视觉可以被表征为感知（或看似感知）事物具有某些颜色、形状和大小；听觉被表征为感知事物（或者在这种情况下"事件"更好些）具有一定程度的响度、某些确定的音调、某些音质；如此等等，也适用于其他感觉。

II. 有人可能提议，两种感觉，例如视觉和嗅觉，都是通过视觉和嗅觉经验中特别的内省的特征来区分；也就是说，不考虑我们通过视觉和嗅觉所了解到的特征间的差异，我们有权说视觉本身在特征上就不同于嗅觉。

III. 我们的注意力可能会被吸引到各种感知模式所依赖的外部物理条件的区别性一般特征上，吸引到与不同感官相联系的不同"刺激"上：触觉通过接触而被激活，视觉通过光线激活，听觉通过声波激活，等等。

IV. 可能提到与各种感官相关的内部机制——感觉器官的特征，以及它们与大脑的连接方式。（这些建议当然不一定被认为是相互排斥的。或许有可能是不止有一个区分感觉的基本标准，而是有多种标准。）

这时，一个程序（可能是最可取的一个）是考虑困难情况下，所建议 251
标准的适用性及其相对权重。但是，对动物学的无知加上发明贫乏，二者
连在一起会使我注意到一些也许并非无趣的问题，它们涉及这些标准的独
立性，特别是第一点和第二点之间的关系。第一个观点（不同的感觉要以
我们通过它们所感知到的区别特征来区分）可能乍一看，颇有吸引力而且
不令人困惑；但如果我们试图将其作为区分不同感觉的唯一基础，似乎就
会出现困难。看起来好像是当我们试图充分理解观点（I）时，就会被带
入到第二个观点的某个版本（这些感觉要以其运用时所具有的特殊内省特
征来区分）。

有一个危险是，可能从一开始观点（I）就以一种隐蔽的方式包含了
观点（II）：例如，采纳它就可能相当于说"视觉是在感知事物的某种颜
色、形状等的时候我们所拥有的这种经验"。如果我们要消除这种危险，
我认为我们就必须把观点（I）当作提出这样一种观念，即从中性感觉
（sense-neutral）动词出发，如从"感知""看似"出发，我们可以根据感
知到的事物具有如此这般的特征来阐明视觉这一概念，根据感知到的事
物具有如此这般的其他特征来阐明嗅觉这一概念，等等。总的说来，特
殊的感知动词，可以用一般感知动词加上物质事物或事件可能被感知具
有的特殊通用特征的名称来解释。这时出现了一个明显的困难：可能出
现在触觉品质表中的特征（这些特征是用来区分触摸和其他感知方式的）
是温暖；但是说有人感知某物有一定程度的温暖并不衍推他在**触摸**任何
东西，因为我们可以**看出**东西是温暖的，东西也可以**看起来**很温暖。

为了把这个观点从这种异议中解脱出来，似乎有必要引入一些术语，
如"直接感知"（也许还有"直接看似"这个术语，这两个术语无疑在定
义上相连）。这些术语应该如何确切定义，我不建议去探询，但定义必须
能确保，当看到某些东西是蓝色的时候，人们可能直接感知它是蓝色的，
而看到某些东西是温暖的人却不能直接感知它是温暖的。我们可以试着用 252
这些特别引入的动词来定义"看到"及其同类词（以及"看"的主要用法

及其同类词）。我们可以将以下内容作为粗略对等的示例，而不会就过多
的细节而伤精费神，因为我们目前只需要看看要对哪些一般方法提出初步
建议：

（1）X看到M（物质对象）＝X直接感知M有某种颜色和某种空间
属性。

（2）X触摸到M＝X直接感知M具有某种空间属性和不同程度的一个
或多个特征，如温暖（寒冷）、硬度（柔软度）等。

（3）M在X看来（主要感觉）是φ＝M直接看似对X具有一定的空间
和颜色属性，其中一个是φ。

（4）M在X看来（次要感觉）是φ＝M直接看似对X具有一定的空间
和颜色属性，其中一个或多个属性对X表明M是或可能是φ。

可以为"摸起来"（与非人主语连用）的主要用法和次要用法提供类似的
定义。

我认为，这种策略未能把建议（I）厘清。有些人可能会反对给动词
下定义，比如反对用"感知到"来给（与直接宾语连用的）"看到"下定
义；并且还有给特殊术语"直接感知"和"直接看似"下定义的问题。不
过，对我来说，一个更紧迫的大难题与一个命题的看似不成问题的可接受
性相关，这个命题是，空间属性可以通过视觉和触觉而被直接感知为属于
事物。假设一个人在一只手掌上放半克朗，另一手掌上放一个便士，他可
能会（也许如实地）说，"在我看来这半克朗比一便士大，即使它们摸起
来一样大"。如果我们应用上面给出的粗略翻译，那么这个陈述就会是这
样："这半克朗和这枚硬币直接在我看来似乎拥有一定的空间和颜色属性，
包括（指这半克朗）比一便士硬币大这一属性；但是它们也直接在我看来
拥有一些特征，例如一定程度上的粗糙度、温暖度等，以及具有空间属
性，这包括大小一样的属性。"

那些被冗长地表述的事实似乎（顺序有变）有这些：

（1）这些硬币直接看似具有一定的空间和颜色属性。

（2）这些硬币直接看似具有从"触觉"列表中提取的某些属性。

253

（3）这半克朗硬币直接看似比那枚一便士硬币大。

（4）这些硬币直接看似大小相同。

但是，在这个对事实的陈述中没有任何内容告诉我们，是否这些硬币的大小**看起来**不同而**摸起来**大小相同，或者反过来说，是否**摸起来**大小不同而**看起来**却相同。

这时，出现了两个有点大胆的做法。第一个是宣称关于"大小"的表述有歧义，要区分视觉大小和触觉大小，从而否定空间属性实际上可由多种感觉获取。这种或多或少的贝克莱式（Berkeleian）立场可能对目前的论证不具有吸引力；无论如何，在没有援引各种感知模式的重要特征的情况下，引入"视觉"和"触觉"的限制条件，企图把不同感觉区分开来，这样的做法显然容易受到至为严重的怀疑。第二个是修改观感和触感的表述方式，例如，"A 看起来比 B 大"可以大致重新表述为"A 以某种方式直接看似比 B 大，这种方式衍推 A 和 B 直接看似有某些颜色特性。"但是，这似乎引入了"直接看似"有特殊种类或变体的说法，这似乎只是带来了建议（II）的变体版本。

但是，还有一个相当微妙的做法需要考虑。[①]除了可以聚集某些**通用**属性（例如颜色、形状、大小）的联系（不管它可能是什么），以便把它们构成与某一具体感觉（如作为视觉属性）相联系的一组属性的成员，那么，另一种联系就可能显示为具体的属性（如具体的颜色和形状等）和在处理当前这个例子所引起的问题时的可能用法之间的联系。假设 A_1 是仅出现在视觉列表中的某种通用属性的具体形式（例如一种特定的颜色），假设 B_1 是仅在触觉列表中出现的某种通用属性的具体形式（例如特定程度的温度），假设 X_1 和 X_2 是在视觉和触觉列表中出现的通用属性的具体形式（例如特定形状），进一步假设有人在一个给定的对象身上同时察觉或似乎察觉所有这些属性（A_1，B_1，X_1，X_2）的存在，那么现在，这位 254

---

① 这一点是由伍德（O. P. Wood）提出的。

感知者可能会发现他可以继续察觉或似乎察觉 A_1 和 X_1，而不再察觉或似乎察觉 B_1 和 X_2；同样，他可以察觉或似乎察觉 B_1 和 X_2 而不再察觉或似乎察觉 A_1 和 X_1；但另一方面，他不能保留 A_1 和 X_2 而又同时消除 B_1 和 X_1，或保留 B_1 和 X_1 而又同时消除 A_1 和 X_2。因此，在 A_1 和 X_1 之间可能会有所谓的"察觉连接"，而在 B_1 和 X_2 之间有另一个这样的连接。基于 X_1 和纯粹的视觉属性之间的连接，可以确定 X_1 在这里视觉上被察觉，并且类似地可以确定 X_2 在触觉上被察觉。类似地，在硬币这个例子里，人们可能会说大小不同与硬币具有或似乎具有的某些纯视觉属性（例如它们的真实或表面的颜色）之间有察觉连接，并且在大小相等和硬币具有或似乎具有的某些纯粹的触觉属性（例如它们的寒冷）之间有一个察觉连接：那么这个困难就消除了。

有三个方面的考虑使我不能对这个试图让建议（Ⅰ）变得有用的尝试感到满意。我按照我认为越来越重要的顺序逐一介绍它们：

（1）考虑一下这种可能的情况，对于观察者来说，只有在被看到时两个硬币才**看起来**大小相等，只有在被摸到时两个硬币才**摸起来**大小相等，但是，在**既**被看到**又**被摸到的时候，这两枚硬币看起来大小不等而摸起来大小相等。这种情况无疑是奇妙的，但是，一个感觉对事物的感知是否会像上述这样，受到另一个感觉的活动或未活动的影响，这**似乎**只是一个经验问题。如果这样的情况发生了，那么我前段所概述的方法就不足以应对它，因为大小相等性的共同察觉只能由**两个**属性单独察觉，即单独的视觉属性**和**单独的触觉属性，而大小不等性的共同察觉既不能由单独的视觉属性也不能由单独的触觉属性察觉到。因此，就这个测试而言，感知者会无法决定通过哪一种感觉才察觉到（或似乎察觉到）不等性。但是，对于这个结论是否可以接受我还怀有疑虑。

（2）如果一个生物有两种不同的感觉并且通过其中任何一种感觉都能察觉到相同的通用属性，那么所建议的测试就不适用于这些感觉的情况，255 因为这个测试取决于这些属性只能够被那个受到测试的感觉体验到。对我来说，很难想象的是，两种不同感觉中任何一种都可以察觉到同一组通用属性。（我稍后再来谈论这个问题。）

（3）建议的测试，如果已使用，是否总是正确地回答这么一个问题，即在特定场合某个空间属性是否能通过视觉或触觉察觉到，看起来我们很可能的确从未采用这种方法来决定这样的一个问题。事实上，使用**任何**方法的想法似乎都有些奇怪，因为对于这样一个关于我们自己的问题的回答，似乎从来没有丝毫的疑问。并且在通过视觉察觉（或似乎察觉）给定属性与通过触觉察觉（或看似察觉）给定属性之间做出区分似乎相当奇怪，这将是我们在任何情况下都不应该进行的实验，无论其结果如何。

建议（I）还有一个不吸引人的特征。根据它，某些属性被列为视觉属性，某些属性被列为触觉属性，等等；并且说颜色是一种视觉属性似乎只不过是说颜色是一组属性中的一个成员……这使得该属性组的成员成为一种任意的事物。我现在想看看，如果（正如建议（II）所允许的）我们不受阻碍地使用"看到"和"看"这样的特殊感觉动词，是否可以对视觉（触觉等）属性的概念给出一些一般性的解释。我或许应该研究这个问题而不是更充分地考虑讨论的直接目的，因为在我看来，这似乎是一些内在的兴趣。我怀疑"视觉属性"和"触觉属性"这样的表达式是否有任何明确的可被接受的用途，所以下文所述应该被视为决定用途前的准备，而不是分析现有的用途。我将只讨论视觉属性概念，希望这种讨论可以适用于讨论（当然不一定在每种情况下都以相同的方式）其他感觉。

首先，我建议我们应该把下述条件作为属性 P 成为视觉属性的一个必要的（虽然不是充分的）条件：说某人**看到**某物质事物 M 是 P 以及（有一个资格，后面会提到）某事物 M 在某人**看起来**是 P，在语言层面是正确的。在满足这种条件的属性类别中，我想做出一些属于两个非独立维度的区别，其中一个我将称之为"可确定性"，另一个称为"复杂性"： 256

（1）有某些属性（例如蓝色属性），如果 P 是其中之一，那么我就没有更好的方法（尽管可能有一种同样好的方法）来确保事物 M 是 P 而不是自我满足，在观察条件最优的情况下，对我来说 M 看起来是 P。这些属性，我将标记为"直接在视觉上可确定的"。

（2）在我看来，可能存在将某些属性标记为视觉上可确定的情况，尽管间接地如此。我想到了两种可能的间接性。首先，可能的情况是，用于确定 M 是否为 P 的主要（非次级）测试不仅仅是为了确保 M 在最有利的观察条件下看起来是 P，也是为了通过详细检查确保某些部分（在广义上）或 M 的元素具有某些特征，并以某种方式相互关联；这可以理解为所涉及特征和关系本身就是**直接**在视觉上可确定的。对我来说，然而毫无疑问不是对一个中国人来说，带有某种中国特征的属性可能属于这种类型；毫无疑问，对于每个人来说，有一个千边形的面的属性就属于这种类型。其次，一个特征可能是这样的，其主要测试涉及 M（或其元素）与某些标准样本的比较。在这个条件下，我打算兼顾苹果绿这样的属性，其主要测试涉及颜色图表的比较，以及长度为 2 英尺 7 英寸的属性，其主要测试是用尺子测量。需要明白的是，这种比较或测量的结果是可以用可直接目视确定的属性来描述的。

在我看来，视觉特征可能会以这样一种方式使用，即 P 只有可以直接在视觉上被确定时才有资格作为视觉特征，或者如果它直接或间接地在视觉上可被确定，那它也有资格。但似乎也存在一种不同可是我认为有联系的分类基础，也可能用于修复"视觉特征"表达式的意义。存在一些 P 值，这样可以说对象 M 看起来是 P，但关于这一点，问题"M 看起来的方式有什么使它看起来是 P？"是没有答案的。更为一般地说，当事物看起来是 P 时，将无法具体说明它们是怎样看起来让人认为它们看起来是 P 的。例如，对于看起来是蓝色的事物，人们无法具体说明它们是怎样看起来让人认为它们看起来是蓝色的。我将那些满足这种粗糙条件的特征称为"视觉简单型"。但是，对于那些（一个事物可能看起来是 P，但是视觉上不简单的）P 值，存在各种可能性：

（1）具体说明什么是关于一个事物看起来的方式（即，什么使它看起

257

来是 P，或决定它看起来是 P），可能就是说明 M 拥有或看起来拥有（那些视角上可确定的）某些特征，存在这些特征或多或少可靠地表明 M 是 P。温暖就是这样的一个特征。在这种情况下，P 在视觉上是不可确定的（我应该喜欢说 P 不是视觉特征），并且既不是视觉上简单的也不是视觉上复杂的。P 仅仅是"视觉上可指明的"。

（2）具体说明什么是关于一个事物 M 看起来的方式（即，什么使它看起来是 P，或决定它看起来是 P）可能采用这种形式，说明拥有某些特征（视觉上可确定的或视觉上简单的，或两者都是），构成是 P 的逻辑充分条件。向一侧倾斜这一属性可能属于这一类。一个人似乎看上去一只耳朵低于另一只耳朵（也许事实如此），我们可能会说他的脸被弄成看起来是倾斜的；而实际上他一只耳朵低于另一只耳朵，可能是他脸倾斜的一个逻辑充分条件。我将这类特征称为"视觉紧张复杂型"。

（3）考虑诸如"X 的脸看起来很友好"或"X 看起来强硬"的例子。当然，友好和强硬本身并不是在视觉上可以确定的：当然有必要问问"他的脸看起来的方式有什么使它看起来很友好？"和"他看起来的方式有什么使他看起来强硬？"这些问题。然而，要回答这些问题，可能相当困难；当答案或部分答案出现时，可能并不等于说出了 X 的脸（或 X）看起来的样子有什么或多或少地表明 X 是友好的（或强硬的）。在这种情况下，人们可能会倾向于说虽然强硬不是视觉特征，但看起来强硬却是。以下这些评论似乎是恰当的：

（4）对于这类特征，我们认为可能有必要放松视觉特征需要满足的初始条件，理由是不能说某人"看起来看起来强硬（looking tough-looking）"。但正如奥尔布里顿（Albritton）向我指出的那样，（例如）说某人站在走廊昏暗的灯光下时他看起来看起来强硬，可一旦他进入房间就可以看见他实际上看起来很温柔，这样说在语言上似乎并非不恰当。 258

（a）看起来强硬在某种程度上取决于拥有视觉上可确定的特征：说两个人在所有视觉上可确定的特征方面相同，但是一个人看起来强硬，而另一个人却不是，这在逻辑上是荒谬的。

（b）即使有人令人满意地说明了 X 看起来的方式有什么使他看起来强硬，他还是没给出一个看起来强硬的逻辑充分条件。如果我只是提出了一个 X 的视觉上可确定的特征列表，拥有这些特征**事实上**确实让他看起来强硬，没有人可以严格地从给定的信息中**推断出** X 看起来强硬；要得到确定，他得亲自看看 X。

（c）虽然确定 X 是否看起来强硬的主要测试，是在最有利的观察条件下观察他看起来如何，但这个测试可能不（也许不能）具有绝对的决定性。如果在观察 X 之后，我和我的朋友认为 X 看起来强硬，而另一个人不这样认为，那么那个人不一定是错的或者不懂语言；例如，他可能对 X 和标准的强硬的人之间的某些差异印象深刻，而我和我的朋友都没有这类深刻的印象，在这种情况下，意见不同的判断可能被说成古怪的而不是错误的。根据这一讨论，人们可能会说，看起来强硬这类特征是"视觉上几乎可确定的"；它们也可能被视为视觉复杂型（鉴于它们依赖于视觉上可确定的特征），尽管是"松散复杂"（鉴于其不存在逻辑充分条件）。

（5）可确定型的不同部分与简单-复杂型的不同部分之间的逻辑关系可能需要慎重考虑。例如，思考一下这句话"爆炸声从我的右边传来"（或"爆炸声好像响在我的右边"）。也许不能具体说明爆炸声响起来的方式怎么就确定了它好像在我的右边，在这种情况下，我确定爆炸声在我右边的标准有资格称为听觉上的简单特征。然而，即使在最有利的观测条件下，爆炸声似乎在我的右边肯定是确定爆炸位置的次要（次级）测试。因此，我们这个例子只是听觉上简单，而不是听觉上可确定的。在被问及空间特征是否是听觉上的时，我们可能会感到犹豫不决，这也许是个有趣的现象。

我想强调的是，我并没有试图规定视觉特征的范围，而只是试图为此类规定提供材料，假设视觉体验的特殊性可以用来区分视觉，从而可以相对自由地使用"看"这样的词。

我们现在暂时把注意力转向建议（II），即通过感觉活动所涉及的体验的特殊性来区分不同感觉。有两个相当明显的难点可能会被提出来。首先，视觉和触觉这类体验（如果将成为体验）似乎是模糊的：假如我们被要求在特定的场合密切注意我们的视觉或触觉与所看到的或摸到的之间的差异，我们不知道应该如何着手；描述视觉和触觉之间差异的尝试似乎已经融入对我们所看到和所摸到的内容的描述中。如果这个特征不能被检验与描述，那么视觉和触觉如何才能具有建议（II）要求它们具有的特殊特征呢？第二个难点可能更严重。如果"看到"就是通过一种特殊的体验来察觉，那么我们通过这种体验察觉到的特征是像颜色和形状这样的特征不只是一个偶然的问题吗？可能不会出现我们因此察觉到了气味特征而不是或者也有颜色和形状特征的情况吗？但它似乎并不仅仅是一个偶然的事实，因为我们不能看到事物的气味。另一方面，建议（I）似乎避免了这些困难；首次是因为没有用到与各种感觉相关的体验的特殊特征，其次是因为事物的气味没有列在通过看能（直接）察觉的属性中，根据这个观点，气味无法被看到是同义重复。

　　我们现在似乎陷入了僵局。采用建议（I）的任何尝试都会导致似乎只有采用建议（II）才可以解决的问题，而反过来当建议（II）陷入困境的时候也只有通过建议（I）才能避免问题。那么，这两个标准应该结合起来 260吗？也就是说，正确的答案是，对于任何可以视为视觉的情况，必须满足其一察觉到的属性应该属于某个类别，其二察觉应该涉及某种体验这两个条件吗？但这似乎并不是一个令人满意的办法；如果是的话，那么在逻辑上可以通过看东西时涉及的典型体验类型来察觉气味，但仅仅这样做是**看**不到气味的，因为将无法满足进一步的条件（属性条件）。但是就像我们反对通过视觉体验察觉气味的看法，我们肯定同样在逻辑上反对可能会看到事物的气味的看法：事实上，这些看法似乎是相同的。因此，可能无法区分建议（I）和（II）中提到的标准，但他们**似乎**又是截然不同的。

　　也许还没有满盘皆输，因为仍然有可能通过将第三和第四个建议纳入讨论来实现某些目标。也许我们可以保留建议（I），并通过将其与最后两个建议中的一个或两个相结合来消除建议（Ⅱ）。因为如果看到就是通过某种（内部或外部或两者都有）机制来察觉某些属性（来自视觉列表），那么之前提出的需要援引建议（Ⅱ）的论点就似乎失去了力量。我们现在可以区分两个硬币看起来大小不同但摸起来大小相同的情况，以及它们摸起来大小不同但看起来大小相同的情况：应该说，在第一种情况下，通过机制 A（眼睛和光波的影响）我们察觉或似乎察觉到大小的差异，而通过机制 B（手和压力）我们察觉或似乎察觉到大小相等；而在第二种情况下，这两种机制换位了。我们可以将属性的视觉列表描述为机制 A 可察觉到的属性，并类似地处理其他属性列表。通过这种方式，似乎能消除对援引建议（Ⅱ）的需求。

尽管这种方法似乎很有前途，但我非常怀疑它是否能够成功消除为了区分感觉而诉诸体验的特殊性。假设期待已久的火星入侵发生了，而且火星人变成了友好的生物并教我们学他们的语言。一切都进行得很顺利，除了发现他们的语言中没有与我们的动词"see"完全对应的动词。相反，我们发现了两个动词，我们决定把它们称为"x"和"y"：我们发现（在他们自己口中）他们称自己为 x-ing，也称自己为 y-ing，且提及颜色、大小和形状各异的东西。此外，在外表上，它们或多或少像我们，除了他们的头部，那里有两对器官，一上一下，各不相同，但每一对多少有些像我们的眼睛：发现每一对器官都对光波敏感。事实证明，对于他们来说，x-ing 依赖于上部器官的运作，y-ing 依赖于下部器官。似乎很自然地要问的问题是：x-ing 和 y-ing 都是视觉行为吗，它们的区别在于 x-ing 依赖于上部器官，y-ing 依赖于下部器官吗？或者，这些技能中的一项或两项是否构成了除了视觉之外的新感觉的运行？为了区分感觉，如果我们将建议（Ⅰ）与建议（Ⅲ）或（Ⅳ）中的一个或两个结合起来，答案似乎很清楚：x-ing 和 y-ing 都是视觉行为吗，只是分别对应不同的器官。但这个问题真的这么容易解决吗？难道真的不想问一下，某物 x-ing 上去是圆的和它 y-ing 上去是圆的一样吗？或者对他们来说某物被 x-ed 为蓝色是像还是不像对他们来说它被 y-ing 为蓝色？如果他们这样回答这些问题："哦，不，世上的事物都有差异！"那么我认为应该说 x-ing 或 y-ing（如果不是两者都）不是视觉行为：我们当然可能无法确定**哪个**（如果只是其中一个）是视觉行为。

（我意识到那些方法比我更像维特根斯坦路子的人可能会抱怨说，除非有更多的东西证明 x-ing 和 y-ing 之间有差异，或这种差异可以在公开可观察的场合中展现出来，否则所谓的火星人声称的 x-ing 和 y-ing 是不同的这个观点毫无意义，也没有人能理解它。**首先**，我不认同这种方法所要求的用"内省的"差异来展现它们（我不会进一步讨论这一点）；**再者**，如果**非得**让我应对这种要求，也可以。可以假设这些火星人中的一个或多个在他们的生涯中相对较晚的时候使用下部的 y-ing 器官，并且同时（可能是出于实验目的）禁止使用上部的 x-ing 器官。如果第一次使用 y-ing 器官的火星人在没有经过任何学习的情况下不能流利表达颜色和正确地描 262 述他们所感受到的东西，那么 x-ing 和 y-ing 之间的差异就会展现出来。）

这时，有人可能会争辩说，我们还没有放弃将建议（Ⅰ）（Ⅲ）和（Ⅳ）结合起来可以区分感觉的想法，因为在火星人的例子中目前尚不清楚建议（Ⅰ）所提出的条件是否能够得以实现。可以说，只有大家接受 x-ing 和 y-ing 是两种不同感觉的运用才能打破这个论点；如果它们确实是两种不同感觉的运用，那么就可以说火星人的颜色词具有隐蔽的歧义。就像英语中的"sweet"一样，其意思可以是"闻起来甜的"或"尝起来甜的"，火星语中的"蓝色"的意思可以是"x-ing 起来蓝色的"或"y-ing 起来蓝色的"。但若是这样，那么火星人也不会用 x-ing 来察觉需要通过 y-ing 察觉的事物属性。对于这个论点，有两个回应：

（1）该论点的捍卫者无法使用这种论据；因为他不能先提出 x-ing 和 y-ing 是否同一种感觉的两种运用这一问题，然后转向（尤其是）x-ing 和 y-ing 是否可以察觉同一组特征这一问题，然后又从提出组内个性化的问题，转向这个群体的假定成员是否能被一个或多个感觉察觉到的问题。他实际上会说："在 x-ing 和 y-ing 时是否有不同感觉在运用，这取决于（尤其）是否能够通过 x-ing 和 y-ing 察觉到相同的属性；但某个被 x-ed 到的属性是否与某个被 y-ed 到的属性相同取决于 x-ing 和 y-ing 是否是同一感觉的运用。"这个回应似乎是致命的。因为只有使火星语中的"蓝色"是否单一属性**要么**取决于 x-ing 和 y-ing 涉及的体验类型是否不一样（这将重新引入建议（Ⅱ）），**要么**取决于 x-ing 和 y-ing 涉及的机制是否不一样（在这种情况下，上部器官是否与下部器官有很大的不同），这一问题才能避免陷入死循环：我认为采用这种替代方案会导致将感觉的区别仅仅视为其机制的问题，从而使建议（Ⅰ）变得多余。

（2）不管在当前语境中这种观点是否合法，我们必须拒绝它，即如果 x-ing 和 y-ing 运用了不同的感觉，那么火星语的颜色词就有歧义。因为根据提议的假设，x-ing 起来蓝色的东西和它们 y-ing 起来是蓝色的关系密切，比闻起来甜的东西和它们尝起来是甜的之间的关系更密切。既然如此，只能预期 x-ing 和 y-ing 共同决定事物的颜色：也就是说，"蓝色"是由 x-ing 和 y-ing 共同决定的一种单一属性的名称。毕竟，这和形状是由视觉和触觉双重决定的实际情况不也是一样的吗？

虽然我不想反驳第二种回应的主要观点，但我想简单地说明为什么我认为最后那个与形状之间的很自然的比较是行不通的。可以想象，在假设的情况下，x-ing 和 y-ing 之间的相关性可能足够接近以确保火星语颜色词被指定为双重可确定的属性，但是这种相关性在有限的类别中会被打破：例如，由于两对器官之间存在一些差异，透射特定波长光的物体可能（在标准条件下）x 感觉到的是蓝色，但 y 感觉到的是黑色。如果是这样，那么在这些情况下这种冲突将导致无法确定有关物体的真实颜色。（我忽略了真实颜色可能依赖于透射光的波长，这将涉及剥夺颜色是完全可以由感觉确定的属性这一地位。）

然而，我倾向于认为视觉和触觉在形状方面的相关性的相应有限破裂是想象不出来的。视觉和触觉之间的相关性本质上是一个非常复杂的问题，本文不可能对其进行充分的讨论；因此，我将尝试仅就两个相对简单的假想案例表明这种相关性的特殊密切关系。这两种情况都涉及中等大小的物体，这是我们最愿意接受的视觉和触觉可能做出平等判断的物体。每一种情况所讨论的问题都是我们是否可以连贯地做出两种假设：（a）在视觉和触觉相关性一般正常显示的世界中，某些孤立的物体通常摸起来是圆的，但是看起来却是方的；（b）对于那种物体，我们无法决定把判决优先权给予视觉呢还是给予触觉。

　　情况 A。在这种情况下，我不认为异形物（the divergent object）能短时间扰乱视觉和触觉对它附近的其他正常物体的感受。假设，触摸口袋里的物体，我感觉它似乎像一便士硬币一样圆而扁，而把它从口袋里拿出来 264 扔在桌子上，我惊讶地发现，它看起来像方形扁平物：此外，我发现，当我自己（以及其他人）从各个角度进行观察时，它仍然看起来像一个方形物体。我现在闭上眼睛，用手指绕着物体的边缘进行"勾勒"，感觉我的手指好像转了一圈。然后我睁开眼睛，既然我们假设其他物体不受异形物的影响，我依然感觉我的手指好像是在描绘一条圆形路径，但当然不是，它似乎在"勾勒"该物体的可视轮廓。一种可能性是，我看到手指摸到了异形物的可视轮廓的每个角；那么我认为这种"视觉稳固性"的缺乏足以使我们说这个物体真的是圆的，不用考虑它的视觉外观。另一种可能性是，我手指的视觉路径应该是圆的（该物体的可视轮廓在圆圈内），而且我无法在手指和物体的轮廓之间建立明显的联系（如果我尝试这么做的话），除了在轮廓的拐角处。我认为如果物体的轮廓不能用这种方法通过视觉得到，那么我们就会倾向于说这个物体真的就是圆的；我估计通过应用与第二种情况有关的进一步测试会决定性地加强这种倾向。

　　情况 B。在这种情况下，我确实认为异形物至少有能力"影响"某些物体，特别是我的手指或（更严格地说）我的手指所触摸的路径。假设，和之前一样，当我手指触摸这一异形物的轮廓时，我感觉我手指好像是在画一个圆，而且也就跟之前一样，物体看起来是方的；然而，现在，我手指移动的视觉路径不是圆的而是方的，勾勒出了物体的可视轮廓。又假设我找到了另一个无可争议的圆形物体，其大小让人感觉起来与异形物的大小相等，并且（我们假设）不会因为接近异形物而被影响；如果我将这个正常物体放在异形物后面，当我的手指绕着这对物体移动时，**感觉**好像我一直在接触两个物体的边缘，但**看起来**好像我在不断接触异形物，只是偶尔接触正常物体。（我认为异形物的可视轮廓的角与正常物体的可视轮廓是重叠的。）我认为仅仅根据此信息不能确定异形物的真实形状；但我可以进行各种进一步的测试。其中一个测试是将两个物体放在桌上，异形物在上方（两个物体重叠），用拇指和其他手指触摸这两个物体，从感觉上接触到了两个物体，但从视觉上看只接触了异形物的可视轮廓的角，然后抬起手；如果我这个动作拿起了两个物体，那么异形物就是圆的；如果我只拿起了异形物，那它就是方的。

265

有一个检测与前面所述情况密切相关，检测是要弄清能使异形物通过什么样的孔口，总原则是方形楔子适合方形孔口，圆形楔子适合圆形孔口。例如，假设我找到一个孔口，其真实形状和大小是这样的，根据触觉比较，它应该能够容纳这个异形物，而根据视觉比较它却不能容纳；那么（粗略地讲）如果可以促使这个物体通过这个孔口，那它真就是圆形；如果这个物体不能通过，那它真就是方形。在我看来，只有当我们做出两种假设之一时，这项检测的决定性才能避免。我们可以假定我们的幻想世界是这样的，我们并没有合适的真实形状的孔口；然而，要使这一假定变得有意义，这项假定必须等同于**普遍**打破视觉和触觉之间在形状感知上的相关性，这与我们讨论中的在这方面只可能涉及有限破裂的说法相抵触。或者，我们可以假定，当我们试图让异形物通过恰当选定的真实圆形孔口时，这个物体让人摸起来是通过了孔口，但是看起来它却没有通过。在这样的假定下，有某种可能，即这个异形物的真实形状应该还是不可判定。但是，我们必须考虑这项假定的后果。例如，当我的手指推动这个异形物在触觉上而不是在视觉上通过这个孔口时，我的手指发生了什么变化？为了使这个真正的形状问题继续不可决定，我认为我们必须假定我的手指在触觉上通过了孔口，但是视觉上还是在外面。有了这样的假设，似乎有理由得出结论，就是对任何物体而言，或者至少就可移动物体而言，把触觉位置同视觉位置分离开来，实际上是可能的。例如，想象一下，这个异形物刚好就在一个恰当选定的圆筒一端的外面，而且它系在我腰间的绳子 266 上，绳子穿过这个圆筒；现在，我的任务是通过步行离开把这个物体拖过这个圆筒。如果我并不用力拖拉，我可以确定的是，在触觉上我的身体与任何系着的物体会一起离开这个圆筒，而在视觉上，它却没有离开。有人可能会问，那**我**会在哪里呢？

我认为，假设存在这样一个物体，在火星人眼里，它被 x 感觉时是蓝色的而被 y 感觉时是黑色的（其真实颜色尚无定论），也不能得出这样的结论，认为其他物体确实（或者可以被作为实际可能性变成这样）被 x 感觉时是这样的，而被 y 感觉时是那样的，无论是就颜色而言还是就 x-ing 和 y-ing 共同管辖范围内的其他特征而言。另一方面，对于我们来说，存在这样一种物体，通常它摸起来是一种形状而看起来是另一种形状，那么**要么**其真实形状仍然是可以确定的，**要么**实际上可能破坏至少其他一些物体的视觉和触觉之间的相关性，这至少关系到它们共同领域（即空间位置）中的一个特征；至少有些物体可能会在标准状态下摸起来似乎在一个地方而看起来似乎在另一个地方。这些关于物体、人以及人类行为的概念是否可以不经彻底的修改而应用于这个世界，而这个世界能否被连贯地推断为受自然法则的任何体系（无论其多么奇异）支配，这些问题我在这里不做探讨。

（6）可以和莫利纽克斯问题（Molyneux problem）[①] 比较一下。有人说，

[①] 1688 年 7 月 7 日，爱尔兰科学家威廉·莫利纽克斯（William Molyneux）给哲学家约翰·洛克寄去一封信，信中提出了一个问题：一个天生的盲人一直靠触觉来分辨圆形物体和方形物体，假设这个盲人一旦具备了视力，那么，他是否能够靠视觉来分辨圆形物体和方形物体？莫利纽克斯问题从启蒙时期开始，直到现在都是哲学家和科学家极为感兴趣的问题。——译者

在比较 x-ing 与 y-ing 之间关系有限破坏的可能性和其相对应的视觉与触觉之间关系有限破坏的可能性时，我说了假话，这样的反对意见是合理的。因为我虽然考虑到了某**类**物体也许被 x 感觉时是蓝色的，被 y 感觉时是黑色的，但我只考虑到了某个**单独的**物体，它通常摸起来是圆的而看起来是方的；我没有考虑到有这种可能性，比如，某种特定形状的物体摸起来是圆的竟然看起来是方的，而且因此就没有正常的孔口可用来测量形状相异物体。

我在这里只能指出应对这条反对意见的要点。（1）所假设的有限破裂不应当仅限于某种特定形状的物体，因为物体和孔口的大小既可以从触觉上，也可以从视觉上来测量：当异形测量杆被两次弯曲时，会产生什么结果？（2）任何异形物都可以被一个以上的不同大小的正常孔口（如果有的话）在触觉上而非视觉上（反之亦然）所容纳。因此，既然我们要排除就形状而言视觉与触觉之间的相关性的**普遍破裂**，那么**至少有一些**正常孔口可以在触觉上而非视觉上（或视觉上而非触觉上）容纳**至少某些**异形物：这就足以达到我的目的了。

回到正题上，我希望我提出了一个合理的情况，可以假设建议（II）不能被排除。这会产生一些似乎使我们从建议（II）回到建议（I）的难题，以及随之而来的僵局，我们应该如何解决呢？第一个难题在于，这种与看有关的所谓的特殊体验，避开了检查与描述。我认为这条反对意见掩盖着一个不合理的要求。我们被要求去检查和描述我们观看时的体验，却不能提及我们在看的过程中发现或认为自己发现的属性。然而这是不可能的，因为描述我们观看时的体验必然会提及我们发现或似乎发现的属性。更全面地说，我们是以事物在我们看来的方式来描述视觉体验的，这种描述显然涉及属性词的使用。但是，除了不同视觉体验之间由各种属性词体现出来的具体差异之外，还有一种普遍的相似性是由"看"这个词提示出来的，它将视觉体验与其他非视觉的感觉体验区别开来。这种相似性可以被注意到并标记出来，但可能不能进一步描述。如果要反对一个人在特定

267

情况下不能将其注意力集中在与已察觉的属性不同的视觉体验上，这就像抱怨一个人不能将其注意力集中在物体的颜色上时忽略其特定颜色。所以最初关于建议（Ⅰ）和建议（Ⅱ）的独立性的假设失败了：其错误程度可能只能这样来判定，那就是继续研究不同事物在特征上的区别可以在多大程度上简化为在某种情况下人们在体验上的区别。这涉及对传统感知理论的讨论，但是此刻我既没有时间也没有心情来做。

第二个难题在于解释为什么，如果视觉体验的特殊特征能将视觉与其他感觉区分开来，为何有人从逻辑上反对我们也许能够通过视觉体验来察 268 觉（说出）事物的味道这个看法。我们为什么不能看到玫瑰的香味呢？在一定意义上我们能，玫瑰可以（或至少在想象时可能）看起来是香的。但是也许反对者希望我们解释的是，为什么玫瑰不能在"看"的相同意义上看起来是香的，就像它看起来是红色的一样。答案大概是，假设自然赋予视觉与嗅觉之间一种比其实际上的联系更为密切的一种联系，那么"香的"这个词也许就可以指示双重的可确定的属性了：在这种情况下，玫瑰就可以在"看"的相同意义上说看起来是香的，就像说它看起来是红色的一样。但是，目前情况下"香的"这个词当然适用于其实际成立的情况。如果反对者要求我们解释，为什么香味**只是**一个从嗅觉上判定的属性，却不能同时是一个从视觉上判定的属性，我们也许不必回答了。

17

预设与会话隐含

在这篇文章中，我想从一定的角度来考虑，摹状词理论是否可以用来解释定冠词 the 短语，尽管有一些熟知的异议；以及要考虑促使人们诉诸预设理论（theory of presupposition）并将其作为一种特殊逻辑关系（这一想法会涉及所有结果）的语言现象，是否可以用其他方式来处理[①]。人们可能会考虑由这个或那个哲学家时不时提出的三条异议。

第一个异议源于斯特劳森，他（1950）首先对摹状词理论提出反驳，[②] 即，当一个人被问起法国国王是还是不是秃子这样的问题时，被问的人并不想作答；被问的人既不想说"对的，他是秃子"也不想说"不对，他不是秃子"，而是说一些诸如"这个问题不成立"或"他既不是秃子也不是非秃子"之类的话。就日常话语而言，一些陈述中的句子含有空洞的描述语（vacuous descriptions），给这些陈述赋予真值的确有些不自然。

第二个异议也是由斯特劳森提出的，即，如果你听到一句日常会话中
270 的议论，如"桌子上放满了奶油"，将其翻译为"有且仅有一张桌子，并且如果该物体是桌子那么桌子上就会放满奶油"来取而代之，这似乎有点

---

① 这篇文章意在向我的朋友、昔日的学生、过去牛津大学同事兼合作者彼得·斯特劳森爵士（Peter Strawson）在这一领域和其他哲学领域所做的工作表示敬意。

② B. Russell, "On Denoting," *Mind* 14 (1905): 479—499; P. F. Strawson, "On Referring," *Mind* 59 (1950): 320—344.

让人难以接受。做出这类议论，并非是要像罗素的解释似乎表明的那样，去承诺存在着唯一对象，它与"某某物（the so-and-so）"的描述短语相对应；这样来给人暗示，让人如此承诺，是相当无理的。

第三个异议（塞尔所说，还有其他人）是，当考虑直陈式以外的语气时，人们就会因罗素的理论而遇到困难。比如，说"将这些花送给你的夫人"，这句话就不能翻译成"请保证，你有且仅有一人嫁给了你，这个人是女的，并且这个人收到了由你送出的这些花"。再例如，"你的夫人在晚会上吗？"这句话同样不能表述成"情况是这样吗？你至少有一个夫人而且至多有一个夫人，并且没有人既是你的夫人又不在晚会上。"这个人问你，你的夫人是否在晚会上，除此之外，感觉上并不是在询问你的婚姻是否属于一夫一妻制。

我首先考虑的是能否用我在第 2 篇文章中所提出的会话隐含概念，来处理上面所提出的问题，同时，我也将尝试将会话隐含概念应用到有定描述语（definte descriptions）中。那么，"现在的法国国王"会怎么样呢？据我所知，在斯特劳森提出的真值间隙理论（truth-gap theory）的原始版中，他不认为"存在一个法国国王"这一预设对"法国国王是秃子"和"法国国王不是秃子"这两个句子而言，有任何特定的不对称；然而假定存在这样的不对称似乎又是有道理的。我认为"存在一个法国国王"这一蕴涵明显是"法国国王是秃子"的规约语力的组成部分，但在"法国国王不是秃子"中却不那么明显。我们将"法国国王不是秃子"缩略为 K̄。人们说 K̄ 时常常携带存在一个法国国王这个蕴涵，然而我们想说这一蕴涵（不可避免地）不是 K̄ 的规约语力的一部分，而是会话隐含。因此，让我们应用一下取消性与分离性试验。

首先，这个蕴涵似乎是可明确取消的。如果我遇到一群人正在争论法国国王是不是秃子，要我说"法国国王不是秃子"在语言上并不是不合适，因为法国国王不存在。当然，我也不是非要这样说不可，但我完全可以这么说。其次，这个蕴涵似乎是可以通过语境取消的，即由语句 K̄ 的

271

伴随情景取消。如果政府是否真的有一个密探拷问被怀疑不忠诚的人这件事有争议，那么这个人（如果存在的话）可以合法地称为忠诚审查员。进一步地，如果我坚定地怀疑这个人的存在，我完全可以对一个明显忠诚的人说，"哦，忠诚审查员无论如何都不会传唤你的"，并且我认为我不会被看作蕴涵了存在这样一个人。再进一步地讲，如果大家都知道我不相信存在这样一个人，尽管别人倾向于相信存在这个人，当我发现知晓我立场的一个人担心万一他被传唤，我可以说"忠诚审查员不会传唤你的，别担心"让他放心。那么很清楚，我这么说是因为我确信没有这个人。

此外，这个隐含的不可分离性似乎很高。许多其他近似表达 K̄ 断言的方式，也带有存在隐含（existential implicature），例如，"事实上法国国王并非是秃子（It is not the case the king of France is bald）""说法国国王是秃子是错的（It is false that king of France is bald）""认为法国国王是秃子不对（It is not true that the king of France is bald）"。当然，如果真值间隙理论是错的，那么就应有一种方式可以表达 K̄ 断言，而没有这一隐含义，即对语句 K̄ 的罗素式扩展，例如"事实上并非有且仅有一人是法国国王……"。但是不可分离性的这次失败所表明的只是这个隐含的呈现取决于语句的表达方式，尤其是有定描述语自身的呈现。然而，没有隐含可以被最终确定为会话隐含，除非其呈现被解释（并被证明）为合适的种类，即以恰当的方式涉及会话准则。这是我接下来要讨论的。

进一步深入讨论之前，方便之计是我们要更精确地界定任务。如果我们要寻找"法国国王是秃子"这个句子的形式对应体，有两个选项可供我们考虑：（a）$(\iota x.Fx)Gx$，其中的 ι 算子（iota-operator）的语法功能类似于一个量词；（b）$G(\iota x.Fx)$，其中的 ι 算子被当作是形成术语的设置。如果选择（a），在引入否定时，我们会有两种语义截然不同的方式：$\sim((\iota x.Fx)Gx)$ 和 $(\iota x.Fx)\sim Gx$。其中的 $(\iota x.Fx)\sim Gx$ 衍推存在一个唯一满足 F 的 x，而 $\sim((\iota x.Fx)Gx)$ 则无这一衍推。如果我们选择（b），就只有一个引入否定的位置（前置），即 $\sim G(\iota x.Fx)$。除非我们引入消歧辖域约定，不然 $\sim G(\iota x.Fx)$ 就是一个有歧义的结构形式：简化成基础符号的解读衍推存在唯一的 F，另一种解读则无这一衍推（分别称之为强势解读和弱势解读）。如果语句之间在（英语）涵义上有明显差异，比如"法国国王不是秃子"和"事实并非是法国国王是秃子"（如果前一句采用强势解读而后一句采用弱势解读），那么就有理由把"法国国王是秃子"跟那个将 ι 算子看作量词的形式结构相关联。但是，事实似乎并非如此，我并未看出如此明晰的语义区别。因此，似乎更应该把"法国国王是秃子"跟那个将 ι 算子看作形成术语的设置的形式结构相联系。这样我们就承认了"法国国王不是秃子"这个句子有结构歧义。拟解决的任务现在可以界定为：根据一种解读，"法国国王不是秃子"衍推存在唯一的法国国王，另一种解读则没有这一衍推；然而实际上，不等消歧，人们就会把"法国国王不是秃子"这个话语理解为（以某一方式）蕴涵存在唯一的法国国王。这是可以理解的，如果一种（强式）解读衍推法国国王存在的唯一性，而另一种（弱式）解读虽然无这种衍推，却在会话上隐含这个意思。因此，需要揭示的是隐含的路径，即弱式解读怎么能够隐含它并不衍推的内容。

如果人们为这一观点，即认为有定描述语携带非规约隐含和会话隐含，寻找初步合理性，那么去何处寻找呢？首先（这种情况需要进行论证），人们得从不同的罗素式扩展表达中选择一个，以便"法国国王是秃子"或"法国国王不是秃子"这类表达式可以看作其缩略表达式。我认为人们有理由选择一个特定的扩展式，即"至少有一个法国国王，至多有一个法国国王，没有哪个法国国王不是秃子"这样的扩展式。这一扩展式值得推荐，似乎是因为某一特性，并符合了某些一般话语原则，即在量词辖域内 273 没用合取联结词。也就是说，它分别列出了三个不同的小句，即使其中的一个小句为假也不影响其他两个小句为真。我想这也许是合适的，因为它很可能与我接下来要述及的内容有关，即这一特定扩展式的建构方式使其尤其适合于可能的受众（听话人）进行否定。我倾向于认为可以（甚至应该）在我当初所提的方式准则中增加一条模糊准则："无论说什么都要用最适合且能被恰当地回答的形式来表达";或者,"使你的表达形式有助于恰当的回答"。显然,否定你的所言是对你断言的某事的一种恰当的回答。假若你的断言是复杂的、合取的,并且你同时对好几件事进行了断言(假定它们中的每一项都是可挑战的),那么很自然应该将它们分别列出来以便利于任何想挑战的人们提出挑战。因而,让我们假定我们接受这类准则,并且也同意将否定看作一种对断言做出应答的自然和恰当的形式。我们还采用如下的缩略方案:A 表示"至少有一个法国国王",B 表示"至多有一个法国国王",C 表示"任一法国国王都是秃子",ABC 表示 A、B 和 C 三者的合取,我们将其视为偏好的罗素式表达式 D(表示"法国国王是秃子")的扩展。

现在,我们可能希望得出结论认为缩略式 D 的产生违反了我们新引入的方式准则,除非我们能够假定说话人认为他有权这么说,因为他不认为明确否定 A 或 B 是恰当的(即在他看来这是不会出现的应答)。首先,考虑到**一些**类别的否定必须被认为是恰当的,这是对任何形式的断言的自然反应,我们可以说,运用缩略式 D 的人**要么**认为很可能否定(如果有的话)是整体性的,**要么**认为(尽管听话人可能拒绝一个合取肢)一个特定的合取肢是以某种方式被挑选出来特别可能被否定的。的确,要认真考虑的一定是第二种可能性,不可能所有合取肢都能被一致地否定。如果"至少有一个法国国王"为假,那么"任一法国国王都是秃子"的真则是虚空的(即不存在既是法国国王又不是秃子这样的人)。因此,我们就有必要说明特定合取肢是以何种方式选定的。这就会是那种情况,如果有理由假定说话人认为,并且期待他的听话人认为,A 和 B 和 C 的某种次级合取拥有我所称之为的共同立场地位(common-ground status),因而是不太可能受到挑战的。出现这种情况的一种情形会是,如果说话人将认为或假设有一个且只有一个 F 是共同知识,或者人们会视其为共同知识。不过,这只是出现这种情况的一种方式。

例如,当我们谈论音乐会时,对别人说"我姑妈的表弟去了那场音乐会"是自然而然的。对于我们的交谈者而言，我们很清楚他可能根本不知道我们有个姑妈，更不用提他会知道我姑妈有个表弟。因此，不能假定它是共有知识，而是应该将其看作是无争议的，即如果听话人先前不知道，那么它是我们希望听话人能够从我们这里得到的信息。换句话说，当我告诉别人我姑妈的表弟去了音乐会，我不期待别人会质疑我是否真的有个姑妈，以及我姑妈是否真的有个表弟。这是我期待听话人能够从我这里得到的信息，即他要相信我的话。所以，我们现在的立场很可能已经很清楚了，就存在蕴涵表征为会话隐含而言，假如我们能够表明，一般情况下，在其他事情都不变的情形下，应该有合理的期待，在人们偏好的有定描述语的罗素式扩展中，有两个小句（事实上是第一小句和第二小句）所表达的事态具有共同立场地位，所以是无争议的或不太可能受到挑战。接下来，我们可以假定，至此似乎是听话人有理由决定其中两个小句必须被给予共同立场地位，唯一的问题是哪两个。第三个小句（C）在形式上是概括性的。那么我们可以把概括陈述要么当成某种设置，它取决于一个句子集合内全部成员的列举情况，要么当成一个归纳步骤。

　　我们讨论一下第一种可能性。我们假定一般陈述句的成立是基于列举的。即，我们将认为，"是 F 的东西没有不是 G 的"是这样得到的：找到 275 所有 F 的实例，发现它们没有一个不是 G。如果整个句子（D）为真，要使它有可能列举式地成立，它必须是这种情况：只存在一个 F，这是列举的基础。所以，事实上我们有一个合取陈述，它告诉我们存在一些案例（只有一个），可以测试某个概括，然后给了我们这个概括。要想象任何人可以处于这种情况似乎非常奇怪：他准备谈论 C，但不是作为共同立场，因为他将不得不采用下列立场，说"我可以接受'是 F 的没有不是 G 的'，而'是 F 的就是 G'为真，而且它也将通过全部列举成立。不过，我所不确定的是，关于是否存在 F 实例你是不是对的，或者，如果是这样，有多少"。这不是必须的：某人要处于这种立场应该是**不可能的**，但这肯定不是该期待的；人们一般假定什么，可能不取决于普遍是什么情况，而只取决于什么是可期待的。

我们也可以讨论另一可能性。假定我们不把最后的小句 C 作为列举式概括，而作为开放句。可能存在一些情况，我们需要考虑这是怎么一回事。即使如此，初看起来这不是该期待的：你发现某人处于准备承认这个概括的立场，但担心这个概括是不是被例示，有多常见。再者，我不是说这是可能的。但这肯定不是人们会认为自然的情况；隐含取决于什么是该期待的，不是什么东西普遍为真。

如果这一论证（或类似论证）可行，那么我们或许可以解释为什么有人所说的现在的法国国王是秃子不是**事实**（即他否认 D 表达的内容）也会蕴涵，虽然不是明确陈述，存在一个唯一的法国国王。这似乎是，他在反驳一句可能对他说的话，其中说话人表明他期待挑战（如果有的话）会从一个特定方向（即 C）过来；而他只说"不，事实不是这样的"。他否认"现今法国国王是秃子"，所以很自然他会被认为同意预期的评论限制，即，缩略式 D 中呈现的原始陈述隐性携带的限制，而不是完整形式那样，每个小句都出现，由他随意地反对。我所概述的立场可总结如下：

说话人 S，通过话语 D（肯定形式的句子，其主语由有定描述语充当）可能期待听话人 H 会有如下的反应（或直觉）：

"1.（据会话'调整'原则）S 说出的是话语 D 而非其罗素式扩展；所以说话人 S 期待我会反驳一个特定的罗素式合取肢（如果我反驳的话），同时接受其他的合取肢。

2. 即，除了一个特定的合取肢，其他所有的罗素式合取肢都被他认为可能拥有共同立场地位（当作无争议的）。

3. 在大多数自然情形下，前两个合取肢会被认为是任何人都必须知晓或接受的，以便有良好理由接受第三个合取肢。

4. 因而，前两个合取肢是他赋予共同立场地位的合取肢。"

说话人 S′，通过话语 $\overline{D}$（D 的否定话语）可能期待听话人 H′ 会有如下反应（或直觉）：

"1. 说话人 S′ 说了对 D 的否定话语；因此，他说出的话似乎是对上述 S 的否定回应，即对说出话语 D 的人的否定回应。

2. 因此，S′ 满足了 S 对 H 所持的期待，即接受了前两个合取肢而拒绝了第三个。"

在继续之前，我们可能会注意到就非常大量的案例而言，使用描述语的否定形式的陈述所携带的存在蕴涵，可能会有一个不同的解释。我们以句子"桌子上的书不是打开的"为例展开说明。很显然，世界上有很多桌子上面都放着书，如果我们把这样的句子看作"这个 F 不是 G"的形式，而且根据这种解释，该句子适合于罗素式扩展，那么我们很可能把它看作更具体的形式"这个是 φ 的 F′ 不是 G"，其中"φ"代表将在特定话语语境中识别的修饰语（"φ"是一种准指示词）。标准情况下，要识别出特定语句"桌子上的书（不）是打开的"中"φ"的指称，听话人可以通过识别一本特定的书是所指的"书"的良好**候选项**，并通过找到候选项的特征来识别出这个"φ"的指称，比如，"在这个房间的"这一可用来形成复合修饰语（"这个房间桌子上的书"）的特征，接下来会满足说话人心目中那个修饰语，而它又被选作候选项的那本书唯一地满足了。如果听话人无法从所选定的候选项中找到恰当的"φ"的指称，通常就需要听话人另选候选项。因而，在标准情况下，要确定"φ"的指称就意味着要确定说话人心目中可能有的被实际对象唯一例示出的那个特征，接下来它会被标准性地自我满足，因为某个特定特征实际上被一个特定对象（例如，某一特定的书）唯一性地满足了。因此，语句"桌子上的书是打开的"和"桌子上的书不是打开的"都类似地以某一方式蕴涵了在桌子上存在一本特定的书。

如果我们认为这一理解机制相当合理，我们的确会试着用它去处理上面提到的第三种主要反对意见，即，将罗素式扩展式应用到直陈式以外的语气时的困难。首先，我认为需要做一个区分。我认为我呈现的反对意见的表述形式有些糟糕。我认为注意到我称之为**导致**某事成为某种情况跟我称之为**确保**它是这种情况之间的区分很重要。如果我告诉某人

277

要导致这种情况，即某特定的人有地方住、有足够东西活命，这看起来肯定是，我似乎想要他行动起来推进这两件事；也就是说，他必须给那个人找地方住，给他足够的东西活命。他很可能难以声称他导致了那个人有地方住，有足够的东西活命，除非他做了这两件事。但是，如果我只是告诉某人说要确保那个人有地方住、有足够的东西活命，那么我认为他事后也可以声称他确保了这两点，即使事实上当他到那个地方的时候发现那个人已经有地方住了，他只需要给他东西活命就行。可以说，他需要做的只是将整个事态弄圆满，如果这是所需要的。如果一个人在被告知要确保这两项事情以后，他发现那个人已经有地方住，又有东西活命，那么，他究竟有权说什么也许并不十分清楚。

关于祈使句的问题：所建议的罗素式扩展的部分悖论源自我用"务必（Make it the case that）"开头这个事实，这说明，如果我要说"将这些花送给你的夫人"，这一祈使句的扩展式一定以"务必……"开始。如此一来，当采用罗素式扩展的完整形式时，看起来我似乎是要你做三件事，每个小句对应一件。但如果我代之以"确保……（Ensure that... ）"的话，就不会有这个蕴涵。你所需要做的，可以说只是在存在分歧时把事情弄圆满。而结果也很可能会是，你对某些小句也**无能为力**（事实上，某些情况下结果那只是一种逻辑事实或类似情况）。

你现在不能导致这种情况：你现在跟一个人结婚了，而且只跟一个人结婚了。你要么结婚要么没结婚。这并非你可控的；所以，在很多情况下，你可以采取行动的唯一一个小句涵盖"务必使她有花"。但是，当然在某些情况下，这一特别条款将不起作用。如果我对一个当下还没结婚的人（而且据我所知近期不会结婚的人）说，"务必使你下一个妻子好好照顾你"，我并不一定认为他要结婚了。我想我也没有让他去结婚。根据罗素式扩展，他可能把我这句话理解为，首先我是让他找个妻子，其次务必使这位妻子好好照顾他。因此，我们需要想办法来确保我的话不会被如此理解。

在这一点上，如果有人认为这是我的一种假设，是我们之间的共同立场，是不容置疑的，即他在某个时候会有另一个妻子（关键是，到时候她应该好好照顾他），那么他就不会将这句话中的祈使力附加到一个特定妻子的选择上去。因此，如果这是会话隐含义，即他在某个时候将会有个妻子，那么它就会从我的话中被摘出来。我倾向于认为这一特定的搪塞很适用于所考虑的那些事例；然而，照目前情况看，我对此不完全满意，因为预设这一普遍现象（或类似预设的现象）在很多的领域都有发生。近几年，语言学者的工作使得哲学家越来越难以继续将其注意力只集中到原有的一些（所谓）预设的例子上，如法国国王秃顶的事以及你是否已经停止殴打你妻子的询问。

事实上，大量的事例中都出现预设的问题，与心理动词有关的事例中尤甚。在心理动词方面，人们也许能够辨识出很多这样的案例。我们首先考察"认为（think）"。如果我说"某人认为（或相信）如此这般"，其中没有迹象表明他所认为或所相信的事为真。然而，假设我用动词"发现（discover）"，我说"某人发现房顶漏水了"。在这一事例中，除非那家的房顶在漏水，否则说发现其家房顶漏水在逻辑上是行不通的。另一方面，我不认为（尽管这或许存疑）某人没有发现 P 也蕴涵 P 为真。我想我可以这么说，一位探索者怀揣着去发现土著人在某些方面是非常有趣的这一预期而出发，但是他并未发现他所预期的，因为这些土著人原本就不是那样的人。所以，这里的情况是，肯定句有逻辑蕴涵，但是否定句就没有。（这看着像是个衍推的事例。）

然后，第三种情况可以通过动词"知道"来例示。无论是说某人知道某事是这种情况，还是说某人不知道某事是这种情况，其中都蕴涵某事是这种情况。我认为，这是被称为**叙实动词**（factive verbs）的实例。这种情况跟第四种情况有区别，尽管关于特定人知道 P 的肯定陈述和否定陈述都携带对 P 的承诺，人们可以用一种方式弱化动词而消除这个蕴涵。语句"他知道 P"和"他不知道 P"都携带这一蕴涵，但是"他以为他知道

P"则没有这一蕴涵。当我说"他认为他知道 P"时，我并没承诺 P 为真。但是有一些动词，即使其弱化形式似乎也携带这个蕴涵，尤其是像"遗憾（regret）"这类动词（在句子"他以为他对父亲的死感到遗憾，但是事后发现他不遗憾"，我想，在合理情形下它依然蕴涵他父亲已死）。我对这最后的区分不太确定，我想这或许无关紧要。在有些情况下，正常的说话人在使用肯定、否定形式时都承诺某些共同成分为真。我不认为把"遗憾"这个案例中的蕴涵表征为会话隐含是特别容易的事。它不像罗素式案例那么吸引人。因此，我想使用规约手段，它可以在标准情形下替代原先的会话隐含。为此我对在本书第 4 篇文章中引介过的方括号手段进行了修订，这一版本稍微变得更复杂了一些。这一新版本的方括号手段也能用于对原始版本中方括号手段的重新解释。修订后的规则如下：

1. (a) 如果表达式 A 是指定类型 T，那么 A[B]C 就重写成 BABC。

   (b) 如果表达式 A 不是指定类型 T，或者是空值，那么 A[B]C 则重写成 ABC。

2. 在重写过程中，从外到内，逐次地将嵌套方括号消除掉。

3. 如果没有连接词直接连在（右）方括号之前，如有必要，可在改写中引入符号"&"来维持语法的可接受性。

4. 在重写中所引入的（左）开括号要在末尾括起来。

5. 前置一个包含有约束变量的表达式时，该约束变量会发生变化。

应用修订后的括号手段，~([P⊃]Q) 可重写为 P⊃~(P⊃Q)，等价于 P⊃~Q（是对原始版中 ~([P⊃]Q) 的重写）。我们会用修订版的括号手段去处理量词"some（一些）"和"every（每一个）"中所声称的存在预设，"每一个 F 都是 G"可以表征为 ~[(∃x)(Fx &]~Gx)，是对 (∃y)(Fy &~(∃x) (Fx &~Gx)) 的重写。我们还可以将修订后的符号手段应用于叙实动词"regret"的形式表征中。

　　相应地，x 对某事 φ 感到遗憾（比如，父亲生病了）可以定义为：

1. [x 知道* φ &] x 对 φ 是排斥的

   x 知道* φ 界定为 x 认为 [φ]

因此，x 对某事 ϕ 感到遗憾的形式浮现为：

2. [x 认为 [ϕ] & [x 排斥 ϕ]

因此，x 对某事 ϕ 并不感到遗憾可以表达为：

1. ~（[x 认为 [ϕ] &]x 排斥 ϕ）

通过替换最外面的方括号可得：

2. x 认为 [ϕ] & ~（x 认为 [ϕ] & x 排斥 ϕ）

替换掉余下的方括号可得：

3. ϕ & x 认为 ϕ & ϕ & ~（x 认为 ϕ & x 排斥 ϕ）

消去其中冗余的 ϕ 可得：

4. ϕ & x 认为 ϕ & ~（x 认为 ϕ & x 排斥 ϕ）

等价于：

5. ϕ & x 认为 ϕ & ~（x 排斥 ϕ）

最后，我们可以讨论怎么应用方括号手段，处理罗素式扩展在解读直陈式以外的语气句中的有定描述语时可能遇到的困难：

1. 逮捕入侵者

（用"!"表示祈使算子）那么这句话可表示为：

2. !（[（∃₁x）(x 是入侵者) &]（∀y）(y 是入侵者 ⊃ 你会逮捕 y））

假定"!"是指定类型 T,（运用原始版的方括号手段）句（2）可以被重写为：

3 (a). （∃₁x）(x 是入侵者) & !（∀y）(y 是入侵者 ⊃ 你会逮捕 y)，（用修订版的方括号手段）表示为：

3 (b). （∃₁z）(z 是入侵者) & !（（∃₁x）(x 是入侵者 & （∀y）(y 是入侵者 ⊃ 你会逮捕 y))

既然 3(b) 中的第一个小句**说明**只有一个入侵者，那么祈使小句就不能理解成命令听话人确保只存在一个入侵者。

末了，我要简要地总结一下这篇文章的脉络，主要是为了区分我一直试图做什么和没有做什么。我努力概括性地说明这个论点（但并非支持它），即，看似由有定描述语携带的存在性预设，借助于会话隐含的标准附加意义，可以在罗素式语义学框架内得到表征。我既注意到了这种隐含

281

的可取消性和可分离性，同样也注意到可以有多种方式从会话原则运算中推断出会话隐含。虽然这样的解释看似大有前途，但是我已表明这样的解释可能会遇到问题，业已观察到，各种预设情况的范围远远超出了最臭名昭著的例子，而且或许并不能证明这一范围的所有情况都符合这个设想的处理模式。这时，我提出的办法是通过添加纯粹句法辖域的手段，来最小限度地强化罗素式分析模式，这同时也可以被看作是一种特定非规约隐含的规约性分化。在本文中，我一点儿都没考虑那种可能被证明为最佳的处理有定描述语的方案，即这个观点：它们（至少在第一印象中）将在语义上被看作指称表达式的一个特殊子类。

18

意义再探

　　我意欲非正式地处理一些与意义有关的话题。我有意将自己不同时期的一两点想法加以关注，而不会试图去表达一些新东西，为的是，我现在或过去曾倾向于对意义本质所认可的观点以及为什么接受这种观点应该是预先可信的，可能还有些道理。我说"预先可信"，意思是有理由相信，但理由不是所谈及的观点有处理直觉数据的前景：我们如何使用"示意"一词的事实等。因此，我会稍稍深挖一下意义研究的背景及其在诸如哲学心理学等领域的根源，但希望不会过于细琐。

　　我要讨论的主题与说话人意义同语言意义（或词义、句子意义、表达式意义等）之间的关系有关。在阐释过程中，我将提及之前的定义和分析，不能保证它们前后一致，但对我不会造成困扰，因为我不会涉及细节。我觉得，在是否可用嵌套的意图概念说明意义概念的问题上，有相当多可能的分析，或至少不是太不可能的分析，它们在细节上或多或少存在差异，而目前我不太想去评判这些版本孰是孰非。

　　本文有三个小节。在第一小节，我将罗列三种对应关系，它们是人们 284 在思考思维、世界和语言时可能有理由寻找或要求的。我希望这将会提供某种讨论意义问题的框架；事实上，它可能会有助于推动构建这样或那样的意义观。第二小节将再次试图在更大的框架内填充一些内容，并且对我曾称之为自然意义和非自然意义的区分做些讨论。这里，我不再那么关心是否存在这个区分，我想它已经相当无聊地成了共同立场（或共有知识），而是更加关注这两个概念之间的关系，它们之间的联系，而不是差异。第三小节的内容，我到时候再宣布，先把它当作神秘包，暂不解开。

I. 语言、思维和现实

当用较大的术语来思考现实、思维和语言（或交际手段）之间的关系时，人们可能会发现三种对应关系。第一种关系是思维与现实的对应关系：为简便起见，我将称之为心物对应关系（psychophysical correspondence）。这与真值的一般性观点有明显的联系，而真值是应用于信念或描述物理状态的类似概念的。我想要说的是，如果我们观察人类和其他有感知生物的生存方式，以及比此更复杂的活动的话，这些对应关系不仅仅**存在**（或者从直觉上认为有可能存在），而且这种关系的存在是**需要的**或**可取的**。这导致了我一段时期以来一直持有的对一系列心理学概念的看法：我们用这些概念研究我们自身以及有人所认为的低等生物，这些概念的作用是，在生物所处的特定物理环境和它的特定的行为之间，架起一座解释性桥梁。

例如，假定生物 C 面前有一物，比如说是一块奶酪，我们由此得到生物 C 吃奶酪的情景。在某些情况下，我们可能想用某个心理学理论的内容去解释生物 C 从出现在奶酪跟前到吃掉它的转变过程。用其中的术语来研究的这个"架桥工作（bridgework）"，可以用图式和脱离实际的方法来诠释。这不会使我担忧，因为我不会试图提供一种真正的解释，而只是对真正解释的模式做一个粗略的介绍。

首先，我们假定生物 C 相信（或认为，如果它没有高级到具备信念的程度）该物体是一块奶酪，且相信其就在附近。其次，我们假定生物 C 相信或者认为奶酪是可食之物。第三，假定生物 C 饿了且想吃东西。所有这一切并无新奇之处，仅仅是如实描述。那么凭借我所看作通俗的、本土的心理法则，其运作是引入信念和需求概念的理由，我们就会得到所谈及的生物或这一类生物的第一个心理法则。这就是：对于任何特定的物体 X、任何特征 F 以及任何活动或者任何类型的行为 A，如果生物 C 相信物体 X 既具有特征 F 且又在附近或触手可及，而且具有特征 F 的物体又适合进行活动 A，那么生物 C 想针对物体 X 进行活动 A。换言之，这条法则将该物体与该活动联结在一起。

将此法则应用于上述最初的三个前提条件，便进入下一阶段，即生物 C 想吃掉物体 X（即奶酪）。此时，我们可以引出这个生物的第二个心理法则，这次是心理物理法则（psychophysical law）：对于任何类型的活动 A，如果某一生物 C 想针对某一特定物体 X 进行活动 A，且生物 C 并未被以这样或那样的方式阻止（不论这些方式能不能罗列出来），那么生物 C 就一定会对物体 X 进行活动 A。运用第二个法则之后我们便达到最后一步，即生物 C 吃掉了物体 X。至此，就在最初的生物 C 出现在奶酪跟前的情形和生物 C 最终将其吃掉的行为之间架起了桥梁，做出了解释。

我上述所提及的是通俗法则。如果真的有此类法则，我认为也会出现在某一理论之中，但这种理论也不会是一种专业化的或形式化的心理学理论；我可能不太喜欢称之为"理论"。它只不过是我们都要用到的一种粗糙的系统，而且系统中的法则具有可改动性、可改良性和其他条件不变的特点。

然而，如果某些心物对应关系不成立，生物 C 就会遭遇挫折。例如，286 如果 C **错误地**相信其面前的物体是一块奶酪，或者**错误地**认为从它的角度看是可食之物，那么，至少 C 在食用这个物体时，就会遇到消化不良。出于这个原因，就需要有心物对应关系（如信念必须为真等）来满足我所勾勒的心理机制的运作，以**有利于**所论及的生物。

同样，如果生物 C 想食用那个物体的欲望出于某个原因未得到实现，它就会继续挨饿。这里，我们也需要欲望、需求、意志状态等与现实之间的某种对应关系，类似于信念和现实之间的对应关系。欲望等需要与现实对应以得到满足，也就是说，为了让心理机制以一种有益的方式运行。

最后，如果生物 C 具有理性或具有反思能力（至此我还没这么假定），它也许能够认出我所列出的涉及其自身的诸多事实，认出心理机制要有用一般就需要心理状态和外部世界的对应关系，也可能认出心理机制在这种对应关系的制约下会有利于生存或实现自身的其他目标。如果生物 C 能认出所有这一切，它本身就可能从自身角度将这种对应关系看作是可取的：即，对应关系不仅是可取的，而且生物 C 也将其看作是可取的。

那么，处在第一位的是，我们有诸多心物对应关系，它们似乎是我们都想拥有的。但也有更进一步的对应关系。貌似有一个由现实、思维和语言（或交际手段）组成的三角形，现在，我希望我们在思维和现实之间有某种耦合。然而，我想还存在另外一种人们也期望的耦合：即思维和语言或交际手段之间的联结。这将再次涉及一种相对简洁明了的对应关系，细节如下。

首先，如果存在人们可能看作是共享经验的东西，我一直谈论的这类生物的操作至少在一些情形中将得到帮助和推进。尤其是如果最初依附于某个生物的心理状态能够在另外一个生物身上传播或传递或再现（这个过程可以被叫作 ψ 传播），那将会是一种有利情形。显然，交际手段的产生是帮助实现这种传递的一种资源。

如果我们接受这种观点，那么为了明白和理解这一过程，我们就很容易接受，在特定的交际手段或话语为一方，心理状态为另一方之间，必然存在对应关系。这些对应关系的实现方式要么是直接的，要么（更可能）是间接的，是通过特定话语所归属的**类型**来实现的：特定话语是句子的讲说，特定手势是手势类型的产生，等等。不论直接或间接，这种对应关系存在于话语或话语类型为一方和心理状态**类型**为另一方之间，而这些类型则包括，例如特定人群的信念所归属的信念类型：不是**琼斯**个人如此这般的信念，而是**一类**如此这般的信念。

如果在话语或话语类型为一方和心理状态类型为另一方之间存在着这

些对应关系，我们便可说大体上（而且在一定条件限制下），在所探讨的这类生物的共同（或社交）生活中，出现以下种类的序列结构就是**可取的**：某情境下的某心理状态 ψ^1 后面跟随的是某情境下的某话语 U，如果情境正确的话，话语 U 后面又会跟随进一步心理状态 ψ^2 的特定实例，这种心理状态这一次并不存在于交际者一方，而存在于被交际者一方。状态 ψ^1 和状态 ψ^2 为同一种而非不同种的状态可能是可取的事，由此，这些序列结构 ψ^1、U、ψ^2 发生时，它们会涉及存在心理语言对应关系的话语与心理状态。

当然，即便无法产生此类对应关系，传递同样可以发生。某个生物可能会使用错误的话语表达其心理状态，那么这话语就可能不会奏效，在第二个生物身上引发的心理状态就会跟第一个生物的不一样。另外一种情况是，第一个生物可能操作正常，但第二个生物可以说有可能误解了其话语，由此形成错误的信念或愿望，与第一个生物发出的话语不对应。

为了使这种传递可取或有益，其一般条件，或最凸显的一般条件，是 288 要实现第一种类型的对应关系。也就是说，假如所有的传递活动都传递了错误信念，即便这种合适的心理语言对应关系存在，不清楚是否有人会把这种交际机制看作是有益的。我坚持认为在某种意义上，难以想象所有传递均涉及错误信念，但至少这种事态是可以考虑的。由此，可以这样说，一般条件是假如所传递之事态与外部世界有对应关系，灵魂与灵魂之间的传递是有益的。

现在似乎我们到达了一个点，在这个点上，我们提纲挈领地用某种概括性的、半神学的方式呈现出了一种真值概念的粗略原型以适用于信念和诸如此类的东西。由此给出了第一种对应关系。在第二种对应关系中，至少我们很有希望得到一种意义概念的粗略原型，因为看起来这似乎不是不可能的建议，以这种传递是生物生命的主要特征的方式来解释某一话语或话语类型所对应的心理状态类型，将会是解释所涉及的话语的意义或话语类型的第一步。这样，我们就将这三个角耦合在了一起：第一个角（现实）和第二个角（思维）耦合在一起，我们再将第二个角（思维）和第三个角（语言或交际手段）耦合在一起。这样当然就在第三个角（话语或句子）和第一个角（现实）之间，通过与它们自身有联结的信念或其他心理状态建立起一种派生联系。但也许也值得一问的是，除了以心理状态为媒介建立起来的语言与现实之间的这种间接联系外，是否还有一种可争辩的直接联系的可能性：语言与现实之间的直接联系以及通过思维的联系。我想至少还有一种可争辩的联系，尽管它当然是一种我们必须把它和之前介绍过的联系相协调的联系。

289　　如果问及"一个具体信念（如'雪是白色的'）与世界对应的条件是什么？"我可以毫不费力地给出不同情况下的答案。例如，我可以说"雪是白色的"这个信念只是在雪是白色的情况下与世界相对应，我可以说奶酪是蓝色的这个信念只是在奶酪是蓝色的条件下与世界相对应；你会清楚看到在这些特定情形里我所使用的枯燥的常规。然而，哲学家们注意到，要从我刚说的一两个例子这点语言片段进行明确地概括，则困难重重。这是因为从这些情形中做出概括，很有可能不会提到特定对象或特定信念，而只是从一般情况出发说明信念与物体对应的条件。也就是说，信念与世界相对应的一般条件必须这样开启："对于某人的任何信念，如果……该信念与世界相对应"；接下来该如何进行呢？在特定情况下，我先前曾在这儿引用过或提到过，而后又在那里使用过；但由于我将所参照的一切特定信念或句子全部清除了，自然也不会有这样句子来完成所谓的一般性条件。

　　似乎我应当这样说："对于任何项目 P，如果某人相信 P，那么只是在 P 的情况下某人的信念 P 与世界相对应。"不幸的是，这会有困难，因为依据对量化的日常解释，我在谈论对象或项目时，不妨可以使用字母 x（这是对象的特性），并且说："对于任何项目 x，如果其被相信，那么只是在 x 的情况下 x 与世界相对应。"但这似乎是在进行这种概括，即，如果任一对象 x 是一头猪，那么就是 x：这不是一个可理解的陈述形式，因为"x"不是一个人们可以用句子替换的变量。事实上，有东西似乎被漏掉了，我们没有得到可理解的真值条件的说明。此外，这是很难纠正的，因为命题或命题表达式有时被看作如名称一类的东西（其形式是 that 小句），有时被看作如句子一类的东西（从 that 小句中去掉 that 后的形式），如果对这种转换没有深入的研究，很难知道该怎么办。

　　看起来似乎是，为了避免此种困境，如是我想对某种意义上我已经阐释的心理状态和世界间的对应关系进行概括的话，不妨可以使用以下形式："如果某一句子 S 表达某一特定信念，那么只是在 S 为真的情况下句子 S 表达的这个信念与世界相对应。"也就是说，为了避免在概括上陷入困境，我现在把真值概念应用于句子，我这样做是为了能概括性地阐述信念与世界相对应的诸多条件。由此，为确保描述出何以使得信念与世界相对应，我引入了另外一种对应关系，即话语或句子与世界的对应关系，以词汇"真的"来彰显。

　　那么，看起来，似乎为了描述信念与世界之间的第一种对应关系，人们必须利用与其类似的话语（或句子）与世界之间的对应关系。因此后一种对应关系不仅是可能的，而且是必要的，如果要能概括性地说明心物对应关系确实存在的话。

　　然而，尽管它们如我概述的那样可以满足解释的需要，仍然有可能的是，为了表明语句与世界之间的对应关系不仅对于进行理论阐释，而且从使用这些话语或话语类型的生物的角度看都是可取的，我们仍然必须在说明合适性、可取性或其他任何特性的条件时引入心理状态。也就是说，我们当然可以阐述或描述话语与世界的某种直接对应的概念，这可能有某种有限的目的正当性，因为需要为其他类型的对应关系提供一种表达条件的通用方法，但是如果我们想要提供一种更概括的目的正当性，那么我们就需要提到信念和其他心理状态。换言之，为了给真值概念应用于句子提供更概括的正当理由，我们可能必须把三个角都加进去，包括漏掉的那一个。

II. 自然意义与非自然意义

目前为止，我似乎已把我曾经公开阐明的意义之观点暗中进行了初步总结，当然我也暗中总结了他人对意义的诸多观点。现在，我将试着向前推进一步，这也许会支持我的某种观点而不是某些其他观点。

我认为进一步推进这种观点无太大争议，即"mean"一词在下面两类情形下确实有直觉上可界定的区分。一类是有人所看作是"mean"的自然涵义的情形，在这种涵义上某物所示意的与自然指号所代表的密切相关（如"乌云示意有雨"），另一类是我称之为"mean"的非自然涵义的情形，如在这种语境里，"他的话示意某某事""他的手势示意他感到厌烦"等等（参阅第 14 篇文章）。

我提供了一两个识别测试，能让人识别出在给定的场景中哪些实际上是自然意义，哪些是非自然意义。大致来说，测试结论是：非自然意义情景与交际有关，我们可以称之为非事实性意义，而自然意义则是事实性意义。就是说，谁说了"乌云示意有雨"或者"乌云示意即将下雨"，谁就可能确认这样的事实：天要下雨，或天确实下了雨。然而，如果我说"他的手势示意他感到厌烦"，用非自然意义对其解释，就跟我们认为的交际有特别的联系，那么这种说法并不确认他确实感到厌烦。我也注意到通过在短语上加引号很容易说明其非自然意义，而说乌云示意"天即将下雨"则显得很奇怪：此处用带引号的句子去替换 that 从句行不通。

暂定这些测试手段基本够用，我现在想要做的不是强调这些情形之间的差异，因为那已经做过了，而是寻求它们的共同之处。"mean"的这种双重用法和"vice"一词的双重用法类似吗？"vice"的双重用法是，有时用来指代的意思大致接近"sin（罪恶）"，有时用来指代一种木匠所用的工具。对于后者，人们往往倾向于说这其实是两个词，只是发音与写法相同。

根据一般的经济原则，我倾向于认为，如果我们能够避免说某词有这样那样的涵义或这样那样的意义，如果我们能够允许它们是某单一原则下的不同变体，那就是可取的：不可增加不必要的涵义。我觉得，意义概念的根本思想（以这样或那样的形式适用于上述两类情形）是，如果 x 示意 292 y，那么就等同于，或至少包含这么一层意思：y 是 x 的结果。就是说，自然意义与非自然意义的共同之处在于，根据"结果"的某种阐释，"是 y 这种情形"是 x 的结果。

当然，有人会希望在结果方面或者在实现结果的方式上有所差异。接下来我所做的就是看看是否我们可以呈现出非自然意义派生于自然意义的情形，此处用"派生"一词的意义在于表明它们从类似自然意义之物发展而来。我还将稍加关注人们必须秉持什么样的原则或假设，如果想要确立自然意义在某些可说明的方面是非自然意义的原型基础的话。

就自然意义而言，除了乌云、脸上的斑点、疾病的各种症状等，具有自然意义的事物当然还有各式各样的行为，如呻吟或痛苦的叫喊声等，这些行为示意，或通常示意某人或某物处于痛苦或其他状态之中。由此，自然意义的特殊情形就是，身体行为之类点滴现象示意产生这些行为的生物出现了不同情况或状态。在自然意义中，产生这些行为和在这些行为中出现那些表达意义的特征，是非故意的。由此，我们便得出一种典型模式：某生物 X 非故意地产生某一特定行为 α，而该行为示意、导致或证明 X 很痛苦。这是最初的自然意义情形。接下来我们将看看能否在一个或几个阶段对其进行修正，以便终能出现非常类似于非自然意义的东西。

本操作的第一阶段涉及这样一个假设：事实上该生物会故意产生某种行为，而这种行为的非故意产生是其处于（比如）痛苦等状态的证据。可想而知，这类情形分明就是假装或欺骗。生物通常会故意产生某行为，不仅当，也**因为**，其非故意产生的行为会证明其处于某种状态，从而使外界或其他生物将这种实际上是故意的行为视为非故意的行为。也就是说，它 293

们对该生物目前所处的状态，彰显的状态，得出了同样的结论。那么该生物故意行为的目的就和其他生物认为其处于非故意行为所表明的状态相契合。

在第二阶段，不但生物 X 如同阶段一一样有故意（不是非故意）行为，而且，我们假定某个与 X 有交往的 Y 将其**识别**为故意行为（其非故意的行为可佐证，如痛苦等）。也就是说，生物 X 现在不但装出痛苦行为，且其行为被识别出是模仿痛苦行为。由于 Y 识别出 X 的故意行为，Y 当然就不可能得出 X 处于痛苦之中这样的结论来。因此，有人会问，需要做什么以恢复之前的情形：有什么办法可以不让 Y 消除其认为 X 处于痛苦之中的想法呢？

沿着这个方向迈出的第一步将进入到我们所看作的第三阶段。这里，我们假设生物 Y 不但识别出 X 的故意行为，而且还识别出 X **意图**使得 Y 识别出其故意行为。就是说我们现在抛弃了上述行为是直截了当的欺骗的看法。欺骗是试图使某生物接受某些东西为其他东西的符号，而不知道这是假装的。然而，这里我们还有一种违反常情的假装，即某物是假的，但与此同时，却清楚表明其是假的。

可想而知，生物 Y 最初被这种矛盾的表现弄迷惑了。这个生物似乎在模仿痛苦，但在某种意义上又宣称这就是其所为：它究竟是想达到什么目的？在我看来，如果 Y 真的提出了 X 为何要如此行为这个问题，第一个答案也许是 X 的行为是嬉闹或假装，也可是一种游戏，因为 X 的行为指向 Y，便期待 Y 对这个游戏有适当的贡献。我把可以这样解释的情形归到第四阶段。

294　　　但是，我们可以假定，还有用这种方式无法处理的情形。如果 Y 被期待成为 X 在嬉闹中的参与伙伴，那么 Y 应该可以识别出他被假定应当做出的贡献；我们可以设想这样一种可能：Y 没有任何线索可以作为这种识别的基础，或者尽管似乎有一些关于贡献的提示，当 Y 被迫出手时，X 并未有进一步的嬉闹行为，却生气了，也许还重复其最初的（现在又问题重重的）行为。

我们现在进入第五阶段。在这个阶段里，Y 假定 X 不是在嬉闹，X 的所为就是试图使得 Y 相信或接受 X 处于痛苦中，即，试图使 Y 相信或接受 X 身上出现的状态，这种行为在非故意产生时事实上是这种状态的自然标志和自然示意。具体来说，有人可以说在这个阶段生物 Y 意识到 X 最初的意图是使 Y 识别出这种痛苦的情形（通常情形下痛苦的情形）是故意的，然后意图使 Y 将最初的意图看作是相信 X 处于痛苦状态的充分理由；X 具有这些意图是因为他有另外的意图，即，Y 不仅应该有充分理由相信 X 处于痛苦状态，而且应该真的相信就是这样。

在这些情形里，是否 Y 不仅意识到 X 用某种相当奇怪的方式意图使其相信 X 处于痛苦之中，或者是否 Y 不仅意识到这一点，而且实际上还继续相信 X 处于痛苦之中，可能取决于另外一组条件，可将其归为一点：Y 在很多方面认为 X 值得信赖。例如，假定 Y 认为，通常情况下或至少这种情况下，X 不想使 Y 相信 X 处于痛苦之中，除非 X 真的痛苦。还可以假设（这可能不适用于痛苦情形，但适用于其他状态的交际情形）Y 相信 X 值得信赖，不仅是由于其没有恶意，而且一般来讲，似乎是负责任的，比如，是这类人，他会想方设法确保其试图使其他人相信的事实上就是这样，他不是粗心大意、草率鲁莽之辈。那么，考虑到 Y 认为 X 在一般情况下或在这种特定情况下其能力和谨慎都值得信赖的这个想法得到了普遍实现，我 295 们就会认为 Y 不仅识别出 X 的这些意图（即 Y 应该对 X 处于痛苦中有某些信念）是合理的，而且实际上采纳这些信念也是合理的。

至此，我一直在讨论如何传递某物处于某种情形的信息，例如，X 处于痛苦或其他状态这个信息的传递方式是通过交际发话人一方非欺骗性地模仿这种状态的标准指号或标志。但是，所运用的机制（涉及信念或不同层次的意图的交流）实际上并未要求交际手段最初应是所涉及事态的自然表达或指号。假如我们现在放宽此项要求，我们就进入阶段六，下列思考能使这一过程轻松一些，这还要感谢朱迪丝·贝克（Judith Baker）。

关于我一直所用的那个特殊例子（用以论述阶段五中的观点），Y 须得解决、绕开或者忽视 X 的行为所带来的一个可能的问题：如果 X 试图让 Y 相信的是 X 处于**痛苦状态**，为什么 X 不用真的，而要用假装的痛苦表达？为何不发出自然吼叫？可能的答案不难得到：例如，X 对痛苦做出**自然**表达会被视作不像人，或者不像生物，或者 X 对痛苦的非自然表达也不能表现出自然表达应有的**全部**特征（如，非自然的大声吼叫很可能表明其痛苦，但却不是真正的与吼叫的分贝相当的痛苦程度）。如果 X 的行为在自然情形里不能表达 X 的事态（即意图使 Y 所相信的事态），而是与意图传递给 Y 的事态（不一定是 X 的事态）之间的关系更为松散，这个问题将不会出现。X 的行为用某种可识别的方式暗含了事态，而不一定是 X 对于事态做出的自然反应。

那么，在这个阶段里，交际手段不一定是那种最初常用到的自然指号了；假如交际信息的接收方能够将某个行为与某条特殊信息建立可识别的联系，且信息发出方能够相信由信息接收方建立的联系，该行为对信息发出方来说就是可用的。任何联系都行，只要它能被接收方觉察，而且生物有能力使用的联系越松散，他们作为交际者的自由度越大，因为他们会越来越少地依靠此前的自然联系。当生物出于这些目的使用一系列跟它们所交际或表征的事物没有任何先期联系的交际手段时，而且这种联系的建立只是因为关于这种人为联系的知识、假设、设定是预先达成的、提前知道的，就有了最大范围的自由。在这里，生物在一定程度上就大可利用先前某个阶段已经内置的语义信息。

在某些情形下，人为的交际手段除了人为特征之外，也有其他某些特征：例如，包括数量有限的基础性、焦点式的、根基性的交际手段，还有数量有限的组合形式（或者组合操作），而这些均可被反复使用。在这些情形下，这些生物将拥有或快要拥有一些人所认为的语言特征：一个交际系统，包括一组有限的原初交际手段、此类交际手段的语义阐释、一组有限的不同句法操作或组合形式，以及对这些组合模式所起到的功能的理解。因此，它们可以产出无限的句子或复杂的交际手段，以及相应的无限多的，可以说是，被交际的事物。

因此，通过这种目的性方式，我们似乎已经为下列两种情况提供了某种理性根据：一种是我长久以来所致力于的说话人意义的界定方法，另一种是各种交际系统的界定方法，最后归结为具有某些特征的东西，这些特征通常被（我想或多或少正确地）认为是成熟语言的特征。我说，我们**似乎**提供了一个理性根据，因为我认为还有方法论上的问题。我上述连续的几个阶段当然不是要对交际和语言的发展进行历史或遗传学解释；此外，想要展示自然意义与非自然意义之间的概念纽带（conceptual link）只是 297 一个神话（myth）。但是，如何用一个**神话**来解释这个纽带呢？这个问题或许与我最近想到的另一个问题相类似，这问题是政治责任（或许道德责任）的本性与合法性是如何通过一种**神话式的**社会契约来阐释的呢。尽管这种类比有提示性作用，然而人们会问，除了把一个神秘物同另一个神秘物相提并论，这还能做些什么呢。人们有此疑惑可以原谅，但是这却是日后需要解决的问题。

III. 神秘包

好了，再说说神秘包。首先，讲一则轶事。我那偶尔顽皮的朋友理查德·格兰迪（Richard Grandy）曾说，结合我之前讲话的某个场合，为了阐述我的话语，有必要引入一种新的言语行为或者一种新的操作模式，可以称之为"疑问式断言（quessertion）"。它被解读为"这是可能的：某人可能断言……"，用符号标记为"?⊢"；它甚至是可以重复的。我珍视此建议就如同我珍视他在另外一个场合讲的话：我"总值得信赖去集结一批人去捍卫一个'算不上教条的教条'"。这里我所论述的一切是很可以疑问式断言的。我会简单探讨一个观点，我不知我是否一定同意它。接下来，除了断言某事是疑问式断言的，我不应该被理解成在做任何基础性的断言。

　　我想探讨的一般观念，以及在我看来有某种合理性的观念是，在语义概念，尤其是意义的各种概念的分析、定义、拓展等方面，有东西被我和其他一些人忽略了。被忽略的东西事实上之所以被忽略，是因为每个人都带着恐惧看它，至少是在科学的或理论的心理框架里：价值概念。

　　尽管我认为通常情况下，我们想在哲学和科学研究之外（而且有人会说在其他一切研究之外）探讨价值概念，我们可以考虑一下在某种程度上放松这种限制，结果会如何？假如这样做，就会有大量不同种类的价值谓词或表达式可能会在不同类型的情形里得到认可。为了避免在它们之中做出选择，我选取其中的"optimal（最佳的）"作为谓词使用，稍后当然可以更精准地定义该词的意义。

　　我对这个一般观念特别感兴趣，原因在于我个人的看法是（此刻我不会就我的观点试图进行详细说明或辩护），价值这个概念对于理性概念或者一个理性个体至关重要。有很多种方式可以描述理性个体特征。在某种意义上，一些特征可能彼此相同，可以适用于完全一样的情形。然而，即便是它们彼此相同，但可能仍有个特征，从演绎式的理论视角看，是富有成效的。我曾强烈质疑以下观点被认为是最有成效的观点，即理性生物是可以进行价值评价的生物，而其他特征描述则与之广泛存在，尽管在某些意义上不是主要的。我不清楚是不是可以据此推出（但至少我认为这是真的），描述理性特征的所有自然主义尝试注定会失败。价值从一开始就存在，我们无法将其分离出去。此处不讨论这个问题，但它应该对我即将在其中探讨的模糊框架给出了一些提示。

　　在我看来有两个与意义相关的问题会出现价值问题。我将它们称之为次要问题和主要问题。次要问题关涉的是，通俗地讲，语词意义与说话人意义之间的关系。可以这样假定：说一个句子（词、表达式）表示什么意思（说"约翰是一个单身汉"表示约翰是未结婚的男性等），应该被理解成句子（语词、表达式）的特定使用者在特定场合表示的意思。对此，第一个可能的识解相当粗略：即人们通常以这样的方式使用该句子等。对我来说比较好的识解是，用这种方式使用该句子是规约性的；当然，还有很多其他方式。

　　然而，我认为即便是对这个识解最细致或最复杂的阐释也作用不大，因为我认为意义从本质上来说与规约性无关。真正与意义有关的是某些确定句子意义的方式：规约性的确是方式之一，但不是唯一。我可以发明一种此前未曾有人说过的语言，称之为第二世界语（Deutero-Esperanto）。这样我就是权威，我可以规定合适的规则。请注意，我们立刻就得到了某 299 种形式的评价概念：即什么是合适的做法。

　　因此，一般的建议是，说出一个单词在一种语言中的意义，就是说出该语言的使用者一般来说如何以最佳的方式运用该单词，或者他们用它做什么；使用者在特定场合有何种特定意图是适当的或者最佳的；当然，并不是说使用者**总是**必须有这样的意图：在其他条件不变的情形下，这仅仅是他们可以拥有的最佳选择。至于在特定情形里何为最佳选择，必须有一个兑现价值，一个对为何为最佳的解释。有可能有诸多不同的解释。例如，解释可以是用这种方式使用该词是规约做法；也有可能是在某个特定群体中用这种方式使用该词是规约做法——生物学领域术语的意义为生物学家所理解，却有别于大众的理解；也可能是用到某种创造出来的语言时由其创造者所设定的就是最佳的。然而，对于这些问题的统一解释，我们从所有情形中得出的就是某种行为方式的最优性或者适切性。这就是我对这个次要问题的看法。

　　出现价值问题的主要问题，不是试图去表明词语意义与说话人意义之间的关系，而是对说话人意义本身进行剖析。此处，我的总策略是寻找希弗和其他人声称从我关于意义的著述的鲜亮外表下觉察到的回归（regresses）——无限的恶性的回归，他们打算将其剔除，代之以另一种回归概念，比如共有知识；并问一下为什么他们的回归是好的，而我的回归则是糟糕的。

　　然而，通过研究希弗，试图去搞清楚所谓的回归问题时，我发现这样做几乎是不可能的。就是说，当有人声称存在无限回归时，他当然应当提供一种一般性的方法来说明上一个回归是怎么导致下一个回归的，但我看不到这样一种一般性的方法：一个阶段与另一个阶段之间似乎是不相干的。这不是说没有办法这样做。以前与希弗交谈时，我曾经认为有这样一种办法，而且我那时理解这个办法，但现在我不理解。然而，既然回归（或回归的指控）的实际本质无关轻重，我所做的就是发明一种我自己的回归，我将它称为伪希弗回归（pseudo-Schiffer regress）。以前的做法使得回归问题漏洞百出，现在我想尽力使其变得强大，即便不够强大，我也假装认为它足够强大。

300

重构回归可以按以下阶段进行。人们可以这样开始这个想法：当说话人 S 向听话人 A 表达某个句子，用它示意 p，他这样做想要 A 认为"p"。也就是说，在第一个阶段，我们得到"S 想要 A 认为'p'"，此处，p 代表 A 的思想内容或 A 意图的思想。然而，出于很久之前的原因，跟自然意义与非自然意义区分有关的原因，我们不能就此止步。我们必须推进至第二阶段，我们得到"S 想要 A 认为'p，因为 S 强烈要求 A 认为"p"'"；等等。

现在我们到了一种很奇怪的情境中，在这里，S 想要 A 认为的内容有某种不一致：即，"p，因为 S 强烈要求 A 认为 p"和可以说其中的子句关于 S 要 A 认为的东西的解释。也就说，S 想要 A 认为的内容不仅是"p"，而是"p，因为 S 强烈要求 A 认为 p"；但当我们陈述理由时，当我们陈述 A 所应该认为的内容时，我们发现他只是在认为"p"。换句话说，我们说明 A 被意图认为的东西（作为他认为"p"的理由），总是比说话人想象的（他要 A 认为"p"的理由）落后一个阶段。

由此，我们得到某种形式"S 想要 A 认为'p，因为 S 想要 A 认为"p，因为 S 想要……"'"等等。我们插入额外小句，目的是为了赶上去，但我们从来都赶不上，因为通过插入额外小句，我们只是引入了另一个要赶上的东西。这就如同从第一阶段到第二阶段：我们从第一阶段起始，我们增加一个阶段以便从第一个阶段到达第二个阶段，但是等我们到达第二个阶段时，我们要到达的地方变成了第三个阶段，如此等等。

我选择这种回归是因为它相当多彩，当然这不是我唯一可以使用的方法。我想寻找的是一种无限回归的策略，它结合了以下两个特征：首先，和所有的无限回归一样，它不可能实现，即 S 的意图以这样的方式被无限拓展的情形的实现事实上不可能存在；其次，认为这种意图应当存在的想法仅仅是一种希望。也就是说，我所寻求的是这样一种情形：某种高度复杂的意图同时是逻辑上既不可能又想得到的。我觉得，这本身并不是一个不合理的目标：逻辑上不可能但又想要的事情当然可能发生，如果这确实发生了，我就可以利用它。 301

我现在建议把这个分析模式作为说话人意义的最初解释项，即，S 所处的这种状态，无论他想要交际或传递什么（p），对传递 p 的人来说都是最佳状态。那么结果是，当你兑现最佳选择的价值时，你会发现这种最佳的状态实际上是逻辑上不可能的。到现在为止，我觉得这种情况本身没有什么好反对的，尽管有几点必须加以论证。使用以理想的限制来解释的表达式这整个想法在我看来就是这么运作的。这种理想的限制可能在任何领域都不能实现，也可能是在某些领域能实现，但是，在所考虑的那个领域无法实现；例如，它们无法实现这个事实可能是偶然的，也可能是非偶然的。（为了简易起见我们假装）由于某种原因，严格来说在人世间不可能存在圆形的东西。但这并不影响"圆形的"一词在人世间的使用，因为我们使用它是因为其接近于或近似于理想的极限，尽管这种限制本身不可能实现。我们所需要的可以说是一种符合实际需要的方法，而不是不切实际的完美。的确，这可能有点像柏拉图所追求的东西。

在我看来知识概念可以这样解释。可以想象的是，这个概念可以在一定领域实现，但在其他领域不可以。这里我们注意到，过去人们认为知识的标准或者关键特征是，如果你知道某事，你就不可能错。由此有些人进而认为，我们唯一能够知道的事情就是必然真理，因为在这个问题上，在

"不可能（cannot）"的某种涵义上，我们就不可能犯错。现在我想要说那些人是对的，如果他们的意思是，**严格来讲**只有必然真理才能被知道。然而，这却并不能限制我们去设想，那些声称他们知道其他事的人，正在不恰当地使用单词"知道"：这里所要求的只是，应该许可把这个词不严格地应用于以某种方式接近或近似理想情况的事。

在这个场合，我不会确切地或详细地说明这种接近或近似的要求到底是什么。我只想说，无论它们是什么，它们都应该让我们有理由**认为**某些情况满足了给定的理想，尽管实际上，严格地讲它们并不能例示它；就像有一次在牛津大学，在一位即将上任的院长和不允许将狗带入校园的规定之间出现了窘境：主管部门通过一项决议，把新任院长的狗认作是猫。我怀疑我们的许多认为是至关重要的，尽管也许它们并不总是如此滑稽。

让我总结一下我们现在所达成的立场。首先，根据这个说话人意义的解释，我们所谓说话人通过其所言在某个特定场合示意 p 的第一个近似意思是，说话人处于传递（或传递 p）的最佳状态。其次，所谓最佳状态，即他具有无限多意图的状态，原则上是不可实现的，因此他**严格来讲**并不示意 p。然而，他处在这种情形中，使我们有理由，甚至有义务，认为他满足了这种无法实现的条件。

最后，还有一个问题，这与人们实际发现的回归有什么联系：这些回归或条件集的延伸都是实际存在的。一些有创见的人，例如斯特劳森和丹尼斯·斯坦佩（Dennis Stampe），最后是希弗（他思路快而复杂，几乎没人能够赶上他），这些人就我最初对意义分析所给出的解释项提出了一些反例，他们想用这些反例来证明我的条件或者条件的拓展并不足以解释说话人意义。所谓的反例总是这样：它能满足至今为止的说话人意义的条件，但是说话人仍然应该有我所说的那种暗藏的意图。也就是说，在第一个且最明显的情形中，他的意图是听话人应该由于某某理由实际上接受 p，但是说话人应该**认为**他应该以其他理由而不是那些理由接受 p。也就是说，听话人在某个层面或者其他层面上，被表征为误解了，或被意图误

解了，或被意图认为他自己被意图误解了（或……），对他的期待。他认 303
为他应该以某种方式前进，然而实际上他应该以另外的方式前进。那么我
想说，一个暗藏的意图的出现所造成的影响，这个暗藏的意图在我所建议
的计划中将起到的作用，就是取消那个许可，不再许可在这个特定情况下
把说话人的所作所为看成是其一种意义表达的情况：这就是说，要取消这
个想法，即这将被允许算作（可以说）仅可在理想状态下实现的无限意图
的一个实在行为。

　　在某种程度上，如果这个建议要在其他情况下可接受，那么它所做的
或会做的就是为一项提议提供理性根据，这个提议实际上的确在我之前的
文章中提出过，其大意是在对说话人意义进行充分解释时，真正需要的正
是某种意图的**缺失**。这很可能是正确的，但那个提议的不足之处是它并未
解释**为什么**这就是解释说话人意义的合理条件。我认为，如果我们接受我
刚刚概述的理论框架，那么，这里面的任意性或特别性将得到消除，或者
至少得到减轻。

19

形而上学、哲学末世论与柏拉图的《理想国》

I. 形而上学与哲学末世论

不久前我产生了一个想法，也许有两种可以区分开来的学科，它们每一个都声称享有形而上学的名头，或者部分享有形而上学这个名头。我认为第一种学科在性质上是范畴性的，也就是说，我认为它是在范畴层面上进行或者在范畴层面下进行。沿着主要由亚里士多德和康德提供的线索，我认为第一种学科主要关注最普遍的属性或分类，即最高的属（*summa genera*），据此各种具体的主词项以及 / 或者谓词（谓词项、属性）得以分门别类，随之形成适用于这些分类属性的形而上学原则（例如某版本的因果关系原则，或者控制物质继续存在的某种原则）。我认为第二种学科在性质上是超范畴性的；它将不同范畴的主词项聚拢在一个分类特征下，而且也可能规定出具体原则，通过这种超范畴性的同化聚拢的项目来加以示例说明。我曾希望第二种学科，我倾向于把它称为"哲学末世论（philosophical eschatology）"，能够用来洞察范畴相异的现实之间的密切关系，从而使那些与特定范畴相联系的原则不会被怀疑是任意捏造的。至于一个可能的异议，其大意是，如果一对词项真的在范畴上相异，它们就不可能在单一分类条目下同化（因为它们不能共享任何属性），对这一异议，我打算这么回答，就算范畴相异的词项没有一个共享的属性，这种反对也可能无效，因为同化所采取的归因形式，在于类比而不在于被同化词项的共同属性。传统上，在神学这样的学科里，类比一直是那些希望找到一种方法来比较彼此根本不同的实体（例如上帝和人类）的人所诉诸的手段。这种比较模式当然需要仔细研究；这种研究我暂时搁置不论，因为我也将推迟谈论我认为与哲学末世论相关联的一些深层次想法。

作为开头，我要区分业已存在的三个方向。哲学末世论者在这三个方向中有望能各显其能。

（1）提供概括性的理论阐释，把由范畴壁垒分隔开来的具有专门性质的各种形而上学原则统一起来。

（2）完成这项任务可能需要对类同（affinity）关系进行适当的理论描述。类同关系与我们更为熟悉的相似（similarity）关系一样，为专门规律的概括提供基础，但是，它又不同于相似关系，它对于范畴障碍的出现并不敏感，或者说它具有高度的不敏感性。当然，提出这种关系的可能性并不是要构建它，甚至都不能保证它能被构建。

（3）对类比概念的研究，以及勾勒出它与其他看似可比概念的联系，如隐喻和寓言，还有更多这样的研究项目吗？

在这一点上，我要提到朱迪丝·贝克的一篇名为《"另一个自己"——亚里士多德论友谊》（"Another Self": Aristotle on Friendship）的文章（尚未出版）。目前，我主要关注方法论的问题，所以我建议首先研究方法论的思想，尤其是亚里士多德的方法论，它们在朱迪丝的文章中都有论及；其次，我建议探究一下这些思想是否有助于哲学末世论未来的研究主题的增补。

（1）朱迪丝·贝克表示，亚里士多德的哲学方法在其著作《尼各马可伦理学》（Nicomachean Ethics）以及其他著作中有过部分的描述。亚里士多德认为一个命题给予正在讨论的命题至少临时有效性（其他条件不变下的有效性）是一种共识；一般来说，接受普遍认可的对象不需要外部正当性。这一观点并非总能得到哲学家们的认可；举一个著名的例子吧，穆尔

306

重视常识的权威性，这似乎是因为他本人接受了某种原则，其大意是用常识观看待世界在一些基础方面毫无疑问是正确的。不幸的是，穆尔既没有构建这方面的原则，也没有确认是哪些方面。如果我对穆尔的认知是正确的话，那么按照亚里士多德的观点，他一直在寻找外部证据，以证明常识观论说的可接受性，即，哪里需要证据，哪里就没有什么证据。

（2）尽管不需要外部证据来接受得到广泛或普遍相信的命题的有效性，但是所讨论的有效性却只是暂时的；因为共识常常会以下列两种方式之一被推翻。第一，可能存在一个共识，即命题 A 为真；但是也可能还有两个相互矛盾的命题 B_1 和 B_2，此时的共识是要么 B_1 为真要么 B_2 为真，而关于 B_1 的真或 B_2 的真却没有共识。可以说有两种思想流派，一派青睐 B_1，另一派推崇 B_2。此外（我们可以假定），B_1 与 A 结合产生 C_1，B_2 与 A 结合则产生 C_2，而且 C_1 和 C_2 相互矛盾。在这种情形下，A 的可接受性是否保持完整，这就成了问题。如果 A 的可接受性是完整的，那么就必须设计出在 B_1 和 B_2 之间做决定的方法来。（前面的抽象例子是我构建的，而不是亚里士多德或朱迪丝·贝克的。）第二，要解决当场出现的冲突或障碍造成的问题，理论家可能预期要对共识担保的数据进行系统化，他要设计出嵌在他的理论中的概括性命题。这种概括不会直接受到共识的检验，但是，它们的可接受性取决于理论的充分性。在这样的理论中，这种概括性似乎会产生直接受到普遍认可的命题。出现僵局（死局）时，理论家的目标是消除僵局，以尽量减少僵局出现前已被认可材料的干扰，包括减少对理论家的理论概括性的干扰。朱迪丝·贝克声称，这种僵局的典型例子来自于亚里士多德所认识到的与友谊有关的三重命题：好生活不缺好事物，好生活自给自足，以及拥有朋友是一件好事，这三者中每一条都是普遍认可的内容。这似乎证实了一对相互对立的命题，即好生活既包含又不包含拥有朋友。朱迪丝·贝克认为，亚里士多德将朋友描述为另一个自我（另一个我），这是一个严肃的理论提议，用于在最小的干扰下来消除僵局。

（3）朱迪丝·贝克还提到了一种批评，批评者是戴维·萨克斯（David Sachs）。萨克斯大约在二十年前针对苏格拉底在《理想国》（The Republic）中对正义的解释提出了批评。萨克斯不满地说，为了回应格劳孔（Glaucon）和阿德曼托斯（Adeimantus）二人的请求，苏格拉底要证明正义生活就是美好生活，他首先借用灵魂的概念重新把正义生活描述为所有成分都能最大限度地实现它们的功能的生活，然后声称这样描述的生活便是美好的生活。苏格拉底的这一回答有些文不对题。格劳孔和阿德曼托斯二人希望苏格拉底向他们说明，幸福就是正义生活，其中的"正义的"这个词应该按其日常意义应用。然而，苏格拉底的解释实际上是把正义生活这一概念重新定义成具有正义*①的典范生活，在这里正义*是根据实现功能来定义的。不过，正义的*生活是幸福的，并非苏格拉底被要求说明的；他被要求说明的并不是正义的*生活是幸福的，而是正义的生活是幸福的；苏格拉底没有做到这一点。萨克斯的这种批判看来显然是错的。萨克斯指望苏格拉底完成的任务是，在他的辩驳中展示为他赢得著名伦理学理论家声誉的那些能力，正是这些能力的显现才使得苏格拉底非常适合去回应色拉叙马库斯（Thrasymachus）的怀疑。苏格拉底当然不可避免地要使用他或多或少地被要求使用的才能。还有一点，萨克斯用于攻击苏格拉底的这种批评模式可以用来对付那些非常普通的理论家，包括许多与哲学无关的理论家。事实上，我认为任何一个理论家，只要他的理论活动是将隐约呈现的内容变成明显的知识，这都有可能被指控为"改变了主题"。因此，在我看来，详细分析这种批评的不合理性既是可取的，同时又不容易做到。

我适才所做的思考提示我，也许可以为哲学末世论增补两个主题，要是它能获准成为正当学科的话。一个是，从事亚里士多德研究的理论

308

---

① 带"*"的词如"正义*"或"正义的*"是苏格拉底理解的概念，与格劳孔和阿德曼托斯二人期望的概念有区别，为了便于读者理解作者特意加了"*"以示区别。——译者

家们要对各种各样的僵局或死局进行分类，以便把外行探究者提供的材料系统化，同时也对这些僵局的可能会有效的各种回应进行分类。另外一个是，要彻底分清对理论家"改变主题"的指责哪些是合理的，哪些是不合理的。除了这些补充，我目前只有一个进一步的建议。有时末世论者的活动可能有助于提出某些原理，而这些原理中所包含的某些材料可能具有独立生命力的潜力，探讨这种潜力在理论上是有利的。对于末世论者来说，这些进一步的探索本身也许就可以成为一项合适的研究工作。关于另一个自我（alter ego）的理论概念的进一步研究便是一个例子，在哲学关于友谊的研究中，它已经被视作一个可以用来战胜僵局的概念。有些概念如移动，某物移动了，某物被移动，这些概念的抽象发展也是一种例子。这一点在亚里士多德的《形而上学》（Metaphysics）第11卷中非常突出，被认为是亚里士多德神学研究中的重要部分。

然而，此刻我不想再扩大哲学末世论的主题范围了，我将转向另一个不同但是相关的话题，即是否可能在柏拉图的《理想国》中找到关于正义的讨论，这个话题可以作为，或经过某种改造后可以作为一个哲学末世论的应用之例。我首先将展开这个想法，之后在结尾部分我会对其论点做一总结说明。

II.《理想国》中苏格拉底与色拉叙马库斯的实际辩论

我们应当牢记，我们之所以要研究《理想国》中关于正义的讨论，是
309 要了解这一讨论过程是否可以被认为是苏格拉底或柏拉图对哲学末世论的一次有意识的、潜意识的或无意识的探索。

（1）这次讨论始于苏格拉底受邀参加探讨"什么是正义？"的问题。很明显，尽管受到了许多干扰，但是苏格拉底从没有忽视问题的核心。

（2）有两个初步的答案：克法洛斯（Cephalus）的答案（"说真话和偿债务"）和他儿子玻勒马科斯（Polemarchus）的答案（"使人人各得

其所"）。第一个答案似乎是在尝试用典型规则来显示正义的本质，而第二个答案似乎是在提供正义的一般描述或定义。苏格拉底指出，即使典型规则也允许例外，其结果是需要一个切实可行的原则来确认例外情况；而玻勒马科斯提出的定义也是有缺陷的，因为它违背直觉地允许正义有时造成伤害。玻勒马科斯似乎可以这样回答苏格拉底，正义和惩罚之间的联系使人怀疑，正义有时会涉及造成伤害的假设是否违反了直觉。我们确实可以探问，为什么克法洛斯和玻勒马科斯给出的答案还占有一席之地，如果它们被这么草率地否定的话。

（3）与色拉叙马库斯的辩论。依我看，许多不同因素引出了一些严肃的问题，它们都与这场辩论在《理想国》论述正义的总体方案中的作用有关。

（a）色拉叙马库斯的辩证工具（dialectical apparatus）似乎（说得轻一点）并不高级。

（b）苏格拉底自己评价道，在辩论过程中，最初的问题（"什么是正义？"）与其他许多看起来不同的问题纠缠在一起，这些问题包括正义的生活是不是最幸福的生活（或正义的生活比不正义的生活更幸福，或更不幸福），正义的生活是否值得选择等。除了制造这些混乱色拉叙马库斯又有什么成就呢？

（c）苏格拉底给色拉叙马库斯的回答在智力上绝不总是无懈可击，但是就我所知，这一事实还没有人指出来过。

（d）格劳孔与阿德曼托斯对这次论辩的结果不满意，他们要求苏格拉底证明正义的生活就是美好的生活，但是他们没有说清楚他们这个要求与 310 回答最初问题即正义的本质这两者之间的联系。

（e）苏格拉底努力满足柏拉图的哥哥们的要求，但为此他诉诸于详细阐释灵魂与国家之间的类比。在当前语境下，怎么证明其对这一类比的本质的阐释是正确的？

（4）与色拉叙马库斯辩论的来龙去脉。

第一轮。色拉叙马库斯一开始提出"正义是强者的利益"，同时他也承认，统治者对强者的利益的评估并非不可能错。正如苏格拉底、玻勒马科斯和克里托芬（Cleitophon）在评论中明确指出的那样，这使色拉叙马库斯陷入了两种观点之间无法容忍的紧张关系中，其中一个观点是统治者的法令要求服从，因为他们相信服从是强者的利益；而另一观点认为，当且仅当服从有利于强者的利益时服从才会被需要。色拉叙马库斯试图通过区分（a）统治者所命令的和（b）统治者以统治者身份所命令的这两者，来改良他的论点。后者一定有利于强者的利益，但是前者并无这样的保证。虽然没有人指出这一点，但是这种逃避的企图看起来具有这样的后果，统治者的命令究竟是要求服从或也许并未要求服从，这也许会并且持续会隐于晦涩不明中。

除了这个最初的困惑，第一轮辩论还有许多其他缺陷或缺点，这不仅有色拉叙马库斯的责任，附带也有苏格拉底的责任。这些缺陷或缺点在接下来几轮辩论中也可以看到。

（a）既没有弄清楚，实际上也没有提出疑问的是，所讨论的正义究竟是政治层面的（或政法层面的）正义，还是道德层面的正义。色拉叙马库斯的总的旨意是，他关注的是政治层面的或政法层面的正义。的确，色拉叙马库斯可能认为，根本就没有道德层面的正义，道德正义这个概念乃空想而无意义。如果色拉叙马库斯的确这么认为，那么他有可能被认为是一个怀疑论者；不过，这是不是他的立场，当然应当弄清楚。

（b）色拉叙马库斯从未表明，他将"正义的"一词的大众用法（也许他本人并不认可）视作一个正面的还是负面的举荐。正义的行为应当是那些能够满足应满足的条件的行为，还是那些不会因为满足了不应满足的条件而受到指责的行为？

（c）色拉叙马库斯关于正义是强者的利益的论点，是被理解为正义的"名义本质（nominal essence）"还是"实在本质（real essence）"，这并不清楚。色拉叙马库斯是不是在说，设想正义的正确方法，对"正义的"一词的正确解释，就是指明哪个是强者的利益？或者他是否表明无论我们对正义的概念赋予什么样的内容，它是强者的利益这一特征就解释了，为什么要实施正义的行为，以及为什么这样的行为通常都是有效的？

（d）色拉叙马库斯似乎对如下两者的区分并无兴趣：一是"正义的"（"正确的"）作为句子操作词部分，管辖着指代可能行为的句子（例如，"因合约欠债的人应该按约定时间偿还债务，这就是正义的（正确的）行为。"，"陪审员拒绝贿赂，这是正义的。"）；另一就是它用作修饰语，应用在具体实施的行为上（例如，"他公正地为所完成的工作分配了报酬"）。这两种用法无疑彼此密切相关，但它们肯定可以区分。

（e）色拉叙马库斯并没有花大力气说清楚"强者"一词是指统治者或政府（**公开的**老板），还是指那个或那些操纵着政权的人（**真正的**老板）。这些人可能是同一批人，也可能是不同的人。

由于这些都晦涩难懂，因此色拉叙马库斯的观点之确切特征绝非易辨。

第二轮。在第一轮结束时，在我看来，苏格拉底力图反对色拉叙马库斯的论点的基础：艺术实践者的绝对权力与作为艺术实践者身份的权力之间的区分。苏格拉底表示如果我们认真对待这一区分，那么我们将不得不假定，当实践者以实践者身份做事时，他关心的不是他自己的幸福，而是艺术所支配的对象的幸福。因此，统治者作为统治者他们关心的是统治对象的幸福，而非他们自己的幸福。这一论点似乎容易得到的反应是，没有什么能够阻止受支配对象的福祉有时也成为和实践者利益一致的受支配对象的福祉。这一点确实会是色拉叙马库斯激情迸发的旨趣所在，把统治者 312 对待统治对象比成牧羊人对所牧之羊。如果是这样的话，苏格拉底似乎就没有更好的回答，只能表明统治者这方主要关心的是从他们的统治行为中获得补赏这个说法很难支持一个观点，即统治者的通常做法都是利用他们的职权中饱私囊；对于这一反馈，苏格拉底补充了一个关联模糊的要求，即，要求把并非专门以艺术实践者利益为导向的艺术实践，与以获利性艺术之如此导向的附带实践的特殊情况这两者区分开来。

然而，针对在非正义相比之下正义的优点，色拉叙马库斯引入的新批驳路线却把问题搞复杂了。他表示就个体公民而言，正义（效忠于强者即统治者的利益）至为愚蠢，而非正义（服务于他自己的利益）即便其有效性值得怀疑，也自有其理；统治者大规模的非正义，例如暴政显现出的非正义应有尽有，值得喜欢。这一宣告是否正当尚不清楚，因为根据他自己的话语，色拉叙马库斯是否有理由把暴政当成非正义，尚不明了；暴君并非更喜欢他自己的利益而不在乎某个强者的利益，因为没人比他更强大。当然，这是真的，色拉叙马库斯可能没有理由称暴政为非正义，同样他也没有理由称暴政为正义，因为虽然暴君是他周围最强的人，当然他也就不可能比他本人更强。因此，色拉叙马库斯对不正义的辩解可能并不有效。

第三轮。在回答苏格拉底的一个问题时，色拉叙马库斯重述了他的观点，他既不认为非正义是一种良好品质而正义是一种糟糕品质，也不认为（完全）反过来说的那样，而是认为正义是**愚蠢的**或极为简单，而非正义是**良好意识**。与这个论点相联系，色拉叙马库斯认为非正义暗示着力量，非正义的生活就是幸福的生活，正义的生活则不是。

苏格拉底回答色拉叙马库斯时提及的论点似乎非常软弱无力。在他的第一个论点中，他让色拉叙马库斯同意正义者寻求的只是与非正义者竞争，或只是要胜过非正义者，而非正义者既要与正义者又要与非正义者竞争。然而，对艺术的思考促使人们注意到，一般来说，专家只与外行竞争，而非专家却要跟外行和专家两者竞争。所以，正是正义者，而不是非正义者，才可与专家的一般情况相提并论，并且因而必须被看成不仅拥有专门知识而且还具有良好意识。关于这一论点的瑕疵，人们可能会特别指出正义领域与艺术领域之间的类比很可疑，还会指出"竞争（compete）"这个词具有明显的模糊性，它既可示意"尽量表现得更好"又可示意"尽量占上风"。

在接下来反对所声称的非正义力量的辩论中，苏格拉底评论说，非正义滋生了敌意，有效的和彻底的非正义需要"盗贼间的荣誉"，并得出结论：一个彻底的非正义者在现实生活中弱于一个不那么彻底的非正义者。也许这个论点表明，非正义者不能以最大效率真的"彻底地"非正义；但这完全不是表示他永远不应该开始部分非正义。

最后，苏格拉底反对色拉叙马库斯所声称的非正义生活，而不是正义生活，才是幸福的生活。他要色拉叙马库斯认同至少对某些事情而言，其最佳状态在于实现它的功能，这也会被视作是展现这种事物特殊的和特有的德性（excellence）；并且正义在必要的意义上是灵魂的特殊德性；他从中得出结论，正义是灵魂的最佳状态，其结果是带来幸福生活。或许，这一论点暗示了苏格拉底在对话的主要部分中的策略；但是在这一点上它却似乎无效，因为他没有证明为什么色拉叙马库斯应该同意人们对他的期望，即把正义是灵魂的特殊德性视为不太适合的建议。

（5）过渡到对话主体部分。格劳孔和阿德曼托斯就苏格拉底对待色拉叙马库斯的方式而表示不满。格劳孔用三类物品之间的区别来说明：那些仅从自身看来而合意的物品，那些既因自身合意又因其后果合意的物品，以及那些仅因其后果合意的物品。格劳孔评论说，按照苏格拉底的观点，同时他本人和阿德曼托斯也赞成的是，正义属于第二类物品，它们具有双重合意性；但他希望看到这种观点证明为真，特别是因为普遍 314接受的观点似乎是正义属于第三类物品，这些物品只因自身的后果而合意，没有内在价值。他希望苏格拉底能够证明正义对于拥有它的人的效果是合意的，与它带来的任何回报或后果无关。他希望苏格拉底能够表明，成为正义的，而不仅仅看似正义的，才是合理的，而且实际上合理的是，正义者的生活是幸福的，就算他的名声不好。在其他方面它仍然可行：

（a）正义机构之所以可接受，只是因为它们具有为我们提供保护这个较大的好处，使我们免受他人侵害，而以较少邪恶为代价阻止我们侵害他人，以及

在现实应用中是可理解的概念，而道德正义却不是，它最终可被看作是一种幻觉——那么，以这种方式看待色拉叙马库斯在哲学上或许是有利的。因此，我们应该研究对色拉叙马库斯的立场做这样解释的成功前景。他是否可以被视为一个将政治正义而非道德正义看作可行概念的人呢？

（2）如果我们试图在这个方向上继续前进，我们一开始就会遇到一个难题，即道德正义的朋友们究竟把什么概念看成道德正义的概念，这还是个未知数。"道德正义"这一词语被认为是指代一般的，与其他种类的价值不同的道德价值吗？或者道德正义这一概念应该被认为具有更为具体的内容，因此，虽然公平和忠诚二者在道德上都是令人钦佩的品性，但只有第一种品性才能被恰当地视为道德正义的一种形式吗？如果道德正义的概念被认为只涵盖道德价值领域的一部分，那么其应用又被限制于该领域的哪一部分呢？是公平领域、机会均等领域，还是尊重自然权利的领域？这样的竞争性领域似乎比比皆是。

至于柏拉图的色拉叙马库斯，也许像柏拉图本人一样，他并不愿意卷入亚里士多德和自亚里士多德以来的一些哲学家所实施的概念上的复杂性；对于色拉叙马库斯来说，道德正义的朋友（假设把色拉叙马库斯描述成道德怀疑论者是合理的）是这样的哲学家，他们用"道德正义"一词指代道德或总的道德美德（这种用法亚里士多德也认为合理），虽然他同时 316 认为，"正义"是一个或多个特定美德的代名词。

（3）如果我们的研究要求我们设法把色拉叙马库斯表述成道德怀疑派，那么他的立场之一显然会是，道德正义这一概念是不可接受的。这可能涉及一种或两种不可接受性，即真性不可接受性和语义不可接受性。有人可能建议，道德正义的积极归因在事实上从来都不为真，因此在真性上永远都是不可接受的，或者，这样的归因，也许与它们的否定情形一起，在某种形式上是不可理解的，因此在语义上不可接受。有些人确实可能会争辩说，一般的真性不可接受性会产生语义上的不可接受性，如果某种表述总是为假,那就意味着这种表述在某些方面是无法理解的。我们假设修订后的色拉叙马库斯的陈述是,出于某种原因,道德正义的归因在语义上不可理解。这种假设将为更加精确地解释语义不可接受性这一概念留下范围相当广的可能性,既有道德正义的归因只是胡言乱语这样的极端说法,也有他们承认没有完全成功的合理解释这样的说法。

（4）在这个立场范围内,持新观点的色拉叙马库斯可能会认为,尽管道德正义的概念在语义上不可接受,但我们称之为"道德正义*"的这个相关概念则完全可以接受。道德正义*被认为精确地具有与道德正义相同的**描述性**内容;然而,道德正义*的归因却会完全缺乏"道德正义"一词所带有的有利评价或认可的成分。不过,它可能会遭到的反对是,把道德正义的描述性内容与其评价内容分开,这样的建议完全不可接受;如果我们寻找的谓词,从归因观点看,是对道德正义的一般描述性条件的具体说明,但同时缺乏附加在"道德正义"一词上的评价要素,那么,我们将需要的谓词是比"道德上正义的*"更具体的谓词。的确,有人可能会宣称,这只是一个纯粹的奇思妙想,即认为任何谓词,无论多么具体,都可以表示一个描述性的特点,而这个特点属于"道德正义"这一术语脱离了其评价性指代功用后所指代的一般特征。因此,不能将描述与评价分割开来。

（5）关于把"道德上正义的"这一术语的描述意义和评价意义分割开来的可能性问题,无论这场争论的最终结果是什么,很清楚的一点是,新色拉叙马库斯的立场的一个深层要素将会是,无论语义不可接受性如何依附于道德正义,还有另一种正义即政治（或政法）正义,它没有这种缺点。政治正义是一个既可理解又具有应用性的概念。然而,旧色拉叙马库斯曾希望把这种可理解性的认识与政治正义概念的适用性结合起来,认为,政治正义这一概念适用于某种特定的实际的或可能的行动,并不是赞成而是不赞成这种行动的依据;聪明、谨慎或敏锐的人会被引导离开某种行动而不是采取某种行动;如果他被完全正确地告知,政治正义需要他参与其中，那么他参与其中的想法会变得更少而不是觉得参与更加有利于他。这种进一步的争论有一种悖论的气息；政治正义，或者确切地说，其他任何一种正义，要求一个人采取某种特定行动，这一事实怎么可能在那个人眼中又会是一个不好的标志，以阻止他做出这里提及的行动呢？新色拉叙马库斯在这个问题上能与旧色拉叙马库斯结盟吗？可以相当容易地看出，旧色拉叙马库斯的立场涉及悖论的看法理据不足。我们可以通过引入一两个相当简单的区别来很好地证明这一点。第一，价值（或负面价值）可以是内在的也可以是外在的。粗略地说，如果 x 的价值（或负面价值）由于 x 的特征中的某个元素附加到 x，那么 x 的价值（或负面价值）将是内在的；但是如果它取决于 x 的某些效应的性质，它将是外在的。这种区别可以更准确地表达为，x 的价值或负面价值是内在的，如果它的呈现依赖于 x 的某个属性，而这个属性可能实际上是一个因果属性，但是如果它是因果属性，那么它的价值或负面价值却并不依赖于它所引起的价值或负面价值。导致扬起眉毛（感到惊讶）的属性是一种因果属性，而且可能是与价值或负面价值有关的因素；但是，如果扬起眉毛有某种东西与价值或负面价值有关，那么这就不是因为扬起眉毛的先前价值或负面价值，而是因为扬起眉毛与惊讶之间的联系。如果价值或负面价值因为因果属性而附加于 x，其价值或负面价值取决于所引起的先前价值或负面价值，则价值或负面价值将是外在的。第二，价值或负面价值既可以是直接的也可以是间接的。作为 x 的直接价值的价值必须依赖（如果它依赖其他特征的话）x 的（至少总的来说）价值而不是负面价值；类似地，x 的直接负面价值，如果它依赖 x 的其他特征，就必须依赖至少总的来说是负面价值上的特征。x 的间接价值可以取决于 x 先前的负面价值，前提是该负面价值小于附加到 x 的任何替代状态的负面价值。被斩首的负面价值可能是间接的价值，前提是（比如说）它低于唯一的另一种选择的负面价值，即在火刑柱上被焚烧。因此，许多可能的邪恶中最少的一个可能就是间接的善。那么，旧色拉叙马库斯有权否认政治正义**直接**是一种善，只要他（像以前那样）愿意允许它**间接**或者可能是一种善。因此，将政治正义只是一种间接的善的论点纳入新色拉叙马库斯的立场中并没有概念上的障碍；它只能作为一种免受掠夺者摆布的更大邪恶的方式来接受。

（6）现在也许是更仔细地考虑我所说的色拉叙马库斯的把拒绝道德正义概念和接受政治正义概念相结合的适当时机。有两种方式来看待这个问题。第一，我认为在我之前的讨论中提及的观点是，有两个不同的概念，一些哲学家认为这两个概念既是平行的又是可行的，那就是道德正义和政治正义。色拉叙马库斯的特别之处应该是他同意第二个概念同时又拒绝第一个概念。我将这种方法称为正义的"双概念"观，根据该观点，不合格的"正义"这一术语可用于指代两个不同概念中的任何一个。第二种看待事物的方式我将称之为正义的"单概念"观，根据这种观点，对道德正义与政治正义之间的差异的最小误导性解释，不是涉及两个不同的概念，而是也许要依赖于两种不同的理由或支持来决定单一概念的应用，即简单地应用"正义"一词而不添加任何形容词来修饰。"正义"一词最终总是指规范行为的实际规则体系，也许不是指每一个这样的体系，而指的是遵守某些限制的体系——例如，可能仅限于某些种类或区域的行为的规则体系。道德正义和政治正义之间的区别可以被认为基于这么一个事实，即在道德正义的情况下规则体系因其内在特征的合意性而被接受，这种行为应该受到实际规则（或者某种实际规则）的制约，而政治正义的规则体系却依赖于促使行为受制于规则（或特定规则）所带来的后果的合意性。关于对道德正义与政治正义之间关系的或许更倾向于康德的这种理解，也许将携带下面的后果，即苏格拉底及其朋友关于合意的道德正义独立于道德行为的后果这一观点并不是偶然的，而是道德概念的一个组成特征；没有它，道德正义就不会是道德的。当然应该承认，只有一种正义概念，尽管有不同理由来接受正义的一套规则，这一观点并不衍推一套及同一套正义的规则体系可能因完全不同的理由而具有可接受性；也许有一种单一的正义概念，但它不是真实的，不同种类的理由可以证明接受一种单一的正义规则体系是合理的。当然，如果我们希望将单一概念的正义观处理成事实上能够引发正义的两个概念，那么我们就可以这样处理；但是，如果我们这样处理，我们就应该认识到，正义的这两个概念是高阶概念，每个都涉及制约一个单一的低阶正义概念的适用性的不同理由。

（7）让我们来总结一下。我们似乎已经达到了这样的立场：(a) 我们未能发现旧色拉叙马库斯的观点中的任何不连贯性，并且（b）内在的合意性不是偶然的特征，而是道德正义的一个构成性特征，这似乎是一种现实的可能性。如果有什么需要探问的，目前我们就应该探问哪些因素会成为对色拉叙马库斯的观点表示不满意的理由。

IV. 道德正义与怀疑主义

（1）我正在呈现的是重构苏格拉底关于道德正义的最初辩护，因为我运用了苏格拉底的一些主要思想，特别是以下思想：主体 x 中道德正义的存在依赖于 x 的成分的一个特征或多个特征；其成分的相关特征就是 320 各个成分各自履行其角色或发挥其作用，无论其角色或作用可能碰巧是什么（或者可能更好的说法是，把它们放在一起来看，它们的整体状态是最充分地实现其各自独立角色的状态）；由于满足了这一条件，它们这些组成部分使 x 能够实现 x 本质上所属类型的特殊的和独特的优秀品德；这个事实让我们理所当然地认为 x 是一个条件好的 T（这里的"T"指所论及的类型）；如果 T 的成员资格是灵魂，这将接下来确保在"幸福的"一个适当意义上 x 的生活是幸福的。我的解释也类似于苏格拉底最初给出的解释，因为它采用了类比概念（而类比是苏格拉底论理说事的一个重要组成部分），尽管它试图通过说清楚为什么这个讨论应该涉及类比概念，以及通过使类比的出现不仅仅是出于说明的方便，来改进苏格拉底的陈述。我的呈现还争取把实现最大或最佳功能这一想法不仅与道德非正义这一概念联系在一起，而且更集中、更直接地与更广泛适用的被人们称之为"健康"的概念联系在一起。这种变化使得要考虑的阶段从两个（政治的和道德的）增加到三个（生理的、政治的和道德的）。我的呈现还提出了这样的建议，即相同的因素确定属于特定类型 T 的具体实体 x 是否值得成为健康、条件良好或良好状态的 T，而且**也**因为它们的存在（在较低的程度上）确定了 x 的存在（或存活）而不是它的不存在（或非生存）之间的差异。比如，在生理阶段确定身体是否处于良好状态的同样的特征，也可由他们较低程度的出现或不出现确定该身体是否存在或存活。（这个例子实际上需要更仔细的表述。）我将对我陈述中认可的三个阶段进行更详细的讨论。这将相当复杂，为了使陈述便于理解可能需要一些省略和方便的曲解。

（2）第一阶段。在此阶段（生理阶段），出现一些不同项目或不同类型的项目，即：

（a）生理性物体，如人休和动物体（φ 物体 $_1$，φ 物体 $_2$，φ 物体 $_n$）。

321　（b）生理性成分（φ 成分或身体器官）。这些将包括不同类型的 φ 成分或器官，如肝脏和心脏，以及这些类型的不同实例或样例，如我的肝脏和我的心脏，或我的肝脏和你的心脏。条目（b）将在人类或动物身体中分配许多不同类型的身体器官（一身一件）。出于这些目的，一副副牙齿和一双双人腿将被视为单件器官。

（c）生理性成分或器官的功能属性。这些对应于各种器官在其所属的 φ 物体或身体的生命中完成至关重要的工作或功能，例如行走、进食、获得和消化。为了方便过度简化，我假设每个器官只有一个功能属性，其程度可变。

（d）φ 物体（身体）（"全局属性"）的某些属性将依赖于所涉物体本身的一组组生理成分或器官的功能属性。目前我关心的这种类型的属性有两个：一个是程度上不会变化的存在或生存的属性，这将取决于属于特定 φ 物体的那组生理成分在该组成分的功能属性方面达到的最低水平，也就是说，足以确保这组生理成分继续表现出它们在某些正面程度上的功能属性的水平。我关注的另一个 φ 物体属性是程度可变的；它是健康状态属性，或者它所属的这种 φ 物体的健康状态属性。最大健康将取决于 φ 物体生理成分之功能属性的最佳组合的示范。后一种属性的较高水平通常被称为"身体健康"（无限定条件的），或称为"身体健康性质"。在所有层级上短语"身体健康"可用于表示在一个层级与另一个层级之间发生变化的维度。

（3）在我开始考虑接下来的阶段的细节前，或许我应该扩充说明我的计划过程，这包括我对道德正义进行论述和辩护的策略的总体结构：

（a）第一阶涉及的项目（生理实体或身体，其组成成分或器官，功能属性，以及身体的某些整体特征，例如存在和状态良好，这些取决于器官的功能属性）存在或很自然地显现，在这个层面上不需借助于类比。因此，这个阶段可以被视为提供范例，该范例可以在随后阶段出现的相关项目的说明中起作用，并纳入类比能及的说法中。

（b）在 3（a）中提到的后面阶段出现的那些项目清单中的成员，它们是与物体有别的**属性**，可以用两种不同方式来具体说明。一种方法是利用该阶段的属性所特有的和特殊的抽象名词或短语，其并不涉及更通用的属性说明，这些属性说明还可以在所讨论的属性本身所属阶段以外的阶段发现。另一种方法是从至少看上去的更通用的属性，来构建属性说明，这些属性同时具有把所说明的属性适用的特定阶段挑出来的区别特征。我暂时搁置第二种模式的说明，先简评一下第一种。在政治阶段，预期这可能会给我们产生"政治正义"和"政治存在"等短语所表达的属性，以及一切（无论用什么修饰语）适合表达国家某一部分特征的属性，政治正义和政治存在的全局性属性依赖它们。再有，在心理阶段，第一种方法将给予我们关于道德正义和心理存在的心理属性的表达式（除非这种状态被幻觉所困扰），以及关于灵魂的某些部分（无论是什么部分）的特定特征的表达式，它们是道德正义和心理存在所依赖的。人们会注意到，迄今不止一个重要问题已被忽略；我忽略了政治正义和道德正义也许是一个更为一般的特征

322

的不同说明的可能性，不加任何修饰的"正义"可能是合适的名称；我尚未确定"国家的一些部分"是否被视作，如苏格拉底所认为那样，是一些特殊阶层或者（以某种其他方式）被视作是政治机构或部门；到目前为止，我还没有提到"灵魂的一些部分"这个短语的指称对象。这些事情显然不能无限期地放在一边。

323　（c）我现在转向复杂得多的相关属性范围的第二种模式的属性说明。正如已经说过的那样，这种属性说明模式包含看似通用的属性，它们不会只出现在一个阶段，这一事实可能使我们有权在此讨论"多阶段"修饰语（谓词）和属性。第二种属性说明模式的例子将是"身体处于良好状态"和"国家处于良好状态"这样的修饰语，两者都包含更通用的修饰语"良好状态"，它看起来适用于属于不同阶段的事物，即动物身体和国家。这种"整体的"修饰语适用于处于不同阶段的事物，而"局部的"修饰语，例如"部分"本身，适用于上述主体的一些部分。我的一个主要建议是，多阶段修饰语典型地嵌入第二种属性说明模式中，总是（或者至少在除了一类情况以外的所有情况下）只类比性地适用于它们所适用的主体。我可以说，当我们谈论类比修饰语、修饰语的类比应用和类比属性时，我们需要非常小心，不要自我纠缠。考虑到这样一个事实，我的论点之一也是，有些属性的拥有可以通过使用第一模式非类比地传递和通过使用第二模式类比地传递，故而这种小心尤其重要。

应该注意，尽管我声称存在两种不同模式的属性说明，但我没有声称对于每个单独的属性，至少在一定范围的属性中，每种模式的属性说明的样本都是可使用的。在某些情况下，词汇表可能只提供第二模式的属性说明，或者只能通过最初基于预先存在的第二模式的属性说明的规定定义，来让第一模式可用。因为在我看来，哲学家们在这个主题上遇到的大多数困难都源于对第二模式属性说明的适用性和后果的疑虑和不满，所以出现在第一模式属性说明中的差距可能会有利于新苏格拉底而不是新色拉叙马库斯，除非新色拉叙马库斯能够很好地证明这种观点：第一模式属性说明缺乏的时候，第二模式属性说明也将缺乏；在这种情况下，举证责任将落在怀疑论者而不是对手身上。还应该注意到，进一步讨论第二模式和第一模式 324 属性说明之间的关系可能会对两个不同的哲学问题做出实质性的贡献，即：

（ⅰ）这是否有时为真：描述以评价为预设（因为第二模式属性说明似乎只是过于频繁地依赖于应该如何发展这样的想法）；

（ⅱ）这是否有时或者总是为真：评价以目的性或终结性为预设，因为第二模式属性说明的特性是会引入功能和目的。

（d）我现在重述一下我想要附加到第一模式和第二模式属性说明的主要特征，以期提出一些关于这两种模式的进一步的问题：

（ⅰ）当人们以单阶段修饰语（如身体健康、政治正义以及可能有争议的道德正义这样的属性）的方式来使用第一模式属性说明时，所要说明的属性也可以通过使用第二模式属性说明来得到说明，其中包括看似多阶段的属性，如幸福和存在。例如，身体健康的属性也可用来指称生理实体的幸福属性，政治正义的属性也可用来指称政治实体（或国家）幸福的属性，道德正义的属性（也许）可用来指称一种心理实体（或灵魂）的幸福属性。

（ⅱ）作为这类或那类实体其幸福的全局属性，将取决于由那些全局属性主体的不同部分最大（或最佳）程度地实现一系列同这些部分的职能或功能有联系的局部属性。

（ⅲ）各种形式的幸福所依赖的这些同样的局部属性，也在较低的实现程度上决定处于特定阶段的实体之存在和不存在的区别。

（ⅳ）通过类似于"拉姆塞逻辑句法化"①的做法，有可能重新描述处于某一阶段的事物、其组成部分、这些组成部分的职能或功能、它们作为这些项目的幸福属性和存在属性，这些项目**在某个领域**是其**主要**项目的**类比性对应物**，在**生理领域中**它们分别是身体、器官、身体功能、健康和生命（生存）。

――――――――――――

① 原文的"Ramsification"，也写成"Ramseyfication"；是指把科学理论的叙事形式转化成二阶逻辑的过程。――译者

325   （v）假设所提出的重新描述在语义上和在真性上是可接受的，这些提议就可以实现它们所涉及项目的概括和证明（验证）二者的结合。

最迫切需要考虑的问题如下：

（问题1）我们如何验证我的直觉判断，即涉及多阶段修饰语的第二模式属性说明将始终（或至少有时）具有类比特征？

（问题2）我们如何解释在第（iv）中使用的"在某个领域"这个短语？

（问题3）如何证明所提出的重新描述不仅在语义上而且在真性上也可以接受？

我将依次处理这些问题。

（e）问题1要求证明一个论点（虽然我没有提供支持它的论据，但我认为这是正确的），即，如果存在多阶段修饰语，它们有时适用属于一个阶段的对象，有时又适用属于另一个阶段的对象，这样的修饰语在应用于其扩展的这些区段中的一个（也可能是两个）的时候，必须是类比的而不是字面的。在我看来，在这样的论点得到辩护或证明之前，需要进行修正，因为依其现状其很可能不能为真。首先考虑一下"健康的（healthy）"这个修饰语；有一种直觉支持这样一种观点，例如，当我们谈论"健康身体中的健康心灵"时，至少有一个"健康的"修饰语的应用必须是类比的而不是字面的，因为只有身体可以从**字面上**说是健康的。但是，对于修饰语"健全的（sound）"和"状况良好的（in good order）"，尽管我认为在直觉上会支持这样一种观点——身体和心灵可能被认为是健全的或者状况良好的，实际上身体和心灵可以真正地被认为是健全的或状态良好的，只要它们能真正地说是健康的，但我认为在直觉上不会支持把修饰语"健全的"和"状况良好的"应用于身体或心灵（或两者）是类比而不是字面用法这种观点。事实上，我倾向于将这些修饰语的上述用法都视为字面意义的用法。我认为所需的校正，虽然它允许修饰语的字面应用可能跨越其对

326 属于一个阶段的主体的适用性与属于另一个阶段的主体之间的划分，将坚

持在这样的字面跨阶段应用发生时，它们依赖于某些其他修饰语的先前跨阶段应用，其中一个或甚至两个应用阶段都是类比而不是字面的。

如何支持修改后的论点？我的想法是，不允许把应用到属于一个阶段的对象的修饰语应用到属于另一阶段的对象，所涉及的障碍事实上是范畴障碍；我们有充分理由假设这些属于不同范畴的对象，不可能真正拥有共同的属性，因此在最基本的层面上，最终不能是单个修饰语在字面上和非类比上适用的项目。如果对象 x 和 y 在范畴上不能共享某个属性，那么它们也不可能在字面上和非类比上被归在其功能是仅表示该属性的这个修饰语的应用范围内。没有任何东西可以阻止身体和心灵两者都处于良好的状况，只要字面上处于良好状态所需的条件是字面上健康（对身体来说）或（对心灵来说）（类比地说）健康。在努力形成一个（例如）关于（类比地说）健康的地方（一种在更广义的处于良好状态或者（也许）是健康状态的概念内附属于心灵的特征）的清晰的认识时，也许我们应该首先考虑的是，某个应用于某些事物的修饰语是字面的还是类比的这个问题，绝不同于把它应用于那些事物是否应该被认真对待的问题。例如，约翰·斯图尔特·米尔（John Stuart Mill）是否被恰当地视为工人阶级的朋友，可能依然是一个非常严肃的问题，即便人们早已决定，如果修饰语"工人阶级的朋友"适用于约翰·斯图尔特·米尔，那么这个修饰语是类比地而不是字面地适用于他；这个修饰语应用于米尔时，根本不是按照修饰语"格拉德斯通（Gladstone）先生的朋友"可能适用于他，或者也可能并不适用于他的方式应用的。一个特定的人是否处于良好状况这个问题可能是这样的，其中一个重要方面由"他的心灵（类比地说）健康吗？"这个问题来表达；如果是这样的话，鉴于第一个问题是，如可能的那样，一个应该认真考虑的问题，这也同样适用于第二个问题。

我们不应该忽视本文第一部分已经简要提到过的第二个考虑因素。我们是在一个我们或许并非不经常处于的，亚里士多德称为窘境（aporia）327的压力之下的领域里探讨。我们发现自己遇到了许多看似不同类型的项

鉴于这些问题，我们显然应该用心考虑，对类比应用概念的注意是否有什么解救机会。

我建议暂时搁置这个问题，稍后再回过头来考虑它。我会立即对这样的想法做一个可能的回应，即一个给定的修饰语可能应用到某个主体上，这是一个应该认真对待的问题，这与下面这个问题区别很大：修饰语的这种应用，如果存在这种应用的话，是类比的呢还是字面的呢。答复是，两个问题之间的区别不一定是简单的黑白问题；如果这样的应用程序确实存在，那么它就是类比应用，这个事实不是该应用应该被认真对待的无处不在的障碍；这两个问题之间没有联系也是不可能的；如果对修饰语的应用的探究是某特定类型的，或是出于某种目的而进行的，那么该应用是类比的这种想法就会妨碍该应用应该被认真对待的这种想法；但是，如果探究的性质和目的是某种其他类型，那么这两个问题可以被视为不同。

例如，可能有人认为，如果关于修饰语的应用的探究旨在发现科学真理，旨在揭示现实的真实本质，那么该修饰语的应用是类比的与它应该被认真对待的想法相冲突；但是，如果探究者关注的不是科学的真，而是一般或特定情况下某些实际原则（或行为原则）的可接受性，那么这两个问题可以被视为不同。像这样的"折中"立场也许可以在康德身上发现；例如，康德主张纯粹理性的思想，在没有任何超验证据时，可以承认"调节性"但不承认"构成性"应用；他在主张非教条性目的论时重复了这一建议，这种目的论指导我们的步伐，却不增加我们的信仰库存。然而，由于"实际的（practical）"这一概念易受不止一种解释的影响，这情况就非常复杂；在更广义的解释中，任何原则或准则都会被认为是实际的，只要它们跟人们应该如何行事的问题有关。关于"实际的"的第二种解释，只有那些符合其第一种涵义的原则和准则的例子才算作"实际的"，它们不仅涉及某种形式的程序，而且涉及与思想世界的程序截然不同的行动世界的程序。正如康德本人似乎所认为的那样，在第二种更狭义上的实际的祈使句包括那些告诉我们如何行动但不包括那些告诉我们如何思考的祈使句；它们会

329

关注生活事务的行为，而不关心思想事务的行为。这种歧义性将与思想事务行为有关的原则和准则置于某种不确定的位置；它们会在更广义上是实际的，因为它们关心我们应该如何行事；然而，当我们注意到它们所规定的行为是专门参与决定科学真理和现实本质的行为时，一只手给出的东西似乎被另一只手迅速拿走了。对我来说，这个问题变得更加复杂，事实上我对下面的想法持有直觉性同情，即所谓的超验证据应该被认为真正包含在必要性的理性表述中，包含在对知识和世界的探问中，以及包含在以某种非常普通方式对世界的思考中。这种观点会在我们相信的内容和我们将如何行事之间建立联系，而这种相互关联并不容易适应。

　　我现在回来讨论我之前提出的窘境以及似乎是由需要解释的特征之间的范畴差异所强加的对解释的严重限制。在我看来，我的任务是提供一种比已经提供的更为形式化的类比应用现象的描述，也许是一种逻辑形而上学的描述，同时也会保留这些范畴差异及其后果特征，并避免对构建解释的标准程序的应用施加不适当的限制。这可能看起来要求很高，但我认为可以满足。

330　　让我们首先看一下实例化（instantiation）概念以及一两个相关的概念。如果我被告知 x 实例化 y（x 是 y 的实例），并且 y 具体化 z（y 是 z 的一种具体化，成为 y 是成为 z 的一种方式，y 是 z 的一种形式），那么我就可以推断 x 实例化 z。但是，如果我不被告知 y 具体化 z，而是被告知 y 实例化 z，那么这情况就不同了；我无法从信息 x 实例化 y 和 y 实例化 z，推断 x 实例化 z。实例化的关系不是传递性的，因为如果天蓝色具体化蓝色，而蓝色具体化颜色，那么看起来天蓝色必须具体化颜色。现在让我们定义一个"子实例化（subinstantiation）"关系；如果存在某个项目 y，而且 x 实例化 y 和 y 实例化 z，那么 x 将子实例化 z。我们可能会提供这样的陈述，作为对上述材料的一种略显生动的描述：如果 x 具体化 y，则 x 和 y 属于彼此的相同级别的现实顺序；如果 x 实例化 y，则 x 属于比 y 更低一级的级别；如果 x 子实例化 y，则 x 属于比 y 低两级的级别。现在似乎可以自然地假定，当一些更专门的解释被置于一个更一般，因而更全面的解释下面时，这是通过把各种特征描述为一个更一般的单一特征的不同具体化来实现的（这些特征在最初的专门解释中是单独说明的）。但是，如果我们有权说将更专门的解释与更一般的解释联系起来的关键关系并不是具体化，或者至少在专门的解释属于彼此不同范畴的那些情况下，不是具体化，而是子实例，那么我们将能够避免一个令人不安的结论，即更一般解释的可接受性涉及不同范畴的主体项目可能是共同属性的实例这一观点的可接受性。一个项目不需要，实际上也许不能，实例化它所子实例化的内容。

为了结束我对窘境的处理，我需要尽可能地证明，把具体化关系系统地替换成实例化关系，对概括一套专门化解释的标准程序，不会产生不良影响；这个专门化解释我们是为有区别的专门属性提供的。为了完成这项工作，我必须考虑两种情况：一种涉及应用概括程序，其特点是 331 使用具体化关系；另一种是，所有具体化关系都被替换成附加的在"较高层次"出现的实例化关系。

案例一。（i）我们从一组特例开始（从 x_1 到 x_n），关于其中每一个特例我们都获悉它拥有属性 D；并且还有两组特例（从 y_1 到 y_m 以及从 z_1 到 z_k），它们分别实例化属性 E 和 F。

（ii）概括程序开始于我们发现进一步的属性 A、B 和 C，以致从 x_1 到 x_n、从 y_1 到 y_m 和从 z_1 到 z_k，它们分别实例化 A、B 和 C；**并且**（正如我们所知或合理猜想的那样）A 蕴涵 D，B 蕴涵 E，C 蕴涵 F。

（iii）接下来我们发现更一般的属性 P 和 Q，这样就出现 A 和 D 分别以方式 1 具体化 P 和 Q，B 和 E 分别以方式 2 具体化 P 和 Q，以及 C 和 F 分别以方式 3 具体化 P 和 Q。

（iv）现在看来，我们可以预测无论什么实例化属性 P，它都会**以相对应的方式**实例化 Q；也就是说，例如预测具有 A 的任何事物都将具有 D；尽管我不愿直说提供用于系统预测的材料与解释是一回事，但我会暗示，至少在我正在考虑的背景下，它提供了足够的理由来假设事实上已经完成了解释。

案例二。 只有当我们到达阶段（iii）时，案例二才开始与案例一不同。在案例二阶段（iii）中，我们将分别说明 A 和 D 分别是 P 和 Q 的"第一组"实例，而不是说 A 和 D 分别以方式 1 具体化 P 和 Q；完全平行的变化发生于我们关于属性 B 和 E、属性 C 和 F 所说的内容，只是不用短语"第一组实例"，而用短语"第二组实例"或"第三组实例"。

虽然我不声称在这个问题上有完全清楚的认识，但在我看来，案例二和案例一之间的差异不影响我目前所关心的概括程序的合法性问题。系统预测的范围以及解释的范围，都不会受到影响。如果我的这个建议是正确的，我认为，我就成功地把这篇文章第一部分中提到的内容变成了可望之物，即发展一个类同概念，比起更为熟悉的相似（similitude）概念来，它将较少受到范畴障碍的阻碍。

332

（f）现在我简略地转到问题 2 上来。这是一个如何解释下例这样的短语中的"某个领域"这个表达式的问题，这个例子是"在以动物身体和人类身体为核心的先初生理领域的健康属性在某个领域中的类比扩展"。我必须说清楚促发这个问题的歧义性问题；有一种看待事物的方法，一种认识，根据这个认识，存在某个领域，而灵魂在其中居于核心地位，并且在这里投射的是健康属性的类比扩展。在这个认识中，灵魂的观念在逻辑上先于以灵魂为中心的心理领域的观念，而且两者在逻辑上都先于健康属性的类比扩展这一属性，而健康在先初的生理领域里是身体的属性。但是另一个认识可能特别吸引那些认为灵魂至少起初是有些可疑的实体的人，根据这个认识，灵魂被引入到心理领域，成为那个领域里的一个属性的主体或持有者，这个领域是健康属性的一个类比扩展，它在生理领域里属于身体。根据这一认识，很显然，灵魂的概念是逻辑上的后在，既后于心理领域这一观念，又后于存在于心理领域的健康属性的类比扩展。问题 2 实际上是一种指责：它表明这两个认识是相互矛盾的，因为灵魂不能同时在逻辑上先于和逻辑上后于它们被认为是其中心的领域的概念和某种属性，这类似于存在于那个世界的身体健康这一概念[①];它还表明苏格拉底(或新苏格拉底)需要这两个认识,但是当然,不能同时拥有这两个认识。

为了应对这个反对意见,我会建议采用一条行之有效的路线,就是否认我们从某个领域即心理领域开始,其性质要么是由其核心主体项即灵魂决定的,要么是由描述其中的事物如健康的某个类似物的属性决定的;而且我们稍后可以添加这两类成分中的剩余成员。相反,我们从初级生理领域中的两个成分的类似物开始,一个是身体的类似物灵魂,另一个是一类属性,属性之一是身体健康的类似物,我们将这些类似物所属的领域称为心理领域。这样,问题 2 所隐性输入的不连贯性将被消除,因为这些心理成分(灵魂和身体健康的类比物等属性)在逻辑上不会一个先于另一个。事实上,我们首先要介绍的是对属于最初生理学领域的两类项目的双重类比扩展,然后介绍心理领域这一概念,以方便谈论最初做的事情。

毫无疑问,在充分讨论这个话题时,需要说的不止这些;但是也许对于目前的目的,主要是为了平息某些批评,已经说过的话就足够了。

V. 伦理理论展望(问题 3)

问题 3 可以通过以下方式扩展:我们可以想象一下,我们遇到一个人,他以如下方式对我们说:"你一定取得了一些成就。有一类哲学家倾向于否认道德正义的概念可以被视为可接受和合法的概念,因为没有方法可以把道德正义的直觉想法用严谨的方式连贯地呈现出来。你所说的表明,这样一位哲学家的立场是站不住脚的;因为你已经表明,如果我们允许这种可能性,即把道德正义表征为某种基本概念即健康的类比扩展,而健康是属于物体对象基本或初级领域的身体的属性,那么你已经成功地用足够清晰的方式刻画了道德正义的拥有情况,虽然那位哲学家以其不连贯

---

① 即不能在逻辑上说既健康又不健康。——译者

为理由而表示反对。这不是一个小成就，但从你的角度来看，这还不够好。因为还有另一类哲学家，他们认为道德正义的观念并非不连贯，但他们声称缺乏非连贯性是接受道德正义作为世界上任何事物的真实特征的必要条件，但不是充分条件。我们所使用的我们对道德正义和其他类似项目的描述，必须是对理性世界的基本要素和内容的像是百科全书式的写照的一部分；如果这两个未来的百科全书式的描述中，一个既包含了另一个所包含的所有内容，也包含了它不包含的内容，而另一个只包含前一个所包含内容的一部分，那么在选择内容的最佳规模时，选择量较小的比选择量较大的更合理，除非能够表明，在量大的那个里有而在量小的那个里略去的，是理性世界的全面写照中必不可少的。为了适合纳入到对理性世界的解释中，一个贡献不仅必须是连贯的，而且还必须是某种必需的东西。这个要求你没有满足。"

　　对于这种评论，我倾向于用以下方式来回答。"我同意你的意见，比起证明道德正义的概念能连贯而严谨地呈现出来，我们需要更多的理据来说明将道德正义纳入世界概念框架内的这种做法；我同意我还没有达到这个额外要求，无论它可能会由什么构成。但是我认为它是可以满足的，而且我确实认为我不仅能够说出满足它还需要什么，而且能够履行实际满足它的承诺。我建议需要补充两个要素：第一，在'价值'的恰当涵义上，证明道德正义在世界中的价值；第二，证明在同样的恰当涵义上，是由我们确定道德正义概念在世界中的应用是否有价值。"现在我将扩展关于这项回应的两大要素的说明。

　　第一项补充。一个人关心道德正义或政治正义在世界的实现，他将遇到与这种实现有关的许多备选方案，而他可能必须考虑这些备选方案。这些选项的数量将根据是否采取正义的"双概念"观或"单概念"观而有所不同；如果采取双概念观，选项的数量将较大，我将从这种可能性开始。

　　（1）根据双概念观，需要考虑实现的将有两个属性：道德正义和政治正义。一个人关心这些属性的应用并且不受任何怀疑论疑惑的阻碍，那他将必须考虑应用这些属性的每一属性到特定的个人，通常是用于他自己，也应用到一般的主体项，例如特定个人的全部，其中每个人都可能把对自己的应用视为每个初始属性的个体。应用一个这种形式的正义对特定主体　335 项也会有很多不同的动机诉求，有这种实现（如其应用结局）的结果诉求，或者这两种都有。如果我们超越柏拉图，我们可能不得不增加这种形式的动机诉求，它是因为赞同管辖最初属性的实现的某些原则而出现的。

（2）根据单概念观，最初的选项数组将大大减少，尽管这种减少是否对应的是确确实实有别而又真实的选项，这也许值得怀疑。假设它不会，我会暂时同意单概念观是正确的观点。根据这个观点，道德正义和政治正义的区别将会重新出现，表现为对应用单一属性的关切与对应用正义的关切之间的区别，当它被在一个给定的主体项中实现的内在诉求所推动时（人们也许会说是它的道德诉求），或者，当它被对这种实现的结果的了解所推动时（人们也许说是其政治诉求）。人们也许应该小心，不要以为一个单一的概念或属性可能促发不同形式的动机诉求，就能保证同样一套戒律会反映这种关注，无论其动机基础是道德的还是政治的。

重要的是要认识到，彼此之间只有细微不同的情况可能促发截然不同的动机诉求。迄今为止，还没有任何说法能排除这样的可能性，即尽管苏格拉底和其他这样的人可能都关注，由于正义的内在诉求，人们一般应该重视实现自身的正义，也就是说，出于道德理由，尽管如此，他们的关注，即人们一般应该出于道德理由而重视正义的实现，正义的实现至少部分是基于结果或政治根据，而不是基于任何内在诉求或道德诉求。我们可能会担心人们对正义的道德诉求很敏感，同时这种关注至少是部分地基于政治，而非道德考虑。如果是这样的话，那么对广泛实现道德正义的关注本身可能就有一个非道德基础。这些考虑可能足以确保在社区中实现道德正义对该社区是很有价值的。这种价值可能包含这样一个事实，即，如果一个社区的成员在道德上关心实现自身的正义，那么他们所表现出的社会　336

可接受的行为将不依赖于执法者的真实的或威胁性的行动，这对所有人都有利。

　　第二项补充。如果我们做完第一项补充就到此为止了，尽管我们可能还表明了，在世界上实现道德正义对世界居民是有价值的，而且可能绝对是有价值的，我们还是躲不了这个暗示，即仅仅这样还不足以满足我们的需要；这样就有可能使人们只能祈祷世界实现道德正义，然后当我们发现实现了或未实现时，就欢呼抑或哭泣。要成功地为道德正义辩护，我们应该能够表明，从某种意义上讲，道德正义在世界上的实现取决于我们。此时此刻在我看来，我们似乎离开了苏格拉底和柏拉图的思想疆域，而更接近康德的理论疆域；而且在我看来，此时问题变得极其困难，部分原因是，我不打算在这里设法解决这些问题，而只是提供一些关于如何获得这样的解决方案的提示。正如我们一直在解释的道德正义的概念，它的可实现性与道德有效性的可实现性非常接近；如果我们要跟随康德的引领，我们就应该接受非常近似他的观点的假设，即道德有效性取决于法律的自我实施，这个想法虽然模糊但似乎暗示，确保道德有效性的东西在某种意义上是"做（do）"这个词，是我们自己做的事情，并因此在某种或其他意义上也许是"可以（could）"这个词，我们可以避免做。这可能是什么样的"做"，它怎么能被期望支持道德，在我看来就算读了康德所说的，这些问题也仍然笼罩在黑暗之中；似乎没有理由期望它会和我们在日常生活中所熟知的那种行动非常相似。对"可以"一词的恰当解释也存在重大的不确定性；它可能指某种心理或自然的可能性，一些人倾向于称之为一种因果可能性；或者它可能指某种"理性的"可能性，这种可能性的存在要求能够有理由或者可能的理由去做任何被认为是理性地可能的事情。并非所有心理上可能的事物都是理性地可能的；而且我认为如果能够认为康德的观点为避免强调道德的制度性行为赋予了心理可能性而非理性可能性，那么在策略上可能是有利的；但是，这是否是康德的观点，以及如果是他的观点，如何证明它，这些是我不知道如何解决的问题。

VI. 《理想国》与哲学末世论

让我先介绍一下我所视作的重构色拉叙马库斯与苏格拉底之争的背景，或者更确切地说，也许是新色拉叙马库斯与新苏格拉底之间的辩论背景。新色拉叙马库斯是一位极简主义者和自然主义者，他与休谟有着密切的联系；他拒绝道德正义的概念，理由是道德正义既是非自然的特征，又是心理学的特征，同时也是一种评价特征。在这一点上，我们可以假设，不信守任何形式的自然主义的新苏格拉底，会反驳新色拉叙马库斯说，对心理学的特征和评价特征进行全面拒斥，将会彻底削弱哲学的基础。这部分辩论内容没有记录下来，但我们可以想象，新色拉叙马库斯回应说，新苏格拉底的情形并不更好；因为他要使道德正义这一概念有意义，就只能借助于把道德正义表述为有利特征的特殊情况，即幸福，这却跨越了极不相同的实体如身体、政治国家和人之间的范畴障碍。但是，新苏格拉底本人将致力于持有一种普遍性观点，即禁止单个普遍性跨越任何此类范畴障碍。对于这项指控，新苏格拉底可能采取两种形式的防御，一种没有另一种激进。不太激进的形式涉及这样的主张，即，虽然必须存在范畴障碍，但是这些障碍不必像指控所暗示的那样苛刻和严格。比较激进的防御形式会阻止依赖范畴障碍的比较宽容的解释，哪怕它准允这增加的宽容性会是自然合理的。它将依赖要跨越范畴障碍的概念（不管这些障碍是不是严格）与不会跨越这种障碍的普遍性之间的区别。我想，在亚里士多德的思想中，有一个极为平行的区别，就是（i）一个表达式只有一个意思和（ii）它用来表示一个单一普遍性这两者之间的区别。这种区别成为可能，是通过使概念依赖于类同性基础，这个基础不同于以普遍性为准则的相似性基础；类同性可以用纯粹的类比性术语进行刻画，而相似性却不可。做出这样的区分会是各种考虑的一种情形，这就是哲学末世论的一个特殊学科的范围。其成功的关键在于遵循实例化与子实例化之间的区别。后一种

338

观念允许跨越范畴障碍的概括和解释，而且它会削弱新色拉叙马库斯对新苏格拉底及其所偏爱的道德正义观念所提出的不连贯指控。那么，在某种重新解读的层次上，苏格拉底诉诸于灵魂与国家之间的类比，至少部分目的在于表明，色拉叙马库斯认为在理论上不可理解而想废除的道德正义概念是合法概念，因为它类比性地联系于身体健康这个每个人，包括色拉叙马库斯，都承认的概念。这样，尽管这两个概念之间有根本的范畴差异，如果身体健康这个概念是可理解的，那么道德正义这个概念也是可以理解的。

然而，要展现道德正义这一特征真正适用于世界上诸如人和行为等事项，这需要更多的东西，比说明这些事项之间的归属性没有不连贯还要多。有必要表明，如果允许，这种归属将有助于达到某种目的，并且在某些重要方面确保这种归属是可接受的也是我们的责任。要完成最后这一项任务，可能会迫使我们离开苏格拉底和柏拉图的领域而进入康德的世界。

回顾性结语

　　我认为本书的这些文章具有统一性，我将用这个结语来详细回顾这统一性的更深层次的几个方面。这些更深层次的方面有三个，我现在列举如下。第一个方面是，所论及的这些主题之间的联系有时比文章本身所显示的更强烈、更有趣：部分原因在于，事实上在撰写的时候，我认为，我并没有看到这些联系，只是在我回顾这些文章的时候，才开始看到这些联系的数量和重要性。第二个方面，我认为，也是第一个方面所依赖的方面，就是在撰写这些文章时我感兴趣的主题首先应是重要的，其次是仍令我感兴趣的，其中一些（也许是所有）主题，我感到是我应该更彻底、更清楚地下定决心处理的话题。因此，这些文章可以被视为哲学家们都有必要进入的许多方向的初步观点，但不是最终观点。第三个也是最后一个方面是，"前言"中已经评论过的贯穿本书全部内容的方法论主题。它在于对某种哲学研究方法的应用或说明，这种方法是我在牛津大学时哲学的诸多研究方法之一，那些方法对语言特别是日常语言很感兴趣。这种兴趣不止一种形式，我认为任何一种形式都没有被那些实践它的人很清楚地表达或 描述过；我认为这对哲学研究至关重要。这一结语的最后部分将致力于让本书的特征更加清晰。

　　我首先将列出一直存在或反复出现的主题思想，在我看来我在本书文章中能够识别这些思想，列出它们后，我将或详或略地逐一加以讨论。我认为可以找到八个这样的主题思想，虽然它们中的某些又可分为多个部分，并且这些部分不一定被视为一个整体。这些主题思想中的第一个属于知觉哲学，它涉及两个论题：首先，动词"感知"所表达的概念的一般观

是，像一些现代逻辑学家所做的那样，把"法国国王""每个学生""一个富人"，甚至"俾斯麦"这样一些语法主语短语表征为只具有表面指称性是不合理的；它们应该具有真正的指称性，这既是恰当表征日常话语的需要，也是维持语言使用是理性活动这一认识的需要。

第八个主题思想涉及的论题是，尽管有第七个主题思想的主张，我们仍然可以通过各种方式来补充现代逻辑设置，包括增加括号手段（本书已简要提及），来确保所讨论的主语短语具有真正的指称性。

主题思想一

现在我来仔细探讨这八个主题思想中的第一个，与知觉分析有关的主题思想。[①] 在我看来，两篇涉及这一主题思想的文章并非一无是处。《知觉因果论》这篇文章，介绍了被我后来称之为"会话隐含"的概念，我认为，342 这为语言哲学提供了一些有用的服务，也提供了足够的基础，以摒弃知觉因果分析的反驳理由，该理由虽然蹩脚，但在当时一度流行。而这篇《关于感觉的评论》的文章，我认为，它提醒人们注意一个重要而又被忽视的主题，即人们区别一种感觉形式和另一种感觉形式的标准。但不幸的是，找到一种方法驳斥一个拒绝某些论点的糟糕理由与建立一个论点是不同的，注意到一个特定问题的重要性与回答这个问题也是不同的。回过头看，我觉得这些文章都是可以批评的，但据我所知并没有人明确提出过批评。

在《知觉因果论》中，我重提了最初由哲学家保罗（Paul）、艾耶尔（Ayer）以及其他一些人所持有的关于感觉与料陈述的立场；根据这一立场，大意是某人正在拥有一项感觉与料，或者曾经有过感觉与料，或者曾经正在拥有一种特定的感觉与料的陈述，应该被理解成关于他所做的陈述的替代方式，这些陈述也可用我所说的现象动词来表达，如"似乎"，或

---

① 参阅（特别是）第 15、第 16 篇文章。

者更具体地说，像"看起来""听起来"以及"摸起来"。

这种观点与旧的观点形成了对比，旧的观点认为，关于感觉与料的陈述不仅是可以用现象动词来进行陈述的替代版本，而且是用来解释这类动词适用性的词项。根据旧观点，说有人的感觉与料是红色的或老鼠样的，不只是换一种古怪的方式说他觉得在他面前好像有一个老鼠或红色的东西，而是具体说明了某些东西，解释了为什么他觉得在他面前好像有个红色的东西或者好像有一只老鼠。支持更新的感觉与料观点的人会指向这样一个事实来证明他们的建议是正当的，即感觉与料及其可感知的特性是神秘的东西，它们本身就需要解释，因此不能正当地看作是对与它们有关的现象动词短语的适用性的解释，而要看作是被其所解释。这些对旧观点的

343 批评是否合理，还不清楚；会不会是这样：虽然在"解释"的一种意义上（大致相当于"使可理解"），感觉与料是用现象动词来解释的，在其另一种意义上（大致相当于"说明"），优先级顺序却逆转了，现象动词的适用性是由感觉与料的可用性和它们的可感知特性决定的。此外，新观点本身可能会遇到麻烦。在我看来这是一个可信的观点，即现象动词的适用性本身就被理解为断言存在或发生了某种经验，这可以解释并在某些情况下允许将动词短语分开应用于现象动词短语中；对我来说，如果看起来或似乎在我面前有红色的东西，对我这来说是一种经历，它可以解释，并在某些不成问题的情况下，允许我断言，我面前有红色的东西。用现象动词来表示某种基础的存在，可以做出某种关于可感知对象的断言，同时又告诉我们这种基础是什么，在逻辑上是不连贯的。旧的感觉与料试图具体说明这个基础；新观点，显然我是同意的，似乎回避了这个问题，从而使现象动词短语的解读变得神秘起来。

在《关于感觉的评论》中，我考虑到了感觉的个体化上不存在单一标准这种可能性，但我没有考虑分开的可能性，即，关键的候选标准中不仅没有哪一个是至为重要的，而且事实上它们也并不相互独立。例如，感官的区别不在于它们的物质特性，而在于它们的功能。像眼睛一样的器官其

实不是眼睛，而是耳朵，如果它们所做的不是看，而是听；同样，事物的本质是那些位于底部的或解释各种因果机制的东西，例如我们会受到振动或光线的影响。所以，标准的候选者相互碰撞；事实上，我特别重视的体验风格或体验质量实际上与洛克所谓的次要品质的相关范围有关，观察者将这些品质归因于他所感知的物体；因此，我们可能最终处于一个与洛克和博伊尔（Boyle）不一致的立场，我们认为有两种方式可以区分感觉，一种是通过它们的操作特征（由科学家而不是普通公民研究的过程），另一种是通过它们的非凡特征的差异，这是普通人而不是科学家主要感兴趣的东西。这些思考给了我两点启发，我将在这里具体说明，但不加以论证。首先，感觉与料远非世界终极构成中的元素，而是理论家为各种目的而引入的项目；这样的目的可能是我们应该有这种或那种关系的承担者，以便为我们提供一个更好的描述或解释世界的方法。这种关系可能是因果关系，也可能是空间关系，而所涉及的空间不是物理空间，而是其他种类的空间，如视角空间，或者它可能是一种关系系统，在某些方面类似于空间关系，比如声音之间的音高关系。这种观点可能导致另一种观点，即对感知本质的考虑可能会使我们对常识进行某种证明，这种证明不同于我在本结语中其他地方提到的那些证明，因为如果感觉与料是理论家引入或者虚构的理论扩展的话，理论家需要常识来告诉他们什么东西需要进行理论扩展。哲学家的故事从他们补充的非哲学故事中衍生出他们的特征与方向。

344

主题思想二

这八个主题思想中的第二个主题思想[①] 在于相信有可能证明一个或更多的区分，它们或许会呈现在"分析 / 综合的区分"这个寻常标题下。关于这个主题思想，我在这里什么也不说，不是因为我认为它不重要；

---

① 参阅（特别是）第 13 篇文章。

事实上，我认为它是哲学中最重要的主题之一，不仅决定具体哲学问题的答案需要它，而且决定哲学本身的性质也需要它。相反我认为，对这一专题进行恰当的处理将具有重大价值，这需要做大量的工作，而我已无力完成。不过，这个缺憾可以多少有些弥补，我在《理性的哲学基础》（*Philosophical Grounds of Rationality*）所载的《对理查兹的答复》（Reply to Richards）中对这一主题做了一些讨论，并且在本结语末尾，我也会稍稍暗示一下我想往哪个方向走。我希望这段话能作为我最终立场的临时说明。

345   主题思想三

第三个主题思想①是我的一种倾向，即在面对来自专业哲学理论或科学理论的拥护者的攻击时，我会以这种或那种形式来维护普通人或常识的权利。我认为，各方都会同意，专业理论应当以某种非正式的普通思想为出发点；有争议的问题是，即使在专业理论家开始自己的工作之后，该思想中所包含的内容和观点是否还会在某种程度上继续受到专业理论家的尊重。

有些人认为，在这一点上，普通思想和语言的贡献可以忽略，就像一架梯子，一旦专家往前走了，就会被踢开。我对常识的支持，并没有因为哲学家们为这种支持提供理由或依据的多次努力遭遇失败而削弱；事实上，我对这一主题的负面贡献，就在于拒绝了一些这样的尝试。其中一些拒绝出现在本书的讨论中，有的在其他地方。常识的一种辩护形式是穆尔在其著名论文中提出的。这似乎是说，要假定人们接受显而易见的事物；之所以如此，是因为就我所知，还没有人给出其他理由来接受穆尔所认为的常识命题。如果我对穆尔的理解是正确的，我发现这种对常识的辩护并

---

① 参阅（特别是）第 8—10 篇文章。

不令人满意，因为某些显然的认识在一定的意义上，并不是一个客观的认识。英国数学家 G. H. 哈代（Hardy）的著名故事就很好地说明了这一点。哈代在一次演讲中宣称，某个数学命题是显然的，这时他的一位听众提出异议，说这个命题对他来说并不显然。哈代于是停了下来，在教室外面踱了一刻钟，回来说"这是显然的"。问题是，这种显然性需要有关各方同意被认为是显然的东西是显然的。

对常识的第二个且方式不同的辩护来自托马斯·里德（Thomas Reid），他提出人类知识需要一些首要原则。一旦这些原则得到确认，则各种形式的衍生、演绎、推理都可以说明熟知命题的积累，它们就像知识系统中的定理一样；但定理需要依赖公理，而这些公理是里德认为常识应该提供的。我在这里发现的错误是将公理的概念合并在一起作为组织项，使得非公理性命题能衍生出公理的认知解读，为人类知识提供基础；然而，在我看来，这是可以有争议的，事实上是可信的，如果我们假设，接受这个或那个系统的内容的根据不在于公理系统的先前证据或自我证据，而在于系统的一般特征，即它包含了人们认为它以可知的方式应该包含的内容。

从认知的角度来看，系统的合理性在于，一般来说，它传递了人们想要它传递和认为它应该传递的内容，而不是因为一些专有的直觉，幸运地为我们提供了充足的理性推理的起点。如果在这方面有常识的话，在我看来，它应该是在某种程度上承认这个系统应该向我们传递什么，而不是一种机能，保证我们能有组成系统公理的起点。

第三个为常识辩护的尝试，是马尔科姆对穆尔的解释；马尔科姆认为穆尔的观点应该被理解为：对某些情况的标准描述不会是不正确的，因为正确性的标准是由描述的性质决定的，而这些描述被标准地用于描述这些情况。在我看来，这句话的问题在于，它混淆了两种正确性和不正确性。使用或用法的正确性，即一个表达式是否被恰当地应用，给我们一种正确性，一种恰当应用的正确性；但是一个表达式在这个意义上是正确的，并不能保证它不受另一种不正确性即逻辑上的不连贯性的影响。

试图证明常识的最后一种形式是对范式（paradigm）或标准案例的诉求；也就是说，一个表达式所应用的案例是该表达式应该应用的事物，如果它应用于任何事物的话。例如，如果"固体的"一词应用于任何事物，它就会应用于"桌子""墙壁"和"人行道"之类事物。这种尝试的困难之处在于，它包含了一种假设，而这种假设正是质疑常识的怀疑论者所要否认的：这无疑可能是对的，如果"固体的"一词应用于任何东西它会应用于诸如"桌子"等东西，但是怀疑论者的观点正是它并不应用于任何事物，因此某物是最强的备选这一事实并不意味着它是一个成功的对于该表达式的应用的备选。从积极的一面来看，我提出了关于我所讨论的诉求的另一个选项，关于常识的权威和意义理论之间的可能联系。我大致建议，跟怀疑论者一起质疑常识信念，就是接受一种不可实现的分离，以词和句子意义为一方，对说话人用这些词和句子所表达的意义进行恰当说明为另一方。在我看来，将这八种主题思想中的两种相互联系起来的尝试，现在可能会遭到几种反对，至少有一种我认为是致命的。

我首先讨论两点我倾向于认为并非致命的反对意见；第一点是，我提议的对怀疑论者的回答忽视了一个区别，其一方是被当成一个人的信息或者部分信息提出来的，因而是说话人意图传递的，另一方是通过蕴涵的东西成为信息的部分背景的内容（在这种情况下，对它的接受通常**不是**意图的，而是假定的）。这种区别的存在是真的，但是，在说话人和听话人完美配合时说话人所蕴涵的，可能会在这种配合不那么完美时成为说话人所致力于断言或主张的。如果说话人认为听话人具有某种信息，而事实上听话人没有，这时说话人可以理性地致力于传递给他所涉及的信息，所以所蕴涵的意思至少是潜在地可以被断言的东西，或者，潜在地可以被意图接受的东西。

第二点（我认为，非致命的）反对意见如下：某些形式的怀疑论并不指向某些信息的不连贯；他们依赖于这样一种观点，即，怀疑论者的疑惑有时必须先被消除，才能有消除这些怀疑所必需的基础。为了确定我不是在空想，我需要得到保证我所依赖得出这种保证的经验是清醒的经验。对于这条反对意见，可以争辩说：首先，对常识的辩护并非必须是一次性的，要反对**一切**形式的怀疑。其次，可能有人会认为，关于这里提到的怀疑，我们所需要的不是充分保证一个人的认知器官是否处于工作状态，而应该是不管其拥有者的这些信念或想法是什么，他的认知器官**实际上**应该处于工作状态。

那个严重的反对意见是，在表征怀疑论者所提出的立场的某个时刻，我的提议未能区分对它是采用了外延解读还是采用了内涵解读。我假设此时怀疑论者的立场可以通过内涵解读来恰当地表征，在这种情况下，我假定怀疑论者犯了不连贯的错误；然而，事实上，不采用内涵解读，而采用外延解读同样合理，在这种情况下，我们会得出一种认识：怀疑论者的立场，就目前情况来看，是合理的，不受我所提出的反对意见的影响。根据内涵解读，怀疑论者的立场可以表征如下：第一，一个普通句子 s，至少部分地示意 p；第二，在一些情况下，p 是不连贯的；第三，标准说话人意图使他们的听众接受 p 的不连贯，这里的"不连贯"，被解读为说明说话人的部分意图。严格说来，这一立场或许并非不连贯，但它确实看起来极不可信。然而，怀疑论者似乎没有必要采纳这个立场，它可以通过对副词"不连贯"在这个语境中的出现做外延解读来加以避免。根据该表征，s 可能（部分地）示意 p，而 p 是不连贯的，而标准说话人也意图听众接受 p，即接受某个**事实上**不连贯的东西，尽管这不是说话人意图的一部分：听众接受 p 就应该接受不连贯的内容。对于这个反馈，我似乎没有答复。

然而，尽管失败了，似乎仍有两种不同的方向可以寻求对常识或日常话语的证明。第一个方向在于，一个或一系列给定表达式能否应用于某个或某系列特定的情景，完全是由其是否标准地应用于这种情景决定的；在应用表达式时，那些用它的人可能会出现某种思维障碍或混乱，但这一事实并不妨碍宣称那一个或一系列表达式确实应用于这些情景。另一种观点是，普通人的归属和信仰只能以正当理由受到质疑，而正当理由并不是那么容易得到的；除非能表明不纠正这类信念问题，会带来多少有些可怕的后果；如果不能表明这种可怕的后果，那么常识的信念和主张必须不受损害。

主题思想四 [①]

这条主题思想已经在第三条主题思想的讨论中提到过了，它在于我对语词意义和说话人意义之间关系的看法。在我所区分的所有主题思想中，这一条给我带来了最多的麻烦，而且它也在两个方向上，在其他哲学家那里，产生了比其他任何主题思想都多的讨论热。我将尝试初步介绍所涉及的问题。

我的建议是有两种可区分的意义概念，它们可以被称为"自然"意义和"非自然"意义，并且可以通过测试来区分它们。例如，我们可以探问动词"mean"的一次特定出现是叙实的还是非叙实的，也就是说，要说如此这般真的示意 p，是不是必须真的是这种情况 p 为真；同样，人们可能会问，用引号括起具体说明的含义是不恰当的还是恰当的。如果事实存在而且引号不合适，我们就有了自然意义；否则所涉及的意义将是非自然意义。我们现在可能会问，在这两种用法的背后，是否都有一种单一的重要思想支配着"mean"一词。如果有这样一种重要思想，它可能有助于向我们表明这两个概念中哪一个更需要进一步的分析和阐明，以及这种阐明应朝什么方向前进。我最近（在第 18 篇文章中）开始相信，有这样一

350 个重要思想，它确实对提议的探寻有作用。"mean"的这两种用法背后的思想都是结果这个思想；如果 x 的意思是 y，那么 y，或者包含 y 或包含 y 这个概念的东西，就是 x 的结果。在"自然"意义上，结果就是事态；在"非自然"意义上，结果就是认识或认识的复合体。这也许表明，在这

---

① 参阅（特别是）第 5—7 和第 12 篇文章。

两个概念中，"非自然"意义需要更进一步的阐明；它似乎是这对概念中更专门化的，也似乎是更不确定的；例如，我们可以问认识是如何进入画面的，进入画面的是认识本身还是认识的正当性。在这些方面，我应该赞成这样一种观点，即如果需要对这对概念的其中一种做进一步的分析，"非自然"意义将排在第一位。

有些因素能够支持进一步分析"非自然"意义概念是合适的。"意义 $_{NN}$"（"非自然意义"）看起来不像对世界事物的一种原有特征的命名，这有两个原因，它们可能不是相互独立的：（a）在适当的背景条件下，意义 $_{NN}$ 可以通过**法令**得以改变；（b）意义 $_{NN}$ 的存在依赖于语言社团或至少是从事交际的社团提供的框架。

那么，在我看来，把语词（或者其他交流工具）的意义，看作是可以根据语词使用者或者其他交流者的特征进行分析的，至少是合理的，甚至可能是必需的；"意义 $_{NN}$"的非相关使用是后起的，是可以通过提到词汇使用者或交流者的相关使用来解释的。更具体地说，句子的意义是这些句子的使用者（通常）用它们表示的意思；也就是说，这些使用者在标准状态下意欲（更准确地说，是 M 意欲）通过话语对命题对象产生什么样的心理态度。因此，句子意义可以用句子讲说者在标准状态下 M 意欲在听者身上产生的心理态度来解释，或者用听者对句子讲说者的活动所持的态度来解释。

这时，我们开始遇到了反对意见。第一个要考虑的是 J. 杰克夫人（Mrs. J. Jack）提出的观点①，我认为她的立场不太明确。她声称自己支持"一个广义的'格莱斯'研究计划（a broadly 'Gricean' enterprise）"，351 但希望摒弃我的叙述中的各种突出内容（我们可以称之为"狭义的格莱斯理论（narrowly Gricean theses）"）。"广义的格莱斯主义（broad

---

① 在一篇尚未发表的题为《格莱斯论意义的是是非非》（The Rights and Wrongs of Grice on Meaning）的论文中。

Griceanism）"究竟是什么？她宣布自己喜欢用心理态度来解释意义的计划，这表明她喜欢从心理方面分析意义这个概念，但是她认为我所选择的这种分析的成分是错误的，甚至是完全错误的。

但她也对我的"还原论（reductionism）"进行了反驳，她认为无论对意义进行何种解释或分析，都不应该是"还原论的"，它或许等同于一个要求：恰当的分析不应该是恰当的还原论分析。但是应该提供什么样的分析呢？我认为我们不能同意她追求对意义进行松散的还原性分析的目标，也就是说，这种还原性分析不受还原性分析所特有的性质的限制，比如避免循环性；这个目标，在我看来，我的几个对手实际上已经讨论过了。（在这方面，我应该说，尽管我在早期意义理论研究中试图提出一个还原分析，但我认为我从来没有信奉**还原论**，因为在我看来，它主张语义概念令人失望甚至不可理解，除非有人可以用预先确定的、专有的、偏好的概念对它们进行解读；在这种"还原论"的意义上，认为还原分析是一种特殊需要就不必建立在还原论的基础上了。还原分析可能是用来避免不清晰的表述的，不是为了得到一些预先指定的澄清剂。）现在我将假设我所面临的要求是提出一种**还原**分析的形式，它没有我实际提出的那么严重的缺陷；我将保留到以后再考虑这个想法，即，我们需要的**不是**任何类型的还原分析，而是对意义概念的其他解释方式。

来自斯特劳森、塞尔和杰克夫人的最普遍的抱怨似乎是，我完全或部分地误解了交际中意欲（或 M 意欲）取得的效果；在我看来，它是某种形式的接纳（例如，信仰或欲望），然而，它应该被看作理解（understanding）、领悟（comprehension）或者（如奥斯汀所称）"领会（uptake）"。

352 比较挑剔的一种形式（更极端的形式）认为，**直接的**意欲目标**总**是"领会"，尽管某种形式的接纳可能是其暗藏的目的；一种不那么极端的形式可能认为，直接的目标有时是"领会"，但并非总是如此。我也不是完全清楚我的对手认为"领会"指的是对一个句子（或其他类似的表达式）作为特定**语言**的句子或表达式的理解，还是对其场合意义（句子或表达式在说话人说出时的**这个**场合的意思）的理解。但我的困惑主要是，在我看来，我的分析已经构成了对某种形式的"领会"的意图分析（或一种可能的替代），因为我说在意义$_{NN}$中听者被意欲认出自己被意欲成为一种特定形式的接纳的主体，并因此实施了这种接纳。反对者会拒绝这种分析吗？如果会，为什么？无论如何，他的立场似乎一点都不令人满意，因为我们看到他的立场是将一种意图归于说话人，而这种意图是由被分析的那个意义的概念（或由该概念的一个非常近似概念）所说明的。循环论证似乎到处可见。

这个问题与另一个棘手的问题密切相关，并且确实是那个问题的一部分，即，在我最初的建议中，我在说明嵌入意义$_{NN}$的意图时，由于害怕产生循环论证而放弃使用语义概念，这种自我否定是否正确。什么能或不能被**算作**使用语义概念这一事实，也不能帮助我们清晰地了解这一问题。

到目前为止，我们似乎毫不费力地就把边缘问题拒之门外；但我担心，这些入侵者的伪装与我们一直在考虑的那些批评者并无太大不同，他们最终可能会带来更多麻烦。首先，有人可能会说，我把相关意义理解为说话人**通过**话语表达的意思，这多少有些武断；还有其他概念可能会对它构成竞争，特别是**对**听者示意什么这个概念。为什么"对……示意（meaning *to*）"，即被动的或接受者的意义主张，不如"通过……示意（meaning *by*）"（即行为或行为人的意义）的主张呢？的确，在这方面的主张背后可能隐藏着一种思想，即"领会"有时甚至总是指向语义意图的目标。

对于被动意义的拥护者，一个可能的回答如下：（1）如果我们维持 353 目前的方案，相关意义是介于非相关意义和"不用语义（semantics free, s-free）"释义之间的一个中间分析阶段。因此，考虑到我们目前的主题，没有明显的"对……示意"的不用语义的释义这一事实（如果它应该是事实的话）将成为反对"对……示意"作为被允许相关意义的样本的理由。（2）然而，事实上"对……示意"似乎有一个不用语义的释义，虽然

应该如何理解那个语言序列时，也就是理解了另一个人正在对我说的话，而不是我自己对自己说的话的时候，认出一个语言序列**对我**示意了什么是合适的；要说像"我无法让自己明白我对自己所说的话"这样的说法可接受，似乎是非常可疑的。

（5）因此，承认语言对思想的不可缺少，也就承诺了非相关意义优先于任何一种指定的相关概念；并且也没有其他有说服力的相关候选项。因此，非相关意义是不可消除的。

上述对消除非相关意义（即用一种或另一种相关意义的形式表达的还原分析来消除非相关意义）的抵制，可能会因为无力证明一种论证形式（有人可能会认为这种还原的支持者可能依赖它）而得到加强。虽然正常的人际交流工具是语词，但情况并不完全如此。手势、标志和图案有时都会出现，甚至并不伴随语言。这一事实可能会导致一种假设，即非语言形式的交流是**前**语言的（pre-linguistic），并不依赖于语言的意义。一种密切相关的反思表明，如果实际情况（就像可能的那样）就是思维序列的要素有时是非语言的，那么前语言思维是真正可能的（这是 19 世纪下半叶的一个活生生的问题）。但是，可以说，由于密切相关的原因，这两种观点都不是结论性的。有时交际或思想的工具可能完全是非语言的，但这个事实不表明这些工具是前语言的；很有可能，这种工具只有在具备语言能力的背景下才能发挥其作为交际工具的作用，否则它们就会被丢失。例如，如果它们作为语言的**替代品**来运作，它们所替代的语言对使用者来说就可能需要存在。 355

我们现在发现自己陷入了严重的智力束缚。（1）我们首先注意到交际中的语言运转强有力地支持了一个观点，即，语词的意义或其他交际手段的意义，应该等同于这些语词或交际手段导致特定范围的思想或心理态度（或被其导致）的潜力。当我们沿着这个方向前进时，我们不可避免地被我自己关于"意义"的那些文章中展示的那种心理还原论所吸引。（2）当我们的注意力集中于语言在思维中的出现上时，我们又同样强烈地被吸引到相反的方向；语言现在似乎是思想的组成部分，而不是从它与思想的关系中派生出来的某种可理解的东西。

我们不能同时兼有这两种方式。这种困境可以通过以下几条线索来放大。（1）思想状态或心理态度在性质上不可能是前语言的。（2）思想状态因而以语言构成的语言思维片段为前提。（3）这种语言思维片段要发挥其功能，就必须是可理解的词语序列或者可理解的允准的词语替代物序列。（4）可理解性要求与思想状态具有适当的因果关系。（5）因此这些存在于可理解性背后的思想状态，本身并不能由语言序列或语汇流（word-flows）来构建。（6）因此一些思想状态是前语言状态（这一条与第 1 条相矛盾）。

在我看来，上述论证所产生的看似毁灭性的影响，来自于论述者所犯的两个逻辑错误——或者，更确切地说，可能是一个逻辑错误，而这个逻辑错误犯了两次，尽管表面形式不同，但实质上却相似。第一轮犯错的受害者是我自己，第二轮受害者是真相。在论证的第一阶段，我们认为构成思想的语汇流必须满足重要的或者有意义的这一条件，而解读有意义这一概念不能扩充成一种相关的形式，也不能应用我提出的任何分析模式。第二轮的争论者认为，任何被当作是组成思维实例的语汇流，将必须被假定是有意义的语汇流，而且这一条件的实现，需要与可进入的心理状态或过程有某种因果联系，在这时要实现它们的功能所涉及的心理状态以及跟它们有联系的心理过程，都不能被看成是由进一步的语汇流组成的；为了赋予意义性，与思维联系在一起的语汇流必将是语言外的，或者说是前语言的，这就与思维在任何相关意义上**都不**是前语言的这一论点相矛盾。

这时，我们当然有权质问所引论点的提出者两个问题。（1）为什么他以为我会被要求把应用于思想的语汇流的意义概念，直接与我著作中可以找到的关于意义概念的偏好话语相关联，或是与我对这样的话语提出的分析相关联？为什么牵涉在思维中的语汇流的意义与我在意义分析中所提供的建议之间的联系，不应该远没有该论点的提出者想象的那么直接？（2）在争论的后期，这一论点的提出者有什么权利假定：如果思想中涉及的语汇流必须被看成是有意义的，那么这就不仅要求有规则来确保在某个阶段做事实如此的合理肯定，而且要求把界定思维特征的特定条件包括进来，明确约定构成性语汇流的意义，尽管事实上增设这样的条件会带来相当明显的矛盾？

然后，虽然我们将寻求合理的保证，即思维中涉及的语汇流是可理解的，我们不希望因为引入一项要求而招致灾难，这个要求可能会被理解成明显的约定条件，约束构成思维的语汇流的可接受性；我们甚至可以对这样一个问题保持开放的态度：不管我们所寻求的保证是作为演绎论证的结论，还是通过其他某种推理步骤来提供的。

在我看来，以下更具体的回答在这一点上是恰当的。

（1）由于我们将关注一种被广泛使用的语言，我们可以推测有一类成熟的语言使用者会使用它，他们通过实践或规则可以生成开放范围的词语序列，它们是或者不是那种语言的可接受的句子。

（2）成熟的说话人做出的满意判断将确立某些句子不仅具有意义，而且也因此能表达某种心理状态，如相信安妮女王已经去世或强烈希望去别的地方。但是，想象中的成熟说话人的满意判断只会确立某些特定句子作为表达某些心理状态的一般形式；它们不会赋予句子表达特定个体的心理状态的能力。要达到那个阶段需要做出进一步的决定。

（3）经验告诉我们，语言中任何可接受的句子都可以两种方式产生，我称之为"显性（overt）"和"无声低语（sotto voce）"。这些标签的确切含义还需要进一步确定，但我所运作的想法如下。（a）"显性"产生是具有交际特征的一种或另一种产生。（b）"无声低语"产生虽然不太可能被界定为"非言说性产生"，但却与之有某种联系，是典型的涉及思维的产生。（c）任何具备显性产生有效特定序列的生物，也因此具备产生有效无声低语的能力。

（4）我们已经达到了这样一个点，即，我们设想了无数的语言序列，这些序列不仅被成熟的说话人证明为符合他们的语言规范，而且也是一般

357

心理状态的表达，尽管不是与任何特定说话人相关的心理状态。因此，我们似乎需要问，应该添加什么，以确保某一位特定说话人不仅能够认识到他的语料库中的句子所表达的一般心理状态，而且能够认识到**他**所表达的特定心理状态。我认为，要确保他能认出他的语料库中合适的一部分句子表达跟他相关的状态，需要的是：他应该是生活故事的中心，这符合是他（而不是其他人）是所归属心理状态的主体。如果这个条件满足了，我们可以认为他也许不仅语言流利而且语言纯熟；他能够把自己偏好的句子运用到自己身上。这当然是令人难以置信的，虽然可能在逻辑上是可以想象的，有时人们语言流利，却并不精通。

358　　世间常见的是，人通过自然方法熟练掌握某种语言，也就是说，是经验和训练的结果，但我们可以关注抽象的可能，即那可能不是自然的过程的结果而是人为过程的结果；例如，它们可以通过某种心理工程来实现。我们是否允许这样的幻想成为可能，如果不是，为什么不呢？

　　我将以两个截然不同且看似无关的想法来结束对第四个主题思想的讨论。

　　（A）我们不妨更仔细地考虑表征的性质及其与意义的联系，并根据三种或许并非难以置信的假设来这样做。

　　（1）借助于言语构成的表征是一种人工的、非图像式的表征模式。（2）用一个非图像系统去替换一个图像的表征系统，需要引入一个新的更强大的原有系统的扩展，它可以完成原有系统所能完成的一切，而且还能完成更多。（3）每一个人工或非图像系统都是建立在一个先行的自然的图像系统之上的。

　　描述性表征必须回到并部分完成先前的图像表征的工作。这项工作将包括对世界上的物体和情景的表征，就像一队澳大利亚板球运动员可能代表澳大利亚那样；他们代表澳大利亚做一些澳大利亚自己不能做的事情，即参加板球比赛。同样地，我们的表征（最初是图像式的但也有非图像式的）能使世界上的物体和情景做一些它们自己不能做的事情，即管控我们的动作和行为。

（B）尚待探询的是，对于意义问题，除了对意义的概念进行还原分析外，是否还有其他合理的替代方案。我能想到的唯一的选择是，将"意义"作为一个理论概念，它也许会和其他理论概念一起为所涉及的初始谓词提供一组原则，其任务是提出法律和假设，以便用它们解释意义现象。如果沿着这个方向发展，特定表达式的意义将是一个假设和猜想的问题，而不是直觉的问题，因为理论概念的应用并不普遍被认为是能通过直觉或观察达到的。但是有些像杰克夫人那样反对就意义进行还原分析的人，也迫切希望意义能够被直觉地认识。我不知道这一结果将如何实现。

主题思想五

第五个主题思想也许最容易通过探究是否存在某种、某类、某一模式或某一范围的具有特殊中心性的意谓来处理，这种中心性会使其将自身作为一个核心，周围有更多意谓的外围情况或许以一种依赖的姿态汇集。我认为存在一种情况，可以假设有这样一个中心的或主要的意谓的范围存在；而且在出现如何更精确地描述这个范围的问题时，我们不会迷失前进的方向。实际上，似乎不是只有一种方法，而是有两种方法来说明主要范围，每一种方法都有同样好的条件，可以称为"最佳候选状态"。当然，这些候选方法是否彼此不同有待最后的决定。我们应该承认，开始时我们将围绕有点粗制滥造的概念厚板来推行比较宽泛的概念细条，而且只有随着研究的深入我们才有可能达到更为准确的概念定义。

我们需要问的是，是否有一种特征尽管一开始是模糊的，但我们可以称之为"中心性（centrality）"，而且它能将主要意义范围与非主要意义范围看似合理地区分开来。答案似乎很有可能是"肯定的"。如果一些意谓的实例与其他实例的区别在于相对直接而非间接，直截了当而非迂回，简单而非复杂，确定而非不确定，或者表现出其他具有类似共性的

359

区别标志，把这些意谓看作是属于一个基本范围似乎不无道理。透过玻璃朦胧观看东西的能力其实是预设了一种能力，而不是被一种能力预设，这种能力即用肉眼至少偶尔能够获取完全的不受阻碍的视野，难道不会是这样吗？

但是，当我们寻求更精确地描述本应把意谓的主要范围同非主要范围区别开来的中心性的最初模糊特征时，我们却发现自己面对的是两个特征，我分别称之为"形式性（formality）"和"措辞性（dictiveness）"[①]，这两个似乎同样有力的主张为我们提供了对中心性的最初模糊特征的合理重建的解读。

我们初步的直觉性调查提醒我们，在意谓范围内，复合的或复杂的与非复合的或简单的是有区别的；它们还告诉我们主要的意谓范围应该被认为仅限于简单意谓或非复合意谓；复杂的意谓可以在稍后的阶段添加。在第一层限制留下的领域内，它将吸引人们去查找一种次要的中心范围，其意谓可以被认为是直接的而不是间接的，我们的下一个任务将是在这一语境中澄清"直接"一词的意义或多种意义。一类就中心性具有看似良好主张的意谓是，那些被意谓的项目或情景是按照意谓表达式的规约意义来做如此意谓，而不是通过意谓表达式的一些非正式的或者非直接的关系来意谓。"总统的顾问们赞同这个想法"在这样的测试中也许会得到特别青睐，而"白宫厨房里那些伙计说'嗨嗬（Heigh Ho）'"也许就不会，这无疑需要一个更全面、更谨慎的阐述。然而，也许就当前的目的而言，能够粗略分清规约的或正式的意谓和非规约的或非正式的意谓之间的区别也就足够了。

第二项看似不差的建议是，一个特殊的中心性应该归属于意谓的那些实例，在这些实例中，被意谓的要么是（或部分是）意谓表达式（或其使

---

① 文中的"dictiveness"相当于所言内容的措辞，而"formality"相当于规约意义，具有形式特征。——译者

用者）所**言说的**，要么是特别并恰当地联系着意谓表达式（或其使用者）所**言说的**，以区别于所蕴涵、暗示、提示的，或以另外一些并非完全直接的方式所传递的。我们或许可以把这项建议概括成这样，特殊中心性依附于意谓的那些被意谓的是或者部分是意谓表达式的"措辞"内容的实例。我们现在也许应当尽量把这些建议相互联系起来。

刚才所勾勒出的这些材料最好被看成是为中心性的单一标准提供了两种不同的形式呢，还是为这个中心性提供了两种截然不同的特征刻画？在我看来相当清楚的是，假设所涉问题的表述对当前目的是恰当的，那么事实上这就是提出了两个不同的标准。一种可被称为**形式性**的显现或缺失（不管相关意谓是不是意谓表达式规约意义的一部分）；另一种可被称为**措辞**内容（dictive content）或**措辞性**的显现或缺失（不管相关意谓是不是意谓表达式所**言说的**一部分）；这似乎是说形式化或非形式化各自都可与措辞性或非措辞性相结合。因此这两种区别似乎在逻辑上相互独立。让我们设法证实这一主张。

（1）如果我做一个标准的事实陈述，比如"伯克利哲学系的系主任在系办公室里。"这里所意谓的是，至少就当前目的而言，可被当作是意谓表达式的规约意义；因此，形式性出现了。所意谓的也是意谓表达式所言说的；因此，措辞性也出现了。

（2）假设有人说"我姐夫住在达里恩的一座山峰上；另一方面，他的姑奶奶在第一次世界大战中是一名护士，"听者可能会有些困惑；如果进一步探究，说话人眼中他姐夫的住处和他姑奶奶一时的活动没有任何对比关系，人们会倾向于说使用"另一方面"这个短语来规约性地意谓的条件事实上没有实现，所以说话人破坏了甚至滥用了"另一方面"的规约意义。但这个条件没有实现也会被认为不足以证伪说话人的话语。所以我们似乎遇到了这样一种情况，有一个条件是语词规约性地示意的部分不是语词所言说的部分；也就是说，我们有形式性而没有措辞性。

（3）假设有人在适当的场合说"嗨嗬"。可能他用它表示的意思是

361

"哎，这就是世界运行的方式"。或者，如果有人说"他只是一个福音传道者"，他可能是指，"他是一个道貌岸然、虚伪、种族主义、反动、唯利是图的人"。如果在每种情况下他的意思是这样的，那么就可以声称，他的意思就是事实上他的语词所言说的那样；在这种情况下，他的语词是措辞性的，但他们的措辞内容却是非形式的，不是所用语词的规约意义的一部分。因此，我们应该有了措辞性而没有形式性。

362　　（4）在哲学系的一次会议上，我的一位同事展示了他持续的任性和反复无常；会议结束时，我对他说，"对不起，夫人"，或者换一种方式，我也可以用一种优雅的、恭敬的鞠躬送他出门。在这种情况下，也许可以这样说，我的话或我的鞠躬所传达的意思是，他一直表现得像一位首席女演员；但它们没有言说这种意思，我所使用的任何语词或手势的规约意义也一点没有这种意思。在这里所传达或意谓的，既没有形式性，也没有措辞性。

　　因此，将形式性和措辞性视为中心性的独立标准似乎有了一个很好的初步证据。在我们探寻这件事以及由此引发的问题之前，进一步考虑这个机制的细节可能是有用的，通过该机制，我们在第二个示例中得到了可能令一些人稍感吃惊的结果，即形式性的呈现可能会独立于措辞性。我认为这里的关键线索是，说话人可能在同一时间但在不同却相关的层次上从事言语行为。例二所引说话人所做的一部分事情是，做关于姐夫和姑奶奶的基础说明，但他在执行这些言语行为的同时，也以某种方式对低阶言语行为执行了评价这个高阶言语行为。他用某种方式**对比**了一些低阶言语行为和另一些低阶言语行为，通过使用嵌入式封闭短语"另一方面"表现了这一高阶言语行为。这是真是假以及他话语的措辞内容都是由他的基础言语行为与世界的关系决定的；因此，尽管高阶言语行为的某种错误表现可能构成语义上的冒犯，但它不会触及说话人话语的真值，也不会触及说话人话语的措辞内容。

　　我们可能会注意到，有时会出现一种相关的非正式隐含（与正式隐含不同）。例如，只有假定说话人接受一个或多个未被提及的基础事实的真实性，他才有可能通过使用诸如"因此（so）"或"所以（therefore）"这样的词来表明他自己在执行**解释**这种言语行为。为了使他所做的解释合理化，必须假定他接受这种进一步的事实。在这种情况下，我们也许可以说，说话人并没有正式地隐含所讨论的事实问题。 363

我们现在面临的一个问题是，似乎有两个"最佳候选"，每一个都以不同的方式表明"内部／外部"的区别是可以接受的，而且我们需要确保，对于这种看似竞争性的多元化的出现，没有任何可反对的或者专断的地方。形式性的特点，或规约意谓，表明了这样的区别，因为我们可以预见直接属于意谓表达式的规约意义的内部特征和外部特征（虽然它们本身并不是给定的意谓表达式的规约意义的直接组成部分，但是也许是出于自然的需要，它们总是与其他直属意谓表达式的规约意义的特征相伴而生）之间的区别。同样，如果存在一个内部特征范围，属于一个意谓表达式的措辞内容，是这种表达式所言的一部分，那么可以预见的是，会有一些外部范围的情况涉及一些特征，虽然不是意谓表达式所言的一部分，但却以某种更温和、不那么直率的方式构成了这种表达式所表达的内容的一部分——例如，它所提示或暗示的一部分。

为了进一步探讨这个问题，我认为我们需要更仔细地研究这两个"最佳候选"的详细构成。这时，我只想指出，措辞性似乎只限于基础层次，不管它是如何确定的，而形式性似乎不受层次限制。但这两个概念之间很可能还有其他重要的区别。让我们先谈谈形式性吧。在我看来，形式性可能比措辞性要好处理一些。这么说一点都不是要否认它涉及严重和困难的问题；的确，有些人是值得相信的——例如，那些与蒯因为伍反对分析与综合之分的人——这些问题可能是不可克服的，而且可能将我们带入怀疑主义。但是，在这种情况下，人们完全可以把怀疑主义看作是由于主题的难解性而强加于人，而不是由于理论家的无能。他可能已经尽力了。

关于形式性的概念所产生的一些最紧迫的问题，可以在我编制的与 364

形式性有关的主题的四重表中找到。首先，也是最重要的是，需要对条件进行理论上的充分说明，这将把真值条件分配给适当挑选的表达式，从而赋予这些表达式以规约意谓。很明显，如果意谓问题要起步的话，就需要这样的规定；意义不是自然生长的，是需要被赋予或建立的。但仅有它们是必要的这一事实并不足以表明它们是可用的；我们可能处于怀疑论者的位置，清楚地看到需要什么，但同时又完全无法实现它。当然，我们不应该把严格地说不存在理性运作这种建议，与对于理性运作包括什么没有理性上可接受的理论解释的建议**相混淆**；尽管这些建议截然不同，但并不是独立的；因为可以想象，只有人类理智在理论上对构成理性的东西有充分的解释时，理性的运作才能存在；在这种情况下，接受第二个建议将衍推接受第一个建议。这些话的目的是提出一个问题，但不是解决这个问题，即我们采纳语言规约是否要诉诸采纳规约的一般能力来加以解释（斯蒂芬·希弗在《意义》（*Meaning*）中提出的那种解释）；在这里，我既不想赞成也不反对这种解释的可能性。类似麻烦可能会出现在该研究的表面上不同的表征上，据此人们希望，法则正在探求并合法地确定的，不会是某些表达式的规约意义，而是一个可靠的保证，即，在一定条件下，在把某物称作某某时，人们不会误称作某某。上面所说的条件当然必须是真值条件。

刚才提到的种种探询，在注意到我四重表中的其他主题时，可能会有所裨益地得到强化。这种探询的另一种涉及提供一个清单，它是我提议称为"半推论序列（semi-inferential sequence）"的一个例子。这个序列的一个例子可能如下：

（Ⅰ）从外延上讲，普遍做法是把 φ 当作意谓 F。

（Ⅱ）从内涵上讲，普遍做法是把 φ 当作意谓 F。

365

（Ⅲ）普遍接受的是，把 φ 当作意谓 F 是合法的。

（Ⅳ）把 φ 当作意谓 F 是合法的。

（Ⅴ）φ 确实意谓 F。

解释性评论

（1）把 φ（一个表达式）当作意谓 F，这种现象所涉及的内容并没有得到明确说明，需要加以明确说明。

（2）一个"半推论序列"不是每个元素都由其中的前一个元素所衍推或蕴涵的序列，而是每个元素都是由它的前一个元素与一个可识别和可验证的**补充条件**的**合取**衍推或蕴涵的序列，不过这个补充条件并没有被具体说明。

（3）一些半推论序列将是"概念决定（concept-determining）"序列。在这样的序列中，最终的成员将包括一个先前在序列中出现过的结构的嵌入出现，尽管只是嵌入到一个具体说明了某个理性存在或某类理性存在的某种心理状态或实践的更大结构中。

（4）我的建议是，对于某些价值或语义概念，只有将半推论概念决定序列作为媒介，才有可能为这些概念设置真值条件。

（5）从外延来说，一项具有普遍性的主张是以实际频度为基础。

（6）从内涵来说，一项具有普遍性的主张是以采用或遵守一项规则为基础，对这项规则的遵守就大致会产生一定的实际频率。

（7）（III）和（IV）中涉及的实际模态可能性会受到附加修饰语的限制，如"从逻辑的观点看"或"从礼貌方式的观点看"。

这也可能是有价值的：把与语义特征相关的有限的推论领域，同更广泛的、具有普遍实用特征的、可能具有类比性的推论领域联系起来，而系统化将是伦理学的任务。如果不能阻止对语言属性的怀疑扩大到对任何种类的不正当行为的怀疑，这可能比语言怀疑论者愿意付出的代价更大。

这时，忽视进一步的探究方向是不明智的，即合适地描写这种关系的特征：以语词为一方，以构成语词物理实现的声音或形状为另一方。这样的思考可能有助于揭示语词作为工具的准确涵义，而且可能对语词本身以及对防止轻率接受所谓的类型标记区别这样的流行的、但基础可疑的语言

不愿看到自己的陈述被证伪或未经证实，对实际或潜在的无争议的背景材料的过分关注，对一个人提出的观点是否有力量的过分谨慎，表达的迂回或间接（甚至有助于遮蔽这样一种观点的同一性），很可能被认为没有什么共同之处，从而使措辞内容的概念变得支离破碎，毫无吸引力。但也许这些因素比一开始表现出更大的统一性；也许它们可以被看作说明了说话人跟一种观点或论点的一致性可以不同的方式展示或遮蔽；因为从某种意义上说，在交流中所有东西都必须是公开的，如果一个想法或论点太过隐蔽，那么它就不能再被视为已经提出。因此，对某观点的强烈支持，对自己已经发表的陈述遭到怀疑的厌恶，其功能仅仅是建立一种参考的乏味的和谐关系，以及对论点的试探性或隐晦的表述，也许可以被看作是说话人对其所提出的任何观点的一致性的强度递减程度的体现。如果是这样，我们也许应当同意这些哲学家，他们以某种方式对"叙述（phrastics）"和"指陈（neustics）"做了区分，那就是说，哲学家们，在表达话语结构时特别强调（a）话语项目的内容，其优点或缺点将在于与世界对应或与世界缺乏对应等特征，以及（b）提出这些项目的方式或方法，例如陈述性的或祈使性的，或（也许也可以说）坚定的或试探性的。

在这方面，或许可以适当地阐述试探性和间接性的特征，这些特征 368 在"低承诺（low commitment）"的情况下特别可见。首要的是"暗示"。在我看来，并非同样显而易见的是，"暗示如此这般"不同于：（a）声明或坚持认为如此这般；（b）断言也许如此这般；（c）断言有可能如些这般，大概"有可能"的意思是"并不确定不会如此这般"。"暗示如此这般"也许更像，尽管仍然不完全像，断言有一些证据表明如此这般。通常来说，发出的暗示要求给予回应，如果这个暗示是合理的，那么它要求的回应就是以这样或那样的方式满足暗示提出者（有些像大陪审团）假定存在的理由，支持事实如此的可能性。这种情况的存在，要求应该有一个真实的事实或一系列事实，可以通过假设某些其他事实或假设来解释，尽管说话人并未承诺这种解释实际上是正确的。在我看来，暗示似乎与提示有关，尽管在某些方面与提示不同。对我来说，提示通常是指，一个人做出的明确陈述的确或可能证明假设如此这般是合理的；但是假设如此这般存在的理由，并没有被明确提及，而是留给听众去识别。显然，提示越是转弯抹角，说话人就越无法与听众取得联系，从而避免了表明自己的看法。

主题思想六 [①]

主题思想六论述了会话准则及其与合作原则的所谓的联系。我在会话属性的后续讨论中区分了一些准则或原则，我认为遵守这些准则或原则，提供了理性话语的标准。我曾试图将我所区分的这些原则或准则说成依赖于一种要求会话性合作的总原则。虽然总的来说会话准则广为认可，但我 369 认为，我援引的会话合作的最高原则却没有。问题的一个可能原因是，人们感觉，即使是在文化人的谈话里恼怒的争吵、刺耳的用语照样常见，不应被判作违背会话的根本大法。另一个不舒服的原因可能是这种想法，不管语气是否令人愉悦，我们的大部分谈话都太随意了，不会导向任何（合作还是不合作的）目标。闲聊不会通向任何地方，除非消磨时间是一种旅行。

也许我们的设置需要一些改进。首先，我们的会话实践只有某些方面才是评估的候选对象，即，那些对其理性至关重要的方面，而不是其他可能有的优点或缺点；所以，我所说的任何内容都不应被视为跟特定问题是否适合会话探索有关；我一直致力于追踪的是会话行为的理性、非理性问题，不是其他更一般的会话恰当性问题。因此，我们可以将会话理性原则从会话利益的特殊性中抽象出来。其次，我把它作为一个工作假设，即，无论一个特定的计划是否瞄准一个特定的会话结果或结局（因此也许是一

---

① 参阅（特别是）第 2、第 4 篇文章。

个具体的会话计划），或者它的中心特征是否被更广泛地设想为与交际没有特殊联系，同样的原则将决定其行为是否理性。不管你追逐的是汉堡包还是**真理**，贪多嚼不烂都是非理性的。

最后，我们需要考虑独自说话和协同会话之间的区别。我认为很明显的一点是，就隐含的存在取决于这种或那种会话活动的性质而言，它将取决于协同会话，而不是独立说话。真正的独白没有说话人的蕴涵。因此，由于我们是只关注协同谈话的理论家，我们就应该承认，在自愿会话中（这些是我们所关心的），既有协作实现信息交流、制定决策，也有高度的保留、敌意、欺骗；而且共同目标可能很稀少、深层次的动机可能非常多样。更何况，我们必须考虑盘问这样的另类情况，就连共同目标都是虚假的、表面的，不是真实的；这种协同运作是对最起码的会话合作的一种模拟，不是实例；但这种交流至少通过仿效应用合作原则对其表示了尊重。在我们大多数人不时参与的、漫无目的的墙头闲聊中，我们也可以看到类似第一类谈话的变了质的派生现象。

我现在也许能够提供一份我起初提出的关于会话隐含处理的修订版摘要了。

（1）提出了一份这样的会话准则（或"会话规则"）清单：在典型情况下，遵守它们会促进会话理性，违背它们会妨碍会话理性；它们包括数量准则、质量准则、关系准则和方式准则这样的原则。

（2）这些准则有点像道德戒律，不只是一堆互不相干的会话义务，它们依赖单一的最高会话原则，合作原则。

（3）第一类实际交谈是通过遵守合作原则生成的准则来表现理性的；第二类交谈则是通过模仿第一类显示的实践来表现理性的。

（4）隐含被认为是通过下列方式产生的：一个（事实的或必需的）隐含义是需要归属说话人的心理状态或态度的内容，以确保下列的一个结果：（a）至少在他看来，他在这种情况下违反一项会话准则是无可非议的，或（b）他对某项会话准则的违反只是表面上的，不是真正的；该准

370

则的精神仍然得到了尊重，虽然可能字面上违反了。

（5）上述解释可能与主题思想五关于所谓的规约隐含讨论中提出的建议密切相关。实际上，那里提出，我所说的会话隐含只是那些必须归属说话人的假设，以证明他有理由把给定的低阶言语行为序列看作合理的，因为它们与规约的高阶言语行为之间存在联系。

371　　到目前为止，我一直在谈论，好像正确的基础计划是确定一个最高的会话原则，可以用来生成和证明一系列更具体但仍然非常一般的会话准则。这些准则接下来可以诱发特定的会话指令，应用于特定主题、语境和会话程序，我似乎一直在说，这个总体布局是无可置疑的；唯一值得怀疑的是所提出的最高原则，即某种形式的合作原则，是否适合最高会话原则这个位置。尽管存在一些反对意见，我还是试图证明，如果所引用的布局被认为是正确的，那么所提议的会话原则是可以接受的。到目前为止一切顺利，但我确实对建议的布局的可接受性有一些怀疑。我一点也不清楚，会话准则（至少如果将其看作会话准则是正确的话）实际上是否真的是不同的标签，每个都包含大量的完全明确的会话指令。如果我把它们错当成了会话准则，我也不清楚在相同的总体布局下，我能找到什么来替代它们，并且还能做得不同，做得更好。主要毛病可能不是在所建议的准则上，而是在这些准则应该如何运行这个概念上。它有四个可能的问题。

（1）这些准则似乎不协调。质量准则要求提供真诚而非伪造的话语贡献（真实而非虚假），这似乎并不只是提供话语贡献的许多方法之一；它似乎点明了某些话有贡献和（严格地说）没有任何贡献的区别。虚假信息不是劣等信息，它根本就不是信息。

（2）所建议的准则似乎没有建议设计所要求的相互独立的程度。判断我的信息是否供应不足或供过于求似乎要求我应该知道有关信息应与之相关的主题的身份；只有在确定相关焦点后才能进行这样的评估；这种考虑的力量似乎被威尔逊和斯珀伯（Sperber）这样的作者削弱了，他们似乎倾向于切断关联性概念跟特定的关联性方向的说明。

（3）虽然说明关联性的方向是评估一项给定信息是否充足的必要条件，但是这绝不足以使评估得以进行。还需要提供其他信息，如人们对所涉主题的关注程度，以及是否有机会采取补救行动等。

（4）虽然可能不难想象实际或表面的信息提供不足对隐含有影响，但实际或表面的信息提供过剩的影响则更成问题。

关联原则的运用，虽然毫无疑问是会话规矩一个方面的基础，但就隐含而言，已经有人指出它与数量准则的相互独立性是可疑的。我所区分的最后一个准则是方式准则，我把它描述为规定清晰明了的陈述，它似乎又构成了会话规矩的一种形式，但它作为隐含的生成者的潜力似乎多少有些值得质疑。

主题思想七和八 [①]

这两种主题思想可以一起考虑，它们可以被认为代表了我对两种不同的思想流派在逻辑的本质和内容问题上的同情。一派是罗素和其他带数学倾向的哲学家为首的现代主义者，另一派是传统主义者，特别是斯特劳森在《逻辑理论导论》（*An Introduction to Logical Theory*）中所代表的新传统主义者。可以看出，我倾向于在每个阵营都有立足，至少是在两派争论时期。让我们慢慢考虑这些问题。

（A）现代主义

在他们最严厉的纯粹主义的外衣下，现代主义者准备承认逻辑的领域只有具有同一性的一阶谓词逻辑，尽管比较宽松的学者可能愿意在这一绝对最小基础上增加一些更自由的研究，如模态的某种体系研究。在我看来，373

---

① 参阅（特别是）第3、第17篇文章。

现代主义者可能会在他所认为的逻辑中坚持三种不同立场中的任何一种。

（1）他可能认为，他认为是逻辑的东西，完全或在可接受的近似范围内，反映了通俗逻辑联结词的推理和语义特征。除非有更多陈述，否则这种立场初看起来可信度可能有点低。

（2）他可能会认为，虽然没能保留通俗逻辑联结词的每一个特征，但所有值得保留的特征都保留了下来，也就是说，所有的特征并没有因为晦涩或不连贯而受到无可挽回的损害。

（3）虽然不声称他偏好的系统中略去的那些特征正是被晦涩或不连贯所破坏的特征，他可能会声称那些没有被略去的东西，集体性拥有经济性优点，足以按照良好的逻辑顺序去完成呈现科学或科学体系的任务，而这种恰当呈现正是某个权威（例如常识或"求知堂"）所要求的。

（B）新传统主义

就我现在所能重构的，斯特劳森在《逻辑理论导论》中对现代主义的回应，大致有这样的思路。

（1）在许多方面，现代主义的机制显然没有忠实地说明日常话语中逻辑联结词的特征；这些偏差出现在对逻辑方阵（the Square of Opposition）的处理中，罗素对有定描述语和无定描述语（indefinite descriptions）的说明中，用实质蕴涵对条件句的分析中，以及用全称量词对全称表述的表征中。事实上，现代主义元素中这样的偏差不仅有可能使通俗逻辑联结词的实际性质失真，同时也会抹杀某些概念，比如预设和真值间隙的存在，而它们对于某些逻辑性基础言语行为至关重要，比如指称。

（2）现代主义者忽略的这些方面，并不会破坏或毁坏分析时要用到的逻辑联结词。就像西拉诺·德贝热拉克（Cyrano de Bergerac）的鼻子一样，它们是突出的特征，但不会毁容。

374　（3）虽然它们本身并不是缺点，但它们确实妨碍了对可接受的逻辑推论的最全面最简明的表征。

（4）因此，我们需要两种逻辑：第一种，称之为语言逻辑，它以一种松散的、有时并不是完全确定的方式，忠实地表征了普通话语联结词的实际特征；另一种叫作形式逻辑，它以牺牲通俗逻辑联结词的实际特征为代价，提出了一个严格的系统，该系统最方便最经济地表征了无数可接受的逻辑推理。

（C）我对这些争议的反馈

（1）虽然现代主义逻辑的整洁性确实对我有一定的吸引力，但是我从未被可接受的逻辑推理的全面而简明的系统化的前景深深打动过。但对我影响更大的是把命题视为构成性实体的倾向，其本质特征在于其真值，这些实体在逻辑推理领域的理性和科学表征中发挥着不可或缺的作用。从这个角度看，对复杂命题的真值函项的认识可能为至少部分命题领域提供了理性构建的前景，尽管许多复杂命题似乎明显是非真值函项的这一事实使许多问题仍然存在。

（2）在《逻辑理论导论》问世后的几年里，我曾经非常关注可以松散地称之为逻辑推理和语用推理之间的区别问题。首先，这被当作拒绝反对意见的一部分，主要由维特根斯坦的追随者们提出，这个项目使用"现象性"动词，如用"看上去（look）"和"看似（seem）"来阐明知觉哲学中的问题，特别是解释有问题的感觉与料这一概念，而在我看来，这一概念基于模糊的逻辑／语用区别。（当然，这并不是说没有其他好的理由拒绝这个项目。）然后我想到，在一个领域提供了良好服务的机制也许能成功地转移到另一个领域；所以我仔细研究了所谓的现代主义逻辑和通俗逻辑联结词之间的分歧，它可能不具有逻辑意义而具有语用意义。

375

（3）在这点上尤其困扰着我和其他许多哲学家的问题是，是否要求非规约隐含必须始终具有最大的辖域；当一个单独使用时具有一定隐含的句子被嵌入在一个特定的语言环境中，例如出现在否定符号的辖域内时，这个嵌入的操作符即否定符号，该被解释为仅对嵌入句子的规约意义起作用，还是有时可以被解释为不管辖嵌入句子的规约意义，却管辖其非规约隐含？只有当一个嵌入操作符偶尔能被认为不管辖规约意义，而管辖嵌入句标准地携带的非规约隐含时，我对条件句和有定描述语等语言现象的第一个版本的解释才会起作用。对条件句的否定不应被视为否定规约意义，而应被视为否定独立使用时嵌入了句子所附有的标准隐含。绝对禁止使用嵌入话语管辖嵌入句的标准的非规约的隐含，而不是其规约意义，当然是不合理的。如果一个朋友告诉我，他整个夏天都在清理奥吉安马厩，而我说，"既然他在西雅图度过了整个夏天，奥吉安马厩又不在西雅图，所以他就不可能这么做"，这是不合理的。然而，许可的界限在哪，使我们可以把嵌入操作符同标准隐含联系起来，而不是与规约意义相联系，我不得不承认我一无所知。

（4）我处理从历史上讲把现代主义者和传统主义者（包括新传统主义者）区分开来问题的第二个版本提供了预防措施，以致我们不会有（或者我们有时没有）许可权，用嵌入的话语管辖标准隐含，而不是规约意义。其操作理念是，即使证明有必要用附加的规约方式来补充现代主义逻辑机制，这种补充在两个方面是平常的、无害的，不涉及对现代主义机制的彻底改造。令它平淡无奇的部分原因是，新引进的规约手段可以简单地看作是编码非正式生成隐含的方法，从而扩大其使用范围；部分原因是这些新手段没有引入任何新思想或新概念，而只是程序性的。最后的这个特性可以从我提出的规约手段只是加括号或辖域手段的事实中看出，要理解它们，只需要知道这些手段最初出现的句子是如何重构，如何重新用正统现代主义术语包装的，那些新手段已经被删除了。眼不再见心不再烦。

哲学方法和日常语言

即将结束这篇结语之际，我简略谈一下我对日常语言的态度的一般特性。为了完成这个任务，我应该谈谈我哲学生涯中期之初所取得的可能是最值得注意的团体成就，就是所谓的语言植物学（linguistic botanizing）的研究法，这种方法在当时的牛津大学常常被视为一般的概念分析（特别是哲学分析）的基础。哲学家其实并不吝于宣称哲学和语言分析之间的紧密联系，但据我所知，不顾一切且坚定不移地把哲学和日常语言研究二者联系起来的，只是牛津特有的场景，从来没有在任何地方任何时候见过这样的做法，除非作为肇始于牛津的哲学方法的应用。一个经典的小例子就是奥斯汀要求沃诺克（Warnock）告诉他正确地（correctly）打高尔夫球和恰当地（properly）打高尔夫球之间的区别。但是，这种方法通常不仅是作为一种在一对对表达式或想法中实现概念"微调"的工具，而且在更大的范围内试图使某一概念区域内的一系列概念系统化。可能这些概念属于同一个整体概念，但同时却没有一个词或短语能在语言上表达这个概念；而语言植物学的一个目标是明确澄清这一概念，并展示各种从属概念是如何归入这一概念的。这个项目与奥斯汀的关于"查词典"的想法密切相关。在某些情况下，这可能是一个相当长期的工作，例如"真的（true）"这个词；该方法的一个特点是，对于由单个词语联合起来的 377 从属词汇条目所涉及的细分项不做任何初始假设；"真的朋友""真的陈述""真的信仰""真的账单""真的测量仪器""真的唱声"，最初不会因为涉及"真的"一词的不同用法而有所区别；这可能是或可能不是运行语言植物学的结局问题；隶属关系和细分关系不是预先给出的。有一种说法貌似有道理，那就是人们探寻的东西中包括语言的得体和不得体之处，而且它们可能具有多种类别。所以一个需要下定论的问题是，如何辨认各种得体和不得体得以被描述和组织的方法。矛盾、不连贯以及大量其他形式的不适合将出现在语言植物学研究的结果中（而不是起点中），这些结果的性质将需要仔细考虑。不仅单个词语可能包含多个词汇条目，而且在单个词汇条目领域中的不同习语和句法构式可能仍然是语言植物学研究的一个恰当主题。在语义学研究中，句法学是不容忽视的。

这时，我们面临着两个截然不同的问题。第一个是，我现时的目的不是对 40 多年前实际发生在牛津的哲学事件做一个历史上正确的叙述，而是描述某种独特的哲学方法论，并尽可能证明其正当性。毫无疑问，那些从事甚至可能致力于盛行的牛津方法论实践的人，如奥斯汀、莱尔、斯特劳森、汉普希尔、厄姆森、沃诺克和其他人（包括我自己）对他们所实施的程序的性质有很好的了解；的确，从逻辑上说，很难看出这个群体以外的人怎么会比群体成员有更好的看法，因为这些程序只能是这些人设法应用的程序。然而，实际讨论的过程是否在每一方面真实地体现了这种方法，仍然值得怀疑，因为完全恰当的应用要求对方法本身有良好而清晰的表征；表征的内容越零碎，不恰当应用的可能性就越大；必须承认的是，

378 我们很多人在当时表达我们正在做的事时是极端碎片式的。这可能是描述这类理论活动时无法解决的问题；描述这样一项活动是什么，首先要有执行该活动的能力；接下来又要求我们有能力说出所讨论的活动是什么。

　　第二个完全不同的问题是，一些牛津哲学的批评家像罗素、蒯因和其他人表现出强烈的敌意，他们并不是一切情况下都反对语言研究是哲学的首要关注，但是反对哲学的首要关注应该是研究**日常**语言。哲学发现其应用是科学的一部分，实际上可能仅仅是科学的辅助；而门外汉的想法是哲学是科学思维应该取代的，而不应该是科学思维的基础。这些问题很含糊，但无论我们是否喜欢科学主义，我们最好弄清楚这意味着什么。

　　问题的部分原因可能是一些自封的专家对"我们"和"他们"之间的关系有一种不恰当的设想，即，一方是有特权的、开明的，另一方是愚昧的。但那绝不是有学识的人可能对俗人采取的唯一的态度；他们可能认为自己有资格通过更广泛的应用和教育来更好地实现他们年轻时为自己设计的兴趣；毕竟大多数专业人士都是从业余开始的。或者他们可能认为自己代表着人类在一个领域推动了人类的成就和文化，其他人类成员可能在其他方面提高人类的成就和文化，但是许多成员，也许对他们来说不幸的是，他们根本没有资格进步。无论如何，承认多数人有权指引构成文化精英的少数人，与把多数人视为构成文化精英的人是截然不同的。

也许这之间的平衡会有所调整，如果我们注意到引起不同反响的20世纪中叶的牛津学者和我大胆宣称的2300年前的牛津学者之间存在的惊人相似之处（后者不仅大获名望而且作为我们学科的摇篮备受尊敬）。下面是对早期雅典辩证法的一个简短的，也许带有倾向性的总结，细节主要来自亚里士多德，但也有部分来自柏拉图，通过柏拉图进而来自苏格拉底本人。在亚里士多德的著述中，主源是《论题篇》（*Topics*）的开篇、《尼各马可伦理学》（*Nicomachean Ethics*）的开篇以及《后分析篇》（*Posterior Analytics*）的尾篇。

（1）我们应该区分两种知识，事实知识和理性知识，其中理性解释了事实。

（2）知识本身既包括要解释的事实，又包括解释事实的理性；因此苏格拉底声称自己一无所知；当我们开始研究时，我们对许多事实可能熟悉，也可能不熟悉，但是否如此，我们要等到有了解释和理由之后才能知道。

（3）要让解释和理由可用，它们最终必须从第一原则中派生出来，但这些第一原则不是现成的；它们必须由探询者设计，而这是如何实现的，本身就需要解释。

（4）这不是一蹴而就的；在任何给定的阶段，研究人员都是在前人的工作基础上发展起来的，直至追溯到他们最早的外行前辈。这种进步性审视被称为"辩证法"，从众人的观点开始，以智者的观点结束（如果有结束的话）。

（5）辩证法（或"论证"）中使用的方法之一是系统构建，而系统构建又涉及越来越高的抽象层次。第一原则，粗略地说，是最小的，概念上最经济的原则，它能解释理论需要解释的数据。

（6）迈向可接受的第一原则体系的过程并不总是平静的；争议、悖论和对进步的阻碍比比皆是，遇到它们时，就需要有可识别的修正措施来恢复进步。

（b）如果拥有吉格斯（Gyges）的指环，可以让我们侵害他人而不被发现，任何一个理智的人都不会拒绝这一好处。

阿德曼托斯强化了格劳孔的要求，他注意到流行的教育和文化，支持公认的观点，跟苏格拉底、格劳孔和他本人关于正义问题的观点不同。阿德曼托斯倾向于将与正义有关的回报表述为真正伴随的不是正义本身，而是正义的名誉；除此之外，阿德曼托斯认为，甚至在这些回报被视为不仅仅是正义的表象而且还是正义本身时，这些回报被认为是物质性的和后果性的，而不是正义就是其自身的回报这个事实。他还指向这样一个事实：甚至在认识到是非正义而不是正义让人追求非正义从而引起神灵之怒时，流行的文化和教育仍说诸神都可以被收买。因此，除非苏格拉底接受格劳孔提出的意见，否则他将受到指控：他实际上赞同色拉叙马库斯的观点，即，所谓的正义实际上是追求强者的利益，其力量在于他对庞大军队的调遣，以及所谓的非正义（即追求个人自身利益）真正受到的抑制只能是不可抗力的威胁。

在他试图接受格劳孔和阿德曼托斯的要求时，苏格拉底开始在国家和灵魂之间进行详细的类比。这番讲述的详细内容不在我目前的探讨范围内，我只涉及苏格拉底辩论程序的结构方面。

III. 色拉叙马库斯有连贯的立场吗？

（1）当我们作为道德哲学家在伦理与政治理论的边界区域工作时，我们遇到的一个突出问题是，道德和政治概念之间是否存在区别，以及如果存在区别的话，我们应该如何去描述。在这方面，如果可以找到这样一个哲学家，他认为在这个领域或者在这个领域的重要部分，道德和政治概念之间没有区别，或者至少没有真正的区别，那么考虑一下这样一个哲学家的观点将非常重要。如果不做过度扭曲，就可以将色拉叙马库斯描述为道德怀疑论者——他们会认为，例如，政治正义或政法正义目和许多特征，每个特征都只针对这些类型中的一种。如果我们留心直觉——或许，如果我们留心我们的说话方式——我们会不自主地假设这些特征都是某个更为普遍的特征的具体化；这个普遍特征以不同的具体形式显现在由所讨论的类型形成的整个范围内，是一个假定性的普遍特征，对于它日常语言甚至可以为我们提供一个候选的名称。此外，如果我们留心直觉，我们会不自主地假设，这一范围内的这些特殊特征成员有一个共同的解释，即一个深层次的普遍特征，它说明的是最初的普遍特征，并且，借助于具体的变化形式，说明的是最初范围内的特殊特征。遵循这个解释路线似乎只不过是在遵循我们在描述和解释世界摆在我们面前的现象时经常使用的程序。在目前情况下，这种方法的应用将适用于一定范围内的项目，这包括身体、国家，（可能）还有灵魂，也适用于（分别）像身体健康、政治正义，（可能）还有道德正义这些项目的特殊特征。

　　不幸的是，在这一点上，我们遇到了一个大难题。这些特殊特征范围的成员附属其上的项目，即身体、国家和灵魂（就它们是真实的物体而言）似乎显然属于彼此不同的范畴；如果关于范畴的观点得到广泛接受，那么这些范畴上的差异将排除这样的可能性，即，存在一些属性，它们是归属于不同种类的项目所共享的属性。那么，有可能存在一个类指属性，其特殊属性各异，还有可能存在一个深层次的类指属性，它可以说明最初的类指属性，这两种可能性好像都被排除了。事实上，我并没有试图提出一个可以带来这种后果的范畴理论，而且肯定有必要尝试填补这一空白。不过，这项打算消除困难的任务，其前景乍看之下似乎并不令人鼓舞。那么，如果我们不放弃理性解决的希望，我们将被迫做三件事之一：

328　　（i）放弃在此处应用描述和解释程序的想法，这些程序在不受范畴差异困扰的实例中有效。

　　（ii）论争在当前场合看起来过于突出的范畴差异只是表面的，不是真实的。

　　（iii）设计一个限制较少的理论来说明范畴差异对共享属性的影响。

念可以通过因果分析得到适当的处理；其次，在与知觉相关的更具体的诸多概念中，如涉及像"看见"和"听见"的不同知觉方式的概念，必须考虑各种因素，但不能忽视或消除的是知觉体验印象所涉及的体验质量。第三个问题，关于描述知觉对象如物质对象的语句分析，在我写这些文章时想得很多，但落实到文字的不多。第二个主题思想是，捍卫分析性/综合性这对区分的生命力，同这对区分密切相关的区分还有必然与偶然之分或者说先验与后验之分。第三个主题思想是，捍卫（跟职业哲学家相对的）普通人的权利或常识，意思是由于尚未确定和准确陈述的理由，普通人有权从职业哲学家那里获得更多的尊重，而不只是因受到启发而说个谢字。

第四个主题思想与意义有关；它包含两个论题：首先，有必要区分与语词或表达式使用者相关的意义概念和不相关的意义概念；第二，这两个概念中，不相关的概念是后起的，必须用相关的概念来理解；语词的意义是人们旨在用它们所表达的意义。

第五个主题思想提出，在考虑意义的概念时，我们应该注意两个相关的区分。首先，要区分意义的要素是通过规约呈现的，还是通过规约之外的因素呈现的；其次，要区分意义的要素在标准状态下是语词或语词形式所断言的（或其使用者断言的）一部分，还是语词或其使用者所蕴涵或以其他方式传达或承诺的一部分。也就是说，（a）规约意义和非规约意义之间的区分，以及（b）断言意义和非断言意义之间的区分。第六个主题思想的观念是，语言使用是多种形式的理性活动的一种，而且那些不涉及语言使用的理性活动，与那些涉及语言使用的理性活动在很多方面具有重要的平行关系。本论点可采取一种更具体的形式，即认为语言使用所涉及的理性活动是一种理性合作的形式；这种更为具体的想法的优点当然是独立于它所隶属的更大的思想之外。

第七个和第八个主题思想都与真实或表面的结构对立有关，这些对立有的来自传统或亚里士多德逻辑，另一部分来自现代或数理逻辑。在某种意义上，这两种主题思想的方向是相反的。第七个主题思想的观点它是一个嵌入的释义，并已经建议作为"通过……示意"的释义；"对 X 而言 s 示意 p"可以解读为"X 知道现在的说话人（**抑或**标准说话人）通过讲说 s 表示的意思"；在下一阶段的分析中，我们将介绍"通过……示意"的不用语义的释义。因此，"对……示意"将只是回到了"通过……示意"，而对其的挑剔将化为乌有。

至少现在是这样。它的一个分支似乎是可用的，但可能不太容易处理。首先，针对我的意义分析，我将粗略勾勒出一条建议性论证路线，然后简要地考虑一下反对这种论证的两种方式。

首先，论证。

（1）在对待语言时，我们不仅要考虑语言与交际的关系，而且要同时考虑语言与思想的关系。

（2）一种可能的观点是，由于这样或那样的原因，语言对于思想来说是必不可少的，无论是作为表达思想的工具，还是更主要地作为表达思想的载体或包藏思维的物质。我们可能在某个时刻不得不更加注重这些表面上的变化的细节，但就目前来说，让我们假设一个更强烈的观点，即，由于这样或那样的原因，思想的发生，总是或至少在一切典型情况下，要求有"语流（linguistic flow）"的存在。

（3）所讨论的"语流"至少需要从思想者的角度获得一定程度的可理解性；很明显，并不是所有的思维（有些人可能会说**没有**思维）完全摆脱了混乱或不连贯，语流离可理解性太远，就会破坏它作为思想（或其表达）的特性，而这会接下来削弱思想作为身体行为的一种解释这个首要功能。

354　　（4）对于思想家来说，试图通过诉诸意义 $_{NN}$ 的任何一个至今所区分的相关概念来表征思想表达的可理解性，会遇到严重的（如果不是致命的）困难。虽然一个人通过在脑海中自言自语来表达意义并不是不可能，但这种现象的发生似乎仅限于自我规劝的**特殊**情况（"我一直对自己所说的是……"），并不是作为思考的**一般**特征。而且，当我最终理解了我假设都有好处。在语词的情况下，可能很自然假设其基本实体是特定的形状和声音（语词标记），而语词，在语词类型的意义上，被合适地看作是相互类似的语词标记的类或集合。但我认为，这种观点可以被视为与常识相冲突（无论在何种程度上这都是一种缺陷）。约翰对"煤烟（soot）"一词的发音可能与詹姆斯对"西装（suit）"一词的发音没有什么区别；但这并不意味着，当他们发出这些声音时，他们说的是同一个单词，或者产生的是相同单词类型的不同标记。事实上，为了考虑到所有可接受的变化的发音方式，有一种想法很诱人，即，对于一个特定的人来说，对特定词语的发音只能通过或多或少地参考他的话语的扩展部分来确定；这接下来可能会引发这样一种观点，即，听到或看到的特定词语形式，只有在说话人或写作人把它们想象成这些词的实现时才得以确立。有人可能会说，也许语词是首先出现的，它们的实现是后来才有的。

伴随着这些想法的还有更深入的思考。铁锹通常用来挖掘花园；当它们被如此使用时，我们可以毫无区别地说用铁锹挖花园和（简单地）用铁锹。在有风的日子里，当我在花园里时，我可能能希望防止我的文件被风吹走，为了达到这个目的，我可能会用我的铁锹压住。在这种情况下，我想我可能会被说成是在用铁锹来固定文件，而不是在（简单地）用铁锹，除非我可能是为了这个目的而古怪但常规地使用铁锹。然而，当谈到语词的这种或那种用途时，很可能我的言论自由受到了更为极端的限制。我可能自豪地拥有一块黄铜铭牌，其形状像"母亲（mother）"这个词的书写形式。也许在刮风的日子里，我会把这块铭牌放在我的文件上以固定它们。但如果我这样做了，那么说我用"母亲"这个词来固定我的文件似乎是错误的。语词可能是一种工具，但如果是这样，它们似乎**基本上**限于某一使用领域即作为交际工具。尝试在该领域之外使用它们就是尝试概念上不可能的事情。这种现象需要系统的解释。

从表面上看，影响是否有措辞性的因素，比影响形式性的因素构成了一个更为复杂的集合。提出一个论点时是否有适当程度的热情，有意识的

367

（7）因此，进步的延续在很大程度上取决于"拯救现象"的可能性，而这些现象主要是由智者和他们以前的众人所说或所想构成的。

我感觉容易引人假定的是，类似观点正是 20 世纪牛津辩证法的基础；诉诸日常语言也许可以被看作是对一种，尽管不是每一种，人类知识的最终来源的求助。如果真是这样，那也就不足为奇了，因为两位资深牛津学者（莱尔和奥斯汀）都是热情高涨且精通希腊哲学的研究者。

380　　但是，被我一直称为牛津辩证法和雅典辩证法的这两者之间初看起来吸引人的比较，却遇到了一个严重的反对意见，它与"所言说的（what is said）"等短语有关。短语"所言说的"可以有两种解释。（Ⅰ）它可以指一种常见或普遍持有的信念或意见，在这种情况下，它的涵义与"通常所认为的（what is ordinarily thought）"这一短语的涵义大致相同。（Ⅱ）它可以指说话或言语的一类方法，在这种情况下，它会与"普通人谈话的方式"有一样的意思。在雅典辩证法中，我们发现这个短语的用法有这两种涵义；有时候，例如，亚里士多德似乎谈论过惯用语，他指出，像"跑得迅速"或"跑得缓慢"这种说法是合理的，而像"愉快得迅速"或"愉快得缓慢"这种说法是不合理的；他由此得出哲学结论：跑步是一种**过程**，不同于**活动**，而愉快则不是过程（尽管有些哲学家的看法不同）。在其他时候，他使用"所言说的"这个短语来指代某些普遍的或世俗的信念，它们受到了哲学理论有针对性的系统威胁，正如人们有时会行为失控的俗论似乎受到了对意志的特定哲学分析的威胁，或者为拥有朋友而拥有朋友是值得的近似俗语似乎也受到了同样陈词滥调（即美好生活是自给自足的，什么都不缺）的威胁。此外，在雅典辩证法中，虽然两种解释都是必要的，但占主导地位的一种解释似乎是，在这种辩证法中，所谈论的是共同的意见，而不是常用的措辞或讲话方式。另一方面，在牛津辩证法中，似乎恰恰相反。虽然一些哲学家（最著名的是 G. E. 穆尔）坚持认为某些普遍持有的信念是不可能不正确的，并且这种观点的不同版本在某些牛津学者中很明显，例如，厄姆森对范式案例论证的处理，但是没有任何"语言植物学"研究法的描述包括这个主张,即可能受到语言植物学研究的样本会被赋予任何真值评价;我认为,在这方面加入一项修正也不会改善任何这类描述。因此,试图通过同化这两种辩证法而引来和谐似乎是幻想。

　　然而,我不愿如此迅速地放弃关于牛津辩证法和雅典辩证法之间所建 381 议的比较。我想从回忆历史事实开始,奥斯汀曾对 G. E. 穆尔表示过强烈的仰慕。"有些人喜欢维特斯[①],"他曾经说,"但穆尔却是**我的**偶像。"没有任何文献表明穆尔哲学有什么方面特别吸引他,但是与维特根斯坦相比这一点强烈提示:穆尔主要吸引他的是,穆尔是常识的捍卫者,以及哲学乃常识信念的分析之源的捍卫者,在这一立场上穆尔特别有名,与之相比,维特根斯坦在不同场合就哲学的角色所持的相继出现的立场却没有那么鲜明。现在困扰我的问题是,为什么穆尔在这个问题上的立场,能够特别引起奥斯汀的尊重,因为就穆尔在这个问题上的观点而言,我觉得,显然质量低劣,事实上,如果奥斯汀是在另一个人那里听到这种观点,他是完全有能力将其撕成碎片的。在我看来,穆尔对这个问题的处理存在两个明显的缺陷和一个重要的遗漏。这两个明显的缺陷是:(1)他没有在任何地方试图为我们描述一种普遍持有的信念必须满足的条件,以使其成为"对世界的常识性看法"的一部分;(2)即使我们忽略了这种抱怨,还有一种更深层次的抱怨,即据我所知,穆尔没有在任何地方证明过对世界的常识性看法至少在某些方面无疑是正确的。重要的遗漏是,穆尔只考虑了"这是一只手,这是另一只手"这样的具体陈述与物质客体存在这一看似普遍的哲学陈述的关系的一种可能性。穆尔想当然地认为,关于人手的陈述衍推了物质客体存在这个一般性陈述;但正如维特根斯坦所说,"那些否认物质世界现实性的人也不想否认我的外裤底下穿着内裤"。这绝对不是说穆尔在这个问题上肯定错了,但首要问题是,解读或评估真值是一个重要的方法论问题,穆尔本应该更认真地对待它。

―――――

　　① "维特斯"原文"Witters",是"维特根斯坦"的昵称。――译者

　　我对奥斯汀那绝非完全典型的善意所做的部分解释出于我的推测，即，奥斯汀看到了或自认为看到了对这些抱怨的正确回应，并错误地认为穆尔自己也知道如何回应这些抱怨。我将借助一个有哲学仙女教母居住的哲学梦想之国的童话故事来拓展这个推测。首先我们区分出三位仙女教母：M*，穆尔的仙女教母；A*，奥斯汀的仙女教母；G*，格莱斯的仙女教母。仙女教母的共同特点是，她们明确拥有教子的一切观点（不管是外显的还是内隐的）。G* 告诉格莱斯，A* 错误地将两种不同信仰主体之间的区分归属于 M*，该区分即由个体或群体组成的人类信仰者与这样或那样抽象的非人信仰者之间的区分，后者可以是一门待定语言的精灵抑或是抽象的语言精灵、"常人（the Common Man）"、分析与综合之分的发明者（不同于莱布尼兹（Leibniz））等等。现在所提出的区分就是雅典辩证法与一种不同的辩证法之间的区分，前者主要关心追踪越来越有成就的人类信仰者的发展，后者聚焦于非人信仰者。由于非人信仰者不是历史的人，它们的信仰不能根据其在任何历史辩论或争论中的表现来确定，只能根据其在特定语言的实践中所起的作用来确定，甚至根据在一般语言的实践中所起的作用来确定。

　　所以 G* 对格莱斯的建议大致如下，A*（不管凡人奥斯汀是否赞同）向穆尔归属了下列认识：人类和非人的区分，常见的或一般的信仰，以及常识的世界观只包含非人的信仰，这些信仰可以被正确地归属于某个偏好的非人抽象，比如常人。当然，关于常人和其他抽象概念之间的区别的确切性质，还需要更多的讨论；但是一旦人类信仰者和非人信仰者之间的区别已经确立，至少一条道路的开头已经可见，而且有空间包容（1）非人信仰或一个特定的非人信仰与称为常识的哲学工具或器具之间的联系，（2）求助于具体语言（或抽象语言）的结构和内容以作为开启常识之库的钥匙，以及（3）把牛津辩证法作为雅典辩证法的补充（这是针对人类信仰而不是非人信仰的）。G* 推测这代表了奥斯汀自己对于语言植物学的功能的立场，即使事实并非如此，这也是奥斯汀可以采纳的关于语言植物学的哲学作用的很好的立场；这一立场与已知的奥斯汀对语言工具的丰富性、微妙性、独创性的惊叹和欣赏非常一致。然而 G* 认为，把这种反思归属于穆尔，就是把荣誉给了不应该给的一方；对日常语言的这种认识可能是奥斯汀的，但肯定不是穆尔的，他的常识观念不值得特别赞扬。

我们也得考虑我关于穆尔的第二个指控的优点和弱点，即，不管他是否已经成功地提供，或者事实上曾试图提供关于常识信仰的描述，他并没有向我们证明常识信仰是可以肯定的知识，或事实上具有特别程度或种类的可信性。除了偶然给出点晦涩不明的建议，即质疑常识信仰的基础总是比这种信仰本身更值得质疑，他似乎没做什么，而只是断言（1）他自己确切知道常识信仰开放名单中的某些成员是真的，（2）他确切知道其他人确切知道这些信仰是真的。但这正是他的很多对手，比如罗素，准备与他争论的问题。在这里，将穆尔与另一位同样决不妥协的捍卫确定知识的人——库克·威尔逊——进行比较可能会有所帮助。库克·威尔逊持有的观点是，知识的本质是关于知识对象的那些项目不能是假的；知识的本质保证了，也许是逻辑上保证了其对象的真实性。这里的困难在于解释，一种心灵状态怎么可能以这种方式保证其对象一定具有特定的真值。这个困难严重得足以使库克·威尔逊的观点必须遭到排斥；因为如果接受他的观点，那么就不会有空间包容这种可能性：认为我们知道 p，而事实上不是 p 这种情况。这个困难导致库克·威尔逊和他的追随者承认这"是理所当然的"状态，主观上应该跟知识没区别，但跟知识不一样，不保证为真。不过这种修改等于投降；是什么使我们能够否认我们所谓的知识实际上都只是"想当然"的呢？然而，当库克·威尔逊发现自己面对的是糟糕的答案时，在我看来穆尔则根本就没有答案，无论是好是坏；而且我觉得，没有答案是优于坏答案还是劣于坏答案，是一个几乎不值得讨论的问题。

无论如何，我坚信奥斯汀不会同情穆尔和他的一些追随者们，他们试图在表述常识时，说它保证没有错误，不管这些表述是什么。而且，我认

384

为，他不支持这个观点是对的；我们可能注意到，他曾拒绝支持，他跟他牛津大学的一些年轻同事的意见相左，特别是像厄姆森这样的哲学家；厄姆森至少有一次表现出依靠所谓的范式案例论证的倾向，而据我所知奥斯汀从来没有这种倾向。我想奥斯汀也许会认为，那些支持这种论点的人，是在试图用一种独断专行的论点来取代他们已经有的东西，而且原有的东西足以满足所有合理的哲学需要。奥斯汀清楚地看到，日常语言是一种精妙绝伦、精心设计的工具，它不是为无用的展示而设计的，而是为严肃（和非严肃）的使用而设计的。因此，虽然不能保证不受错误的影响，但如果有人想找出嵌在日常语言模式中的错误，他最好有一个坚实的理由。只有当有理由说其他条件不同或可能不同时，我们才可以合法地拒绝那些其他条件相同时必须被假定成立的东西。

这时，我们引入在哲学梦想之国的另一位居住者，那就是 R*，原来她是莱尔的仙女教母。她提出，有人反对起初有两类不同的陈述，叫作"分析的"和"综合的"，它们在思维世界漫游，等着被发现；这种反对远不是**拒绝**分析／综合之分的基础，反而为我们提供了把分析／综合区分变得**可以接受**的钥匙。中肯的观点是，分析命题是理论家们的发明之一，他们正以这样或那样的方式，寻求把起初未经分化的人类知识库条理化和系统化。这一领域的成功依赖智力视野，而非良好视力。正如柏拉图曾经说过的那样，能看到具体的马而看不到抽象的，是愚蠢的标志。据说这些考虑就是下列报告背后的原因：还有第五位仙女教母 Q*[①]，只见她从哲学梦想之国的大门急匆匆地跑出来，大声尖叫着并被（严格按年龄顺序）M*、R*、A* 和 G* 紧紧地追赶着。然而，对这些振奋人心的事件的叙述必须留待另一个时间更宽裕的日子。

① "Q*"应该是蒯因的仙女教母。——译者

索　引

索引所标页码为英文版页码，即本汉译版的边码。

图书在版编目(CIP)数据

言辞之道研究/(英)保罗·格莱斯(Paul Grice)著;姜望琪，杜世洪译.—北京:商务印书馆,2021(2022.8重印)
(语言学及应用语言学名著译丛)
ISBN 978－7－100－19597－3

Ⅰ.①言… Ⅱ.①保… ②姜… ③杜… Ⅲ.①语言哲学—研究 Ⅳ.①H0

中国版本图书馆 CIP 数据核字(2021)第034872号

语言学及应用语言学名著译丛
言辞之道研究
〔英〕保罗·格莱斯 著
姜望琪 杜世洪 译

商 务 印 书 馆 出 版
(北京王府井大街36号 邮政编码100710)
商 务 印 书 馆 发 行
北京市白帆印务有限公司印刷
ISBN 978－7－100－19597－3

2021 年 5 月第 1 版　　　　开本 880×1230　1/32
2022 年 8 月北京第 2 次印刷　印张 12¾
定价：69.00 元